AI시대 바둑을 파헤친다!

최강
정석

AI시대 바둑을 파헤친다!

최강 정석 3. 소목 정석편

초판 1쇄 발행 2021년 6월 20일

감 수	김일환
지은이	이하림
발행인	조상현
마케팅	조정빈
발행처	더디퍼런스

등록번호	제2018-000177호
주소	경기도 고양시 덕양구 큰골길 33-170
문의	02-712-7927
팩스	02-6974-1237
이메일	thedibooks@naver.com
홈페이지	www.thedifference.co.kr

독자여러분의 소중한 원고를 기다리고 있습니다. 많은 투고 부탁드립니다.

ISBN 979-11-6125-314-5 13690

AI시대 바둑을 파헤친다!

최강
정석

이하림 지음 · 김일환 감수

3. 소목 정석편

더디퍼런스

"바둑의 신이 있다면 인간의 최고수와 몇 점이면 적당할까?" 오래 전부터 이런 궁금증이 있었습니다. 그동안 인간은 두점 접바둑이면 이긴다고 자신감에 넘치기도 했지만 막상 신급 존재인 인공지능(AI)이 등장하자 넉점에도 목숨을 걸기 어려운 시대가 되었습니다. AI등장 초기에는 그래도 해볼만하다는 생각이 있었는데 AI가 진화에 진화를 거듭하면서 지금은 바둑의 적수가 아닌 스승으로 받아들이기에 이르렀습니다.

AI시대에는 생각지도 못했던 기술이 창궐합니다. AI가 보여주는 바둑의 세계는 정말 신비롭지요. 상식을 벗어난 수가 신기하게도 힘을 발휘하는 등 상황에 따라 변신하는 둔갑술의 천재입니다. 인간은 보이는 힘만 믿지만 AI는 보이지 않는 힘으로 세밀하게 분석하고 종합적 판단을 내립니다.

특히 바둑의 초반은 감성과 감각이 지배하는 시공간이며 단순 인공지능의 계산으로는 인간지능을 넘을 수 없는 금기의 영역이었는데, 더욱 강력해진 인공지능은 이런 고정관념을 보기 좋게 깨뜨리며 인간의 감성을 압도했습니다. 미지의 세계인 초반에도 신출귀몰한 AI는 거침없이 계산을 하며 이에 따라 정석과 포석에서도 혁명이 일어났습니다.

그동안 인공지능이 차가운 이성으로 인간 바둑의 세계를 파헤쳐왔다면 이제는 인공지능 바둑의 심오한 세계를 인간의 따뜻한 감성으로 분석할 차례입니다. 이 책의 기획 배경은 이처럼 달라진 바둑 수법을 AI의 새로운 시각으로 보여주려는 데 있습니다.

우선 정석 분야에서는 3권의 시리즈로 완결합니다. 1권에서는 화점 중에서 가장 많이 접하는 기본적인 정석에 대해, 2권에서는 화점 정석 중 협공에 대해 다뤘습니다. 이번 3권에서는 소목 정석에 대해 중점적으로 다룹니다.

소목의 경우 실전에서는 보통 날일자와 한칸걸침을 사용하며 눈목자와 두칸걸침은 특별한 상황에서 전략적으로 선택합니다. 걸침 이후의 운영에서는 수비와 공격에 주안점을 두었습니다. 더불어 실전에서는 소목 걸침에 손을 빼면서 자연스레 외목이나 고목 정석으로 전환되기도 하지요.

이에 따라 책의 구성은 소목에 걸치는 위치와 이후 운영 방법에 따라 4개의 파트로 구분했습니다. '파트 1'은 수비에 대한 내용인데, 걸침에 관계없이 귀부터 받는 변화에 대해 다룹니다. 파트 2와 파트 3은 공격에 대한 내용인데, '파트 2'에서는 날일자걸침에서 협공, '파트 3'에서는 한칸걸침에서 협공하는 변화에 대해 다룹니다. '파트 4'는 전략적으로 사용되는 눈목자걸침, 두칸걸침의 주요 변화와 더불어 전체 정석의 완성도를 높이기 위해 외목과 고목 변화의 핵심에 대해서도 다룹니다.

본문은 유형별로 이어지며 모두 32개 유형으로 나눴습니다. 보충 학습을 위해 필요에 따라 유형 말미에 '원포인트 레슨'을 넣었고, 입체적 학습을 위해 각 파트의 말미에 '실전 정석활용'을 실었습니다. 마지막으로 '부록'에서는 AI시대를 상징할 만한 정석들을 본문과 연계하며 나열해 눈으로 최신 정석의 흐름을 열람할 수 있도록 배려했습니다.

전반적으로 낮은 단계에서 높은 단계까지 두루 독자의 수준에 맞춰 AI시대를 관통하는 정석의 길잡이로 삼을 수 있도록 체계적이고 실전적이며 흥미롭게 꾸미고자 노력했습니다.

바둑의 신을 가정하고 상상했던 세계가 현실이 되었습니다. 우리가 AI로부터 배울 점은 종합적 관점에 의한 대세적 안목과 열린 사고에 의한 창의적 발상입니다. 이 책에는 AI로부터 전수받은 다양한 정석과 변화들이 등장하지만 사실 AI는 정석이란 무엇인지도 모릅니다. 어차피 AI는 말이 없습니다. 오직 계산하고 판에다 실천할 뿐입니다. 전체 국면의 일부분인 정석도 인간의 언어인 만큼 어떻게 활용할지는 전국을 바라보는 여러분의 안목에 달렸겠지요.

더불어 AI시대에 바둑을 즐기면서 실력을 늘리는 비결은 모양에 구애받지 않는 자유자재한 인공지능의 냉정한 계산에 모양을 중시하는 인간의 예술적 열정으로 생명을 불어넣는 조화로운 공존 아닐까요.

이하림

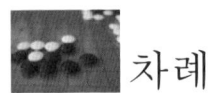 차례

PART 1 ☞ 귀부터 지키는 수비형 정석

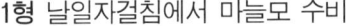
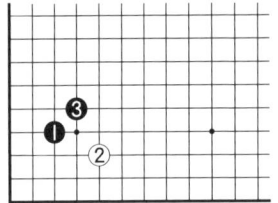
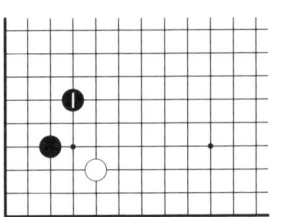
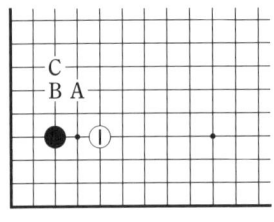
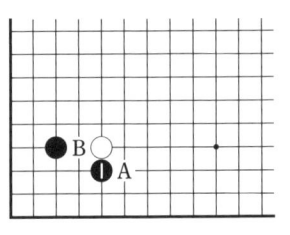
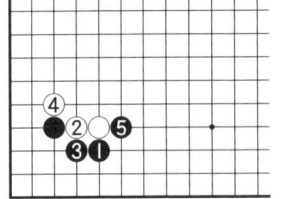
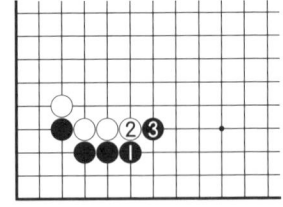

7형 한칸걸침에 위로 붙이기

67

8형 위붙임에서 귀에 파고들기

76

실전 정석활용 • 85

PART 2 ☞ 날일자걸침에서 공격형 정석

9형 한칸협공에 한칸뜀과 날일자씌움

90

10형 날일자씌움에 나와끊음

96

11형 한칸협공에 변과 귀의 붙임

102

12형 한칸높은협공에 뛰어나감

109

13형 한칸높은협공에 날일자 진출

115

14형 한칸높은협공에 귀와 변의 붙임

121

15형 두칸협공에서 기본 변화

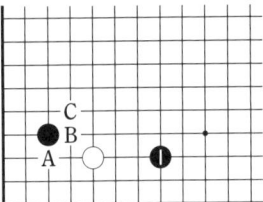

128

16형 두칸협공에서 나와끊는 변화

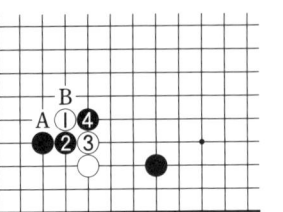

134

17형 두칸높은협공에서 구형 변화

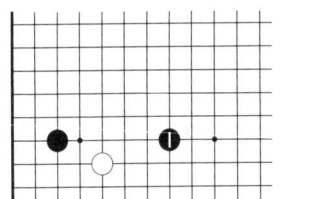

146

18형 두칸높은협공에서 날일자씌움의 기본

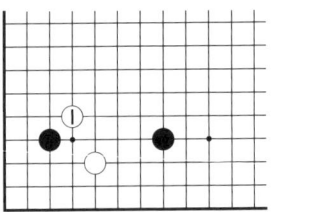

156

19형 두칸높은협공에서 날일자씌움의 심화

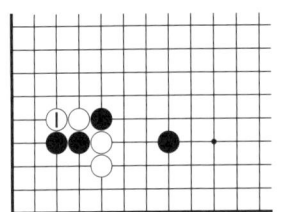

162

20형 세칸협공에서 귀와 변의 간명책

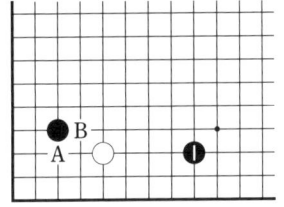

171

21형 세칸협공에서 능동적인 씌움

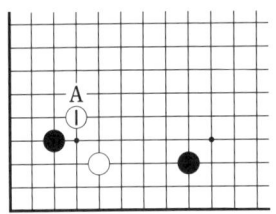

178

실전 정석활용 • 185

22형 한칸걸침에서 한칸협공

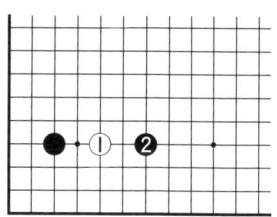

190

23형 한칸낮은협공에서 여러 응수와 핵심 변화

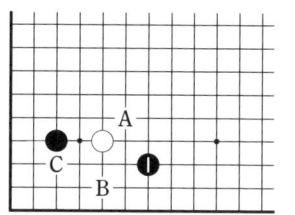

196

24형 한칸낮은협공에서 귀의 붙임에 젖힘

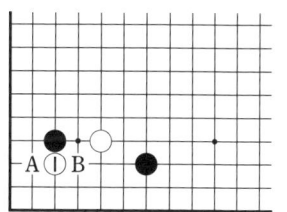

203

25형 두칸협공에서 뜀과 눈목자씌움

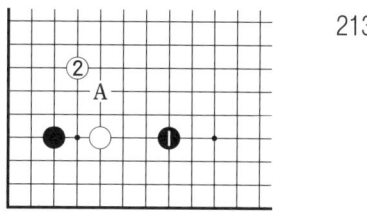

213

26형 두칸협공에서 귀의 붙임

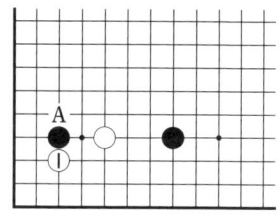

224

27형 두칸낮은협공에서 핵심 변화

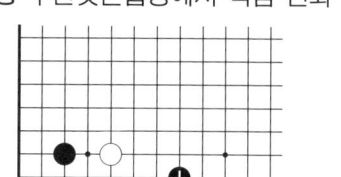

231

실전 정석활용 • 241

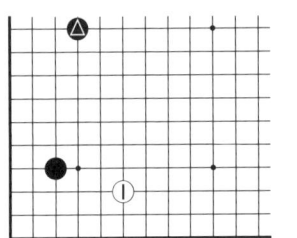
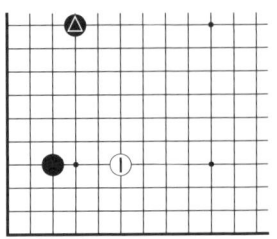
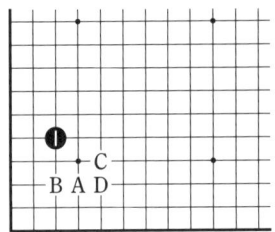
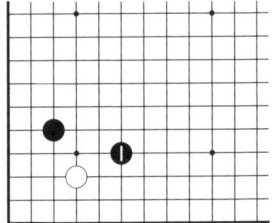
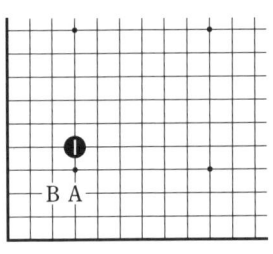

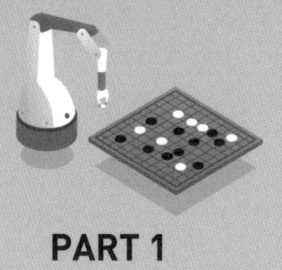

PART 1

귀부터 지키는
수비형 정석

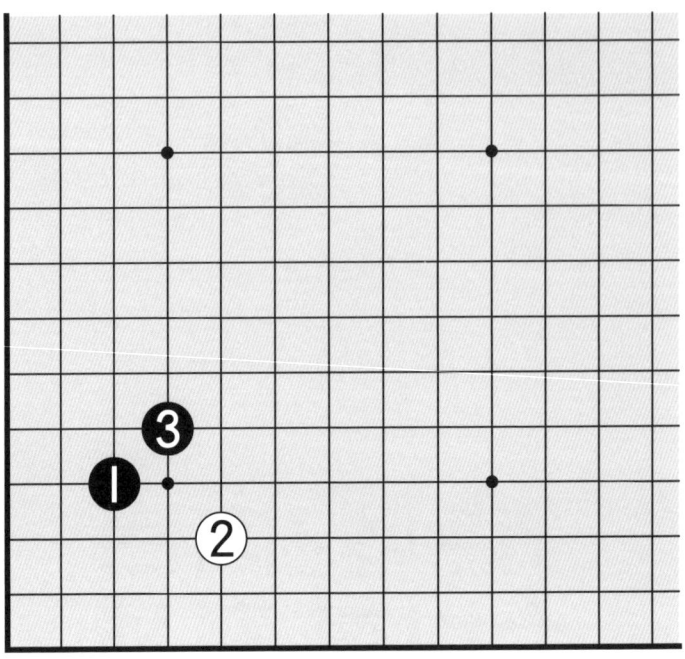

기본형

　흑1의 소목은 귀를 한 수로 결정하지 않은 만큼 이후 걸침에 따라 다음 작전을 구상하겠다는 뜻이다. 백2의 날일자는 실리 위주의 보편적인 걸침인데 흑3의 마늘모는 가장 견실하면서도 두터운 수비법이다. 과거 절대 강자였던 슈사쿠가 애용해서 '슈사쿠의 마늘모'로 알려진 필승 전법인데 오늘날 AI의 눈으로도 높게 평가받고 있다.

　더불어 실전에 자주 등장하는 간명한 귀쪽 붙임 정석과 주로 손해 보는 위붙임에 대해서도 여기서 알아본다.

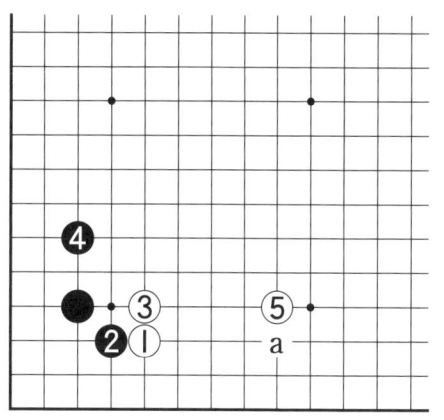

1도

1도 (간명한 정석)

본론으로 들어가기에 앞서, 백1에 걸칠 때 흑2, 4로 붙이면서 귀의 실리를 지키는 것은 두터움을 허용해서 한때 속수로 간주했지만 AI가 정석으로 인정하고부터 실전에서 간명하게 처리하고 싶을 때 자주 사용한다. 백은 5로 높게 벌리는 것이 보통이며 실리를 중시하면 a로 낮게 벌린다.

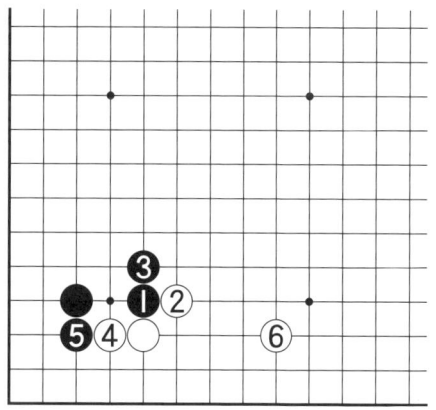

2도

2도 (흑, 손해)

화점에서 위붙임은 각광받지만 소목에서 흑1로 붙이고 나서 6까지 되면 귀의 근거가 빈약해서 흑의 손해이다.

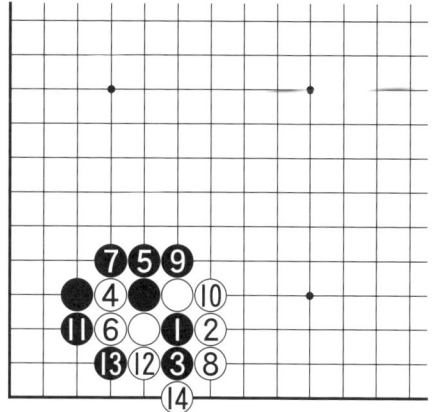

3도

3도 (백, 월등)

앞 그림 백2 때 흑1로 끊는 것은 백2에 흑3으로 키운 후 바깥을 조이며 두텁게 하려는 뜻이지만 14까지 두점을 잡은 백의 두터움이 월등하다.

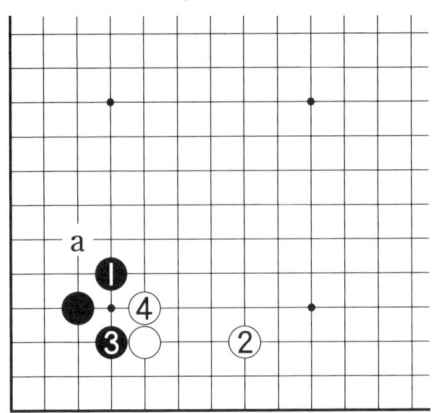

4도

4도 (안정적 두칸벌림)

이제 본격적으로 흑1의 마늘모 수비 이후의 변화에 대해 알아본다. 백2의 두칸은 안정적 벌림으로 많이 둔다. 흑3으로 붙이면 백4로 '이립이전'의 비효율이 되지만 흑도 1이 a 자리보다 엷은 만큼 우열을 논할 단계가 아니다.

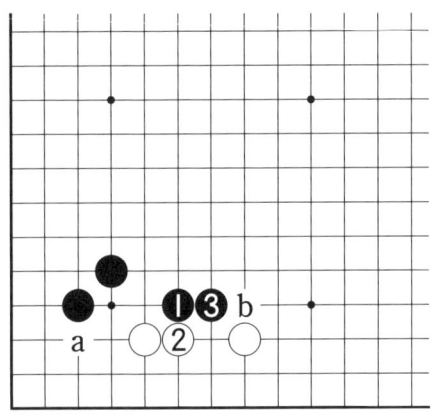

5도

5도 (눌러가는 경우)

흑은 1, 3으로 두텁게 눌러가며 둘 수도 있다. 다음 백은 상황에 따라 a로 귀에 붙여 안정하거나 b로 중앙에서 맞서도 된다.

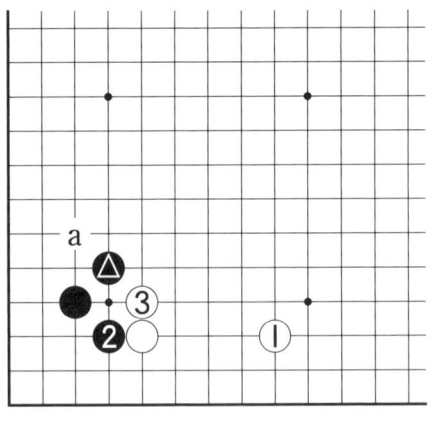

6도

6도 (흑, 불만)

처음으로 돌아가서 백1의 세칸벌림도 많이 둔다. 이때 흑2로 붙이면 백3으로 '이립삼전'의 좋은 모양을 허용해서 흑이 불만이다.

　이 모양은 흑▲가 a에 있어야 완전하다(1도 참조).

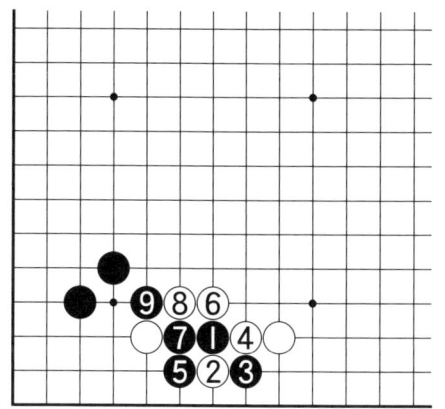

7도

7도 (세칸벌림에 침입)

세칸벌림에 흑1로 침입하면 어떻게 대처할까. 백2의 2선 붙임이 예전부터 두었던 하나의 방안이다. 흑은 3 이하 9까지 끊어가는 것이 강수이며~

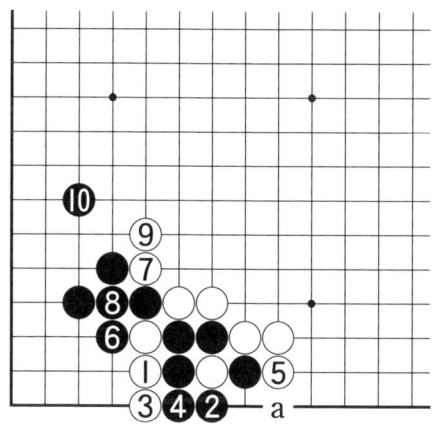

8도

8도 (상용 변화)

백1, 3을 사석으로 활용하며 10까지 상용 변화인데 일단 AI는 흑의 실리가 좋다고 진단한다.

　백도 a쪽이 선수인 만큼 두터워서 상황에 따라 둘 수 있다.

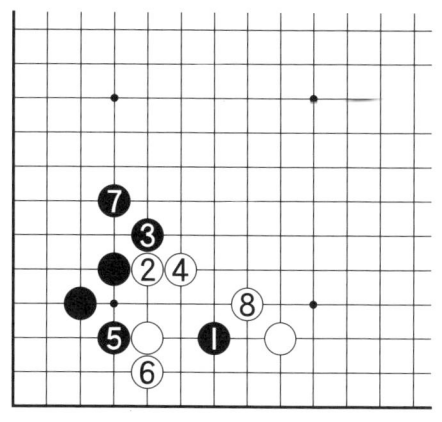

9도

9도 (고전 정석)

흑1의 침입에 백2로 기대어 이하 8까지 되면 한때 상용했던 고전 정석인데 AI의 눈으로는 백이 미흡하다고 본다.

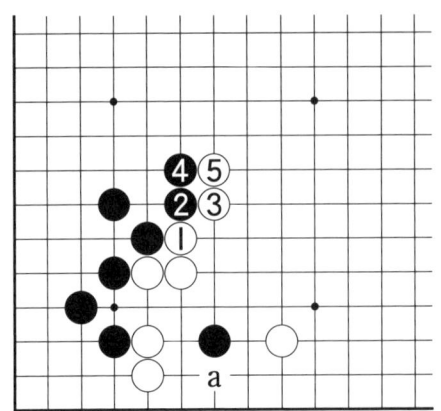

10도

10도 (백, 활발)

백은 앞 그림 8로 지키지 말고 이 그림 1 이하 5로 밀어가는 것이 효율적이라고 한다.

하변은 a의 연결고리가 있으므로 이렇게 두면 백이 활발하다는 AI의 진단이다.

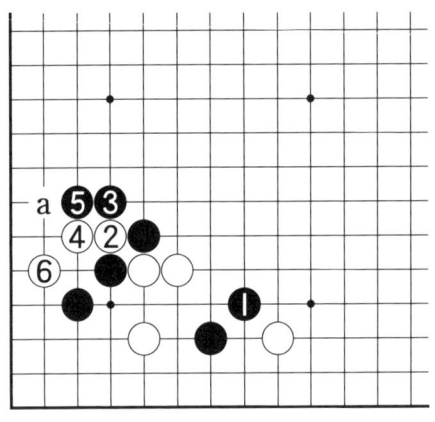

11도

11도 (통렬한 끊음)

9도 백4 때 흑이 좌측 약점을 지키지 않고 1로 나가면 백2의 끊음이 통렬하다. 흑3, 5로 백이 몰리는 듯 보여도 6의 마늘모 행마가 교묘해서 흑은 a쪽을 우선 방어해야 하는데~

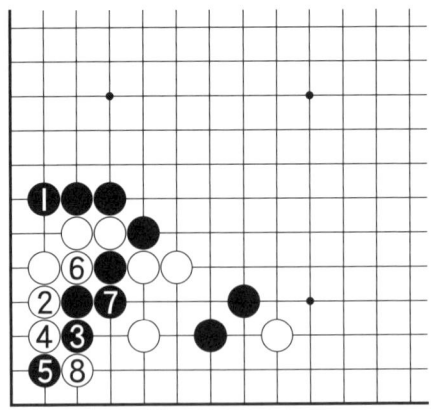

12도

12도 (귀에 파고들어 끊음)

흑1로 추궁하면 백2, 4로 파고든 후 이하 8로 끊는 수가 작렬한다. 이러면 흑이 정면 수상전으로는 불리하므로~

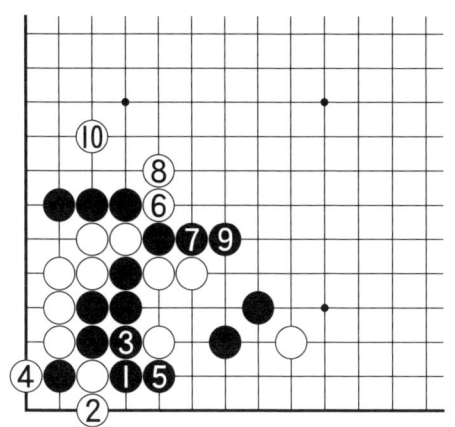

13도

13도 (백, 만족)

흑1 이하 5로 귀를 포기하고 물러서는 것은 필연인데, 백은 6 이하 10으로 좌변까지 제압해서 만족이다. 그동안 흑은 하변에서 석점을 잡으며 강해졌지만 전체적으로 불리한 국면이다.

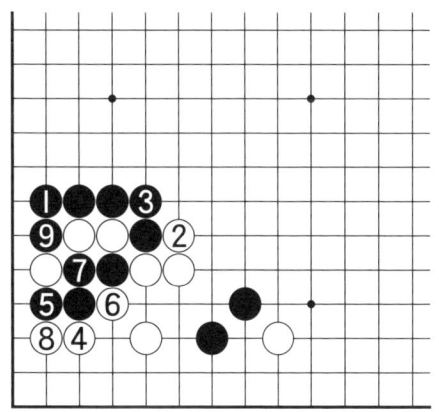

14도

14도 (선수 조임)

흑1에 백2를 결정하고 4로 붙인 후 9까지 귀를 선수로 조여서 두어도 백이 활발한 국면이다.

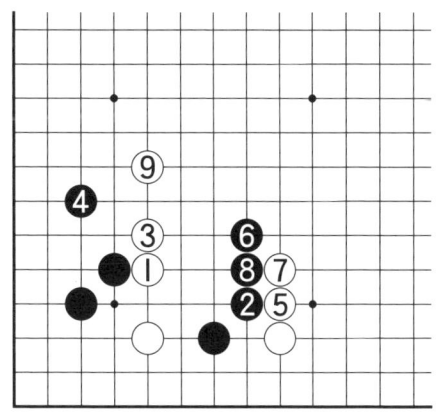

15도

15도 (백, 활발한 싸움)

거슬러 올라가 백1로 기댈 때 흑2로 곧장 나가도 백3이 힘차다. 흑4로 받으면 백5로 몰면서 9까지 백이 활발한 싸움이다.

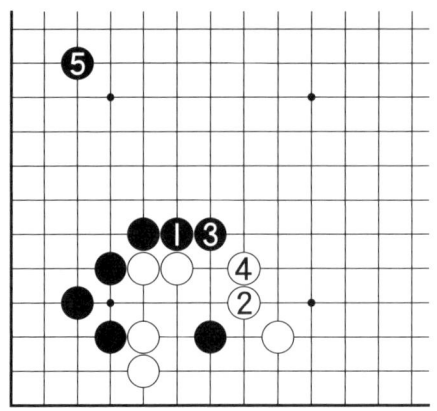

16도

16도 (추천 변화)

9도 백6 때 흑1, 3으로 힘차게 결정한 후 5로 세력을 크게 활용하는 것이 AI가 추천하는 변화이다. 수순 중 백2, 4도 AI가 알려주는 수비법인데 서로 타협 흐름이다.

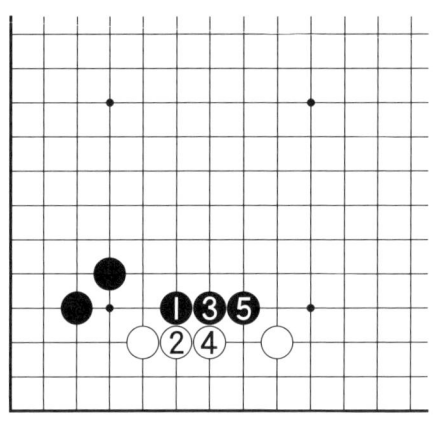

17도

17도 (눌러가는 경우)

되돌아가서 흑이 침입하는 대신 두텁게 두자면 1 이하 5로 눌러갈 수 있다. 백은 자연스럽게 실리로 전향하는 흐름이 된다.

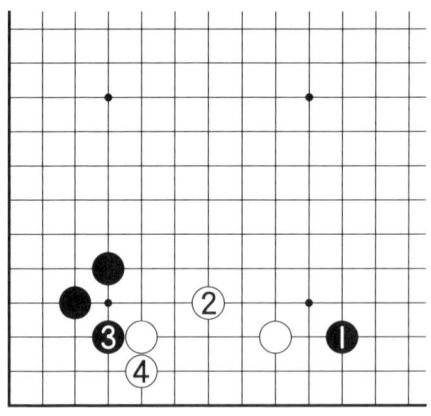

18도

18도 (변에서 다가섬)

흑1로 변에서 다가서면 백2로 지키는 것이 가장 안정적인데, 흑3에는 백4로 내려서는 것이 보편적이다.

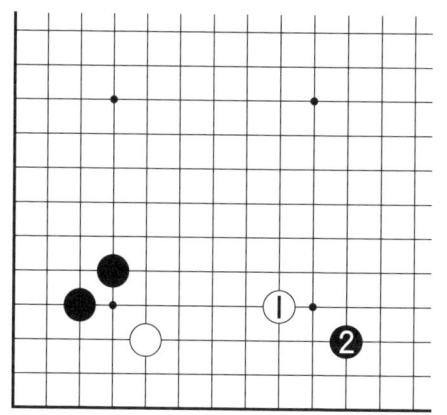

19도

19도 (허술한 벌림)

처음으로 돌아가서, 마늘모 수비에서 백1로 높게 벌리는 것은 모양이 허술해서 바람직하지 않다. 흑2로 다가설 때가 문제인데~

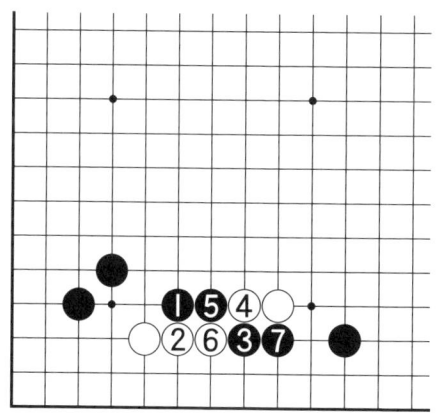

20도

20도 (백, 곤란)

백이 손을 빼면 흑1, 3으로 양쪽을 가르는 행마가 그럴듯하다.

다음 백이 어떻게 해도 연결은 불가능한데 가령 알기 쉽게 7까지 되면 백이 곤란하다.

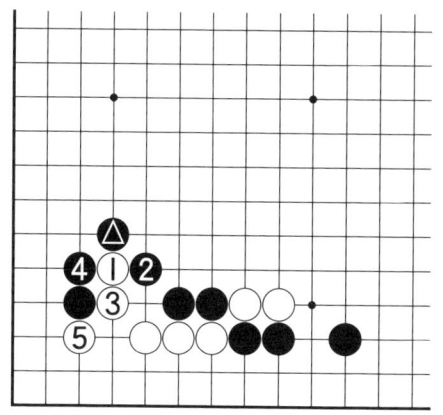

21도

21도 (날일자 수비의 경우)

참고로 흑▲의 날일자 수비의 경우라면 백이 높게 벌려도 무방한데, 앞 그림처럼 진행되더라도 백1로 붙여 5까지 귀에서 보기 좋게 수습할 수 있다.

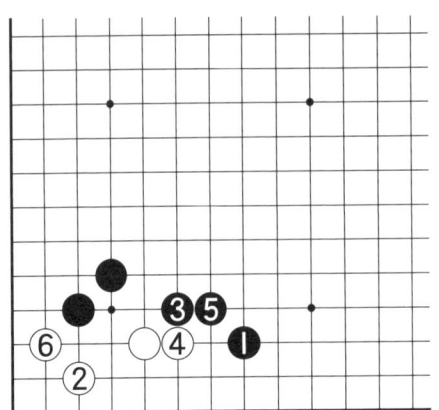

22도

22도 (상용 협공)

실전에서는 마늘모 수비에 백이 손을 빼는 경우도 많은데, 그러면 흑1의 두칸이 상용 협공이다.

백이 안정을 원한다면 2 이하 6 까지 귀에 근거를 잡는다. 대신 흑은 중앙을 봉쇄해서 두텁다.

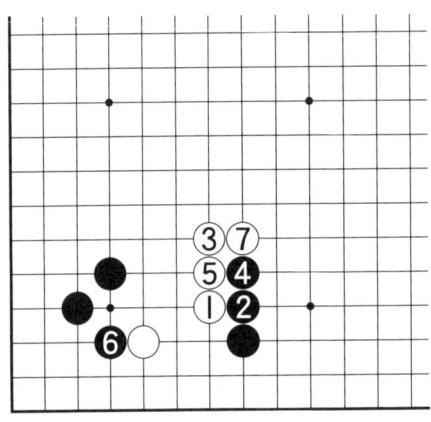

23도

23도 (예전 방식)

백이 중앙으로 나가자면 우선 1, 3이 가벼운 행마이다. 흑은 4, 6의 수순이 공수를 겸하는 귀의 지킴이고 백7은 두터운 꼬부림이다. 다만 이 수순은 예전 방식이다.

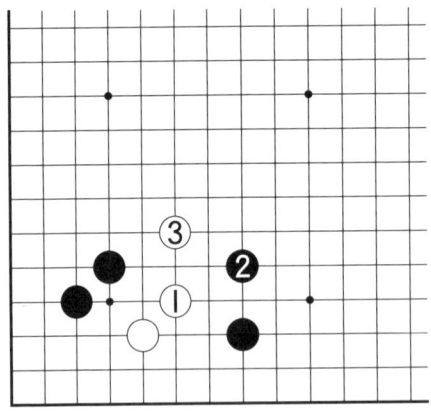

24도

24도 (최근 추세)

백1, 3이 최근 실전에서 많이 등장하는 탄력적인 중앙 진출인데, AI가 추천하는 간단명료한 행마법이다.

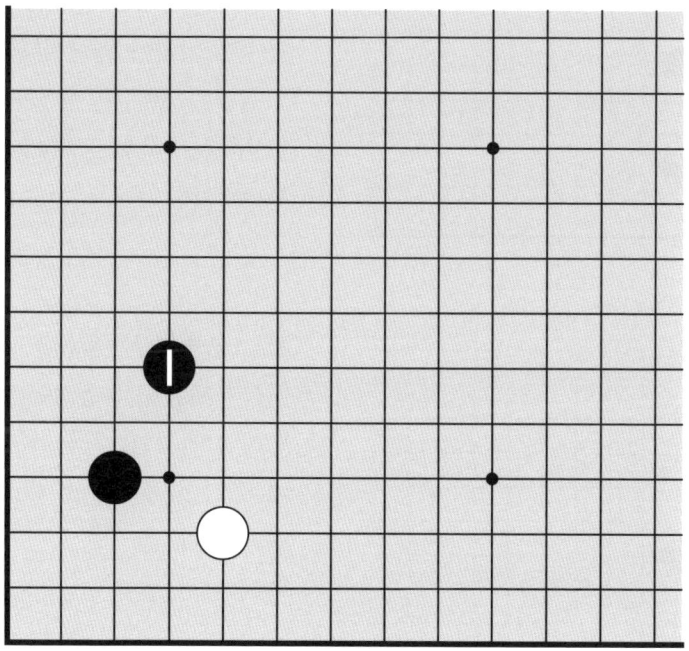

기본형

    소목 날일자걸침에서 흑1의 날일자받음도 많이 사용하는 귀의 수비법이다. 마늘모받음에 비해 변을 향해서는 효율적이지만 귀는 상대적으로 엷은 면이 있다.

    여기서는 기본 변화와 더불어 백이 손을 빼는 경우 흑의 협공 방법에 따라 귀에서 어떤 변화들이 숨어있는지 알아본다.

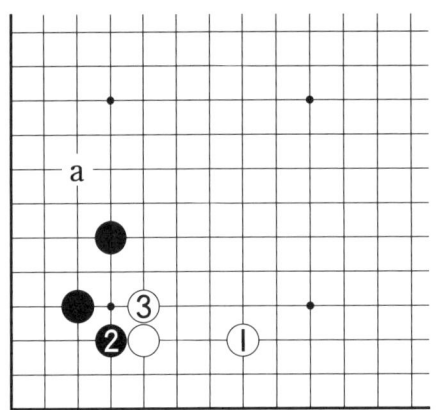

1도

1도 (안정적 두칸벌림)

귀의 날일자 수비에도 백1의 두칸 은 안정적 벌림이다. 흑2와 백3이 교환되면 '이립이전'으로 불만이지 만 흑도 a쪽이 엷어 부담이 된다.

실전이라면 흑2에 백이 손을 빼 고 두기도 하므로 흑의 이득이라 볼 수 없다.

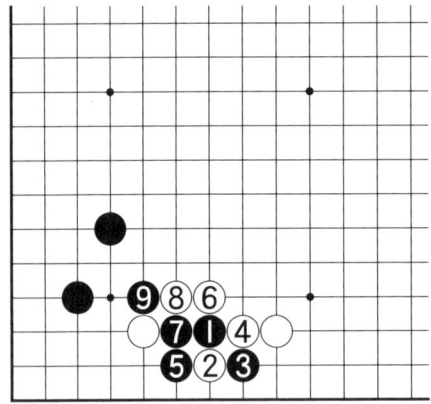

2도

2도 (능동적 세칸벌림)

백1의 세칸도 능동적인 벌림이다. 백이 a의 침입은 허용해도 b쪽 귀 에 수단이 생기므로 대응하기 어 렵지 않다.

3도 (침입에 붙임)

흑1의 침입에는 백2의 붙임도 하 나의 대처 방안이다. 흑3 이하 9 까지 끊어가는 것은 1형에서도 보 았던 상용 수순이며~

3도

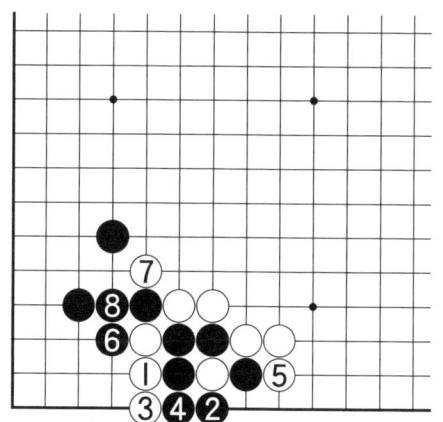

4도

4도 (상용 처리법)

백1, 3을 사석으로 활용한 후 8까지도 상용 처리법이다.

　일단 흑의 실리가 좋지만 백도 때로는 두터움으로 버틸 수 있다.

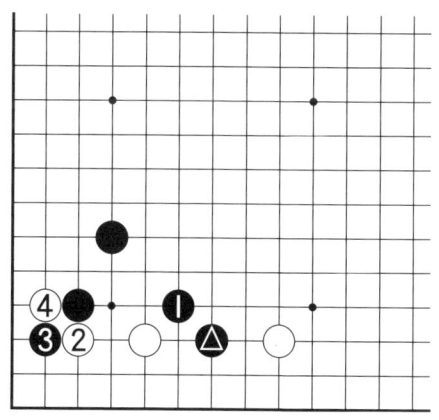

5도

5도 (귀의 뒷맛)

실전이라면 흑▲에 백은 맞부딪쳐 싸우기보다 손을 빼고 관망하기도 한다. 흑1로 포위해도 백2, 4로 귀의 뒷맛을 이용해 수습할 여지가 남아있다.

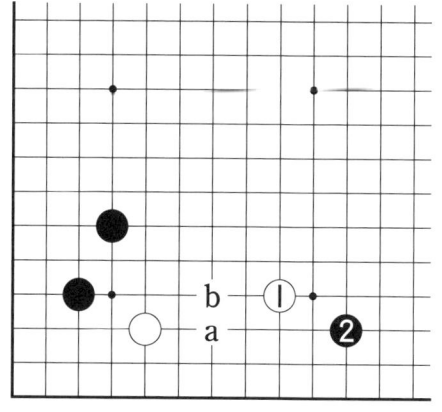

6도

6도 (높은 벌림의 경우)

귀의 날일자 수비에서는 백1의 높은 벌림도 중앙까지 고려한 넓은 안목으로 많이 둔다.

　세칸이라도 흑a의 침입에 이번에는 백b의 붙임이 제격이다. 흑2로 다가설 때 백이 손을 빼도 큰 우려가 없다.

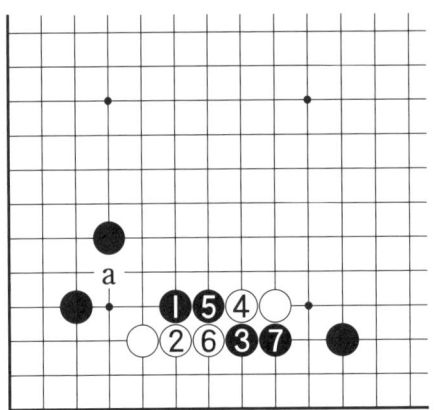

7도

7도 (귀에서 수습 가능)

이다음 흑1, 3으로 치중해서 7까지 백이 갈라져도 a의 엷은 곳을 공략하면 백의 수습도 능률적으로 이루어진다(1형 21도 참조).

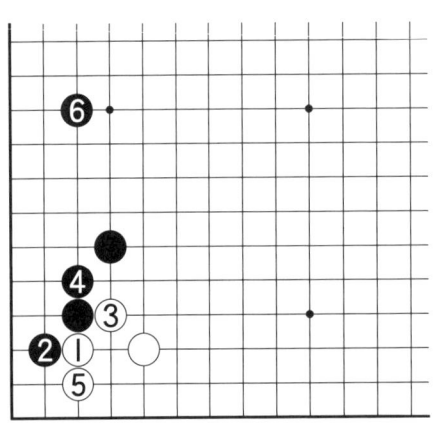

8도

8도 (백의 주문)

백이 벌리는 대신 귀부터 둔다면 1의 붙임이 보통인데 이하 6까지되면 서로 무난하지만 백이 귀에 안착해서 편한 만큼 백의 주문이기도 하다.

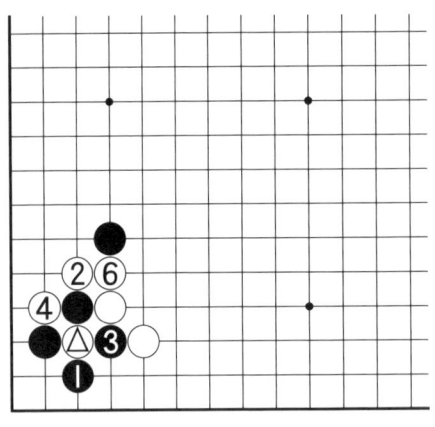

9도

5··△

9도 (필연)

앞 그림 백3 때 흑1로 반발하고싶다. 이때 백이 이으면 모양이 무너지므로 2로 되단수해서 6까지는 필연이다.

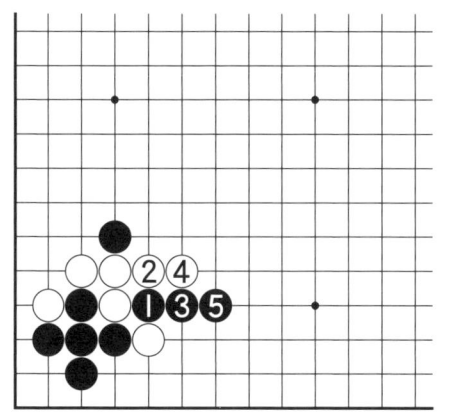

10도

10도 (실리 허용)

이다음 흑1로 약점을 끊으면 백의 다음 수가 궁한데, 알기 쉽게 밀어 5까지 된다면 실리를 잔뜩 허용해서 백의 실패이다.

따라서 8도 백이 귀에 단독으로는 붙이기 어렵다.

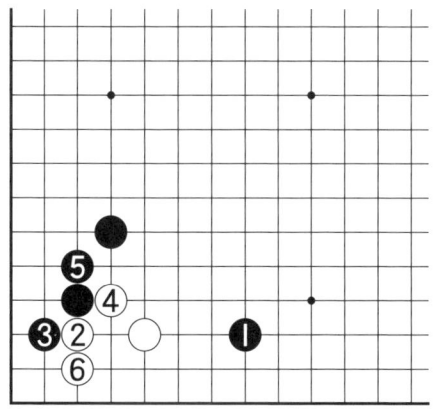

11도

11도 (두칸협공에서 백의 안정)

백이 손을 빼고 흑1로 두칸협공한다면 이제는 백도 2로 붙여 6까지 안정할 수 있다.

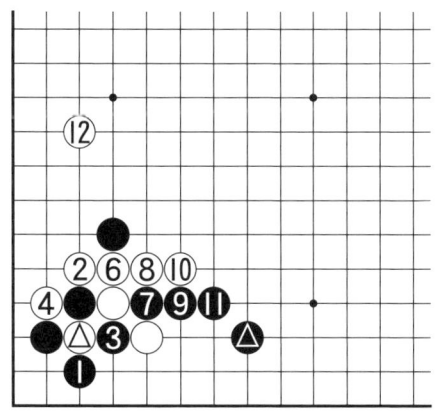

12도

⑤…△

12도 (흑, 불만)

앞 그림 백4 때도 흑1로 반발하면 역시 백은 2로 되단수해서 두지만 상황은 10도와 달라진다.

흑7로 끊을 때 백8, 10으로 밀어놓고 12로 된 결과를 보면 애초 협공했던 흑△가 제 역할을 못한 점이 불만이다.

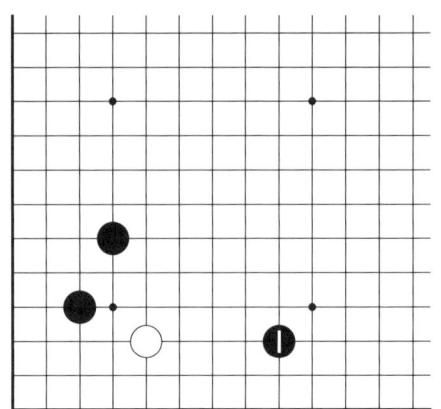

13도

13도 (전략적 세칸협공)

백이 손을 빼는 경우 흑1의 세칸 협공이 느슨하지만 전략적 의도가 숨어있다.

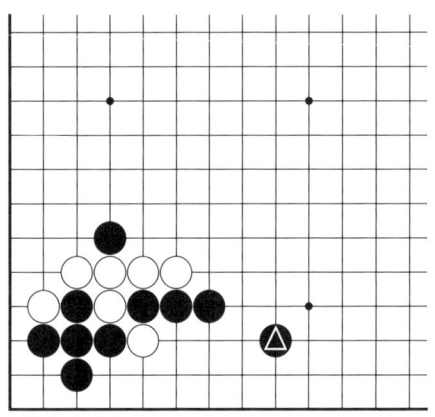

14도

14도 (효율적 위치)

이다음 12도와 같이 진행된다면 이런 모양이 형성되는데, 이번에는 흑▲의 위치가 12도보다 효율적이다. 바둑은 한줄 차이가 유불리에 영향을 주는 게임이란 걸 상기하자.

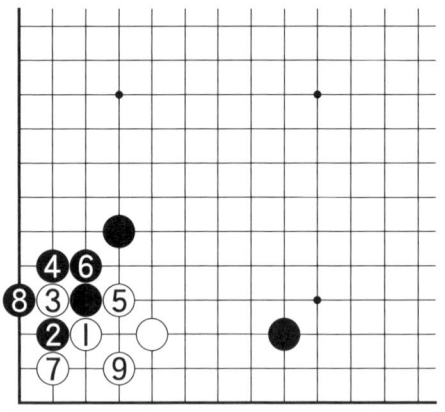

15도

15도 (백, 편한 수습)

이럴 때는 백1, 3의 맞끊음이 효과적인 수습책이다. 흑4로 한점을 잡고 이하 9까지 정리된다면 백이 쉽게 안정해서 편하다.

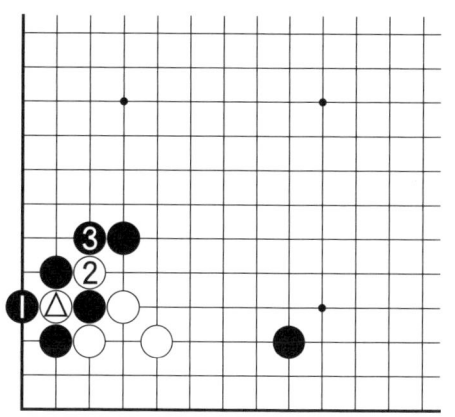

16도

④‥△

16도 (백의 선패)

앞 그림 백5 때 흑이 잇지 않고 1로 잡는 것은 백2에 흑3으로 단수쳐서 패를 하겠다는 뜻인데, 백이 4의 선패이므로 흑이 팻감에 자신 없다면 이런 진행은 부담이다.

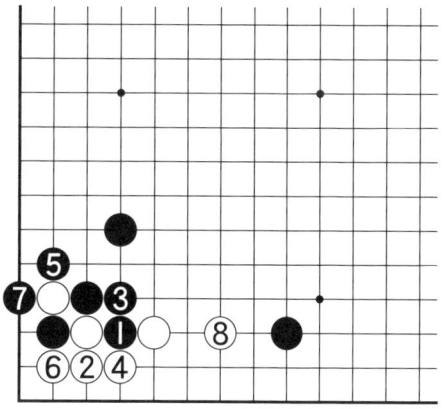

17도

17도 (백, 안정)

15도 백3 때 흑1, 3을 선수하고 5로 잡는 것은 두텁게 정리하려는 뜻이다. 그렇더라도 백이 6, 8로 안정하면 편하다.

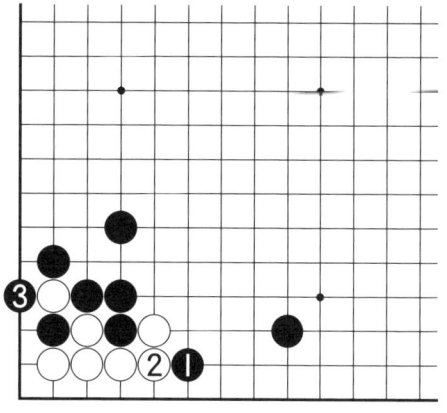

18도

18도 (백, 미생)

앞 그림 백6 때 흑1로 들여다보는 것이 좋은 착상이다.

백2로 이으면 이때 흑3으로 잡겠다는 뜻이며 백이 미생으로 시달리는 흐름이다.

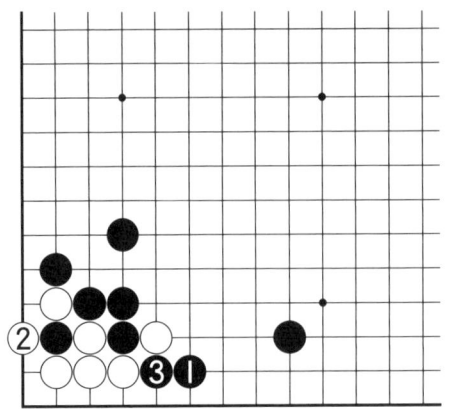

19도

19도 (타협 흐름)

흑1에는 백2로 한점을 잡고 귀에서 본진이라도 안정하는 것이 편하다.

흑도 3으로 끊어 두터운 성과를 얻었으니 이 진행이라면 타협 흐름이다.

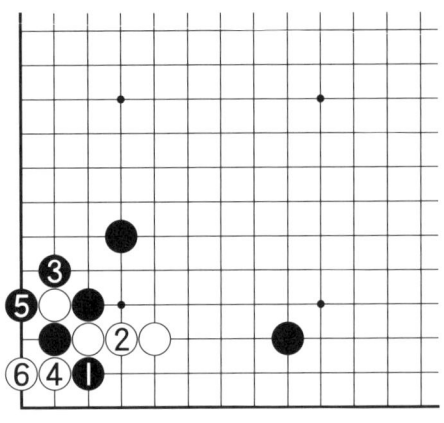

20도

20도 (백, 미흡)

15도 백3 때 흑1, 3으로 귀쪽에서 선수해놓고 잡는 것은 백 모양의 탄력을 주지 않으려는 뜻이다.

이때 백4, 6으로 귀의 한점을 잡는 것은 미흡한 선택이다.

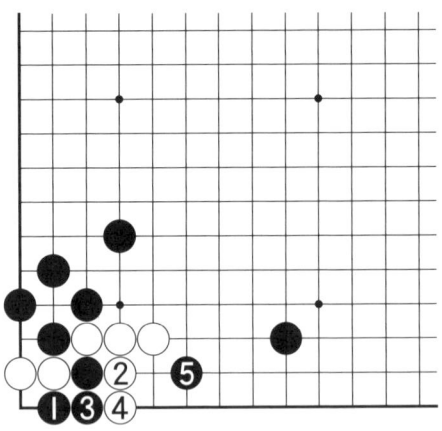

21도

21도 (미생)

귀가 안정이 되면 백의 선택도 가능하겠지만 이 모양에서는 흑1, 3으로 키워놓고 5로 공격하는 수단이 남아있다. 졸지에 백이 미생으로 전락한 모습이다.

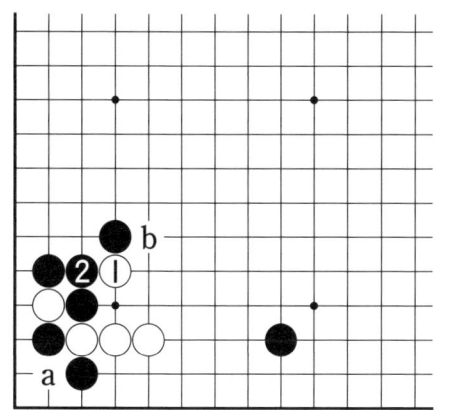

22도

22도 (백의 이득)

20도 흑3 때 백1의 붙임이 교묘한 응수타진이다. 이때 흑2로 받는 것은 백a의 끊음이 여전해서 1의 활용만큼 백의 이득이다.

이제 백은 b로 젖히는 힘이 생겨 한층 수습하기가 수월해진다.

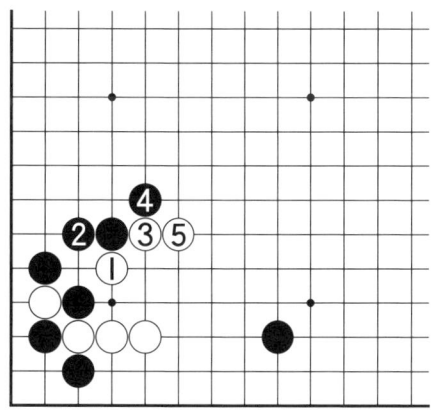

23도

23도 (자연스런 진행)

백1에 흑도 2로 물러서는 것이 효율적이며 일단 백도 3, 5로 중앙에 진출하면 서로 자연스런 진행이다.

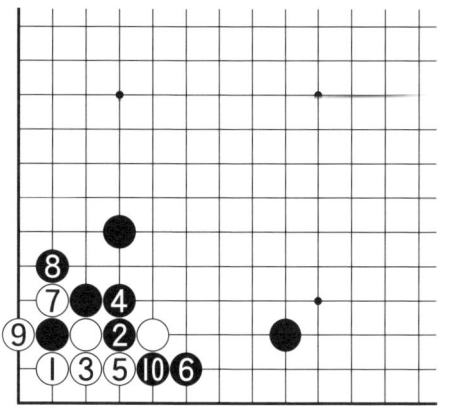

24도

24도 (환원)

15도 흑2 때 백1의 젖힘도 상용 수습책이다.

흑2, 4로 위에서 단수치고 잇는 것은 두터운 정리법이며 이하 10까지 되면 19도의 환원이다.

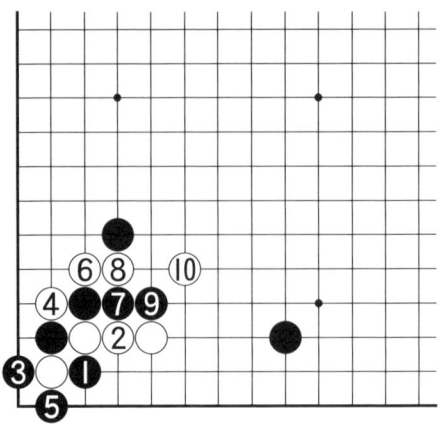

25도

25도 (실리 작전과 대응)

백이 귀로 젖힐 때 흑1, 3으로 한 점을 잡는 것은 실리 작전이다. 백은 4를 선수한 후 6 이하 10으로 씌우는 것이 준비된 대응이다.

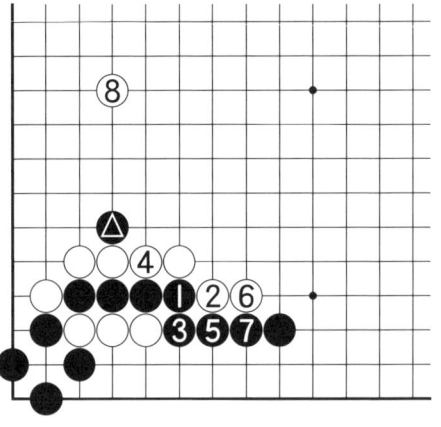

26도

26도 (최선의 정리)

이다음 흑1로 나갈 때 백은 2 이하 6까지 하변을 눌러놓고 8로 모양을 구축하는 것이 최선의 정리법이다.

　이 과정에서 흑▲도 제압했으니 하변 흑의 실리를 허용하면서도 타협된 모습이다.

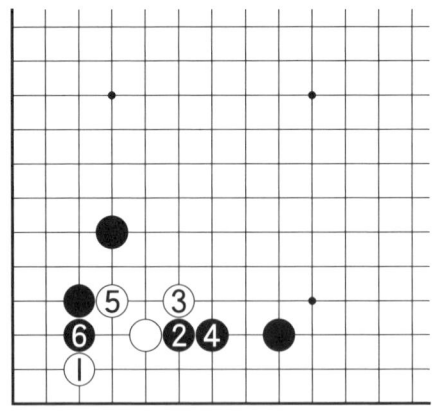

27도

27도 (백, 피곤)

되돌아가서 백1의 날일자는 좁은 지역인 만큼 느슨한 행마이다.

　흑2의 붙임이 배워둘 맥이다. 백3, 5로 모양을 갖추려 해도 흑6의 급소를 맞으면 근거가 박탈되어 백이 피곤한 흐름이다.

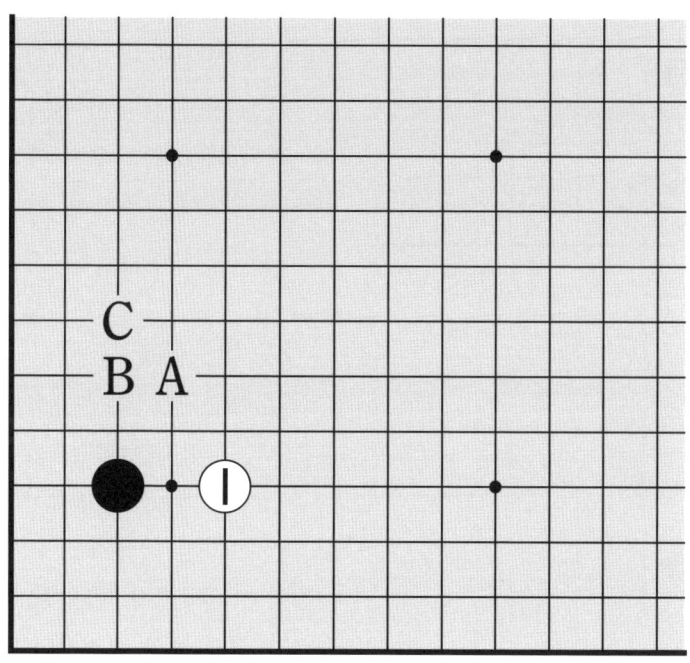

기본형

소목에 백1의 한칸은 귀보다 중앙을 중시한 세력 위주의 보편적 걸침이다. 이때 흑이 수비적 태도로 임한다면 귀나 변에서 받을 수 있는데, 보통 AI는 귀의 실리를 중시하는 경향이 있다.

여기서는 우선 A～C 등 변에서 받는 경우에 대해 알아본다.

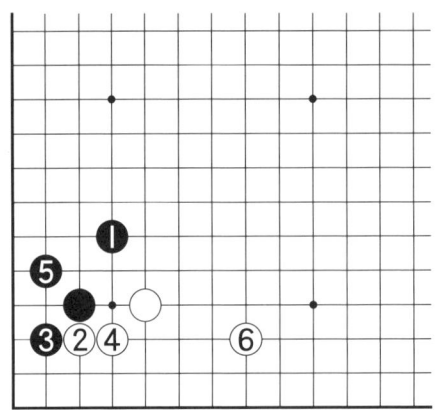

1도

1도 (날일자받음)

흑1의 날일자는 변과 중앙의 발전을 위한 유연한 받음인데, 백2로 붙인 후 6까지는 이런 경우의 대표적 정석이다. 다만 AI의 관점에서는 귀를 잠식한 백이 편하다고 해서 특별한 상황이 아니라면 실전에서 거의 두지 않는다.

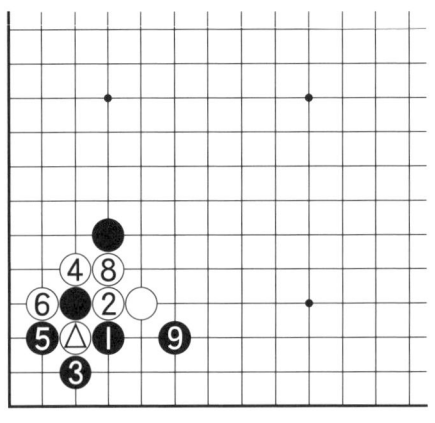

2도

2도 (백, 실패)

앞 그림 백2 때 흑1, 3의 반격은 노림은 있지만 속임수에 가깝다.

이때 백4로 단수쳐서 9까지 되면 실리만 허용하고 근거가 없는 백이 실패이다. 흑의 속임수가 보기 좋게 통한 결과이다.

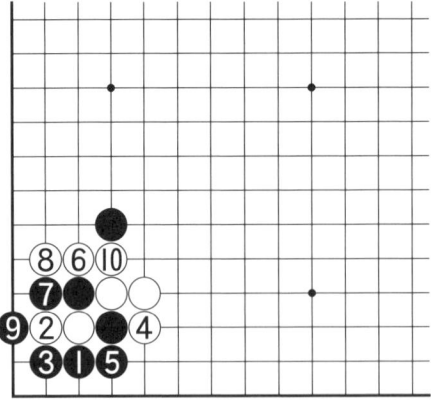

3도

3도 (백, 두터움)

흑1의 단수에는 일단 백2로 나가야 한다.

흑은 어느 쪽이든 따라 막아야 하는데 3으로 귀쪽에서 막으면 백4 이하 8까지 모두 선수한 후 10으로 이어 백이 두터운 흐름이다.

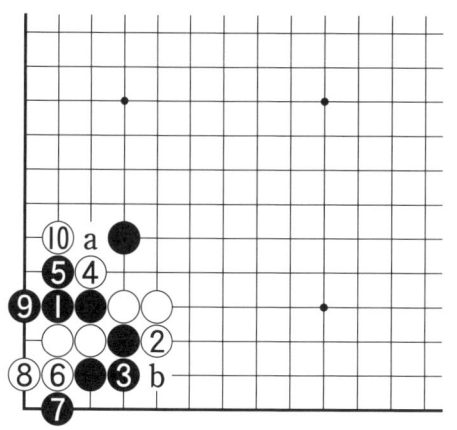

4도

4도 (흑, 자충)

앞 그림 백2 때 흑1로 변쪽에서 막으면 백2를 결정한 후 4의 젖힘이 효과적 수순이다. 이때 흑5로 나가고 싶지만 백6, 8로 귀에 수단이 생긴다. 흑9에 백10이면 흑은 자충이 되어 a로 둘 수밖에 없고 백b면 하변 흑이 잡힌다.

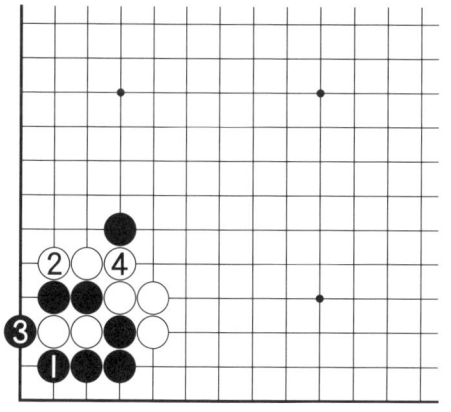

5도

5도 (환원)

결국 앞 그림 백4 때 흑1로 두점을 잡을 수밖에 없으니 백2, 4로 되면 3도의 환원이다.

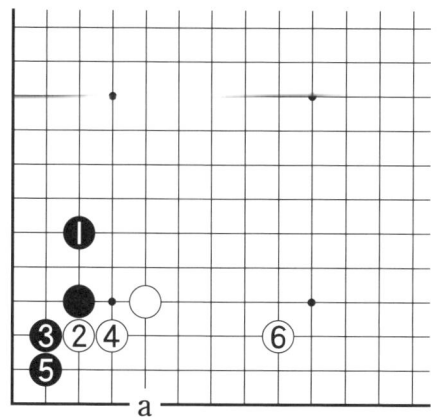

6도

6도 (한칸받음)

기본형 다음 흑1의 한칸으로 받고 백2에 흑3, 5로 뻗으면 백6에 벌리는 진행도 예전 정석이었다.

차후 흑은 a의 끝내기를 기대할 수 있어 1도에 비해 실속은 있지만 대신 발전성이 약한데 AI시대에는 역시 귀가 잠식된 흑이 미흡하다고 본다.

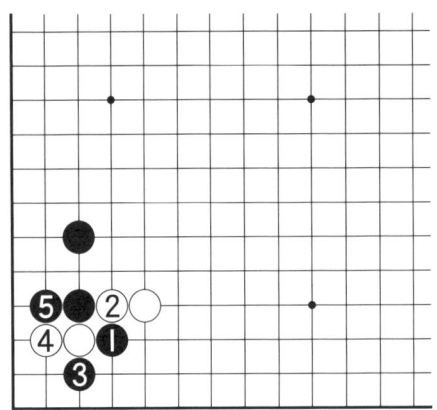

7도

7도 (흑의 일책)

흑이 귀의 실리를 확실하게 지키려면 앞 그림 백2 때 흑1, 3으로 되감아서 5로 몰아가는 것이 일책이다.

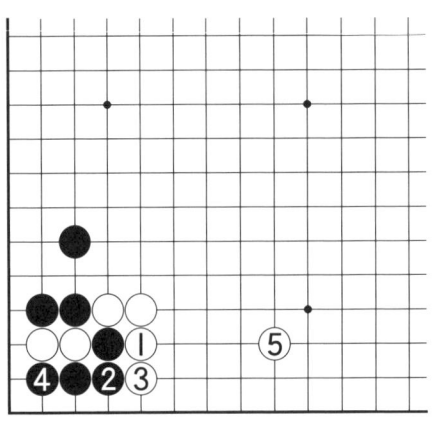

8도

8도 (변에 정착하며 타협)

이다음 백도 1, 3을 선수한 후 5로 벌려 하변에 정착하면 두텁게 정리되며 서로 타협이다.

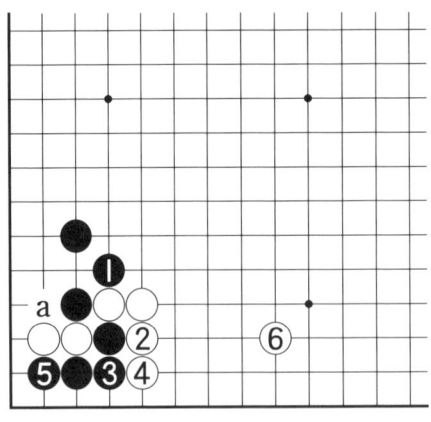

9도

9도 (흑, 월등)

7도 백4 때 흑1의 호구는 노림수이다. 정석 수순대로 백이 2 이하 6까지 정리하면 a에 있던 흑돌이 1의 좋은 자리로 변신한 만큼 흑이 월등하다.

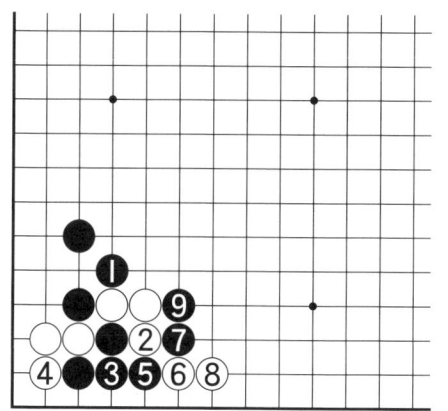

10도

10도 (축)

흑1에 백2, 4로 하변 전체를 잡으러가는 것은 주변이 열악해서 성급하다.

흑이 5, 7로 끊고 9로 몰면 축인데, 물론 이 축은 흑이 유리해야 1의 호구를 시도할 수 있다.

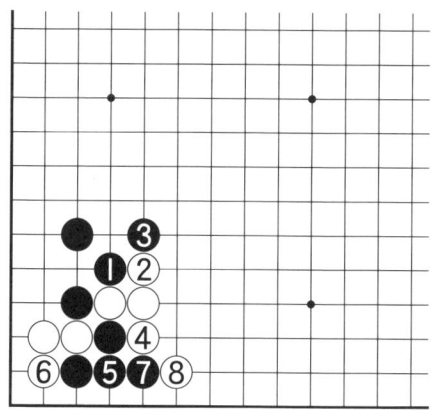

11도

11도 (흑, 잡힘)

흑1에 백2로 밀고 흑3으로 받으면 이제는 상황이 달라진다.

백은 4 이하 8까지 하변 흑을 잡을 수 있다.

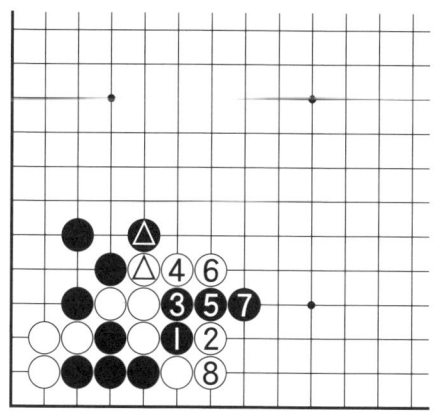

12도

12도 (교환의 영향)

이다음 흑1로 끊더라도 백이 2 이하 6으로 몰아놓고 8로 이으면 하변 흑을 잡는 데 아무 문제가 없다. 백△와 흑●의 교환으로 이런 돌변이 일어났음을 안다면~

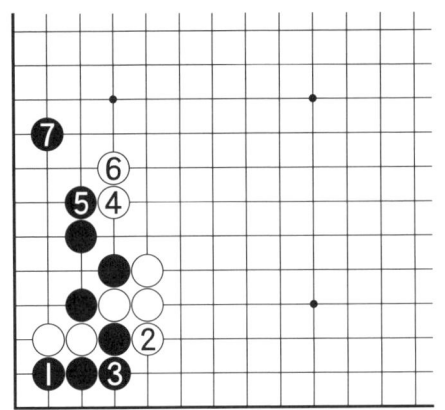

13도

13도 (백, 두터운 흐름)

11도 백2 때 흑도 1로 귀를 보강해야 하며 백2를 선수한 후 4, 6으로 눌러 가면 백이 실리를 허용했지만 두터운 흐름이다.

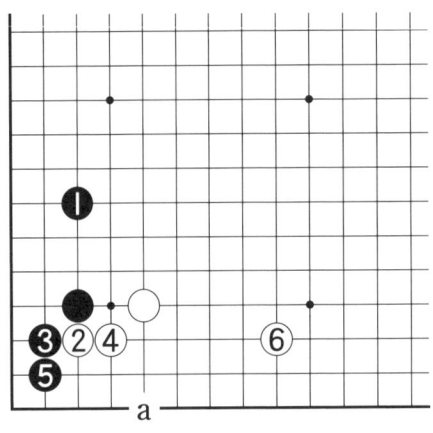

14도

14도 (흑, 두칸받음)

기본형 다음 흑1의 두칸받음은 변의 발전을 위함인데, 백2로 붙인 후 6까지 되면 흑이 a의 끝내기도 여전하며 6도보다 활발하다는 장점이 있다.

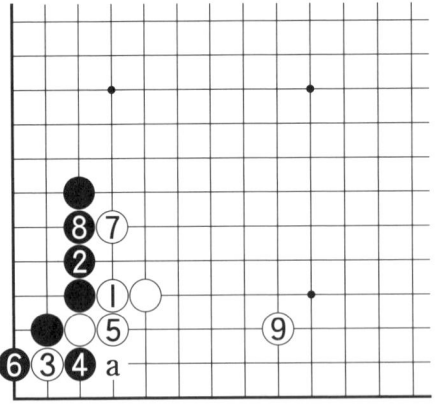

15도

15도 (치받고 이단젖힘)

앞 그림 흑3 때 백1, 3의 수순으로 치받고 이단젖힘이 좋은 착상이다. 흑4, 6으로 한점을 잡을 때 백7로 활용한 후 9로 벌리면 a가 선수인 만큼 타협이라 해도 백이 두터운 흐름이다.

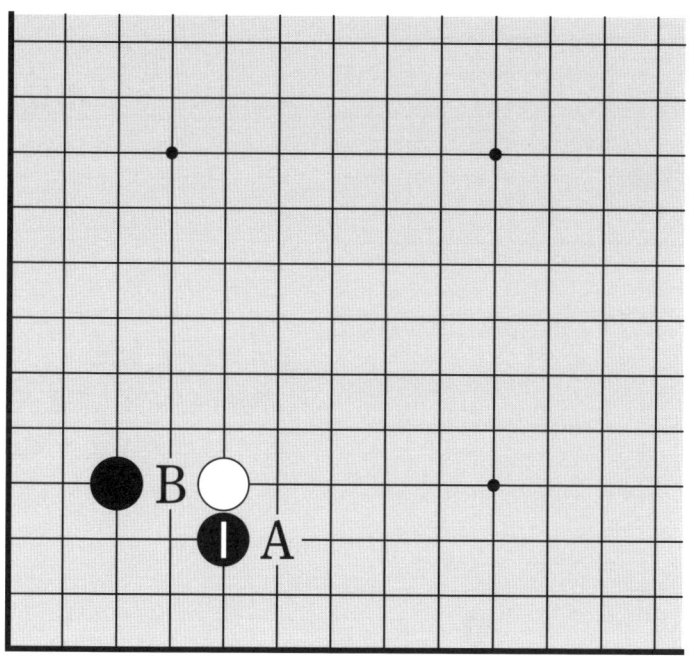

기본형

한칸걸침에서 흑1의 밑붙임은 AI도 애용하는 가장 보편적인 수비법이다. 백은 A와 B로 둘 수 있지만 A의 젖힘이면 무난하다. 백B는 밀어붙이기라 하는데 뭔가 국면을 주도하려는 뜻이 있지만 실리에 취약해서 많이 두지는 않는다. 여기서는 백A의 젖힘에 대해 주로 알아보며, 백B의 경우는 기본적인 변화만 다루고 특수한 변화는 4형과 5형에서 다루기로 한다.

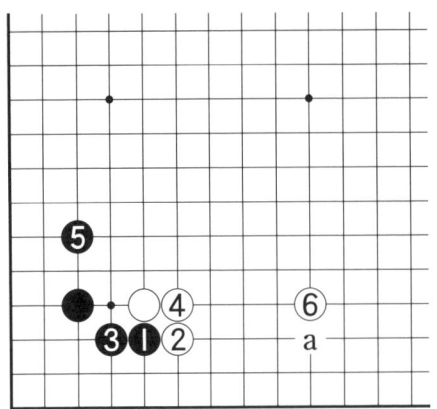

1도

1도 (국민정석)

흑1에 백2로 젖힌 후 6(또는 a)까지는 널리 알려진 국민정석이다. 수순 중 백4로 꽉 잇고 흑5로 한 칸 벌리는 점을 주시하는데 서로 단단한 수단으로 안정감이 있다.

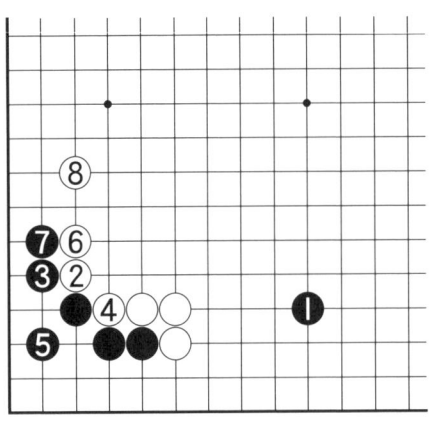

2도

2도 (서두른 협공)

그렇지 않고 앞 그림 흑5 대신 1로 협공을 서두르면 백이 2로 붙인 후 8까지 두터운 흐름이다.

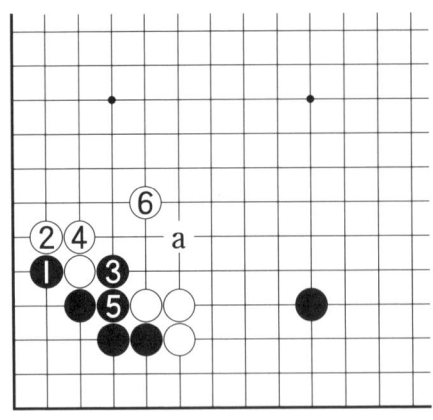

3도

3도 (백의 강수)

수순 중 흑1에 백2의 젖힘도 강수이다. 흑3, 5로 돌파되지만 다시 백6으로 포위해서 두겠다는 뜻이다. a로 가르는 약점이 노출되지만 백이 좌변을 틀어막고 싶을 때 사용한다.

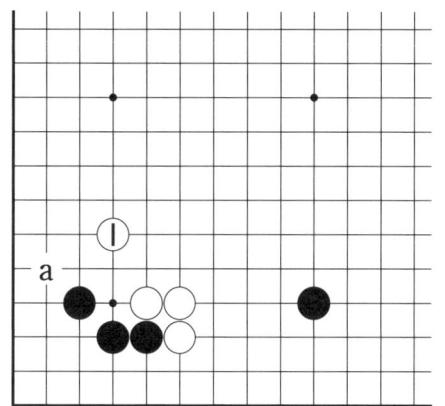

4도

4도 (날일자씌움의 장점)

실리에 민감한 AI는 백1의 날일자씌움도 두터운 수로 둘만하다고 알려준다. 이 수의 장점은 백a의 선수활용에 있는데 흑의 실리를 제한하는 효과가 있다. 2도와는 일장일단이 있다.

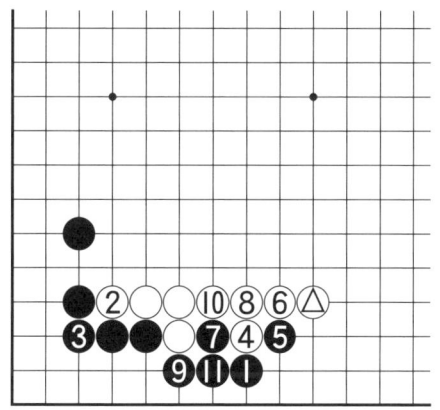

5도

5도 (2선 침입의 경우)

1도의 정석에서 백△가 높을 때는 흑1의 2선 침입이 일책이다. 백은 2의 활용이 적시의 타이밍이며 4 이하 11까지는 서로 정리하는 요령이다.

흑이 하변을 파괴했지만 백도 중앙이 선수로 두터운 만큼 적절한 시기가 아니면 흑이 불리하다.

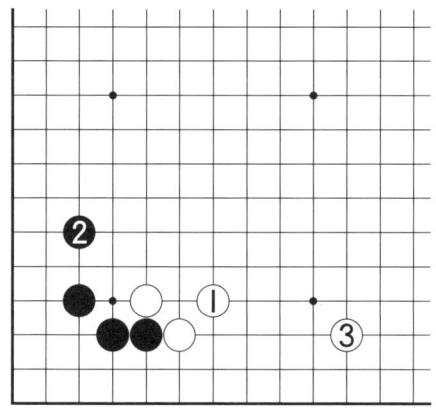

6도

6도 (보기 어려운 정석)

1도 흑3 때 백1로 호구치고 흑2로 받으면 백3의 벌림도 기본 정석이었지만 최근 고수의 실전에서는 보기 어려워졌다.

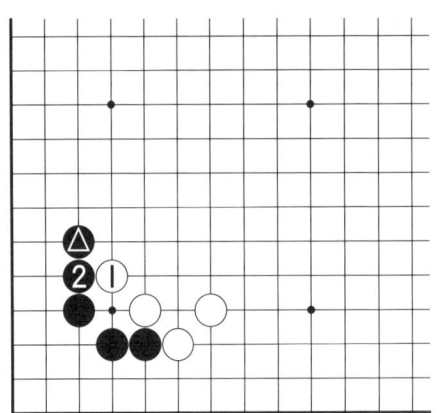

7도

7도 (활용)

그 이유 중 하나는 흑△로 받으면 백1과 흑2로 교환한 자체로 활용이며 백 모양에 탄력이 붙어 손을 빼도 충분하다는 AI의 진단이다.

따라서 흑△의 받음은 느슨하다는 것인데~

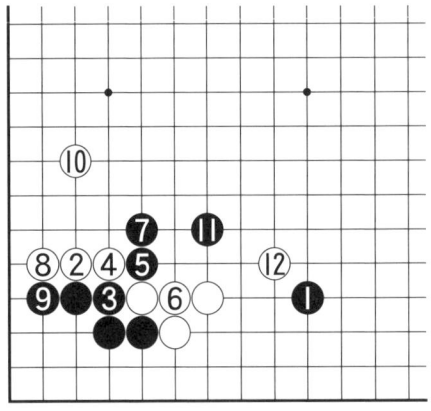

8도

8도 (전투)

차라리 흑은 좌변에 받지 않고 두는 것이 대국적이라는 진단이다. 흑이 손을 빼고 둔다는 뜻인데 그렇다고 1로 서둘러 협공하는 것은 바람직하지 않다.

이때 백2로 붙이고 흑도 3, 5로 반격해서 12까지 되면 예측할 수 없는 전투로 돌입한다.

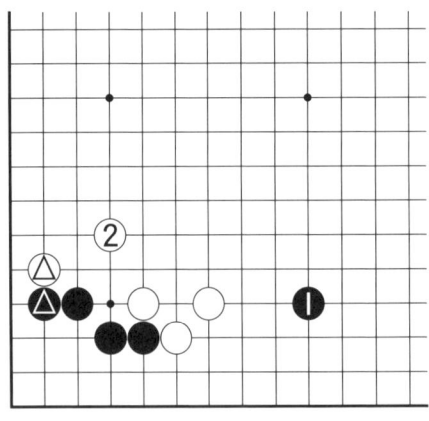

9도

9도 (유연한 씌움)

흑1에는 백도 2의 씌움이 유연하다. 이 모양에서는 △와 △로 교환되는 활용이 백의 선수 권리이며 가까이 다가온 하변 흑도 은근히 노리며 둘 수 있다.

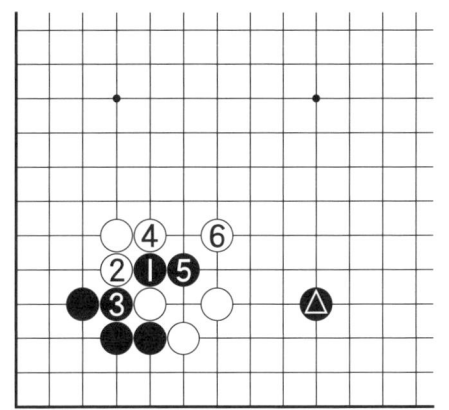

10도

10도 (두텁게 대처)

앞 그림 백2 다음 흑1로 약점을 노려도 백은 2 이하 6으로 씌워서 두텁게 대처할 수 있다.

이런 경우 흑은 ▲로 가까이 다가온 것이 부담이 된다.

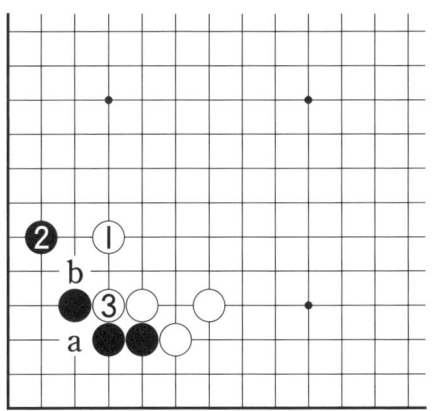

11도

11도 (흑, 느슨)

흑은 아예 큰 자리로 손을 빼는 것이 대국적인데 백의 호구가 허술해서 무시해도 좋다는 뜻이다.

그렇더라도 백1로 씌울 때 흑2로 그냥 받는 것은 느슨하다. 백3에 흑은 a나 b로 받아야하니 백은 두터움이 자연스럽고 흑의 효율이 떨어진다.

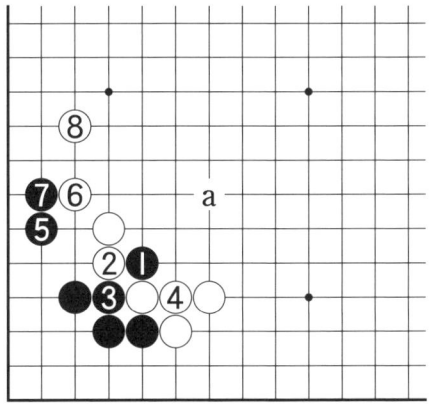

12도

12도 (사전공작 후 받음)

이때는 흑1, 3으로 백 모양에 단점을 만들어놓는 것이 좋고 백도 주변이 강하므로 4의 이음이 실리적이다. 이런 사전공작 후 흑이 5의 날일자로 받으면 충분하다고 본다. 백은 a의 두터운 지킴이 안정적이지만(AI의 관점) 6, 8로 자연스럽게 좌변에 스며드는 것도 활동적이다.

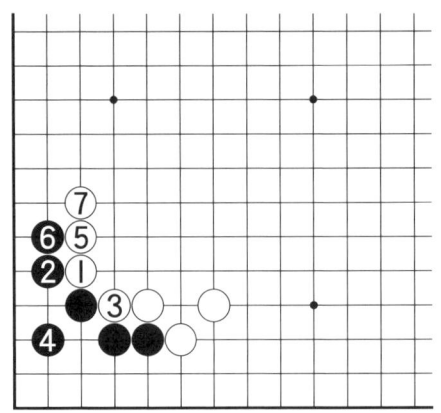

13도

13도 (간명책)

이번에는 백1의 강한 붙임이면 흑의 대응책은 무엇일까.

우선 흑2로 젖혀서 7까지 되면 간명하다. 백이 두텁지만 흑이 실리를 지키며 선수로 처리해서 충분하다는 것이 AI의 관점이다.

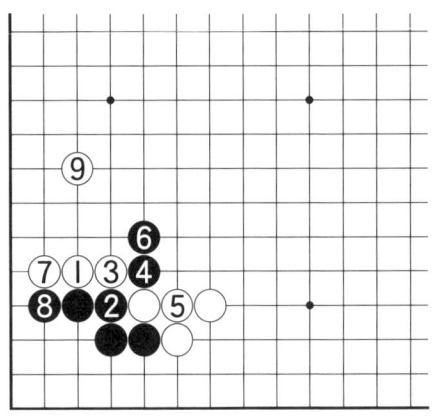

14도

14도 (흑, 불리한 싸움)

백1에 흑2, 4로 끊는 것은 강공책인데 계속 움직여 9까지 싸우려 하면 귀가 엷은 흑이 불리하다.

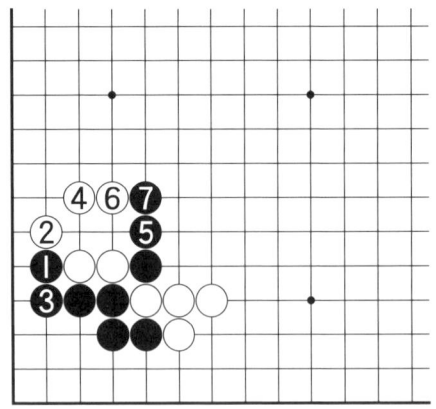

15도

15도 (나가는 힘)

앞 그림 백5 때 흑은 끊어놓은 걸로 후일을 기약하고 일단 1, 3의 젖혀이음이 견실한 귀의 지킴이다. 이때 백4의 호구 지킴은 흑5, 7로 나가는 힘이 생겨 백이 바람직하지 않다.

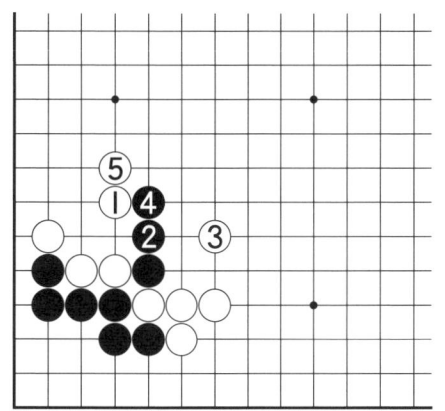

16도

16도 (효율적 지킴)

앞 그림 흑3 때 백1의 한칸이 변과 중앙을 고려한 효율적 지킴이다. 흑2로 움직여도 이번에는 백3, 5로 앞서 나가면서 공격할 수 있다.

흑도 당장 움직이지 않고 후일을 노리며 두는 것이 보편적이다.

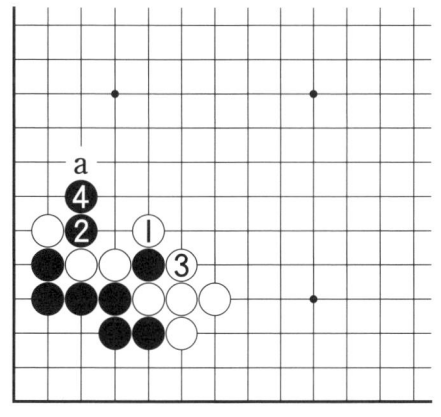

17도

17도 (백, 두터운 선택)

백1의 단수는 중앙 두터움을 중시한 선택이다.

흑2로 끊을 때 백3으로 잡고 흑4로 늘면 일단락인데, 백이 실리는 취약하지만 a의 맥점이 남았고 선수로 정리했다는 이점이 있다.

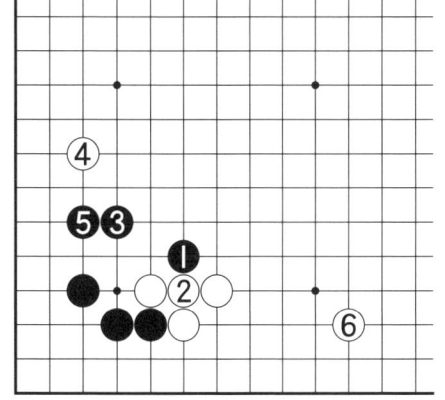

18도

18도 (능동적 활용)

흑도 둔다면 1의 들여다봄이 능동적인데 백2로 이으면 흑3의 날일자로 정비하는 자세가 좋다.

백은 4, 6으로 활용하며 지키는 것이 수순의 묘인데, 어쨌든 AI의 관점에서 이 진행은 흑이 활동적이라고 본다.

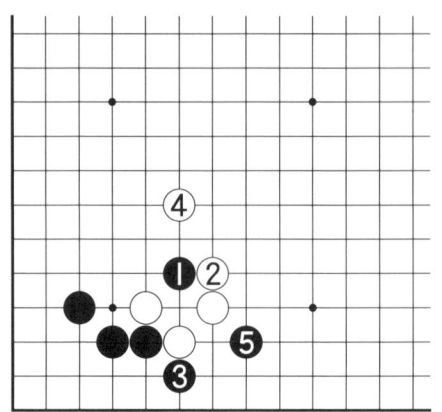

19도

19도 (능동적 대응)

흑1에는 백2가 능동적 대응이며 5까지 AI가 알려주는 변화이다.

백이 중앙에 선수로 두텁게 자세를 잡았지만 일단 하변을 넘어간 흑이 실리에서 앞서 편안하다.

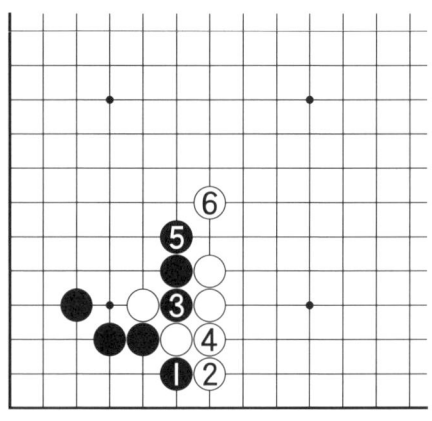

20도

20도 (변을 막는 경우)

19도의 수순 중 흑1에 백2로 막으면 흑3, 5로 끊어 나가는 것은 당연하다.

백은 6의 씌움이 능률적 행마이며~

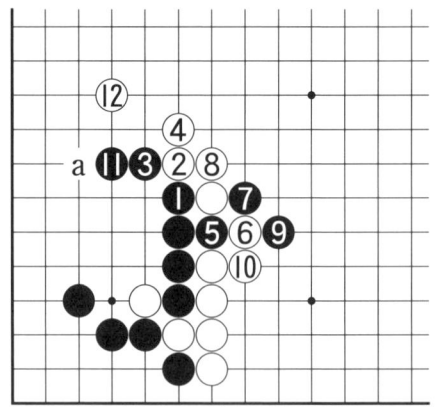

21도

21도 (알려진 정석)

흑1로 밀고 백2, 4에 흑5로 나가 7, 9로 중앙에서 활용한 후 11로 지키면 백12의 요소를 차지한다. 이 진행이 그동안 알려진 정석이었고 AI도 호각으로 진단한다.

흑집이 크지만 a쪽 약점이 남아 축소될 여지가 있고, 백의 세력도 중앙 활용으로 완전하지 않은 점이 이 정석의 특징이다.

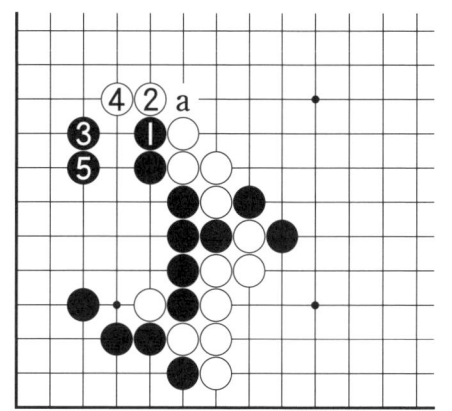

22도

22도 (흑, 효율적 지킴)

사실 AI는 앞 그림 흑11 대신 1로 밀어 5까지 흑집을 온전히 지키면서 a의 약점을 노리는 것이 효율적이라고 본다.

백이 어딘가 지켜야 한다면 앞 그림보다 불리하므로 이런 진행은 백도 바람직하지 않다.

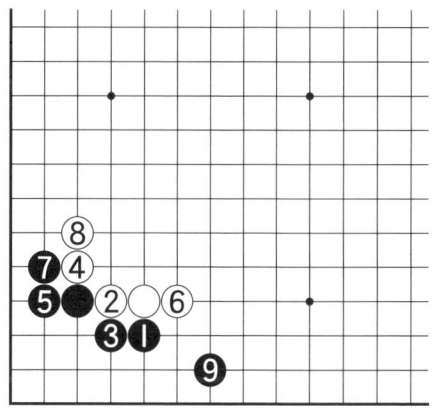

23도

23도 (밀어붙이기)

처음으로 돌아가서 흑1의 붙임에 백2, 4는 밀어붙이기라 하는데 평범을 거부하는 치열한 수단이다.

이때 흑이 간명하게 두자면 흑5의 내려섬을 추천하며 백6에 늘 때 흑7, 9면 알기 쉬운 정석이다.

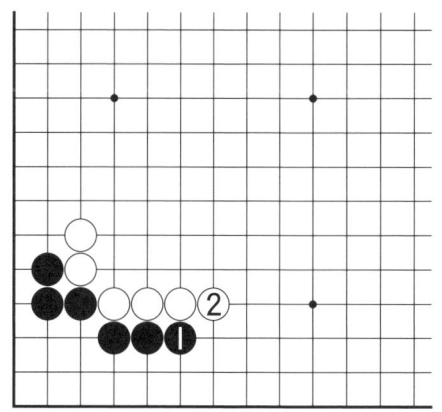

24도

24도 (선수를 잡는 경우)

앞 그림 백8 때 흑1로 하나 더 밀고 손을 뺄 수도 있다. 백이 더 두터워졌지만 흑이 선수를 잡고 싶다면 이렇게 둘 수 있다.

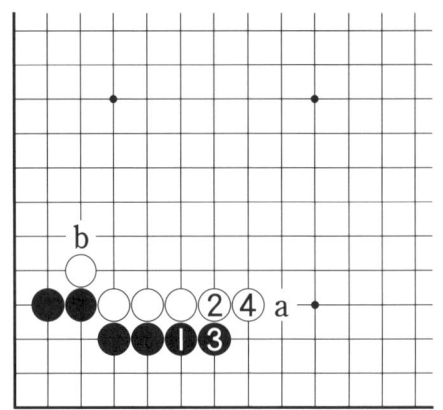

25도

25도 (추천 변화)

정작 AI는 23도 백6 때 흑1, 3으로 계속 밀고 손을 빼는 추천 변화도 보여준다.

백도 4(또는 a)로 보강하며 매우 두텁지만, 흑이 실리가 충실하고 b쪽 붙임도 남아서 충분하다는 뜻이다.

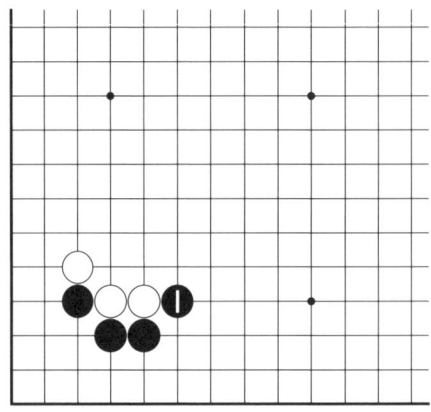

26도

26도 (작은 눈사태)

실은 백이 밀어붙이면 흑1의 두점머리 젖힘이 강수이다.

흑이 적극적으로 싸우고 싶을 때 효과적인데 이런 모양을 '작은 눈사태'라 한다. 이에 대해서는 5형에서 다룬다.

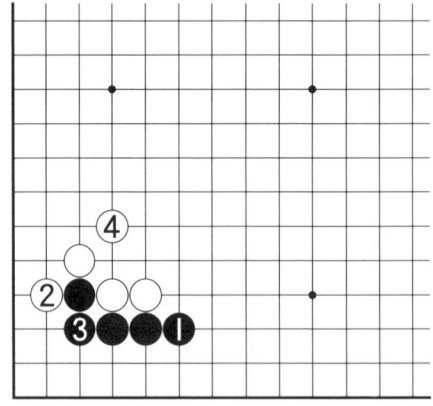

27도

27도 (온건한 수단)

백이 밀어붙일 때 흑1은 온건한 수단인데, 백2의 한방이 기분 좋고 4의 호구로 지키면 서로 무난하다.

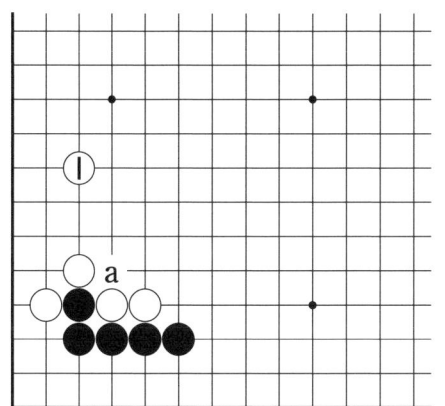

28도

28도 (능동적 벌림)

정작 AI는 앞 그림 백4의 호구 대신 1의 두칸벌림이 능동적이라고 본다. 백은 a쪽 약점이 남아 부담이지만~

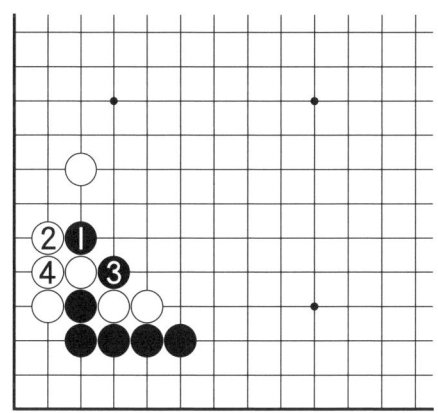

29도

29도 (맥점에 대응법)

흑1의 껴붙임이 이곳 약점을 공략하는 맥점이지만 백은 2, 4로 처리해도 충분하다고 본다. 끊긴 두 점은 가볍게 활용하려는 뜻이다.

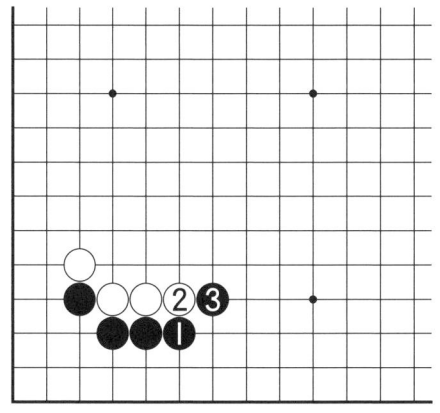

30도

30도 (큰 눈사태)

흑1에 늘 때 백이 중앙을 중시하면 2로 눌러가고 흑3의 석점머리 젖힘이 강수이다. 이런 모양을 '큰 눈사태'라 하는데 이에 대해서는 6형에서 다룬다.

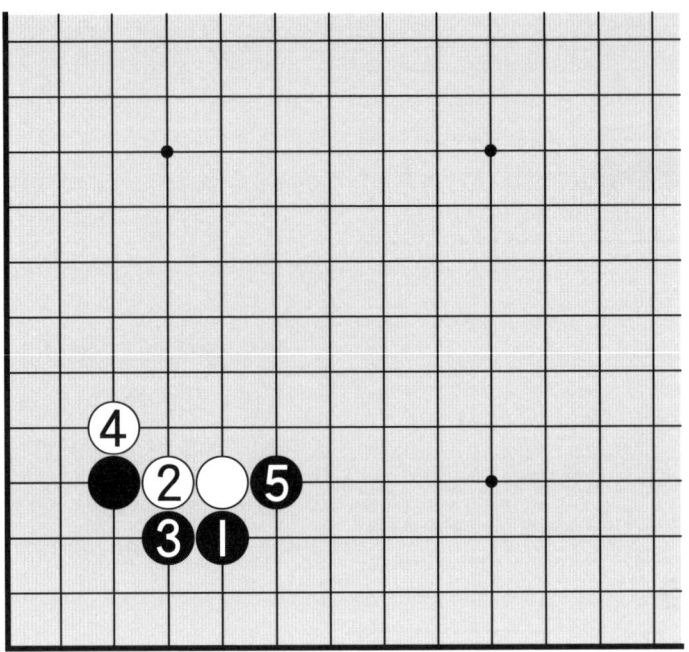

기본형

　흑1의 밑붙임에서 백2, 4로 밀어붙일 때는 흑5의 두점
머리 젖힘이 강수이며 이런 모양을 '작은 눈사태'라 한다.
　이후의 변화는 자연스레 전투로 이어지며 축과도 연관되
어 수순이 중요하다. 그 과정에서 AI의 진화된 수단도 볼
만하며 숨어있는 꼼수에 대해서도 알아본다.

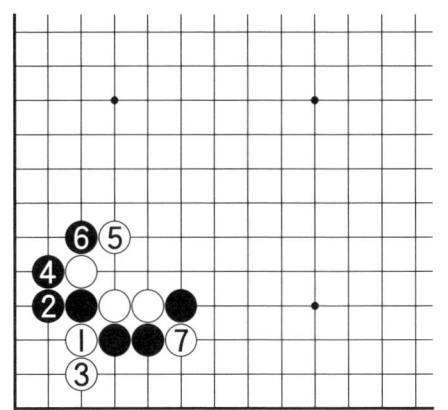

1도

1도 (절대 수순)

기본형 다음 백1, 3에 흑4의 꼬부림은 절대 수순이다.

백5의 호구는 일단 자체 축을 피하기 위함이며 흑6으로 단수치면 백7의 끊음도 당연하다.

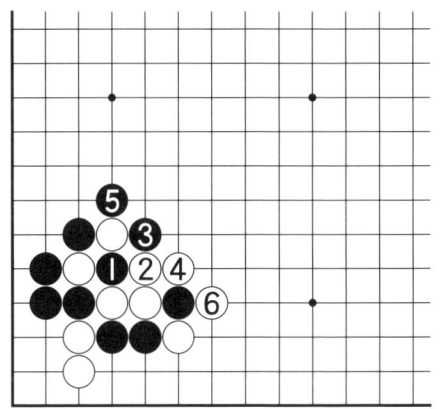

2도

2도 (백이 편하다는 견해)

이다음 흑1 이하 5에 백6으로 서로 잡고 잡으면 그동안 널리 알려진 정석인데, AI의 관점에서는 서로 두텁지만 귀쪽 집이 충실한 백이 편하다고 본다.

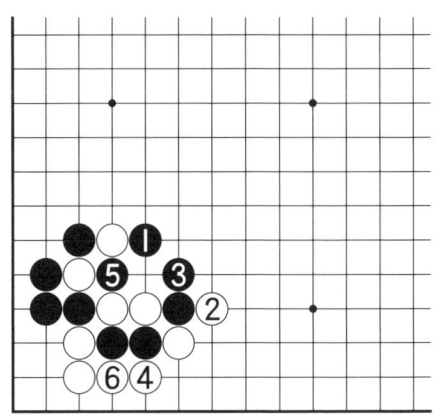

3도

3도 (날렵한 껴붙임)

1도 다음 흑1의 껴붙임이 AI가 알려주는 날렵한 수단이다. 이하 6까지 필연인데 흑이 백집을 줄인 효과가 있고 좌변 두터움을 활용하면 대등한 국면이라고 본다.

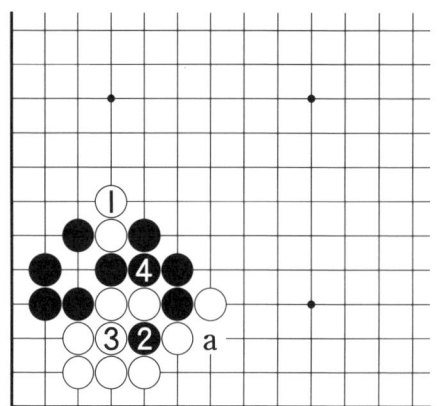

4도

4도 (뒷맛)

여기는 차후 백1로 나가면 흑2로 먹여쳐 활용한 후 4로 이을 곳이다. 흑도 모양에 균열이 생기지만 백도 a쪽 단점으로 엷은 만큼 피장파장이다.

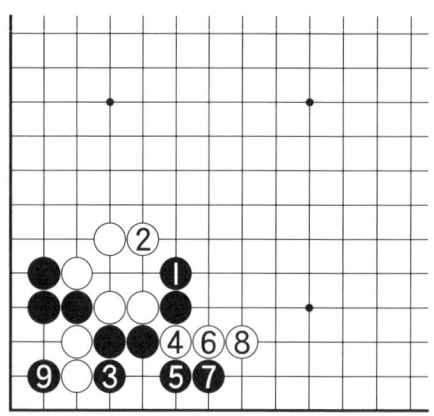

5도

5도 (흑, 귀의 실리 중시)

1도 백5 때 흑1을 선수한 후 3의 막음은 귀의 실리를 중시한다.

다음 백4로 끊고 9까지 필연인데 흑이 귀를 차지한 만큼 중앙은 백이 리드하는 흐름이다.

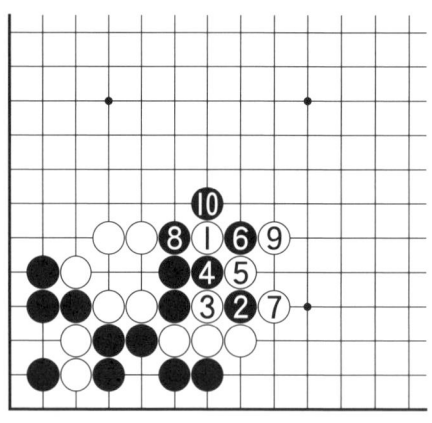

6도

6도 (필연)

이다음 실전에서 많이 나왔던 변화를 소개하면, 백1로 씌울 때 흑이 두점을 살리자면 2로 붙인 후 10까지 필연이다.

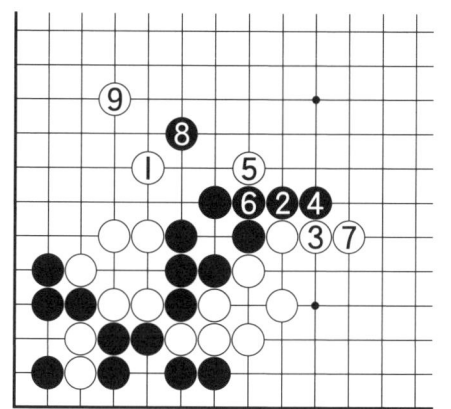

7도

7도 (싸움의 연장)

계속해서 백1로 뛴 후 9까지도 싸
움의 연장이다.

이 과정에서 백도 모양의 발전
가능성이 높아진 만큼 전체적으로
호각의 국면이다.

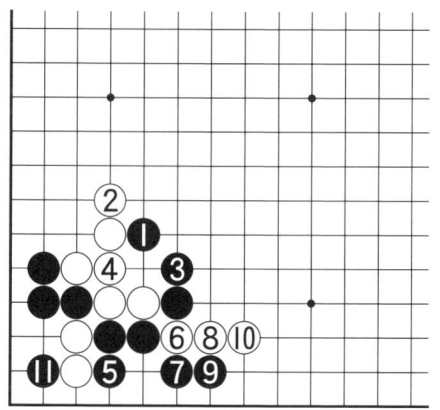

8도

8도 (효과적 행마)

1도 백5 때 흑1로 급소를 짚으며
3의 선수 후 5로 막는 것도 효과
적 행마이다. 백6으로 끊고 이하
11까지 되면 귀의 실리가 착실한
흑이 중앙도 모양이 강화된 만큼
편하다고 본다.

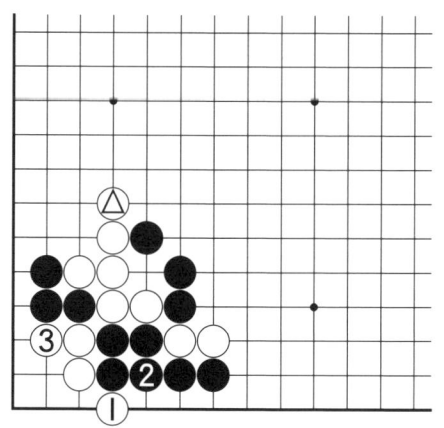

9도

9도 (백의 반발)

이 진행에서는 앞 그림 흑9 때 백
△로 인해 귀에서 1, 3의 반발이
있으므로 흑도 대응책에 고심해야
한다.

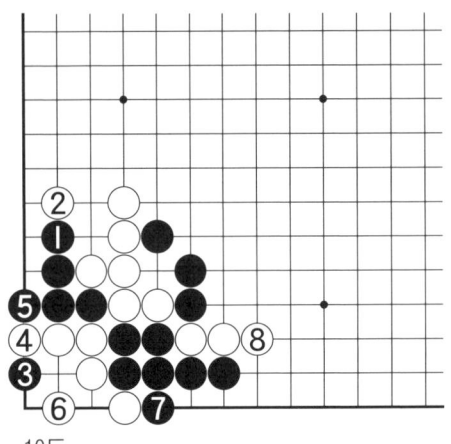

10도

10도 (백의 꽃놀이패)

이때 흑1로 나간 후 3으로 치중해서 즉각 수상전에 돌입하면 백의 도발에 말린다.

　백4, 6의 맥으로 패를 유도한 후 8로 늘면 귀가 꽃놀이패인 만큼 단연 백이 우세하다.

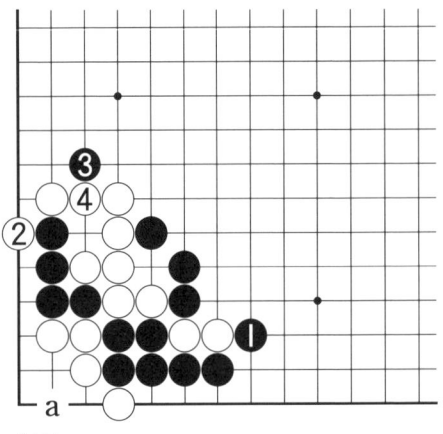

11도

11도 (흑, 활발)

앞 그림 백2 때 흑1로 일단 두점을 잡는 것이 두텁고 현명한 대응이다. 백2로 넉점은 잡히지만 흑3의 활용이 기분 좋고 나중에 a의 끝내기 맛도 남아있어 이 진행은 흑이 활발하다.

12도 (흑, 불리)

백의 반발이 두려워서 8도 백8 때 흑1로 잡는 것은 성급하다.

　백2의 막음이 선수이고 4로 공격하면 흑이 불리한 흐름이다.

12도

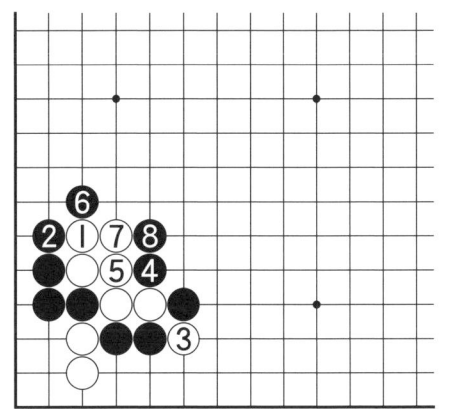

13도

13도 (축관계)

되돌아가서 1도 흑4 때 백의 축이 유리하면 1로 늘어가는 것이 효율적이다.

여기서 축이란 흑2로 밀고 백3에 끊을 때 발생하는데 흑4 이하 8까지, 이 축이 백한테 유리해야 1로 늘어가는 수가 성립한다.

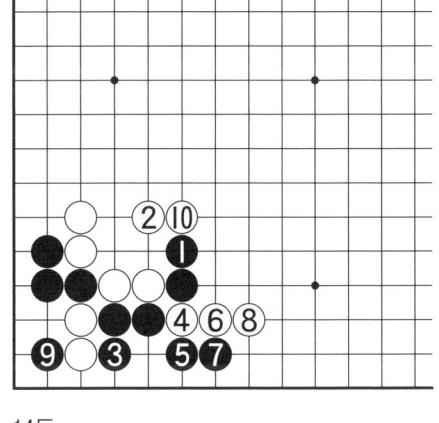

14도

14도 (백, 중앙 주도)

흑도 축이 불리하면 앞 그림 흑2 대신 1, 3으로 귀를 방어해야 한다. 백은 4로 끊은 후 10까지 귀의 실리를 허용하지만 중앙에서 주도하므로 타협의 흐름이다.

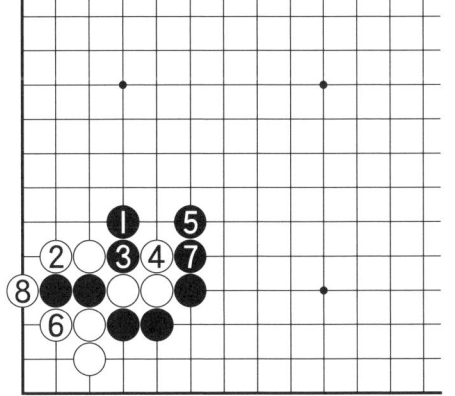

15도

15도 (백, 중앙 외세 허용)

1도 백3 때 흑1은 묘한 자리인데 꼼수 성격이 짙다.

이때 백은 축이 유리해도 2로 잡으면 흑3, 5의 장문에 걸려든다. 백6, 8로 두점을 잡지만 중앙 외세를 허용해서 백이 당한 결과이다.

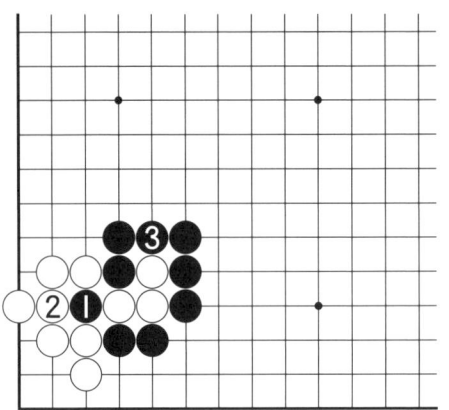

16도

16도 (도배성 외세)

이다음 흑이 손을 빼도 되지만 1, 3으로 죄기만 해도 이런 도배성 외세는 전국을 압도한다.

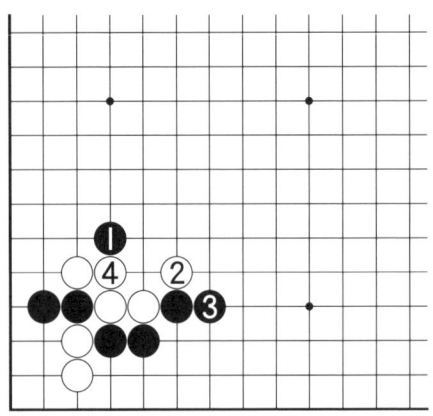

17도

17도 (흑의 기회)

흑1에는 백2의 젖힘이 절대이다. 그런데 흑3에 백4의 이음은 실수로 흑이 다시 기회가 왔다. 흑의 다음수가 운명을 좌우하는데~

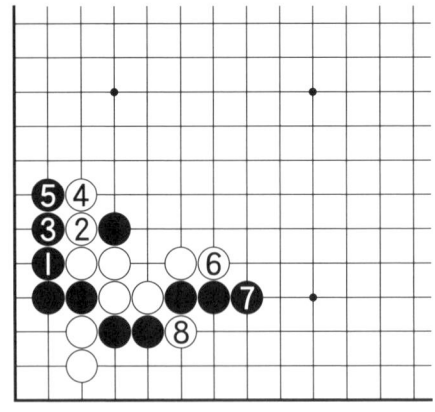

18도

18도 (흑, 기회 상실)

흑1로 꼬부려 5까지 밀어나간다면 기회를 상실한다.

이때는 백6으로 밀고 8로 끊는 것이 상황을 뒤집는 교묘한 수순이다.

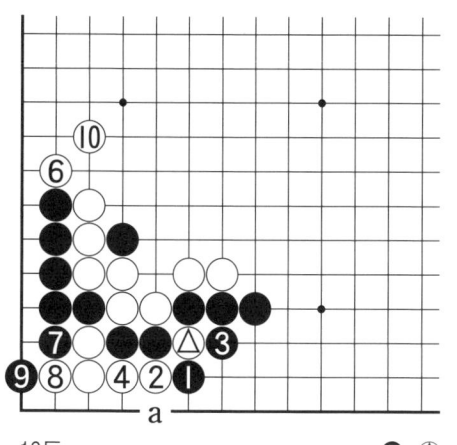

19도

5‥△

19도 (백, 우세)

이다음 흑1에 백2, 4를 활용한 후 6에 막는 것이 정확한 수순이다. 흑7, 9로 수상전으로 갈 때 백이 일단 10으로 지켜두면 귀의 맛이 있는 만큼 우세하다. 귀는 흑이 a로 가일수하지 않으면~

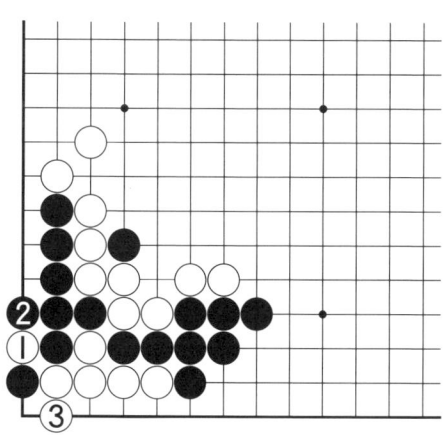

20도

20도 (백선 빅)

백이 먼저 1로 먹여친 후 3으로 수상전을 벌이면 빅이 나는 결과이다.

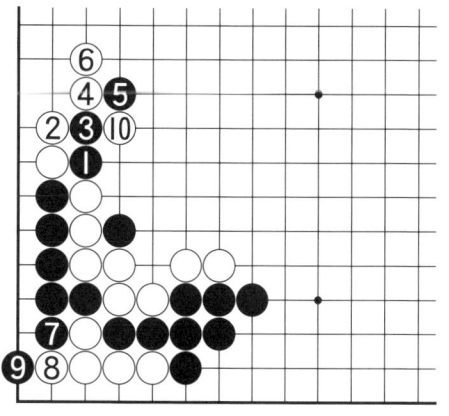

21도

21도 (흑의 의도 실패)

19도 백6 때 흑1의 끊음은 백진을 먼저 갈라놓겠다는 의도인데 잘 되지 않는다. 이하 백6에 흑7, 9로 결국 귀에 돌아와야 하는데 백10의 끊음이면 흑이 잔뜩 보태주기만 한다.

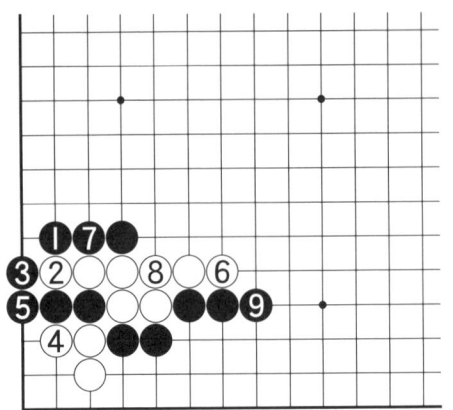

22도

22도 (뛰는 맥)

17도 다음 흑1의 뜀이 맥이었다. 이하 9까지는 필연이며~

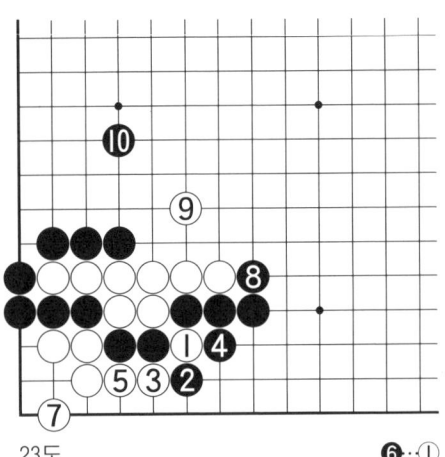

23도

❻··①

23도 (백, 불리)

백이 1로 끊고 나서 7까지 귀는 효과적으로 살지만 흑8, 10으로 중앙이 몰리면 백이 아주 불리한 형세이다.

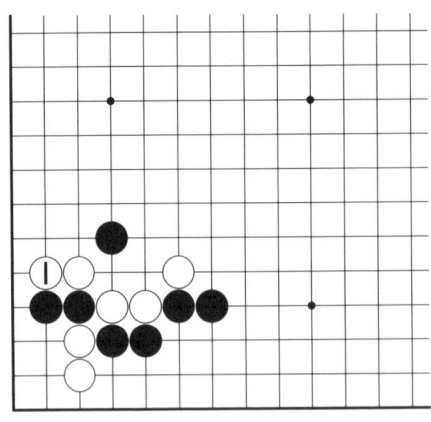

24도

24도 (백의 정수)

17도 흑3 때 백1로 두점을 잡는 것이 정수이다. 다음 흑이 어떻게 두더라도 백이 불리할 일은 없다.

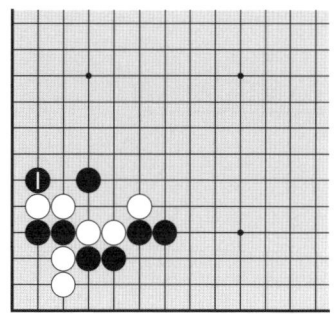

▦ 장면

이 장면에서 흑1의 옆구리붙임도 교묘한 꼼수인데 백이 어떻게 대처하면 효과적인지 생각해보자.

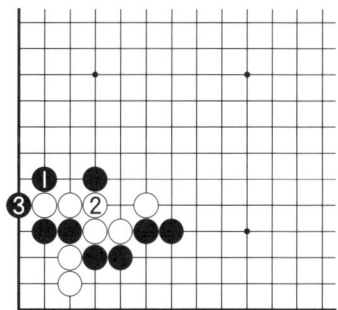

1도 (백, 곤란)

흑1에 백2로 잇는다면 흑3에 넘어가서 백이 곤란하다(본형 22~23도 참조).

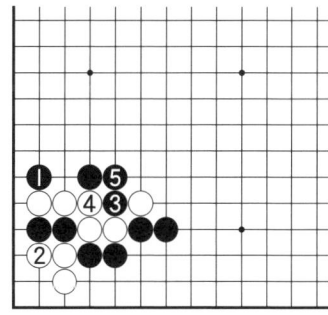

2도 (백, 불만)

흑1에는 백2로 잡아야 후환이 없다. 흑3에 끊을 때 주의해야 하는데 백4는 흑5로 자연스레 바깥이 봉쇄되어 백이 불만이다.

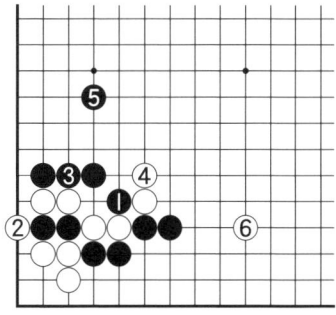

3도 (백, 유리)

흑1의 끊음에는 백2로 그냥 따내는 것이 효율적이며 다음 흑이 어떻게 두더라도 외세가 완전하지 않아 백이 유리하다.

　가령 흑3으로 변을 막으면 백4로 양쪽을 노려 충분한데 흑5에는 백6의 협공이 하나의 방안이다.

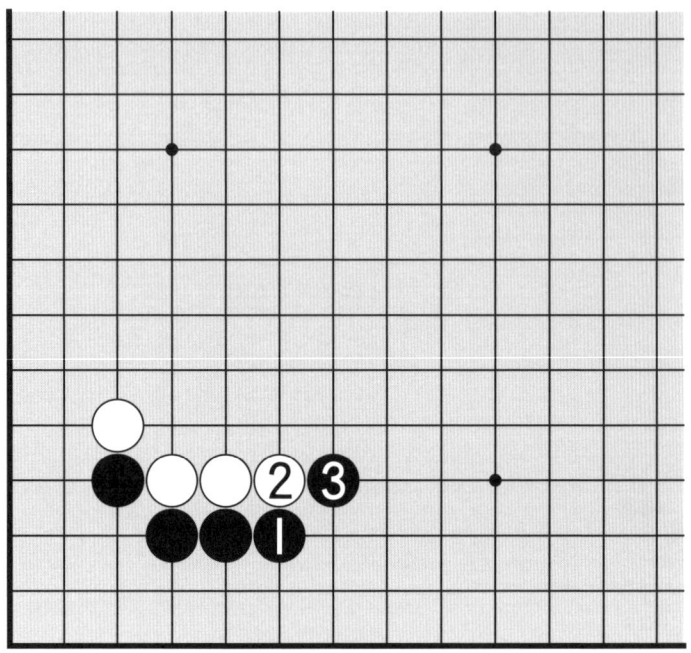

기본형

소목 밀어붙이기에서 흑1은 온건한 수인데 백2로 눌러 적극적 태도로 임할 때 흑3 석점머리를 젖히면 이런 모양을 '큰 눈사태'라 한다.

이후의 변화는 귀뿐 아니라 변과 중앙 전체가 연동된 싸움이라 수순이 비교적 길어 핵심 파악이 중요하며 AI의 관점도 주시해야 한다.

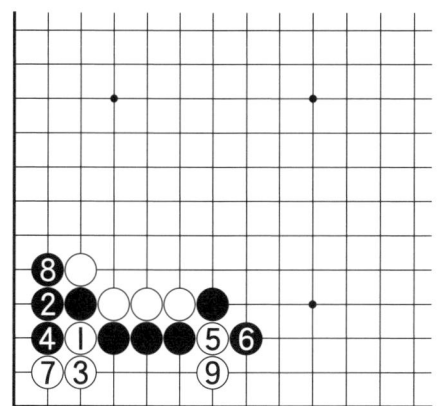

1도

1도 (안쪽 꼬부림)

기본형 다음 백1, 3은 준비된 수순이며 안쪽 흑4로 꼬부리면 백5로 끊은 후 9까지는 필연이다.

   수순 중 흑6의 단수 때 백이 7과 8의 선수활용은 절대인데~

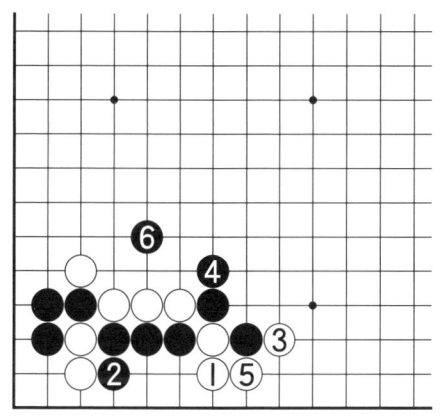

2도

2도 (백, 불리)

그렇지 않고 앞 그림 흑6에 백1로 바로 나가면 흑2로 잡을 때 백은 양쪽 수습이 어렵다.

   백3의 껴붙임이 하변 수습의 맥이지만 흑4, 6으로 중앙을 강타하면 백이 아주 불리한 흐름이다.

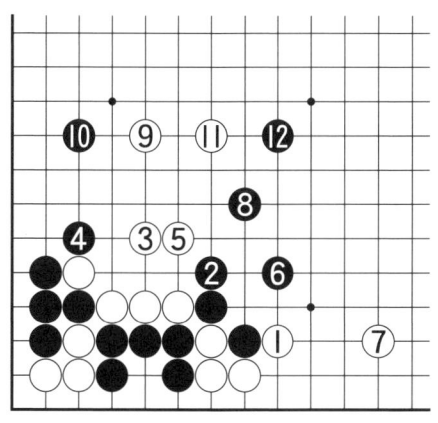

3도

3도 (흑, 활발)

1도 다음 백1로 하변부터 두면 흑2, 4로 선수한 후 이어지는 중앙전투로 12까지가 예상된다.

   이 진행은 한때 정석이었지만 AI의 관점으로는 귀와 변에 실리가 착실한 흑이 활발하다고 본다.

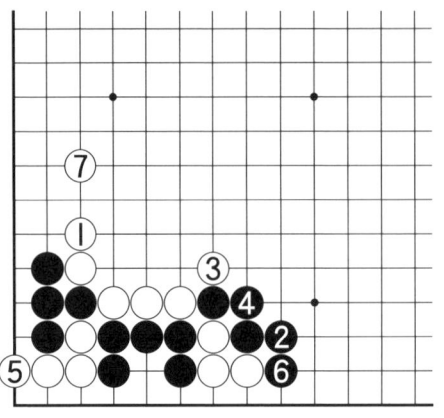

4도

4도 (흑, 불리)

1도 다음 백1이 진화된 수단으로 좌변부터 압박하려는 뜻이다. 이때 하변에서 흑2로 늘면 백은 3을 선수한 후 5로 귀의 수를 늘려 양쪽을 노린다. 결국 흑6과 백7로 일단락인데 서로 잡았지만 모양이 중복된 흑이 아주 불리하다.

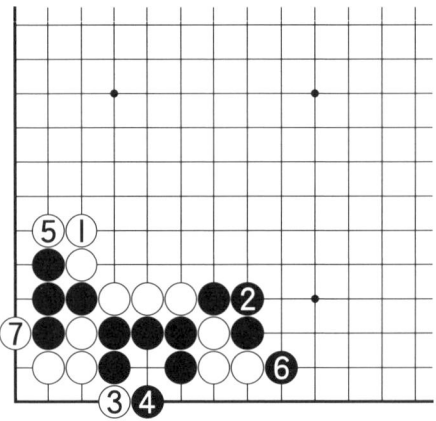

5도

5도 (간명한 정석)

백1에는 흑2의 이음이 정수이다. 이때 백은 두 가지 선택이 준비되어 있는데 우선 3, 5의 수순으로 좌변을 막으면 간명하다.

흑6과 백7로 각각 잡으면 정석이 일단락된다. 수순 중 백3의 젖힘이 긴요한데~

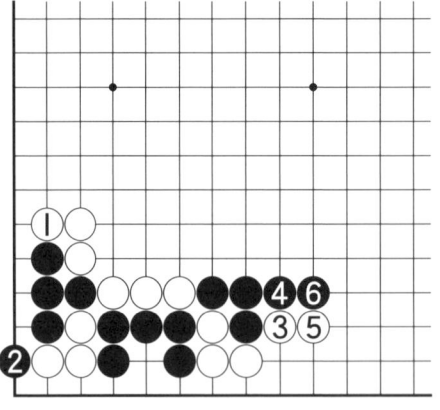

6도

6도 (흑, 유리)

앞 그림 3과 4의 교환을 하지 않고 그냥 백1로 막으면 흑2로 귀의 석점이 맛좋게 잡힌다.

흑은 귀에 후환이 없으므로 백3에 흑4, 6으로 눌러가며 두텁게 해놓고 좌변 백을 노리면 유리한 흐름이다.

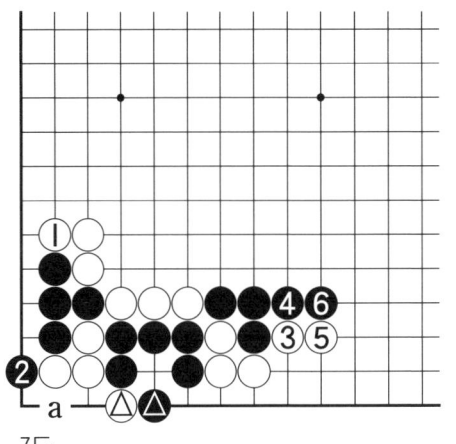

7도

7도 (패맛)

백△와 흑▲의 교환이 있다면 상황이 달라진다.

이때도 백1에 흑2로 귀에 집착하면 a의 패맛(1수 늘어진 패)이 남는다. 이제 백은 3, 5로 하변을 안심하면서 수습한다.

결국 흑이 a로 가일수해야 한다면 불리한 진행이다.

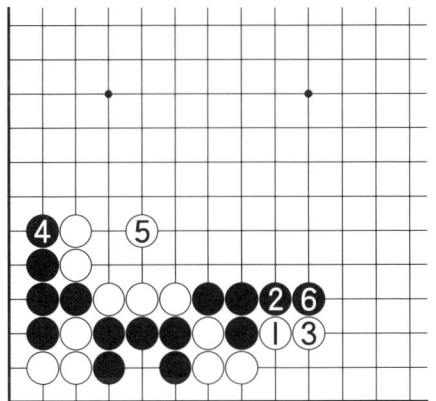

8도

8도 (두터운 행마법)

5도 흑2 때 백은 1로 하변을 살리는 것이 또 하나의 선택이다.

흑2, 4로 양쪽에서 밀어가고 백5에 지킬 때 흑6으로 재차 눌러가는 것이 두터운 행마법이다.

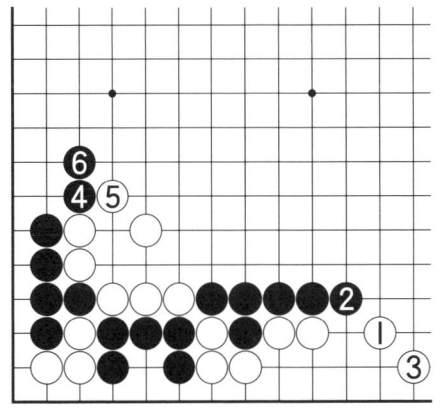

9도

9도 (흑, 편한 흐름)

이다음 백1, 3으로 하변에 정착하면 흑4, 6으로 좌변에 진출한다.

실리가 착실한 흑이 중앙도 두텁게 해놨으니 편한 흐름이다.

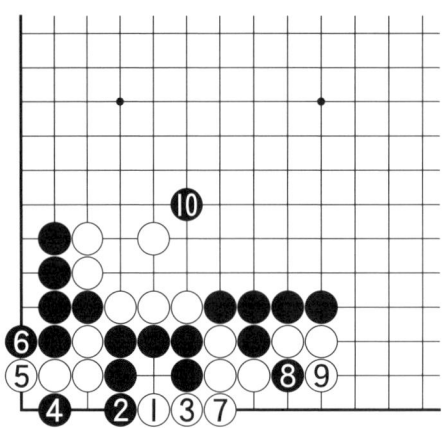

10도

10도 (현명한 활용)

8도 다음 백은 귀에서 1 이하 7까지 먼저 활용해두는 것이 현명하다. 흑8은 손해이지만 선수를 잡기 위함이며 중앙이 불완전한 흑은 10으로 선제공격부터 한다.

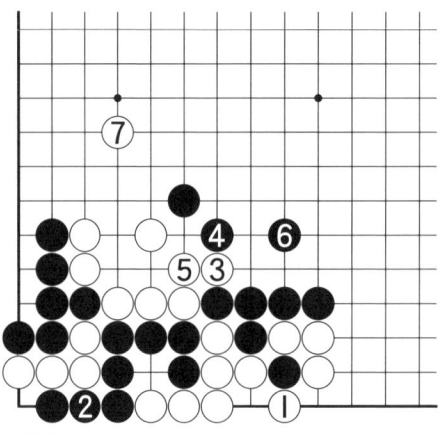

11도

11도 (교묘한 타협)

이다음 백1을 선수해 확실히 살아두고 3, 5로 중앙에 흠집을 낸 후 7로 진출하면 일단락이다. 지금까지 긴 수순이었지만 서로 정리하며 교묘한 타협이 이루어졌다.

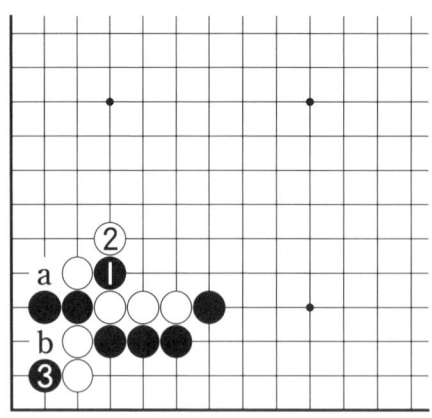

12도

12도 (특별한 전략)

거슬러 올라가 1도 백3 때 흑1로 끊은 후 3의 붙임은 기교를 부린 특별한 전략이다.

이때 단순히 백a로 막으면 흑이 b로 귀와 변을 고스란히 연결해서 만족이다. 백도 이에 맞서는 두 가지 방안이 있는데~

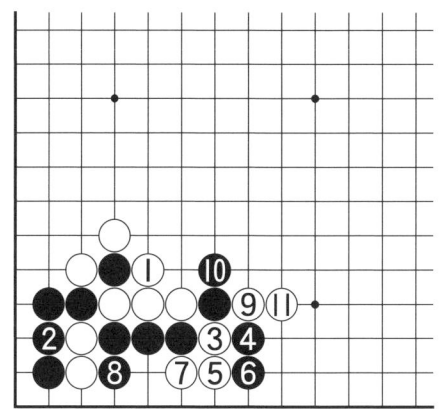

13도

13도 (백의 1안)

우선 백1로 빵따낸 후 3으로 끊는 방안이다.

흑4, 6으로 몰면 백7의 꼬부림을 선수해서 수를 늘린 후 9, 11로 변과 중앙을 노리는데~

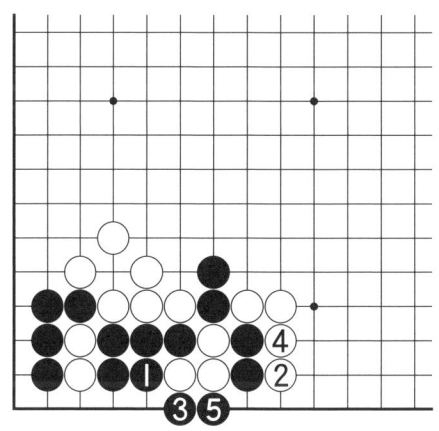

14도

14도 (백, 불리)

흑1은 중앙 봉쇄를 대비한 쬠이다. 이때 백2, 4로 변에서 선수 활용하는 것은 이적수로 양쪽 백이 갈라져서 아주 불리하다.

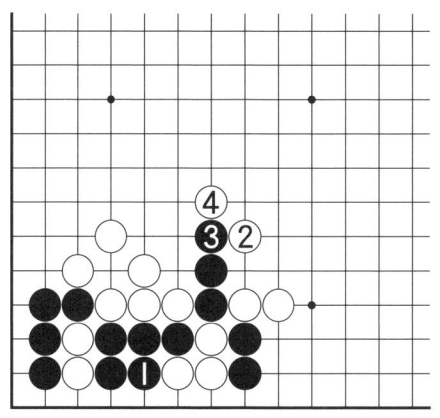

15도

15도 (중앙 봉쇄)

흑1에는 백2, 4로 중앙을 포위하는 것이 일관성 있는 행마이다.

흑의 실리가 착실하지만 중앙 관통은 어려운 만큼 백도 두터워서 충분하다.

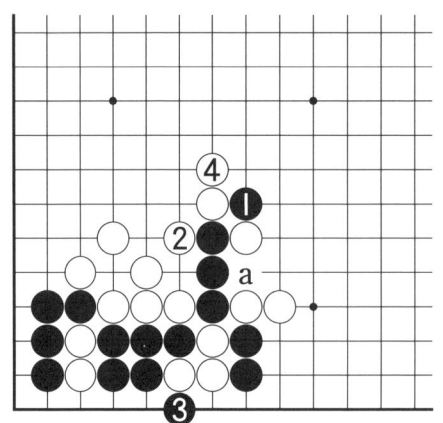

16도

16도 (중앙에서 끊는 경우)

백의 두터움이 완성된 것은 아니지만 흑이 중앙에서 싸우자면 1로 끊는 정도인데 백은 2, 4로 죄면서(a도 선수) 중앙 싸움을 리드할 수 있다.

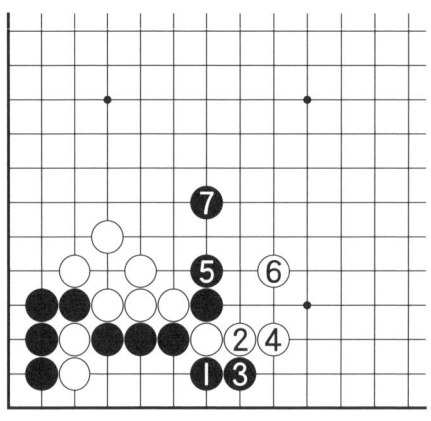

17도

17도 (흑의 일책)

13도 백3 때 흑은 1, 3으로 아래에서 밀고 5로 나가 싸울 수도 있다. 백6에는 흑7로 봉쇄를 피해 양쪽을 노리며 싸우겠다는 뜻인데 흑도 곤마이므로 앞 그림과는 일장일단이 있다.

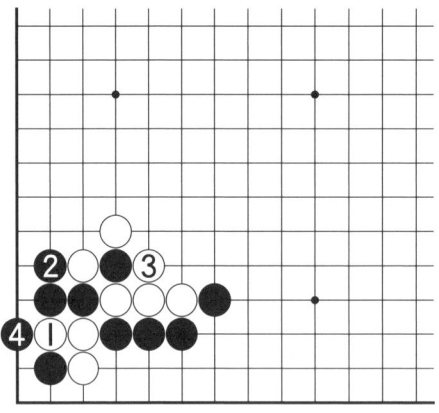

18도

18도 (백의 2안)

12도 다음 백1로 찌르고 흑2에 백3으로 따내는 방안도 있다. 흑4로 석점을 잡고 나서~

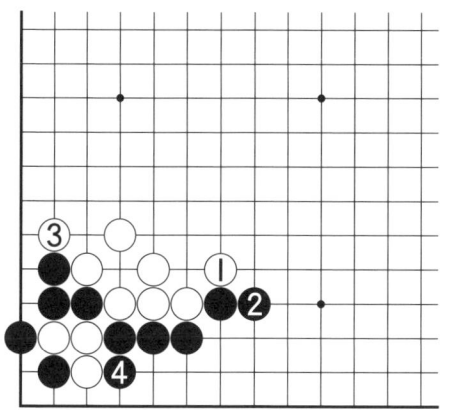

19도

19도 (대등한 국면)

이제는 백도 하변을 끊어봐야 이득이 없으므로 1, 3을 선수해서 좌변을 틀어막는 두터움으로 대항한다. 흑도 후수이지만 실리가 충실해서 거의 대등한 국면이다.

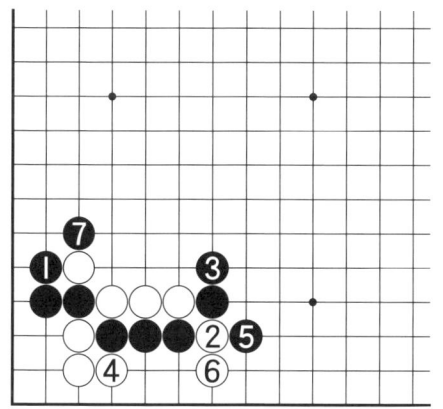

20도

20도 (주목받지 못했던 배경)

되돌아가서 1도 백3 때 흑1의 바깥 꼬부림도 있었지만 그동안 주목받지 못했다. 핵심은 백2로 끊을 때 흑3 이하 7까지 흑이 실리를 허용한 대신 외세를 얻는 정석인데 후수인 점이 발빠른 AI시대에 잘 두지 않았던 배경이다.

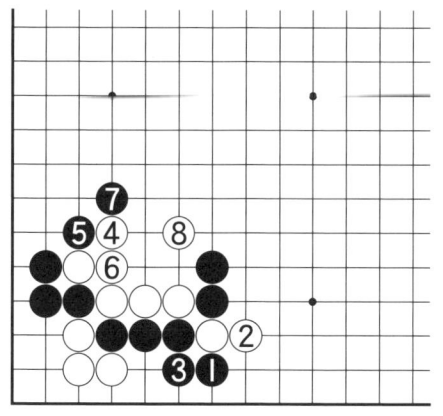

21도

21도 (흑, 곤란)

앞 그림 백2 때 흑1, 3의 반발은 성립하지 않는다. 백4 이하 8까지 중앙을 보강하고 나면 좌변과 하변의 양쪽을 수습할 흑의 다음수가 보이지 않는다.

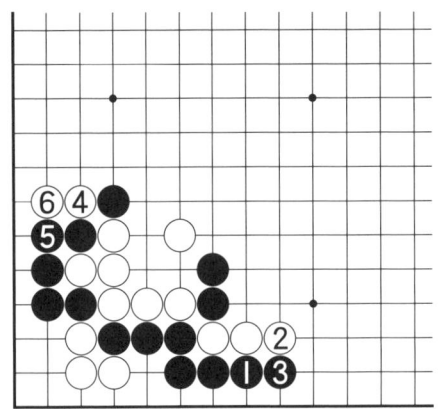

22도

22도 (좌변 잡힘)

흑1, 3은 귀와의 수상전을 위한 절대 수순인데 백4, 6이면 좌변 흑이 잡힌다.

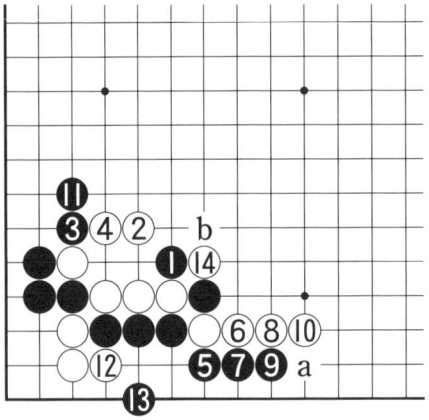

23도

23도 (효과적 젖힘)

20도 백2 때 흑1의 젖힘이 효과적이다. 백2에 흑3, 5 이하로 양쪽 변을 버텨 13까지 귀를 장악하며 좌변도 진출하려는 전략이다.

백은 a가 선수이고 중앙 두터움으로 맞서지만 b쪽 활용도 남은 만큼 실리가 충실한 흑이 편하다고 본다.

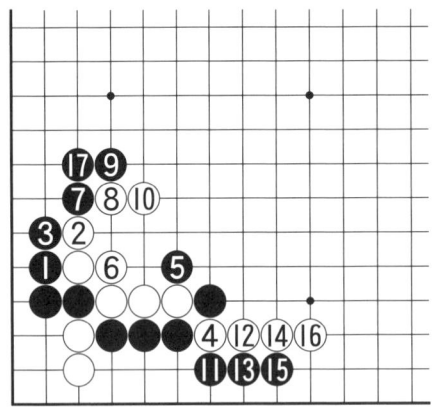

24도

24도 (흑, 활발)

흑1에 백2는 좌변을 압박하려는 뜻이지만 흑3에 백4로 어차피 끊어야 하므로 별다른 효과가 없다.

흑은 5 이하 9까지 선수한 후 11 이하 15로 밀고 17로 이어 앞 그림과 비슷한 흐름인데 흑이 더욱 활발하다.

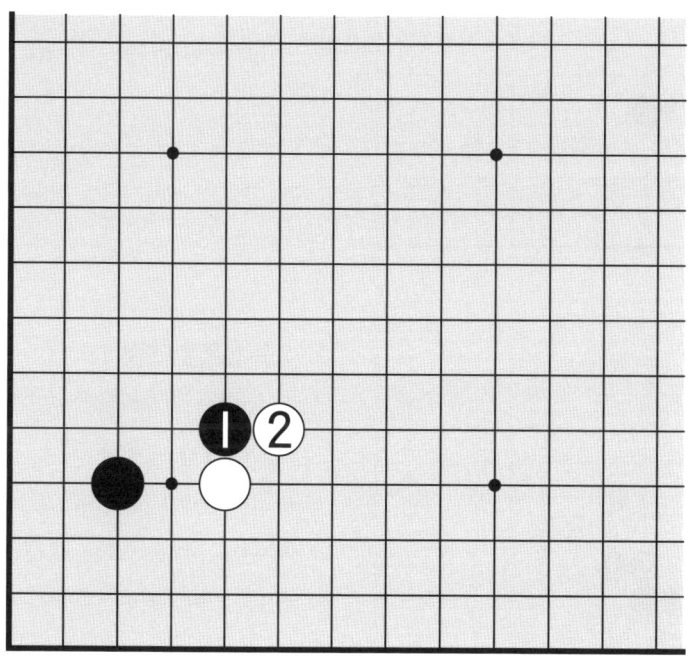

기본형

소목 한칸걸침에서 흑1의 위붙임은 변과 중앙으로의 발전을 중시한다.

백도 강하게 두자면 2의 젖힘으로 중앙에서 맞대응하는 것이 보통인데 이후의 변화에 대해 알아본다.

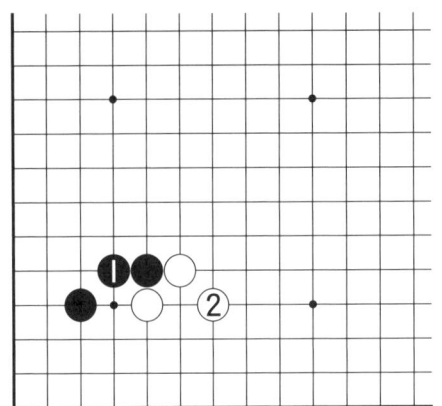

1도

1도 (무난한 연결)

기본형 다음 흑1로 변쪽에 연결하고 백2로 호구치면 서로 무난하다. 이러고 흑이 손을 뺄 수도 있지만 중앙을 중시한다면~

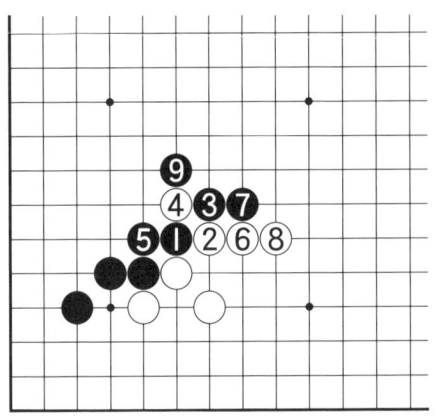

2도

2도 (모양 대결)

흑1, 3으로 이단젖히는 것이 기세이며 이하 흑7에 백이 선수를 잡으려면 8에 늘고 흑9로 잡아 일단락된다. 서로 모양 대결로 어울렸는데, 다음 백은 상황에 따라 좌변 흑세를 삭감하거나 하변 모양을 키울 수 있다.

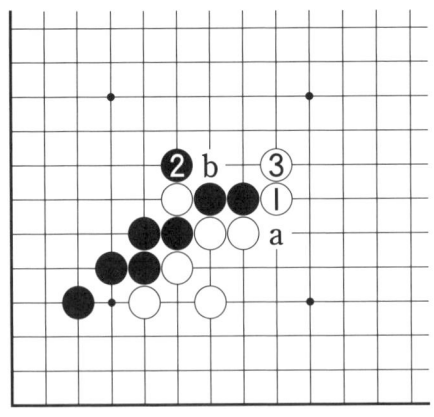

3도

3도 (백의 세력 강화)

앞 그림 흑7 때 백이 중앙 세력을 강화하려면 1로 젖히고 흑2에 백3으로 힘차게 올라선다.

대신 백의 후수이므로 선택에 신중해야 한다. 이 정석에서는 흑a로 끊으면 백b의 활용이 있어 흑도 당장은 실행하기 어렵다.

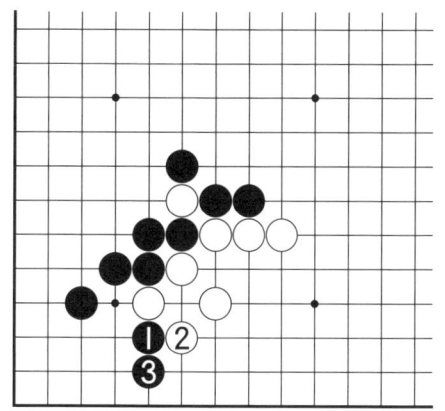

4도

4도 (흑, 귀의 처리법)

이 정석에서는 앞으로 귀의 처리가 관심사인데 흑이 두는 경우 1, 3으로 변에도 영향을 미치며 귀를 확보하는 것이 실리로 크다.

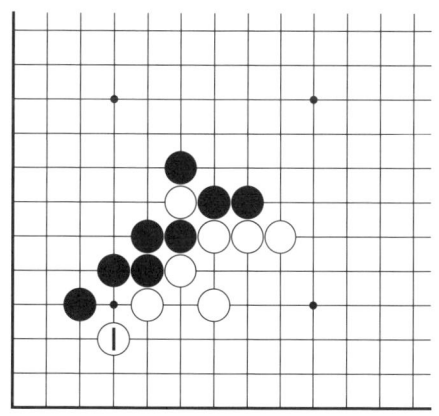

5도

5도 (백의 경우)

귀쪽을 백이 둔다면 1의 마늘모 정도이며 더 깊게 들어가기는 어렵다. 귀는 흑의 권리가 강함을 알 수 있는데~

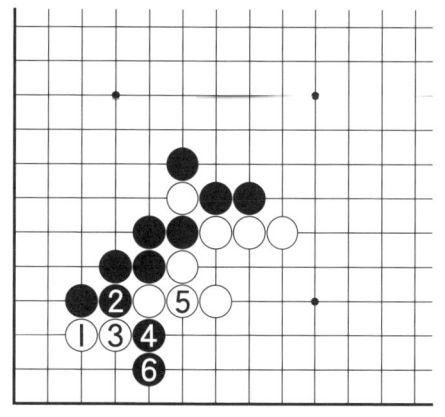

6도

6도 (흑의 반격)

만일 백1로 붙여 욕심을 내면 흑2 이하 6까지의 반격으로 백이 궁지에 몰린다.

설사 백이 귀에서 살더라도 흑이 하변으로 진출하면 백이 불리한 진행이다.

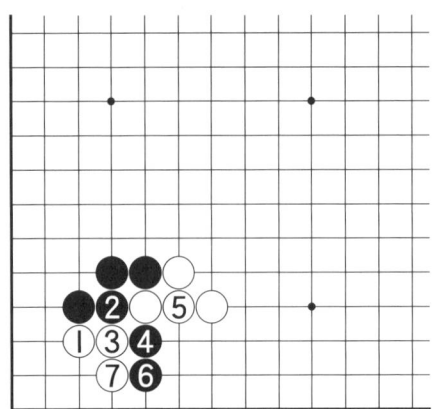

7도

7도 (달라진 상황)

1도의 정석 이후라면 백도 1의 붙임이 성립한다.

이때 앞 그림처럼 흑2 이하 6까지 반발하면 이번에는 상황이 달라진다. 백은 7로 막고 나서~

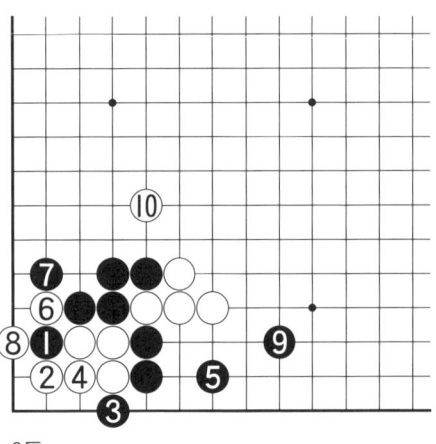

8도

8도 (흑, 불리)

흑1, 3의 활용 후 5로 나가며 수를 늘릴 때 백6, 8로 일단 귀를 살아둔다. 흑9로 변의 진출이 절대인데 백10으로 압박하면 좌변 흑이 몰려 불리한 양상이다.

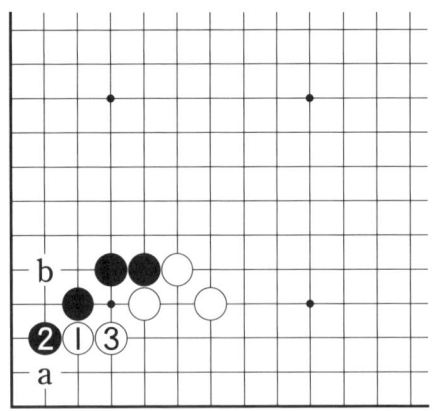

9도

9도 (흑, 옹색)

그렇다고 백1에 흑2로 젖혀 뒤로 물러서는 것은 백3으로 흑집이 옹색하다. 다음 흑이 a면 b쪽 약점이 생기니 차라리 b의 호구 지킴이 탄력적인데 어쨌든 흑 모양의 효율성이 떨어진다.

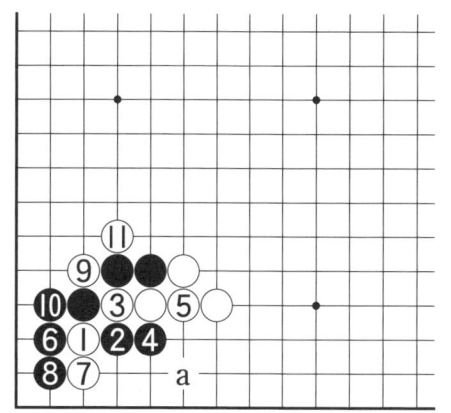

10도

10도 (흑, 불만)

백1에 흑이 반발을 하더라도 2, 4의 단수로 안쪽에서 강하게 두는 것이 효과적이다. 백5로 이은 다음이 중요한데 흑6, 8로 몰면 백9, 11로 두점을 축으로 잡고 a쪽 변도 선수이므로 흑이 불만하다.

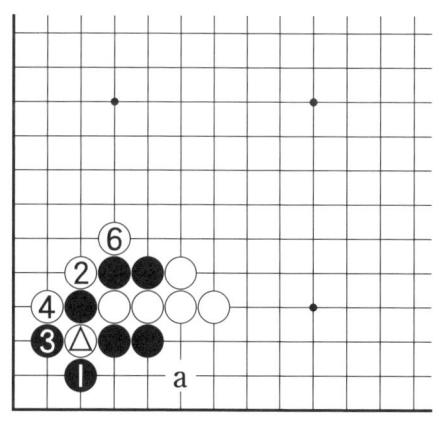

11도 **5**‥△

11도 (올바른 단수 방향)

앞 그림 백5 때 흑1쪽 단수가 올바른 방향이다. 이하 6까지 필연인데, 이제는 백의 a쪽 활용이 없는 만큼 타협하는 흐름이다.

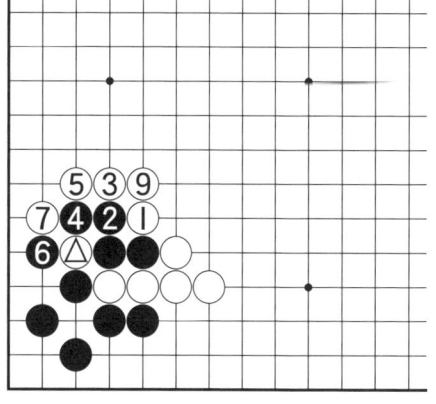

12도 **8**‥△

12도 (백, 축이 불리한 경우)

앞 그림 흑3 때 백1쪽으로 단수친 후 9까지는 백의 축이 불리할 경우 두텁게 처리하는 방법이다.

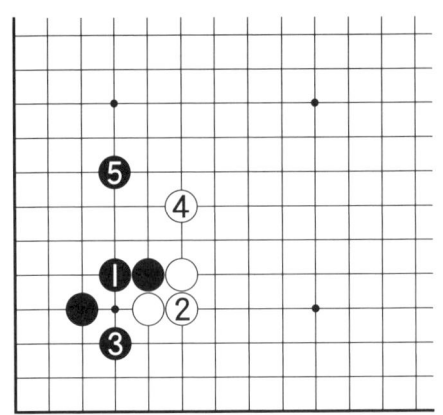

13도

13도 (꽉 잇는 경우)

처음으로 돌아가서, 흑1에 백2로 꽉 잇는 경우에는 흑3으로 귀를 지키고 백4에 흑5로 각자 요소를 차지하는 흐름이 자연스럽다.

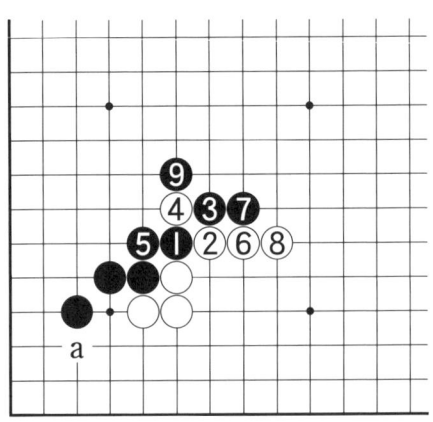

14도

14도 (흑, 불만)

백이 꽉 잇는 경우에 2도처럼 흑1 이하 9까지 중앙을 도모하면 백이 a로 귀에 붙일 때 반발할 수 없는 만큼 실리로 커서 흑이 불만이다.

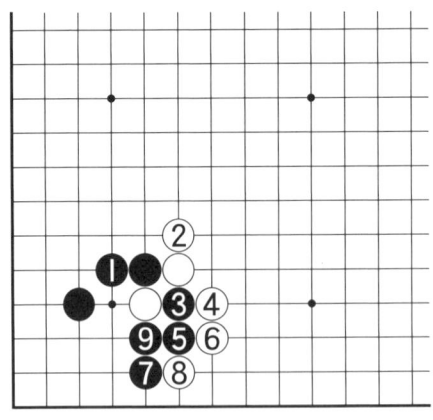

15도

15도 (귀의 실리가 크다)

흑1에 백이 중앙을 중시하면 2로 올라서는 방법도 있지만, 흑3에 끊은 후 9까지 귀에 큰 실리를 허용하는 만큼 보통은 백이 불리한 진행이다.

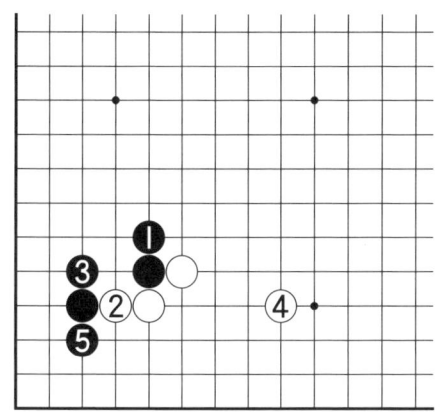

16도

16도 (변으로 뻗는 변화)

기본형 다음 흑1쪽으로 늘어가는 것은 변의 발전성을 위한 선택이다. 백2, 4로 자세를 잡고 흑5로 귀의 요소를 차지하면 무난한 타협인데, 흑의 실리가 좋지만 백의 선수이므로 발빠른 AI시대에는 흑이 잘 두지 않는다.

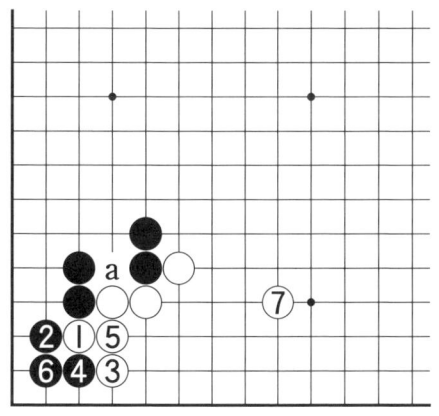

17도

17도 (흑, 불리)

앞 그림 흑3 때 백이 귀를 허용하기 싫다면 1로 젖힌다. 이때 흑2 이하 6까지 처리해서 귀를 고집하면 백7로 자세를 잡은 백의 진영이 돋보인다. 흑은 귀도 옹색하고 a의 맛도 남아 불리하다.

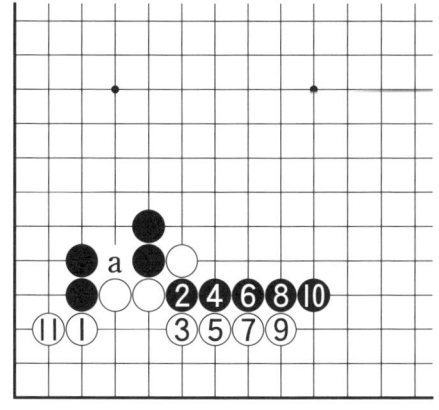

18도

18도 (백, 충분)

백1에는 흑도 2의 끊음이 기세인데, 백은 3 이하 9까지 밀어놓고 11로 실리를 크게 차지해서 충분하다.

　외세를 허용해도 a의 맛도 있는 만큼 AI의 관점에서는 백이 편하다고 본다.

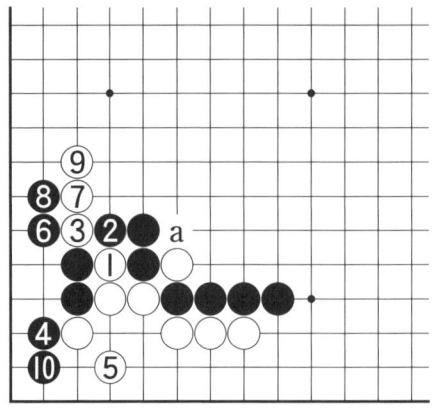

19도

19도 (백, 전투 지향)

앞 그림 흑8 때 백이 싸움에 자신 있다면 1, 3으로 끊을 수 있다. 흑은 4로 젖힌 후 10까지 귀에 파고들며 좌변을 해결하는 것이 우선이다.

이제 중앙 전투가 초점인데 백이 단순히 a로 밀어가는 것은 좌변이 온전하지 않아 부담이므로~

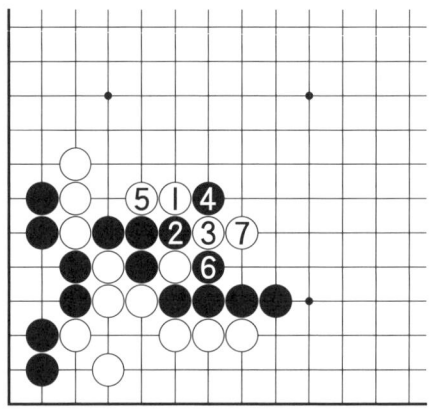

20도

20도 (필연)

백1의 씌움이 맥인데 흑도 2, 4의 끊음이 기세이며 7까지 서로 끊는 자세가 되어 싸움은 필연이다.

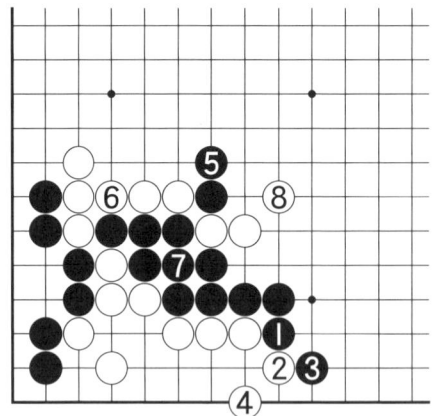

21도

21도 (본격 싸움)

이다음 흑은 1, 3의 선수활용 후 5로 늘고 백도 6, 8로 서로 모양을 정리하며 맞서 본격 싸움에 돌입한다.

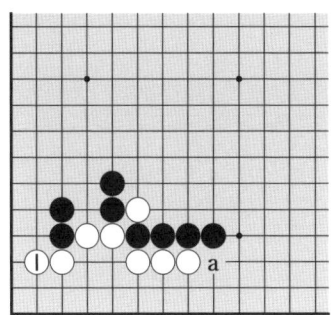

장면

이 장면에서 백이 a로 하나 더 밀지 않고 1로 빠지면 어떤 문제가 생기는지 알아보자. 물론 아무런 문제가 없다면 백이 세력을 허용하지 않으므로 효율적이다.

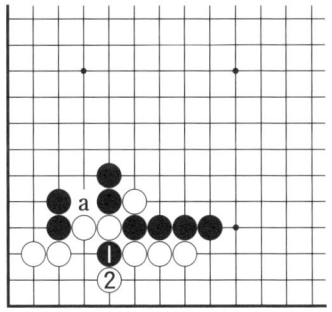

1도 (절호의 끊는 맥)

흑1의 끊음이 활용하는 절호의 맥이다. 백2로 받으면 a로 나가는 맛이 차단되어 백은 실리로 큰 손해를 본다.

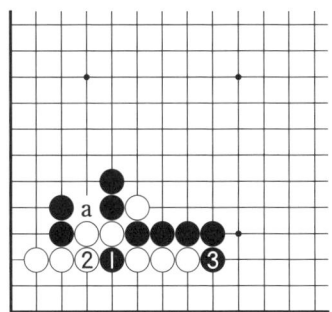

2도 (두터운 막음)

백이 a의 맛을 유지하려면 흑1에 백2로 이어야 하는데 흑3의 막음이 두터운 자리이다.

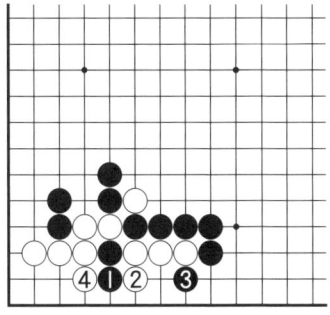

3도 (하변에서 흑의 활용)

나중에 하변은 흑1로 키운 후 3의 젖힘이 선수로 작용하는 만큼 하변에서의 활용이 돋보인다.

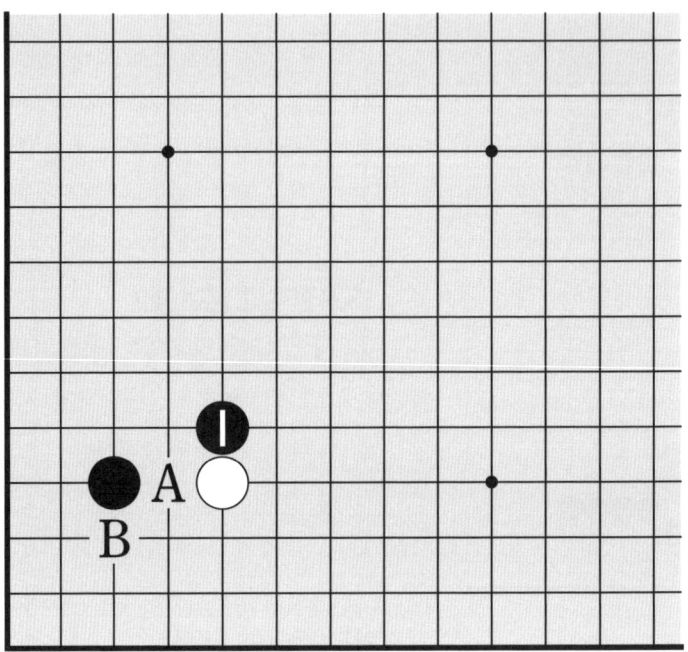

기본형

　흑1의 위붙임에서 백이 귀를 중시하는 발상도 유력하다. 이런 경우 백은 A나 B로 귀에 진입하는 것이 상용 수단인데 이후의 변화에 대해 알아본다.

　이 과정에서 예전 많이 두던 정석에 대한 AI의 관점도 눈여겨 볼만한 대목이다.

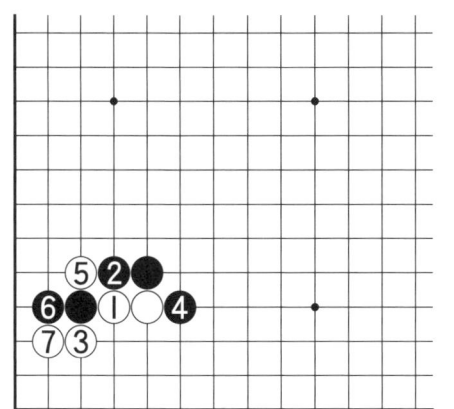

1도

1도 (치받는 수단)

우선 백1, 3으로 치받으며 귀에 파고드는 수단에 대해 알아보자.

흑4로 젖히면 백5, 7이 몰아가는 정확한 수순이다.

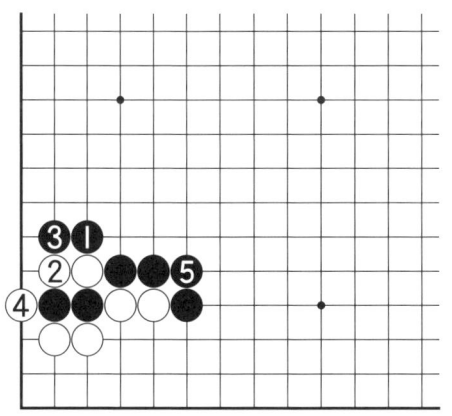

2도

2도 (깔끔한 실리)

이다음 흑1, 3으로 단순하게 선수하고 5로 이어 두텁게 처리하는 것은 백의 실리가 아주 깔끔한 반면 흑은 후수라서 불만이다.

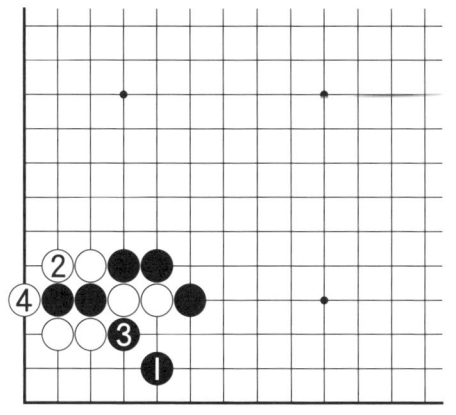

3도

3도 (흑의 궁리)

1도 다음 흑1로 비튼 것은 백 모양에 흠집을 내려는 궁리인데 백은 2로 잡는 것이 간명하다. 흑3에 백4로 따내는 흐름이 되는데~

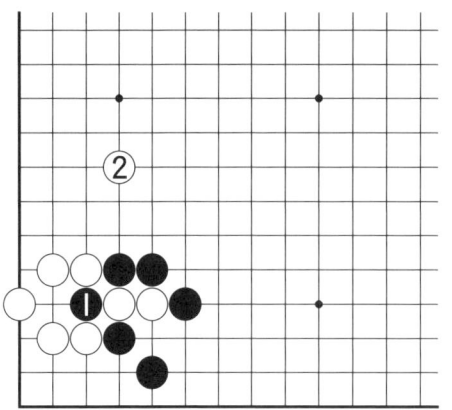

4도

4도 (백, 우세)

흑1로 먹여치고 백2로 벌리면 일
단락이며 널리 알려진 정석이었
지만, AI의 눈으로는 백의 좌변
벌림이 흑의 두터움을 견제하며
실리로도 앞서 백이 아주 우세하
다고 본다. 이제는 사라진 정석이
라 봐도 무방하다.

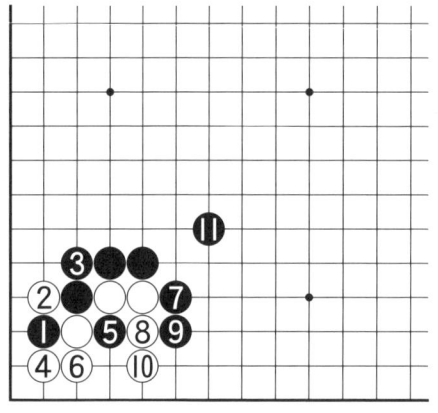

5도

5도 (현명한 대응)

1도 백3 때 귀에서 흑1의 이단젖
힘이 현명한 대응이다. 백2, 4로
잡을 때 흑5, 7로 단수치며 11까
지 두텁게 정비하면 일단락이다.

　이 진행도 AI는 백이 선수 실리
로 충분하다고 보는데 그래도 4도
보다야 흑이 한층 낫다.

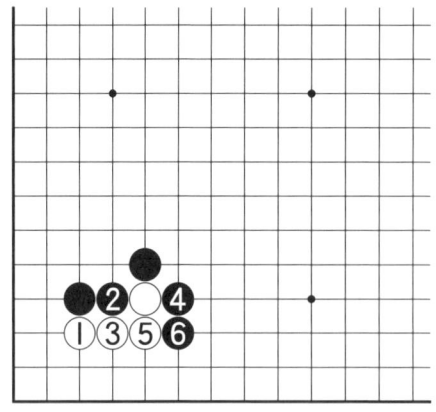

6도

6도 (유연한 귀의 붙임)

처음으로 돌아가서 귀에 백1의 붙
임도 유연한 수단이다.

　이때 흑2 이하 6까지 외곽을 거
칠게 조여 막는 것은 바람직하지
않다.

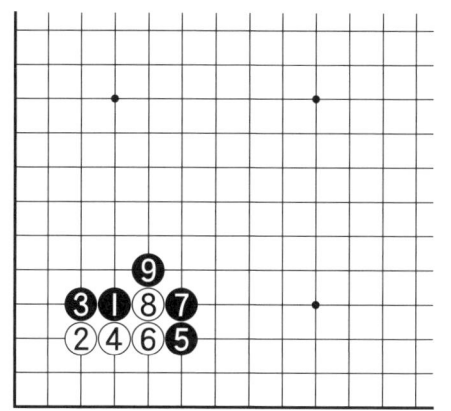

7도

7도 (동일한 모양)

흑1의 화점에서 백2의 이른 3三침입을 공부했다면 흑3, 5에 백6으로 치받을 때 흑7, 9로 늦춰 막는 것은 엷어서 그다지 좋지 않음을 안다. 앞 그림은 이 그림과 동일한 모양이다.

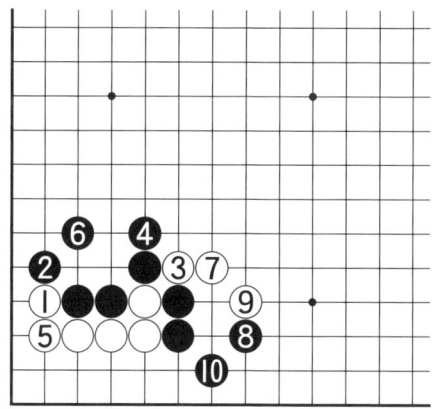

8도

8도 (복습)

이후 핵심 변화를 복습해보면 백 1, 3으로 끊고 5의 이음이 귀를 지키며 단점을 공략하는 효과적 수순이다.

흑6에 지키면 백7에 늘어 10까지도 최선의 공방인데~

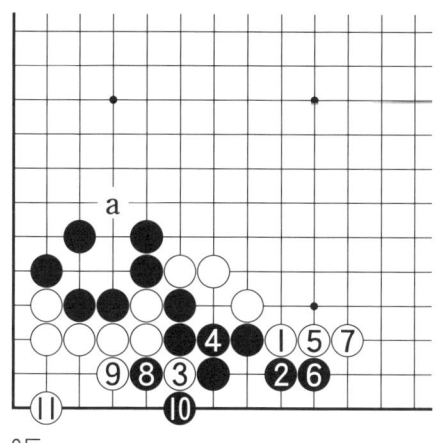

9도

9도 (백, 두터움)

백1, 3이 모양의 급소를 공략하는 맥이며 이하 11까지 서로 변과 귀에서 살면 일단락이다.

이 결과는 백이 a의 활용도 있는 만큼 하변 두터움이 좌변 흑 모양에 앞선다.

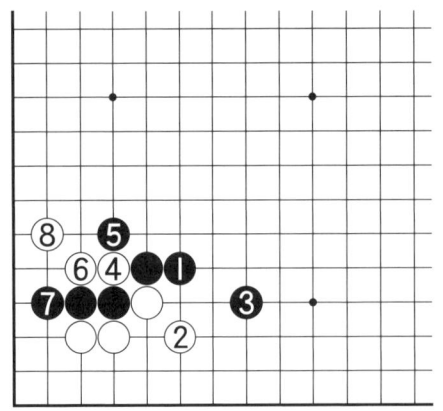

10도

10도 (상용 행마법)

6도 백3 때 흑1의 뻗음이 단단한 수단이다. 백2로 지킬 때 흑이 중앙을 중시하면 3의 씌움이 하나의 방안이다.

백4로 끊으면 흑5, 7로 키우고 백8의 마늘모도 상용 행마법이다.

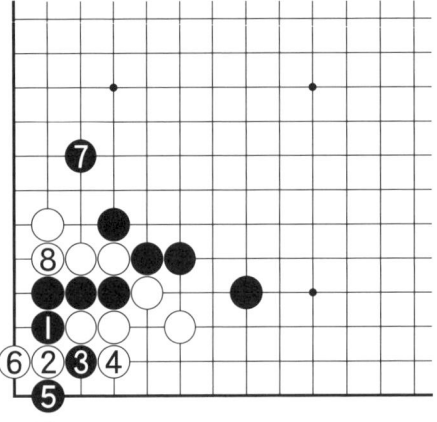

11도

11도 (잡히기 전의 활용)

이다음 귀에서 흑1로 꼬부리고 6까지의 수순은 잡히기 전의 활용인데 나중에 하변을 막았을 때 보탬을 주기 위함이며 좌변 흑7에 백8로 잡아 일단락이다.

흑이 바깥을 포위해서 두텁지만 AI의 관점에서 귀의 실리가 충실한 백이 편하다고 본다.

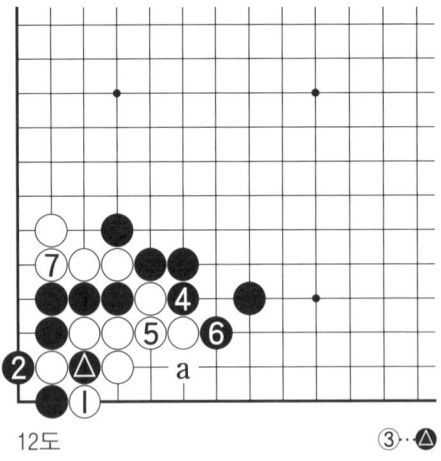

12도

③···▲

12도 (선수활용)

앞 그림 흑5 때 백1로 따내면 손해이다. 흑2로 이음을 강요한 뒤 4, 6의 막음이 선수이고 a의 젖힘도 패를 이용한 선수활용이니 이 진행은 흑이 두텁다.

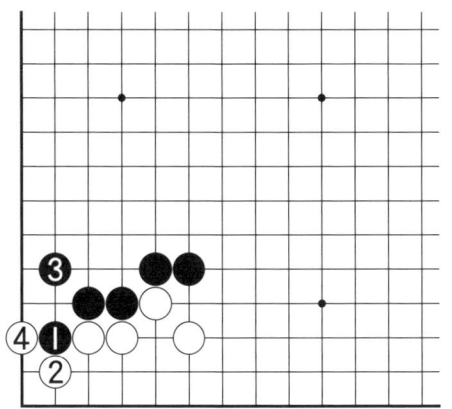

13도

13도 (흑의 책략)

10도 백2 때 흑1의 젖힘도 하나의 방안인데 좌변에서 실리를 허용하지 않으면서 정리하는 장점이 있다. 백2에는 흑3의 호구로 탄력을 주고 백4의 단수에 손을 빼고 발빠르게 둔다는 책략이다.

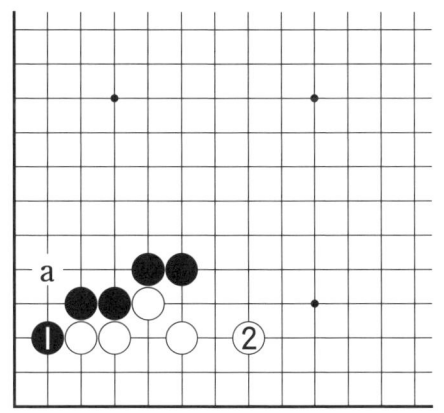

14도

14도 (백의 일책)

흑1에는 백2로 벌린 후 좌변 엷음을 노리며 두는 것도 일책이다.

　흑이 여기를 지킨다면 a의 호구가 탄력적인데~

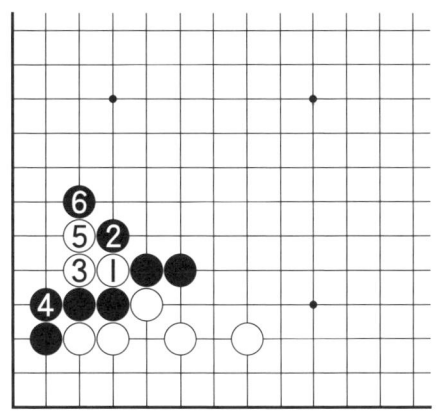

15도

15도 (백, 성급한 끊음)

이 모양에서는 흑이 손을 빼더라도 백1로 당장 끊는 것은 성립하지 않는다. 흑2 이하 6까지 몰면 백 석점이 잡힌다.

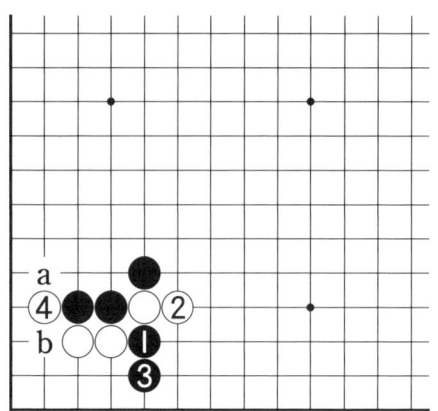

16도

16도 (귀를 직접 노리는 경우)

6도 백3 때 흑1, 3은 귀를 직접 노리겠다는 뜻인데 축이 유리할 때 사용한다.

백4의 당연한 젖힘에 흑은 a와 b, 선택의 갈림길에 놓인다.

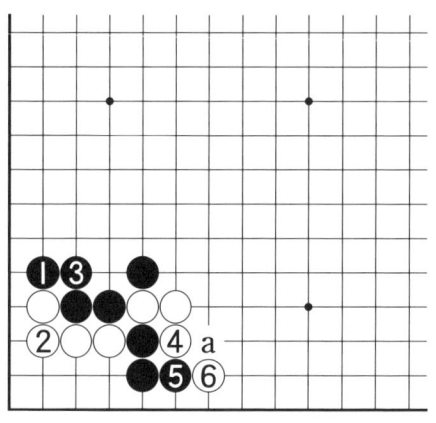

17도

17도 (축관계)

우선 흑1, 3으로 젖혀있는 경우인데 이때 백4, 6으로 잡자고 덤비면 흑a의 끊음으로 축이 발생한다. 이 축이 흑에게 유리해야 하며 불리한데도 이렇게 두면 흑의 손해가 크다.

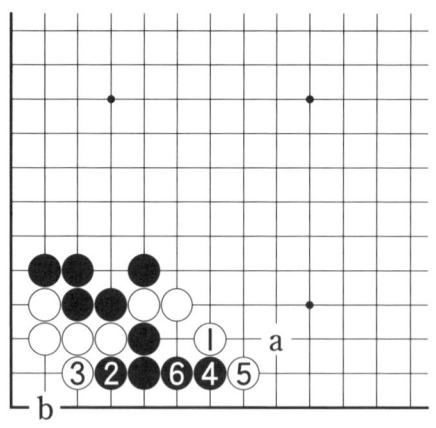

18도

18도 (백, 축이 불리할 때)

앞 그림 흑3 때 백은 축이 불리하면 1로 늦춰야 하며, 흑은 2 이하 6까지 수를 늘리며 귀와의 수상전에 대비한다.

백은 변의 지킴이 시급한데 단순히 a면 흑b로 귀가 잡히고 나서 한게 없는 백이 절대 불리하다.

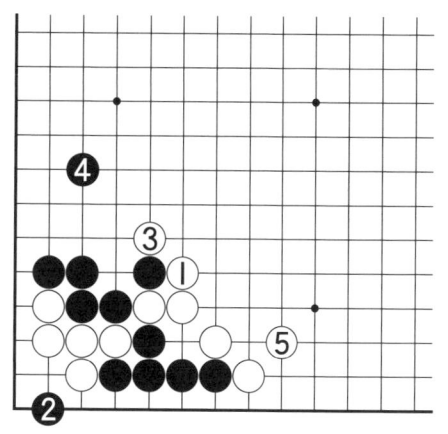

19도

19도 (효과적 대응)

백1의 중앙 꼬부림이 하변 보강도 겸하는 효과적 대응이다. 흑2로 잡을 때 백3의 단수 한방이 권리이며 흑4에 백5로 손질하면 일단락이다. 이전의 정석으로 알려졌지만 AI의 영향으로 백이 두텁다는 결론이다.

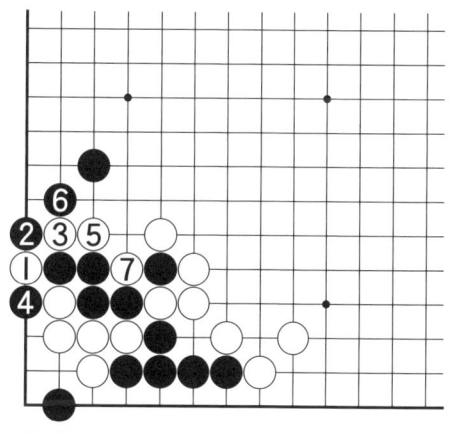

20도

8··①

20도 (활용하는 맛)

나중에 흑진에는 수상전을 이용해 활용하는 맛도 남아있는데, 백1로 젖힌 후 8까지 AI가 알려주는 수순이다.

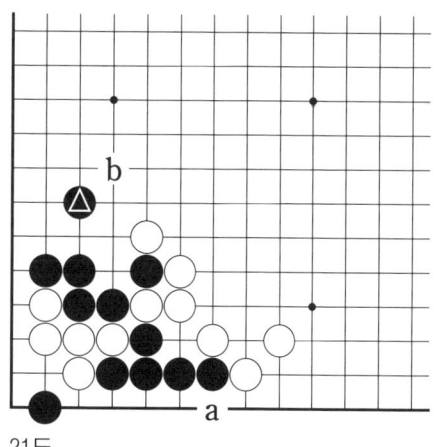

21도

21도 (백, 활발)

그래서 AI는 좌변 흑이 벌릴 때 ▲의 한칸도 추천하지만 귀는 백이 a로 조일 수 있고 변은 b로 씌워가는 수단이 남아 역시 백이 활발하다.

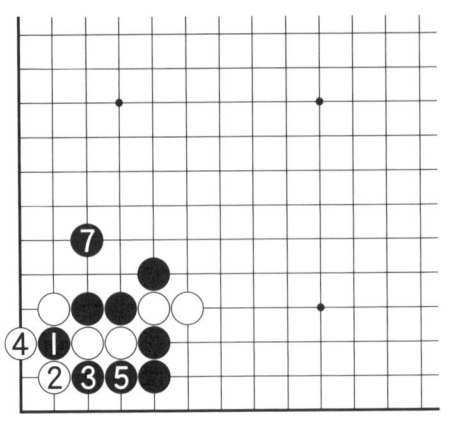

22도

⑥‥❶

22도 (끊는 경우)

16도 다음 이번에는 흑1로 끊는 경우인데 백2에 흑3, 5로 돌려친 후 7로 정돈하면 일단 귀의 백이 위험하다. 이때 백이 귀를 살리려 하면 악화일로를 걷는다.

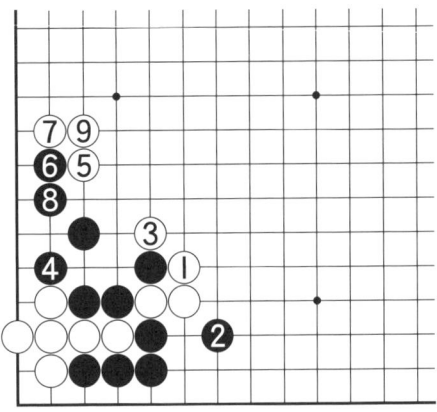

23도

23도 (백, 두터움)

그보다 백1 이하 5로 주변을 둘러싸면서 9까지 귀는 사석으로 이용하는 것이 현명하다.

좌변은 아직 조이는 맛이 남아 있어 백의 두터움이 돋보인다.

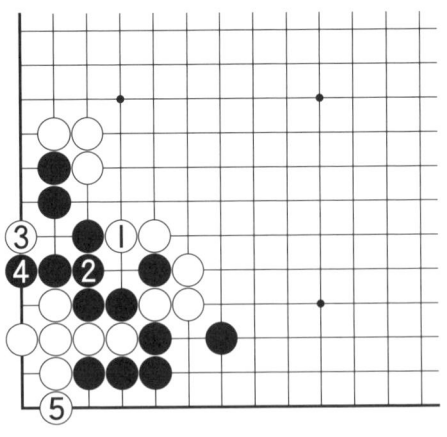

24도

24도 (백선이면 수상전 빅)

흑이 손을 빼면 백1을 선수한 후 3, 5로 두기만 해도 수상전은 빅이다.

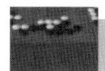
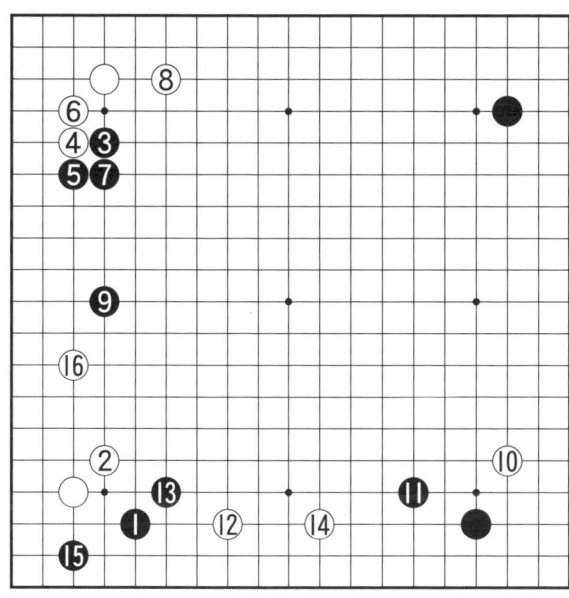

실전 1

실전 1

서로 양소목 포석에서 흑1과 3의 걸침 후 9까지, 백10에 흑11은 모두 수비형 정석이다.

백은 12로 협공한 후 14, 16으로 변의 벌림이 효율적으로 운영되고 있다.

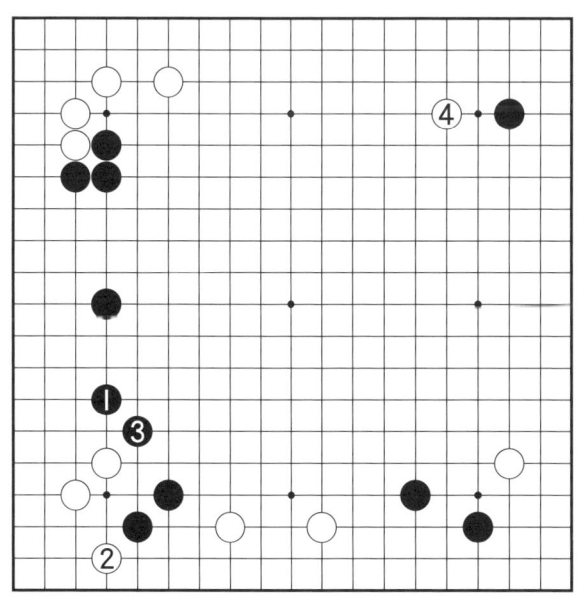

참고도 1

참고도 1 (AI 추천)

실전 백14 때 AI의 안목에서는 흑1로 먼저 다가서서 귀쪽 백2의 지킴을 유도한 다음 흑3으로 포위하는 것이 변과 중앙을 연계한 폭넓은 포석 작전이라고 본다.

이제 좌하는 일단락됐고 백4로 우상귀 걸침이 일순위이다.

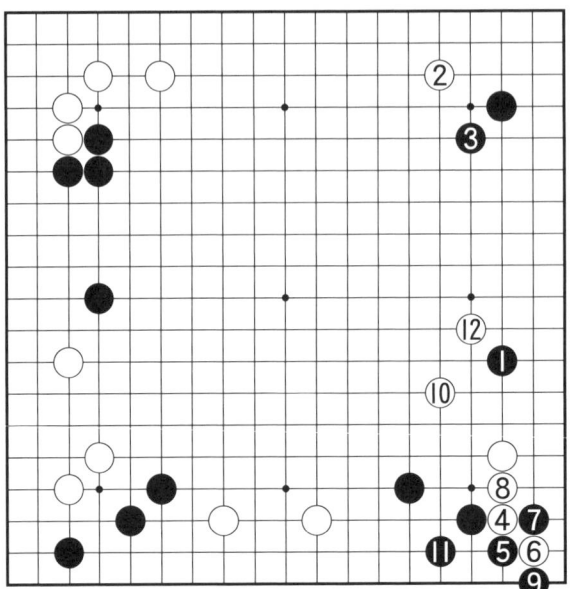

실전 계속

실전 계속

계속해서 실전 진행인데, 흑1의 협공에 백2와 흑3의 교환으로 우상귀가 결정된 후 백4, 6의 이단젖힘은 귀의 간명한 타개법이다. 흑7, 9로 근거를 탈취할 때 백10, 12로 귀의 단점을 이용해 우변을 눌러가서 백이 활발하다.

참고도 2 (AI 추천)

실전 흑5 때 백1로 호구치면 흑2의 반발이 기다리지만 이하 10까지 정리하고 백11로 손을 돌리는 것이 발빠른 변의 전략이라 본다.

참고도 3 (AI 변화)

실전 백6 때 AI의 변화도는 흑도 1 이하 10까지 귀를 은근히 공략해 백을 미생으로 내몰고 흑11로 강하게 싸우는 길을 제시한다.

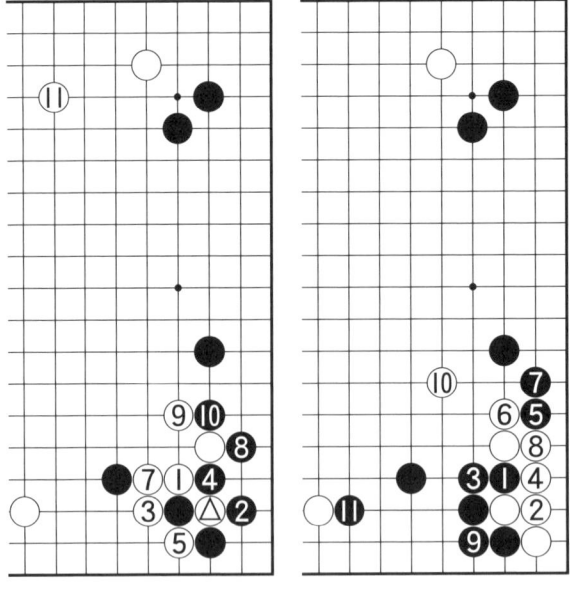

참고도 2　　❻‥△　참고도 3

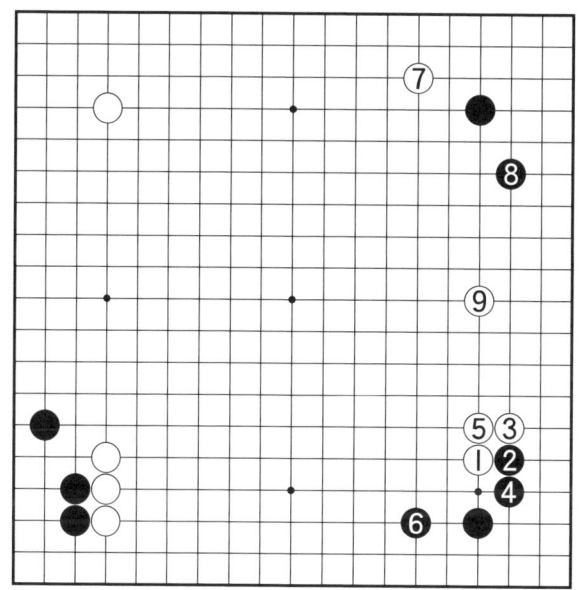

실전 2

실전 2

좌하귀는 AI시대를 대표하는 화점에서의 정석이다.

초점은 우하귀 소목에 백1의 한칸걸침 이후인데, 반대편에서 7로 걸치고 9로 벌리는 일련의 수순은 예전부터 유행했던 포석이다.

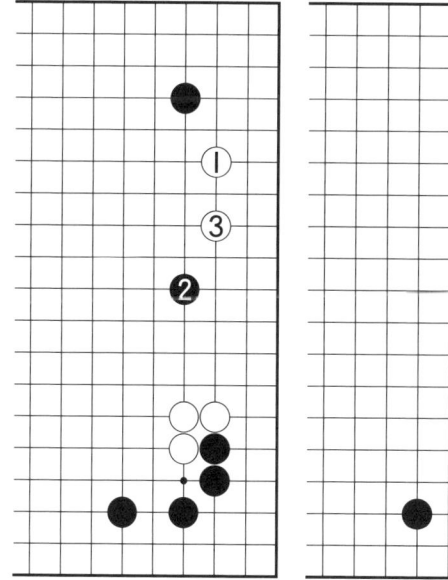

참고도 1

참고도 2

참고도 1 (AI 추천1)

실전 흑6 때 AI는 직접 백1로 걸쳐 우변 경영을 목표로 삼는 것이 좋다고 본다. 흑이 반발하는 경우 흑2로 세칸협공이면 위쪽에서 백3에 벌리라고 한다.

참고도 2 (AI 추천2)

백1에 흑2로 두칸협공이면 이번에는 아래쪽에서 백3의 두칸벌림이 효과적이라고 본다.

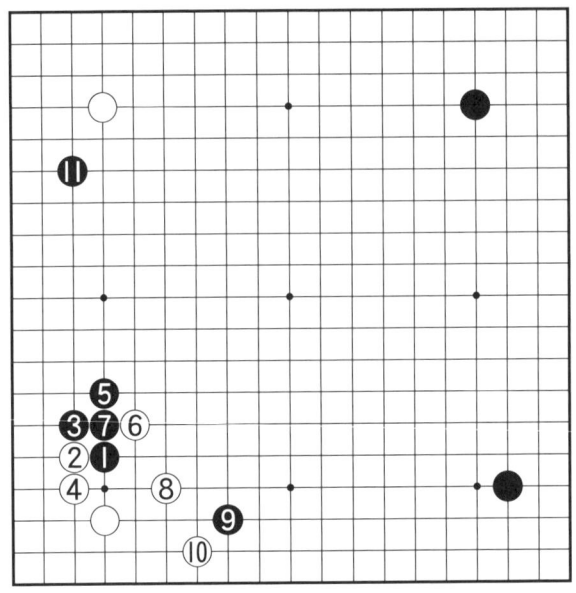

실전 3

실전 3

좌하귀 소목에 흑1의 한 칸걸침 이후 5의 호구에 백이 받는다면 6, 8의 활용이 효율적이다.

흑도 9의 다가섬이 요소이며 백10으로 지 키고 흑11로 넓게 걸친 장면이다.

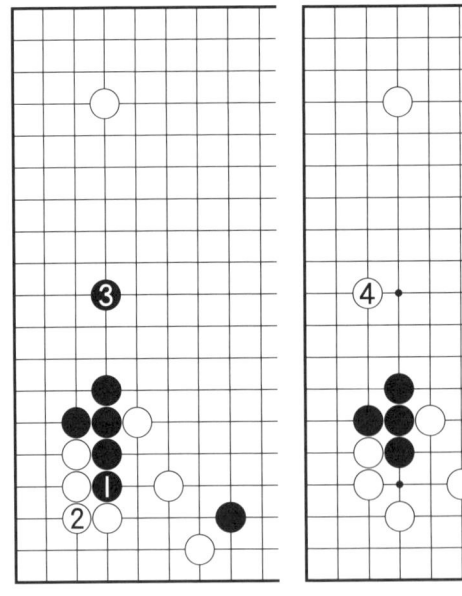

참고도 1   참고도 2

참고도 1 (AI 추천1)

실전 백10 때 AI는 귀 쪽 흑1을 활용한 후 3 으로 벌려두는 것이 안 정적이라고 본다.

참고도 2 (AI 추천2)

애초 흑1로 다가설 때 백도 2로 붙여 조치한 후 좌변에서 4로 공격 하는 것이 주도적 운영 이라고 본다.

PART 2

날일자걸침에서
공격형 정석

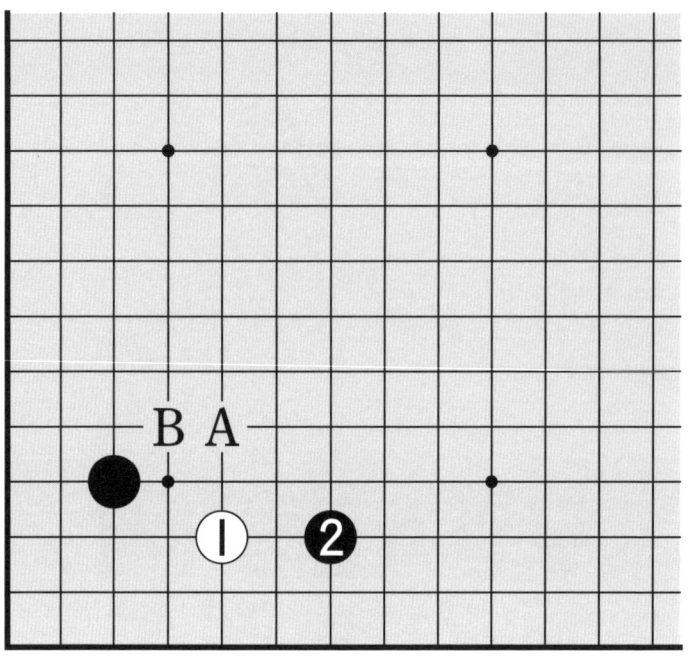

기본형

이제부터는 백1의 소목 날일자걸침에서 공격형 정석을 다루는데 첫 번째 주제는 변에서 가장 적극적인 흑2의 한 칸협공이다. 백은 주변 상황과 전략에 따라 여러 선택이 있는데 여기서는 대표 수단인 A의 한칸뜀과 B의 날일자씌움에 대해 알아본다. AI는 온건한 A의 뜀보다 주도적인 B의 씌움을 선호하는데 세부적인 진단도 참고할 만하다.

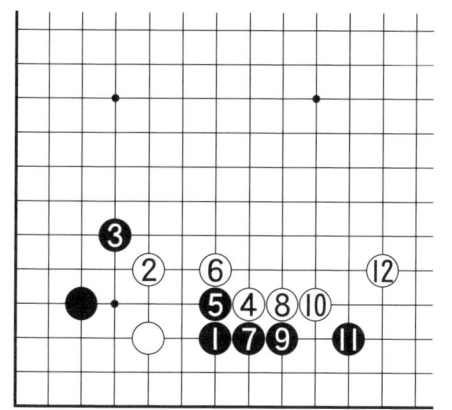

1도

1도 (상형)

흑1의 소목에 백2로 뛰면 흑3의 날일자는 자연스런 행마이다.

　백이 두텁게 두자면 4의 씌움이 제격이며 이하 12까지는 화점에서와 마찬가지로 상형이다.

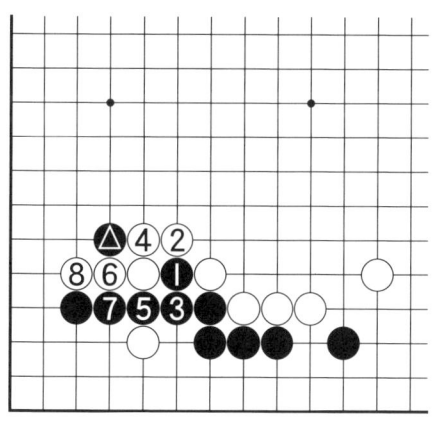

2도

2도 (백, 세력 월등)

이다음 흑1로 끼운 후 귀에 파고들어 실리를 탐하면 이하 8까지 예상되지만 흑▲를 품은 백의 세력이 월등하다.

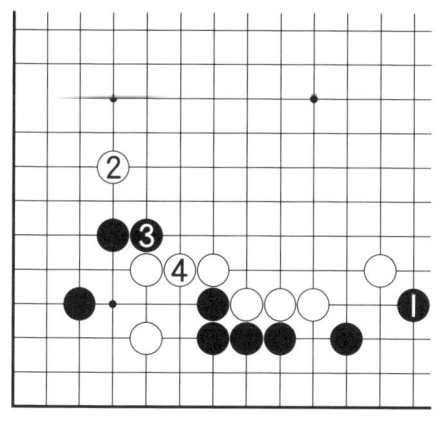

3도

3도 (흑, 투박한 행마)

1도 다음 흑1로 하변부터 지키는 것이 무난하다. 좌변에서 백2로 다가설 때가 초점인데 흑3이면 백4로 자연스레 잇는 모양이 되어 흑의 행마가 투박하다.

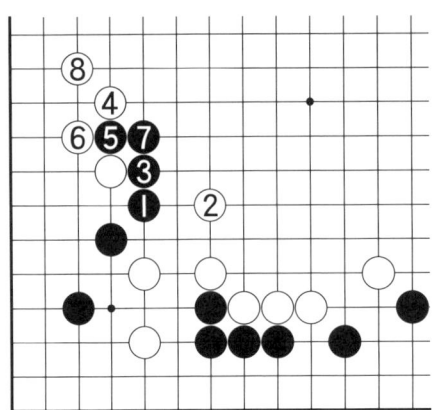

4도

4도 (능동적 마늘모 행마)

앞 그림 백2 때 흑1의 마늘모가 능동적 행마이다. 이하 8까지는 AI가 알려주는 변화인데 흑도 좌변을 눌러가며 두텁게 처리해서 충분하다.

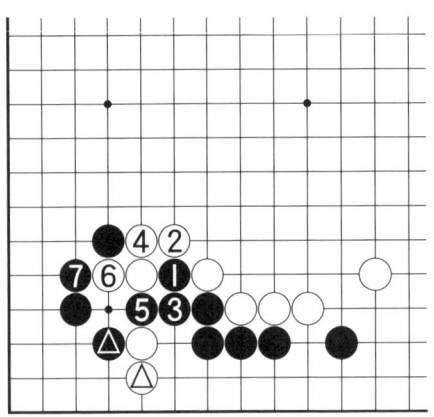

5도

5도 (귀의 교환 덕분)

1도 백4 때 흑▲와 백△로 활용이 된 다음 같은 진행을 밟으면 이제는 흑1의 끼움이 위력적이다. 이하 7까지 되면 좌변까지 이어진 흑의 실리가 압도적인데 귀의 교환 덕분이다.

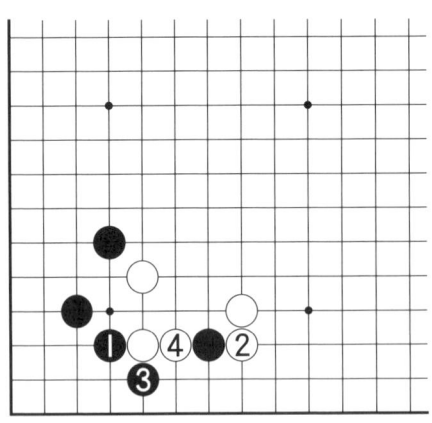

6도

6도 (간명책)

흑1에는 백도 2로 변에서 막는 것이 간명하다.

귀는 흑3에 백4로 참으면서 정돈하면 타협이다.

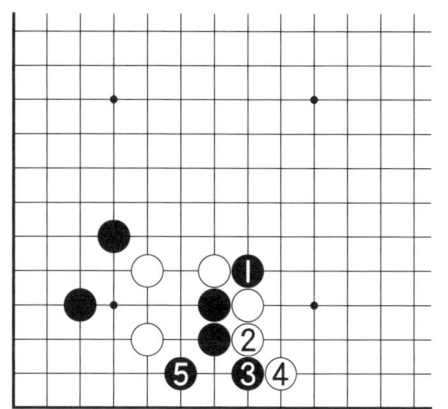

7도

7도 (추천하는 강수)

1도 백6 때 흑1의 끊음은 AI도 추천하는 강수이다.

　백2로 막으면 흑3, 5로 호구치고 나서~

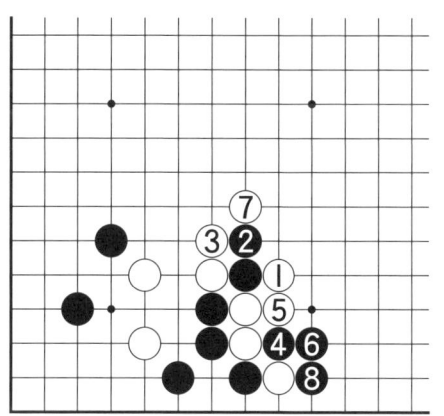

8도

8도 (흑, 충분)

백1, 3으로 몰 때 흑4, 6으로 끊어나간다. 서로 백7과 흑8로 잡고 타협인데 AI의 관점에서는 흑이 하변에 안정된 모양을 형성해서 충분하다고 본다. 참고로 백은 중앙의 축이 유리해야 한다.

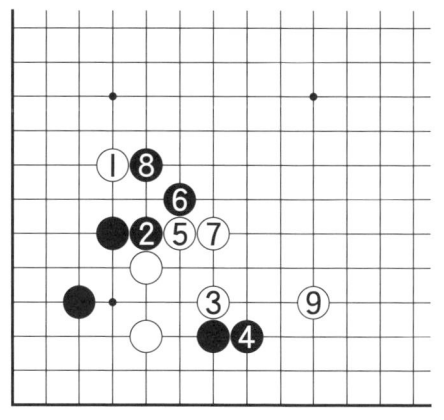

9도

9도 (좌변에 다가서는 경우)

1도 흑3 때 백1로 좌변부터 다가서면 흑2로 나가고 백3의 붙임이 행마의 리듬이다. 이하 9까지 예상되는 싸움이다.

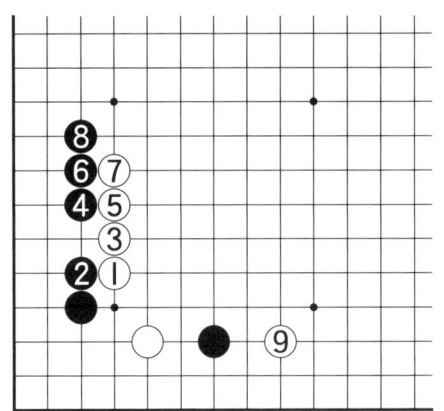

10도

10도 (능동적 날일자씌움)

기본형 다음 백이 능동적으로 두자면 1의 날일자씌움이 유력하다.

흑도 2, 4로 진출하면 간명한데, 이후 변화가 많지만 AI의 안목에서는 백이 5, 7로 눌러놓고 9로 협공만 해도 활발하다고 본다.

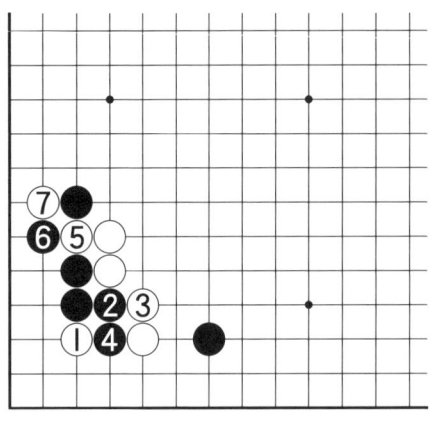

11도

11도 (수순의 묘)

앞 그림 흑4 때 귀쪽 백1의 붙임도 생각할 수 있다.

흑2, 4로 차단하면 백5, 7로 끊는 것이 수순의 묘이다.

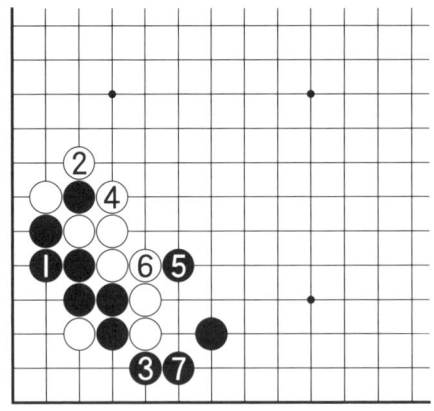

12도

12도 (백, 충분)

이다음 흑1에 백2로 잡고 흑3에 백4로 따내야 완전하며 흑도 5, 7로 활용하며 건너가면 일단락이다. 백이 실리는 허용했지만 좌변이 두텁고 선수이므로 충분하다.

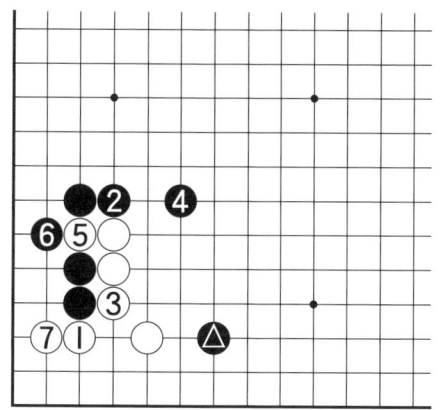

13도

13도 (흑의 부담)

백1에 흑이 중앙을 중시하면 2로 밀어올린다. 이하 7까지 상형인데 흑❹가 귀에 너무 가까운 것이 흑의 부담이다.

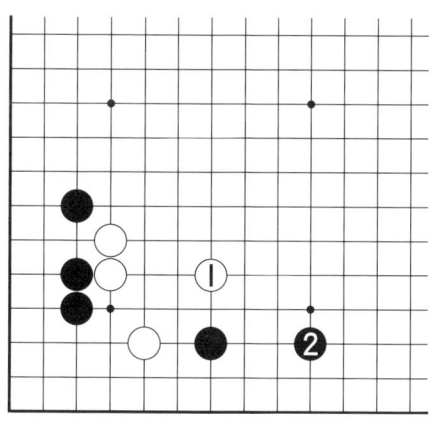

14도

14도 (무난한 정리)

11도 흑4 때 백1의 모자씌움은 좌변을 결정하지 않고 중앙 모양을 정리하겠다는 뜻이다. 흑2로 벌리면 서로 무난하다.

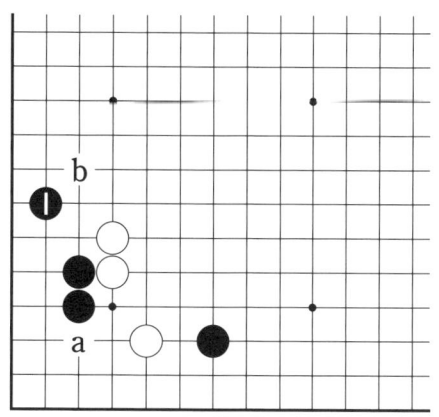

15도

15도 (흑의 일책)

10도 백3 때 흑1의 날일자달림은 귀쪽 a와 변쪽 일련의 눌림을 방어하는 의미가 있다. 백b의 압박은 남지만 흑이 여러 불안에 대처하는 하나의 방안이다.

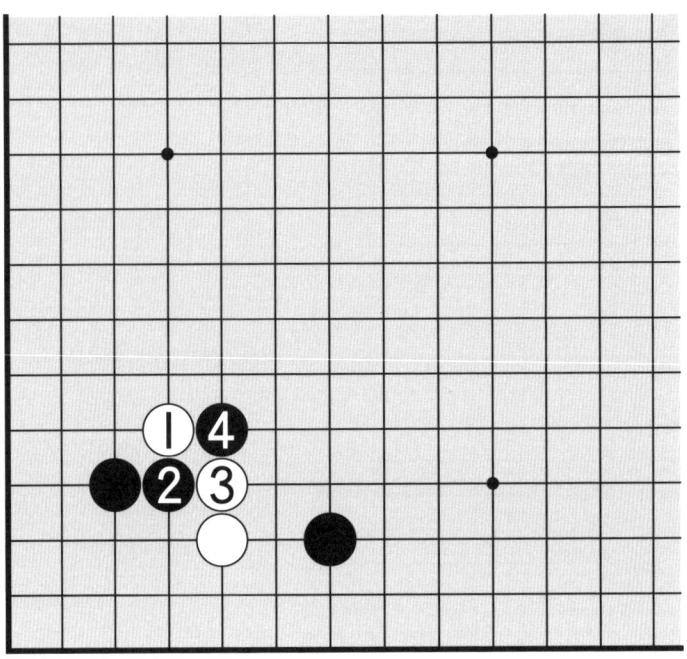

기본형

이번에는 백1로 씌울 때 흑2, 4로 나와끊는 변화에 대해 알아본다.

강수로 방향을 정한 만큼 복잡한 싸움을 피할 수 없는데, 공방의 과정에서 불완전한 모양을 어떻게 정리해 가는지 수순을 통해 이해하면서 AI의 진단도 주목해 볼만하다.

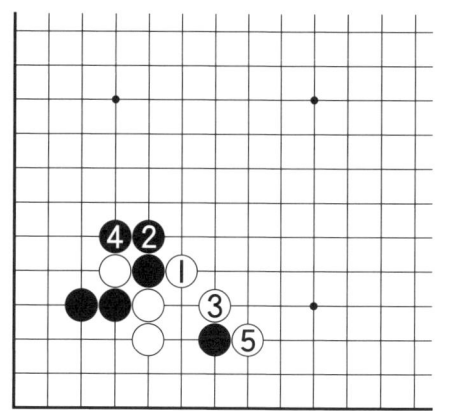

1도

1도 (이전의 정석)

기본형 다음 백1, 3으로 호구치고 나서 흑4와 백5로 각각 잡으면 이전에 많이 두던 간명한 정석인데 AI는 양쪽 수순에 문제를 제기하고 나섰다.

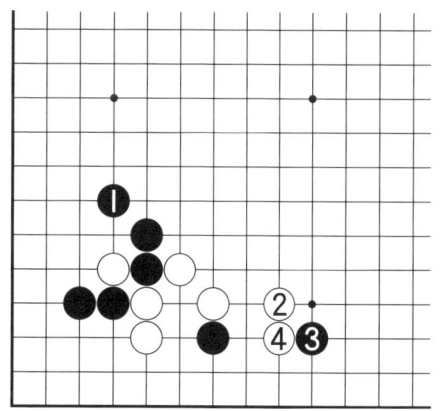

2도

2도 (진화된 정석)

앞 그림 흑4와 백5가 서로 위축된 행마라는 것인데, 흑1과 백2로 넓게 두라는 조언을 한다.

흑은 3과 4의 활용도 해두면 도움이 된다고 본다. AI시대 진화된 정석으로 봐도 되겠다.

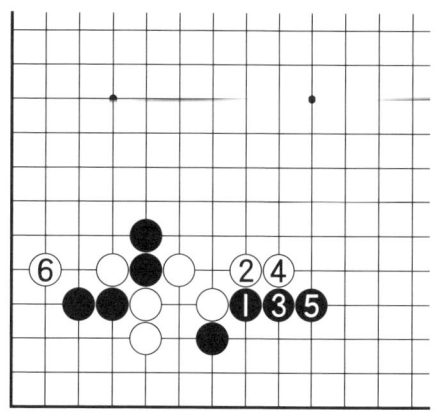

3도

3도 (과거의 맥)

1도 백3 때 흑1 이하 5까지 하변부터 경영하면 이제부터 좌변에서의 싸움이 볼만하다.

우선 백6으로 2선 착점이 과거의 맥이었다.

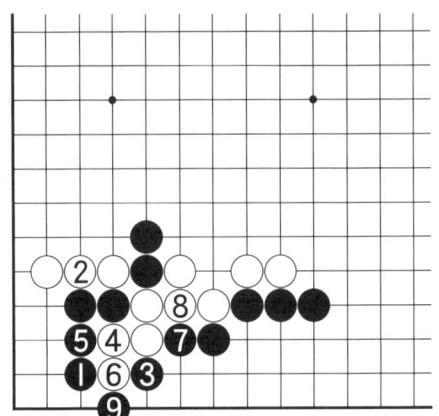

4도

4도 (과거의 변화)

이다음 흑1로 귀에서 지키면 백2로 변에서 막고 흑3의 붙이는 맥으로 9까지 넘어가는 것이 과거의 변화였다.

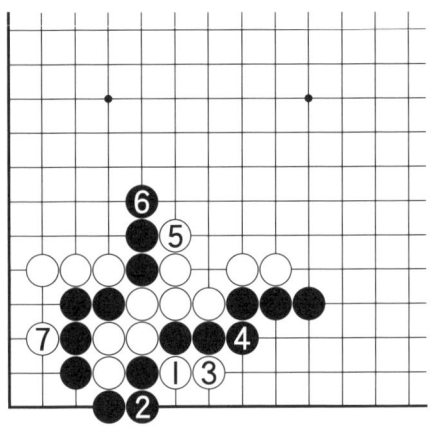

5도

5도 (조이는 맥)

계속해서 백1 이하 5까지 선수해 둔 다음 7의 붙임은 귀를 조이는 교묘한 맥이다.

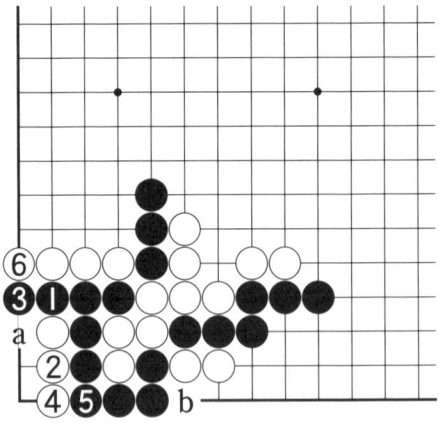

6도

6도 (결정타)

이때 흑1로 나가면 문제가 발생하는데 백2의 조임이 결정타이다. 흑3으로 나가도 백4, 6으로 수를 줄이면 a와 b, 어느 쪽이든 단수 하나가 성립해서 귀의 흑 전체가 잡힌다.

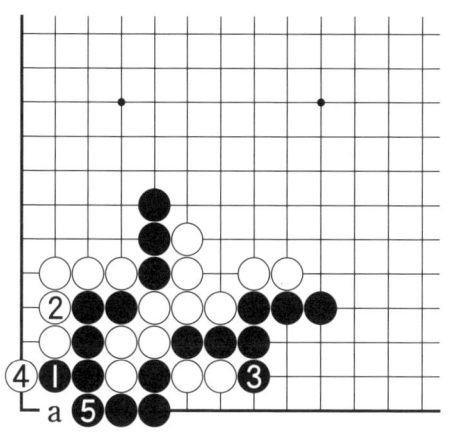

7도

7도 (흑, 실패)

그렇다고 5도 다음 흑1, 3으로 방어하면 백4에 흑5로 잇고 나서 a의 패가 남으므로 흑의 실패이다.

　귀를 건들지 말고 단순히 흑3에 두면 무사하지만 백이 a부터 들여다보며 귀를 남김없이 조여서 대만족이다.

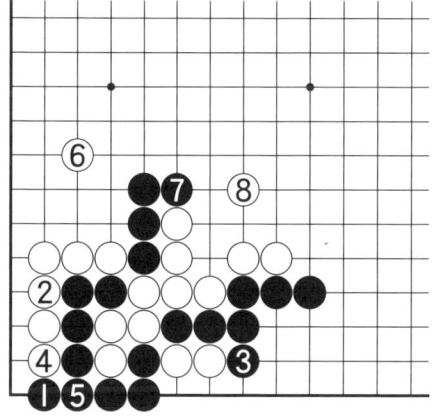

8도

8도 (이전의 정석)

귀는 흑1의 마늘모가 최대한 조임을 방어하는 맥이다.

　백은 2, 4의 선수 후 6으로 벌리고 중앙에서도 흑7에 백8로 정돈하며 싸우는 변화가 이전의 정석이었다.

9도 (흑, 활발)

3도 다음 흑1로 뚫고나간 후 7까지 좌변에 정착하면 간명한데 AI는 이렇게 두면 흑이 활발하다고 본다. 중앙 두터움은 허용했지만 a의 활용하는 맛이 남아있고 흑이 좌변과 하변을 경영해서 편하다는 뜻이다.

9도

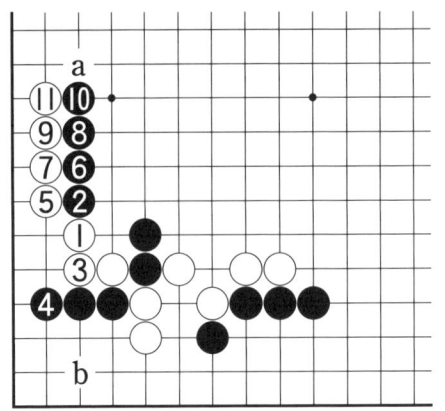

10도

10도 (효과적인 마늘모)

3도 흑5 때 백도 1의 마늘모가 그 동안 생각하지 못했던 AI의 효과적인 대안이다.

흑2로 압박하면 백3으로 숨통을 튼 후 11까지 밀어서 다음 a의 젖힘과 b로 귀의 공격을 맞보면 백이 할 만한 흐름이라 본다.

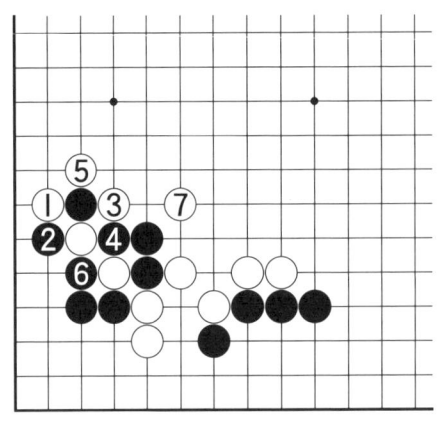

11도

11도 (백, 두터운 흐름)

앞 그림 흑2 때 백1의 젖힘도 가능한데 흑2의 맞끊음에 대비해야 한다.

백이 3, 5로 변의 한점을 따내고 7로 씌우면 두터운 흐름이다.

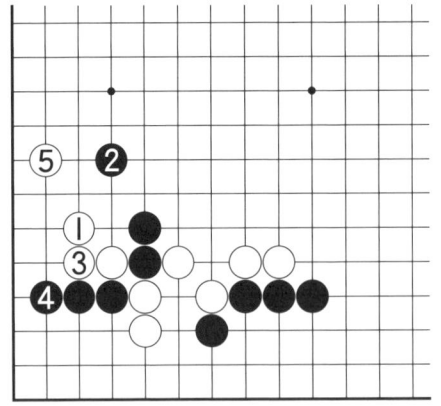

12도

12도 (흑, 불리)

백1에 흑2의 날일자씌움으로 유연하게 공격해도 백3, 5로 견디고 나서 귀의 공격과 변의 진출을 맞보면 흑이 불리한 흐름이다.

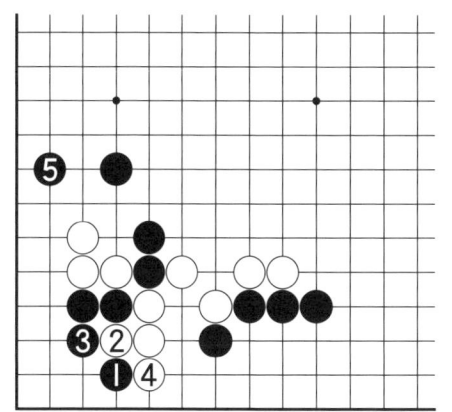

13도

13도 (수상전의 경우)

앞 그림 백3 때 흑1, 3으로 귀부
터 수를 늘린 후 5로 포위해서 수
상전을 강행하면 어떻게 될까.

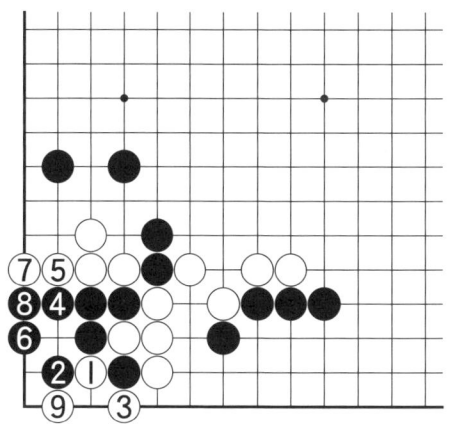

14도

14도 (흑, 불리한 패)

백1, 3으로 잡으면서 귀에 진입하
기만 해도 흑의 수가 부족하다.

　흑4 이하 8까지 눈 하나를 내며
버티지만 백9로 패가 되어 흑이
불리하다.

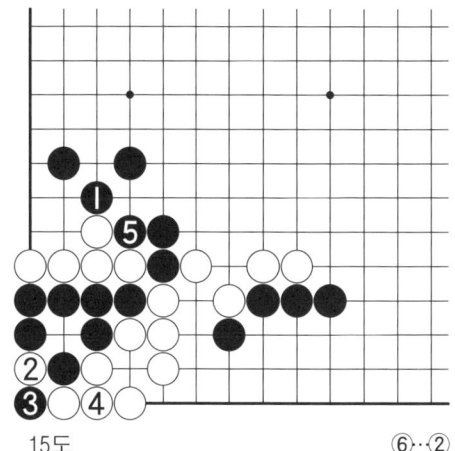

15도

⑥‥②

15도 (백의 선패)

귀는 흑1부터 조이고 백2로 먹여
친 후 4에 이을 때 흑5로 또 조이
면 백6으로 따내 백의 선패가 최
선이다.

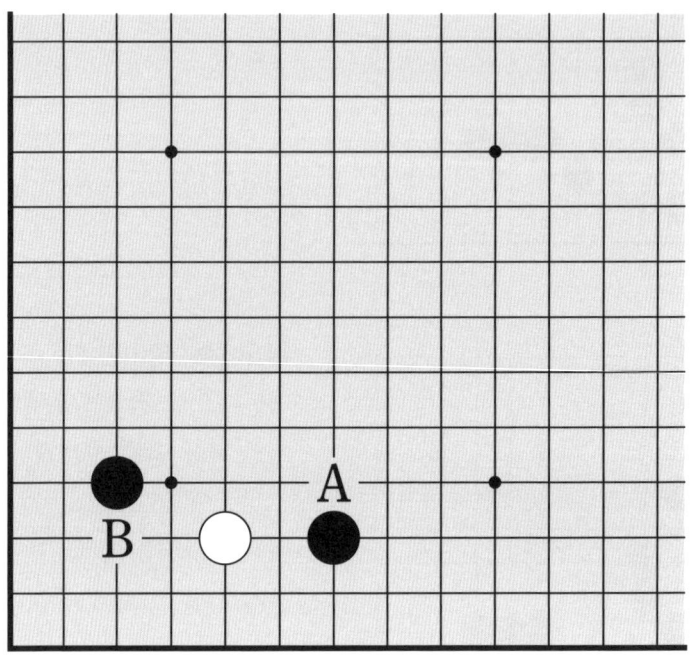

기본형

이번에는 날일자걸침—한칸협공에서 많이 두지는 않지만 백이 A로 변에 붙이거나 B로 귀에 붙이는 변화에 대해 알아본다.

변쪽 A의 붙임은 기대면서 모양을 주도적으로 정리하거나 싸움을 유도하려는 뜻이 있고, 귀쪽 B의 붙임은 간명한 정리를 원할 때 주로 사용한다.

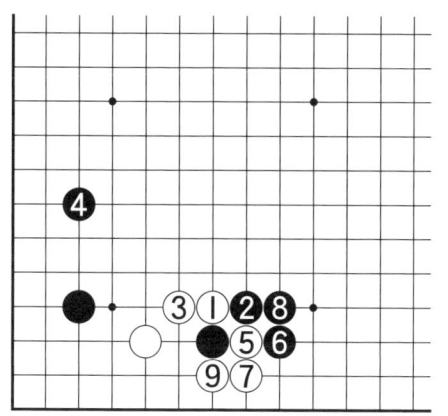

1도

1도 (백, 안정)

백1의 변쪽 붙임에 흑2의 젖힘은 당연하고 백3에 끌면 흑은 좌변과 하변 중 어디에 둘지 방향을 정해야 한다. 흑4로 좌변에 벌리면 백5로 끊은 후 9까지 한점을 잡고 안정해서 불만 없다.

흑도 이런 편안한 흐름을 허용하기 싫다면~

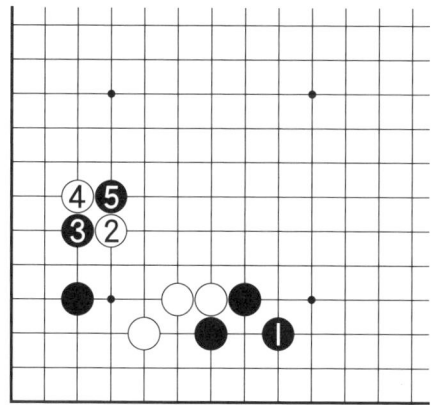

2도

2도 (타개의 맥)

앞 그림 백3 때 흑1로 하변부터 지킨다.

백2로 씌울 때가 초점인데 흑3, 5의 맞끊음이 타개의 맥이다.

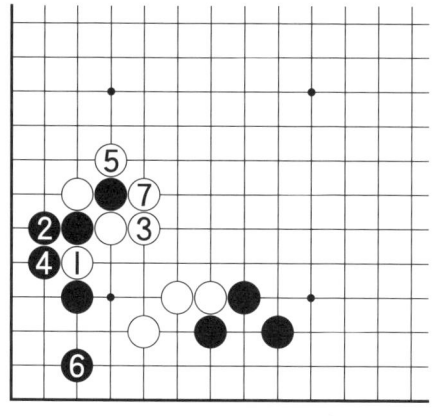

3도

3도 (흑, 활발)

이다음 백1, 3에 흑4로 넘고 백5의 축이 성립해야 하며 흑6과 백7로 각각 보강하면 일단락인데 이 진행은 흑이 양쪽을 처리해서 활발하다고 본다.

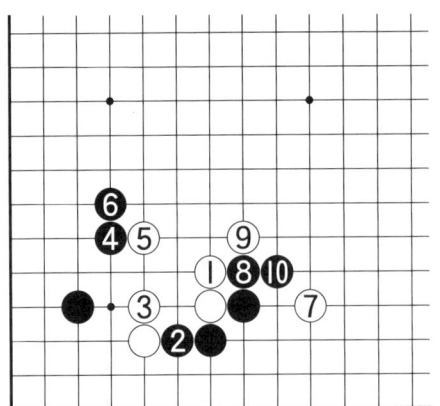

4도

4도 (중앙으로 뻗는 경우)

1도 흑2 때 중앙 백1로 늘면 흑2, 4로 단점을 노리며 양쪽 변을 처리하는 것이 효율적 수순이다.

백은 5로 보강한 후 7로 협공해서 10까지 필연이다.

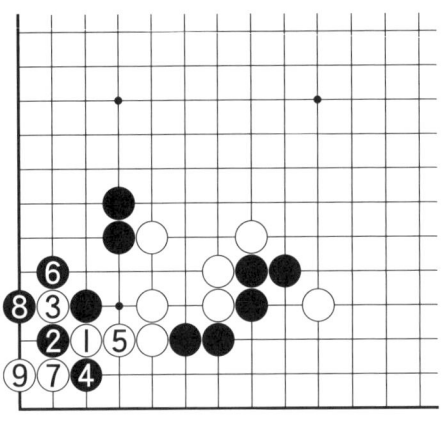

5도

5도 (백, 미흡)

이다음 백1, 3의 맞끊음은 타개의 맥이며 흑4의 단수는 귀에서 쉽게 안정을 허용하지 않겠다는 뜻이다. 백5로 이으면 9까지 필연인데 좌변 흑이 견실해졌고 백은 아직 완생도 아닌 만큼 미흡하다.

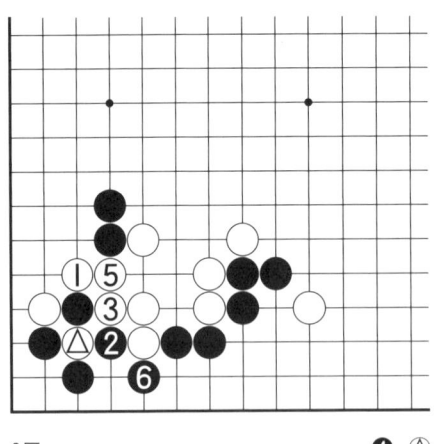

6도   ❹‥⚠

6도 (백, 불리)

앞 그림 흑4 때 백1로 돌려쳐서 변을 차단하는 것은 6까지 귀와 변으로 연결된 흑의 모양이 충실하다. 백이 상응하는 대가를 당장 얻기 힘든 만큼 불리하다.

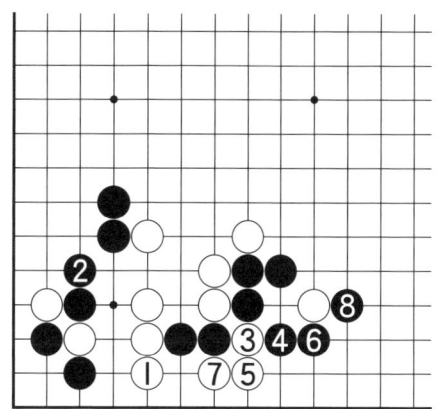

7도

7도 (흑, 충분)

5도 흑4 때 백1의 내려섬이 좌변과 하변을 맞보는 요처이다.

흑2의 지킴이 우선일 때 백3 이하 7까지 두점을 잡고 안정하면 타협인데, 흑은 좌변 실리가 착실한데다 8로 하변도 견실하게 지켜서 충분하다.

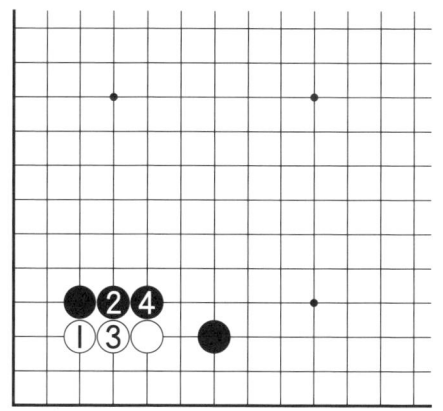

8도

8도 (화점 정석으로 환원)

처음으로 돌아와서 백1로 귀의 붙임은 간명책이다.

이때 흑2, 4로 봉쇄하면 화점에서 이른 3三침입 정석으로 환원되지만 백이 귀에서 근거를 마련한다는 취지는 통했다.

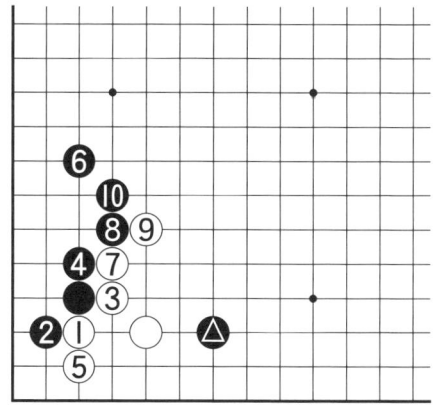

9도

9도 (두칸벌림의 경우)

백1에 흑2로 젖힌 후 5까지 되면 서로 무난하다.

다음 흑6의 두칸벌림이면 견실한 반면 백7, 9로 활용해서 흑▲가 고립되는 단점이 있다.

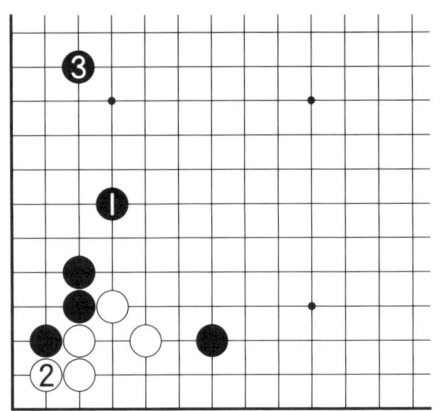

10도

10도 (날일자 행마의 경우)

앞 그림 백5 때 흑1의 날일자 행마가 능동적인데 이때는 백2의 꼬부림이 안정적이다.

흑도 3으로 벌리면 후수이지만 폭넓은 국면인데 앞 그림과는 일장일단이 있다.

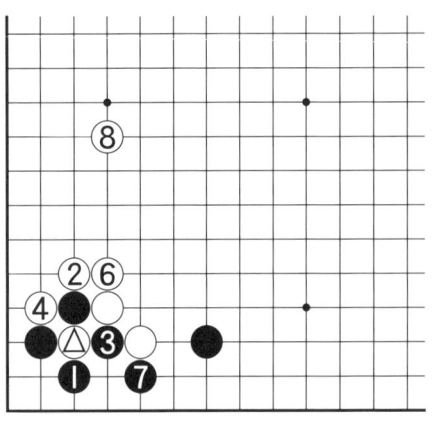

11도   ❺‥⟨△⟩

11도 (흑의 반발)

9도 백3 때 흑1의 단수는 귀의 안정을 주지 않으려는 반발인데, 백도 2로 되단수한 후 8까지 귀를 내주면서 변에 정착해 타협한다.

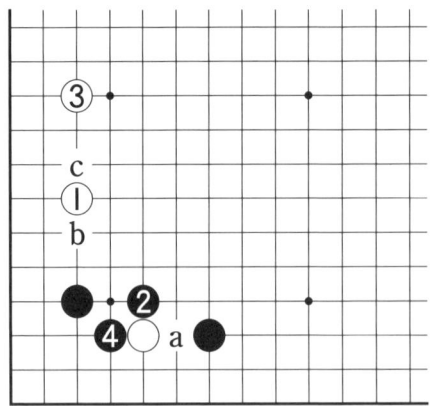

12도

12도 (유연한 벌림)

백이 직접 충돌하지 않고 유연하게 두자면 1, 3으로 변에 정착하는 방안도 있다.

대신 귀쪽은 흑이 제압해서 실리가 충실한데 4로는 a도 가능하며 백도 상황에 따라 b나 c로부터 두칸 벌리기도 한다.

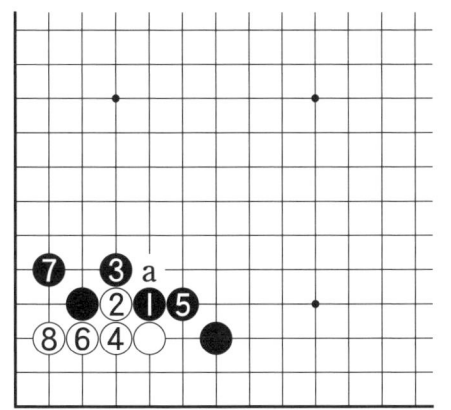

13도

13도 (손을 빼는 경우)

AI의 손빼기는 유명한데 이런 협공에서도 국면에 따라 유력한 방안이라고 본다.

흑1로 봉쇄해도 백2로 끼운 후 8까지 귀에 안정하면 a의 노림도 남아 충분히 견딜 수 있다.

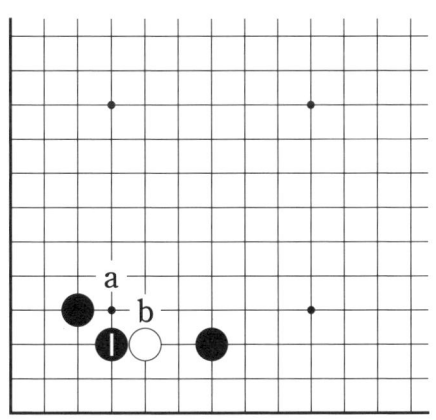

14도

14도 (전략적 선택)

백의 손빼기에 흑1로 붙여 귀의 안정을 방해하면 백은 당장 응하지 않고 상황에 따라 a나 b로 움직이는 것도 전략적 선택이다.

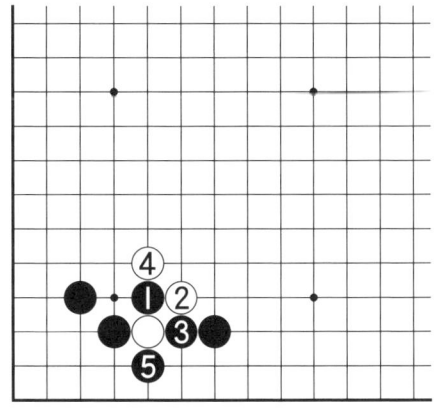

15도

15도 (효율적 활용)

이다음 흑1로 완전히 제압하면 백 2, 4로 이곳은 최대한 가볍게 활용하는 것도 효율적 방안이다.

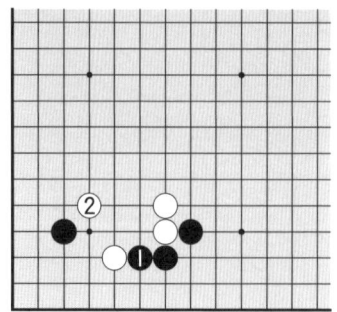

🎴 장면

이 장면에서 흑1로 치받을 때 백2의 씌움은 허술하지만 함정이 숨어있다. 흑은 어떻게 대처할지 생각해보자.

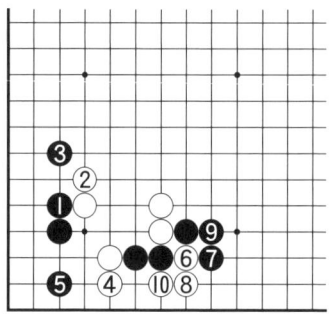

1도 (백, 만족)

흑1, 3의 뜀이 상식이라 생각하는 순간 백7로 슬며시 내려서는 것이 결정타이다.

이제 와서 흑5로 귀를 지키면 백이 6으로 끊어 10까지 하변에서 두점을 잡고 안정해서 만족이다.

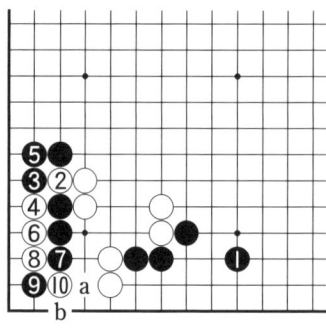

2도 (백의 노림)

앞 그림 백4 때 흑1로 하변을 지키면 백2, 4의 끊음이 기다렸던 노림이다. 흑5로 이을 수 있어야 하는데 백6, 8로 나가 10이면 흑의 다음수가 없다. 흑a는 백b로 키우고 조여서 흑의 죽음을 확인할 뿐이다.

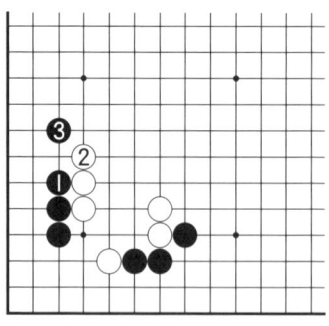

3도 (흑, 만족)

흑의 대처법은 알고 나면 간단한데, 1도 백2 때 흑1로 하나 더 밀고 3으로 뛰면 해결된다.

이제 허술한 백 모양의 뒤처리가 남은 만큼 흑의 만족이다.

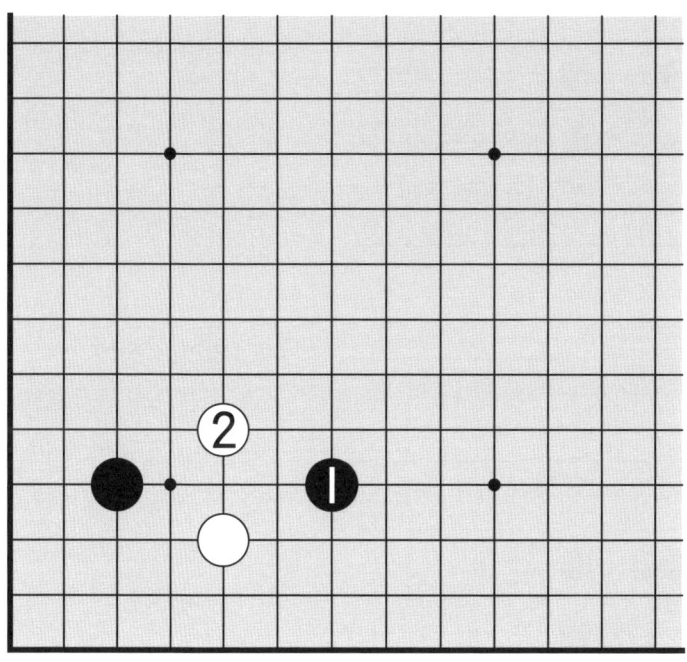

기본형

소목 날일자걸침에서 흑1의 한칸높은협공은 강하게 공격하면서 중앙을 승부처로 유도하려는 전략이다. 백도 구상에 따라 여러 대응이 가능한데, 여기서는 실전 빈도가 가장 높은 2의 한칸 뛰어나간 이후 변화에 대해 알아본다. 역시 국면을 넓게 바라보는 AI의 안목에도 주목한다.

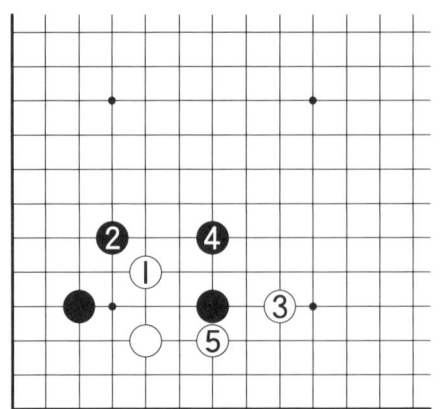

1도

1도 (과거의 상식)

백1로 한칸 뛰면 흑2의 날일자로 앞서 나가고 백3의 협공에 흑4로 뛸 때 백5로 넘어가는 일련의 수순이 그동안 상식으로 통했다.

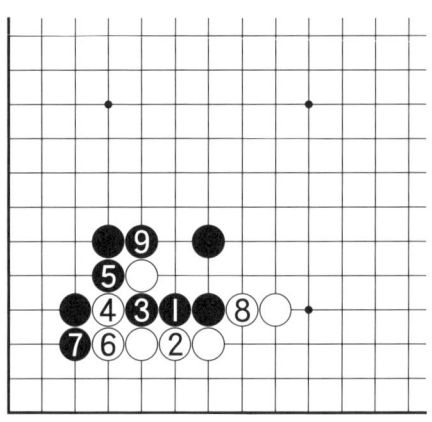

2도

2도 (알려진 정석)

이다음 흑1, 3으로 뚫은 후 9까지 일단락인데, 부분적으로 귀를 포함한 흑 모양이 크지만 후수인 점을 감안하면 호각이며 널리 알려진 정석이었다.

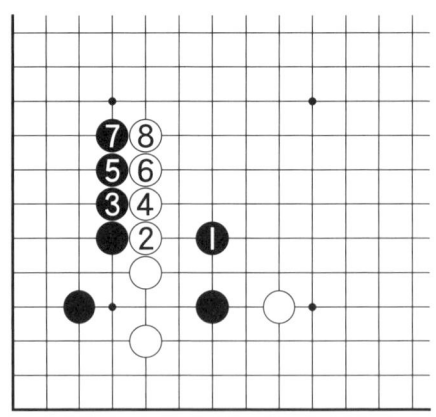

3도

3도 (백, 상황에 따른 선택)

흑1에 백2로 밀면 4선의 실리를 허용하므로 이론상 상식 밖인데 AI는 뜻밖에도 백이 8까지 밀어갈 수 있다고 본다.

　계속 흑이 뻗으면 하변이 위험하므로~

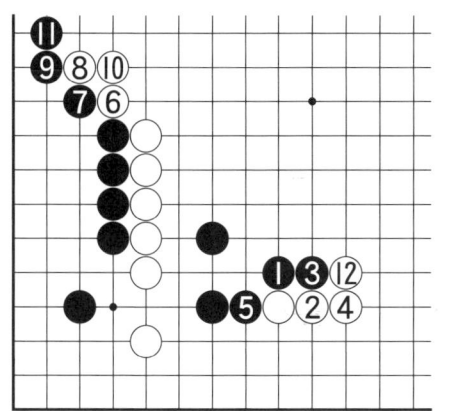

4도

4도 (호방한 작전)

흑1 이하 5까지 보강하면 좌변 백 6, 8의 이단젖힘으로 11까지 눌러 놓고 다시 백12의 두터운 꼬부림 으로 하변을 압박하면 좌변 실리 를 허용해도 국면에 따라서는 백 이 호방한 작전이라고 본다.

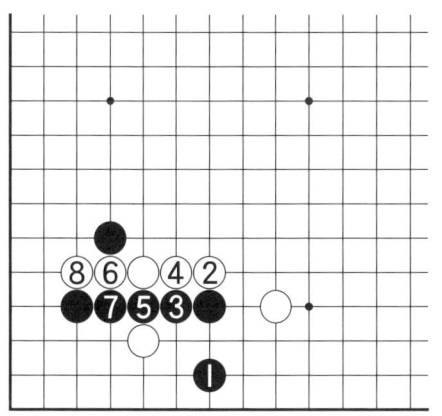

5도

5도 (흑, 유리)

1도 백3 때 흑1의 2선 뜀은 변과 의 연결고리를 차단하려는 강수인 데, 백2로 봉쇄한 후 8까지 서로 한점을 품으며 관통하면 실리가 충실한 흑이 유리한 흐름이라고 본다.

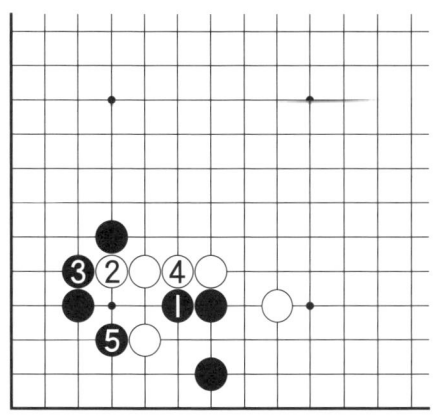

6도

6도 (흑, 충분)

앞 그림의 수순 중 흑1에 백2를 먼저 활용하고 4로 막으면 흑5의 붙임으로 방어해서 충분하다.

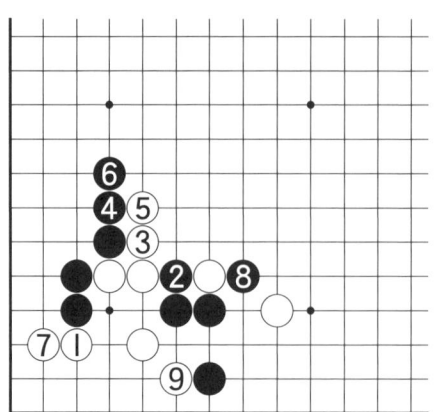

7도

7도 (백, 편안)

앞 그림 흑3 때 백1로 귀의 붙임이 요소이다. 흑2로 뚫으면 백3, 5로 밀어두고 7로 근거를 확보한다. 다음 흑8과 백9로 정리하면 귀를 완전히 점유한 백이 편안한 흐름이다.

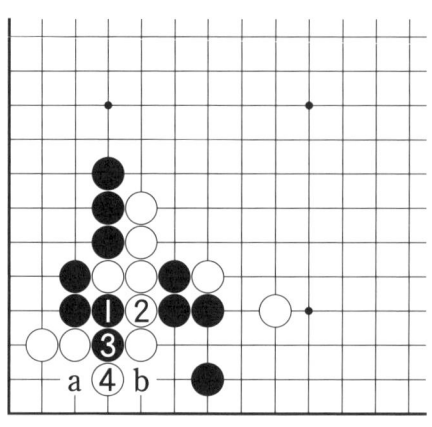

8도

8도 (백, 충분)

앞 그림 백7 때 흑1, 3으로 단점을 찌르면 백4 다음 흑이 a와 b, 어느 쪽을 두더라도 끊은 쪽을 잡아 백이 충분하다.

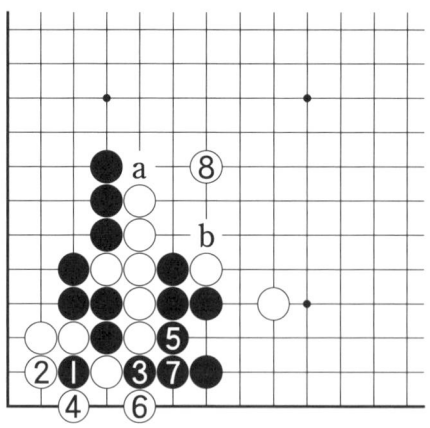

9도

9도 (귀를 잡고 중앙도 수습)

흑1로 귀쪽을 끊으면 백2로 잡고 흑3, 5로 중앙이 끊기지만 백6을 선수한 후 8의 비스듬한 행마가 교묘하다.

다음 백은 a와 b가 좌변과 하변에 선수로 작용하므로 중앙 수습이 어렵지 않다.

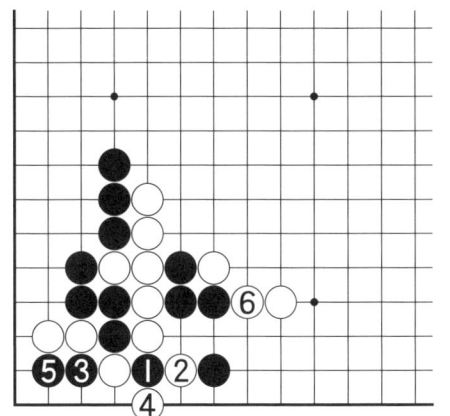

10도

10도 (백, 두터움)

8도 다음 흑1로 변쪽을 끊어도 백2로 잡고 흑3, 5로 귀는 허용하지만 백6으로 하변을 제압하기만 해도 백이 두텁다.

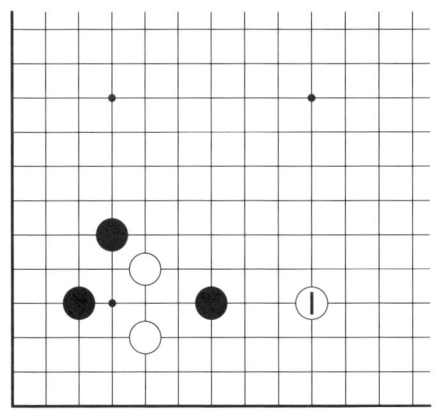

11도

11도 (유연한 두칸협공)

거슬러 올라가 1도 흑2 때 백1의 두칸협공은 당장 맞부딪쳐 싸우지 않으면서 국면을 주도하려는 뜻이다. AI시대 실전에 자주 등장하는 유연한 공격법이다.

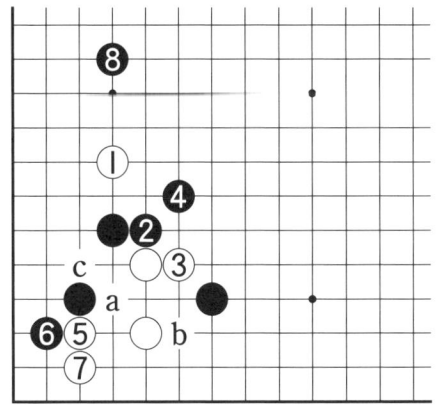

12도

12도 (백, 좌변 다가섬)

1도 흑2 때 백1로 좌변 다가섬은 흑2, 4로 나가면 백5, 7로 귀에 정착하는 것이 보편적이다. 흑8로 협공해서 싸우는 흐름이다.

귀쪽은 흑a면 백b로 지키는 자세가 좋고, 반대로 백a면 흑c로 자연스럽게 정리하므로 당장 결정하지 않는 것이 묘미이다.

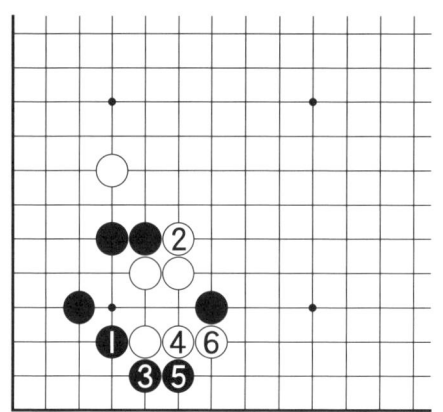

13도

13도 (실리와 세력 대결)

앞 그림 백3 때 흑1로 귀의 지킴이면 싸움을 피할 수 있다.

백2의 꼬부림이 두텁고 이하 6까지면 실리와 세력이 어울린 호각의 흐름이다.

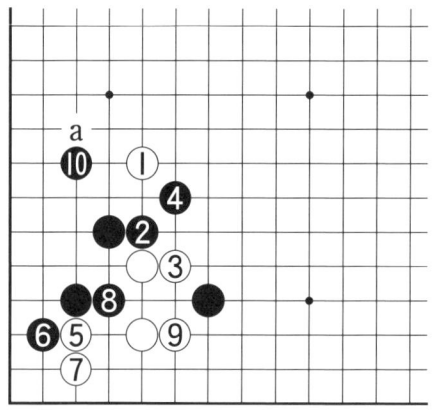

14도

14도 (흑, 미흡)

백1로 좌변 5선에서 행마의 리듬을 구하는 것도 일책이다.

흑2, 4로 나오면 백5로 귀에 붙인 후 10까지 과거에 유행했던 정석 변화인데, AI의 관점에서는 차후 백a의 붙임이 통렬해서 흑이 미흡하다고 본다.

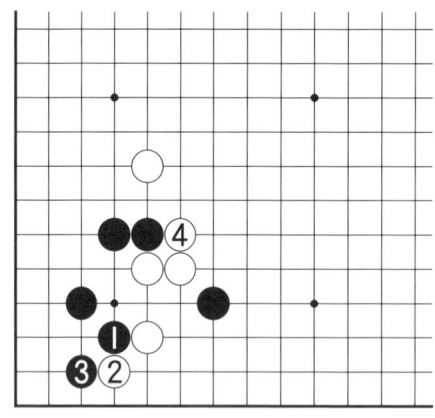

15도

15도 (타협)

앞 그림 백3 때 흑1로 귀의 지킴이 AI가 알려주는 대안이다.

대신 백도 2, 4로 중앙을 봉쇄하면 타협이다.

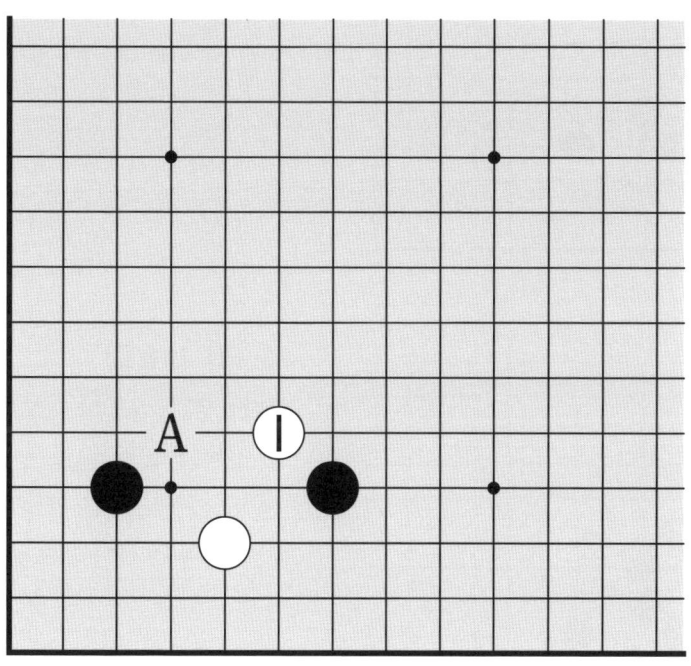

기본형

　　이번 주제는 날일자걸침―한칸높은협공에서 백1의 날일
자 진출로 중앙에 힘을 보태는 유연한 행마인데 다소 허술
한 만큼 이를 노리면서 변화가 전개된다.

　　더불어 같은 날일자라도 백A의 씌움이 높은 협공에서는
왜 무리한지 흑의 대응법을 통해 알아본다.

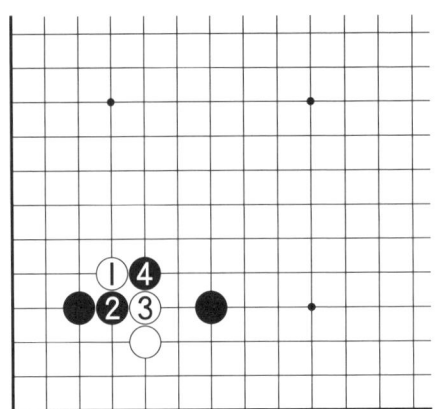

1도

1도 (귀쪽 씌움의 경우)

우선 백1의 귀쪽 씌움은 무리라고 했는데 흑2, 4의 끊음에 백의 효율적 대처가 어렵기 때문이다.

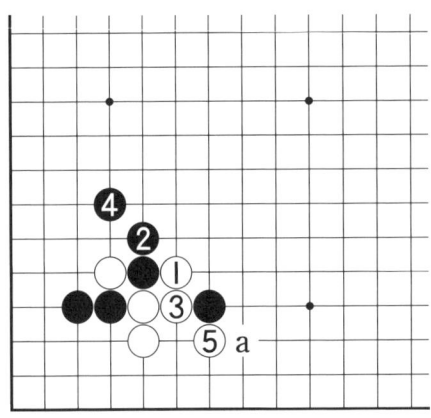

2도

2도 (백, 비효율)

이다음 백1, 3으로 나오더라도 잇는 자세가 좋지 않고 서로 흑4와 백5로 지킨다고 볼 때 a의 활용을 남긴 백의 모양이 비효율적이다.

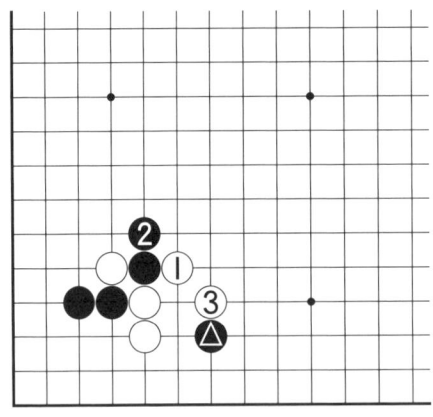

3도

3도 (한칸협공과 비교)

흑▲의 한칸협공이라면 흑이 나와 끊을 때 백1, 3의 호구 자세가 좋지 않은가. 참고로 앞 그림과 비교하기 위해 제시했다.

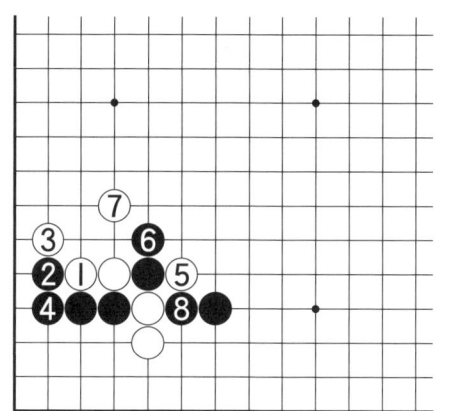

4도

4도 (백, 곤란)

1도 다음 백1로 귀를 압박하면 흑 2, 4의 젖혀이음으로 대처한다. 백5, 7로 몰아도 흑8로 끊기면 백이 싸우기 어렵다.

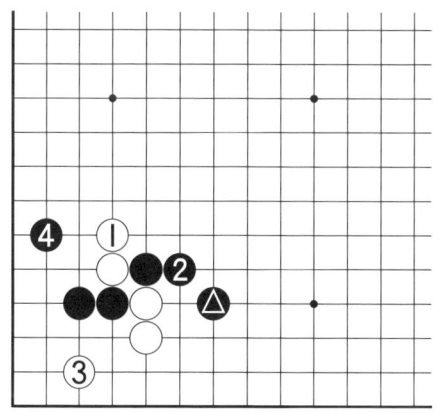

5도

5도 (백, 불리)

1도 다음 백1로 느는 수단도 족보에 있지만 4까지 되었을 때 흑△가 싸우기 좋은 위치에 있어 백이 불리한 진행이다.

　지금까지 백의 귀쪽 씌움이 성립하지 않음을 보여주었다.

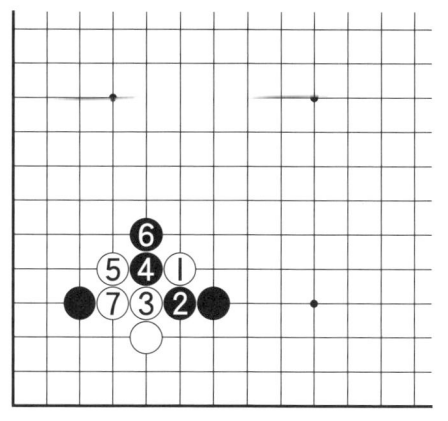

6도

6도 (흑, 불리)

이제 본론으로 들어가서 백1로 중앙을 향한 날일자 행마에 대해 알아보자.

　우선 흑2, 4로 끊는 것은 백5, 7로 나가면서 귀의 주인이 바뀌므로 흑이 불리하다.

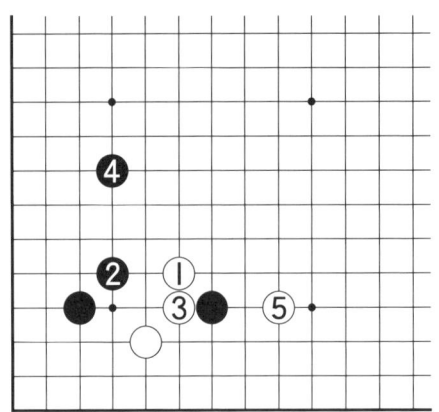

7도

7도 (무난한 변화)

백1에는 흑2의 마늘모로 백3을 유도해서 흑4로 벌리고 백도 5로 하변에 모양을 잡으면 서로 타협이다. 이 그림이 AI가 알려주는 무난한 변화이다.

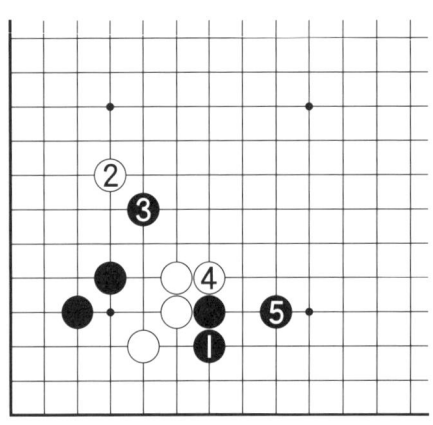

8도

8도 (전투 양상)

앞 그림 백3 때 흑1로 하변 한점을 움직이면 백2로 협공해서 국면이 긴박해진다. 흑3에 나가고 백4에 흑5의 한칸은 행마의 리듬이며 이제부터 전투 양상이다.

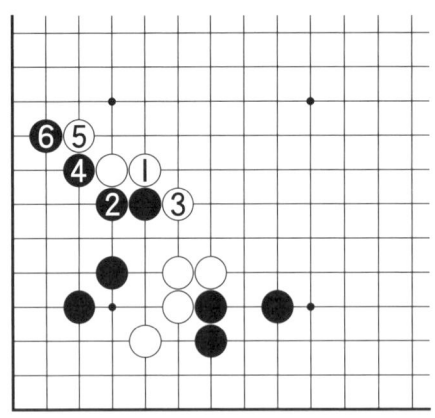

9도

9도 (흑, 호조)

이다음 위쪽 백1로 밀면 흑2의 막음이 요소이다.

백3 때 흑4, 6의 이단젖힘으로 근거를 확보하며 중앙 엷음을 노리면 흑이 호조라고 본다.

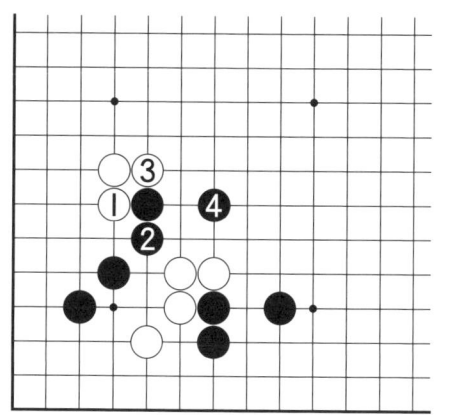

10도

10도 (백, 미흡)

8도 다음 백1, 3으로 변부터 밀어 싸우는 것은 흑이 귀와 연결하며 4로 나가는 자세가 깔끔해서 백이 미흡하다.

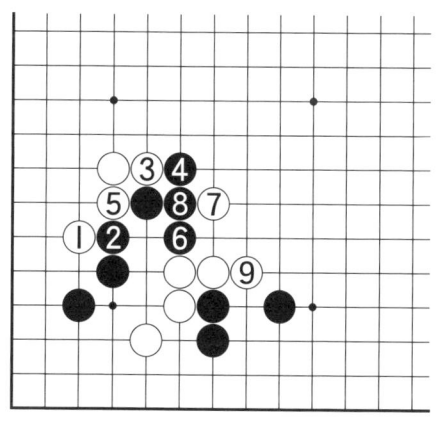

11도

11도 (전투 요령)

여기는 백1의 날일자 진입이 적절한데 흑2에 백3, 5의 수순으로 흑 모양을 추궁하며 7, 9로 하변까지 정리하는 것이 전투 요령이다.

이러면 좌변도 근거가 잡혀있어 백이 효율적 흐름이다.

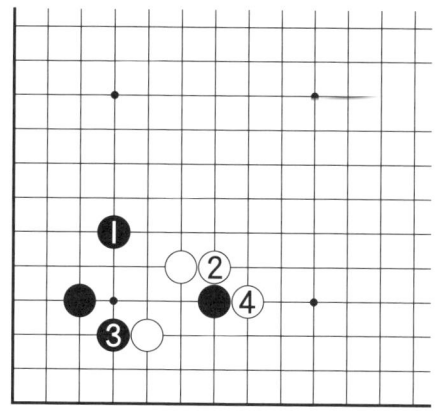

12도

12도 (무난한 타협)

되돌아가서 흑1의 날일자는 변을 중시하는 행마이다. 백2는 두터운 수법이고 서로 흑3과 백4로 귀와 변을 지키면 무난한 타협이다.

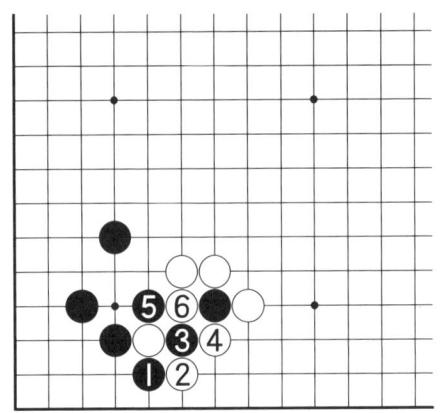

13도

13도 (모양을 정리하는 요령)

차후 흑1로 하변 백진을 추궁하면 백은 2로 되젖힌 후 6까지 두텁게 하는 것이 모양을 정리하는 요령이다.

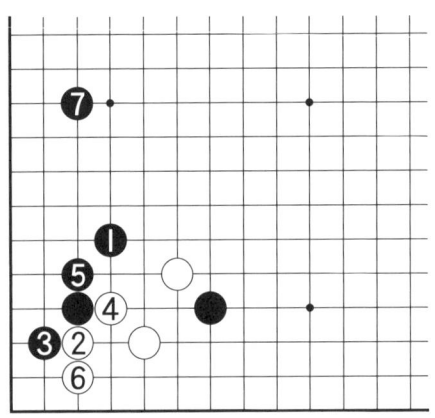

14도

14도 (백, 선수 안정)

흑1에 백2의 붙임은 근거부터 마련하려는 뜻인데 7까지의 진행이면 무난하지만 백이 선수로 안정해서 불만 없다.

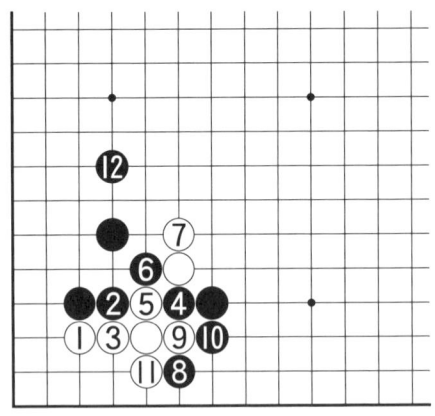

15도

15도 (끊어 싸우는 경우)

백1에는 흑2 이하 6으로 끊어 싸울 수 있다.

백7로 늘고 나서 12까지는 필연이며 앞으로 어떻게 싸우느냐는 주변 여건에 달려있다.

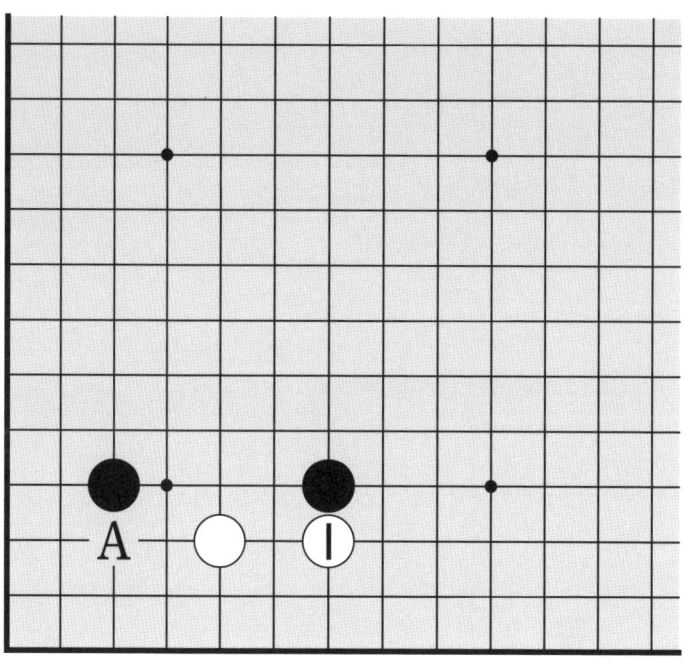

기본형

날일자걸침―한칸높은협공에서 마지막 관문은 백1로 변의 붙임과 더불어 A쪽 귀의 붙임이다. 이들 붙임은 상대 모양에 기대면서 정리하려는 것인데 A쪽 붙임은 안정에 뜻을 둔 간명책이고 B의 붙임은 능동적 타개 수단이다.

특히 B의 붙임에서는 AI의 넓은 안목이 반영된 변화에 대해서도 알아본다.

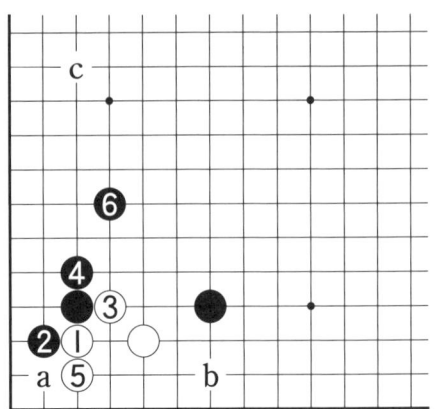

1도

1도 (간명책)

우선 백1의 붙임은 귀에서 안정하려는 간명책인데 흑2로 젖힌 후 6까지 한칸협공에서도 보았듯이 많이 두는 변화이다.

　다음 백a나 b로 근거를 확보할 때 흑c로 벌리면 일단락이다.

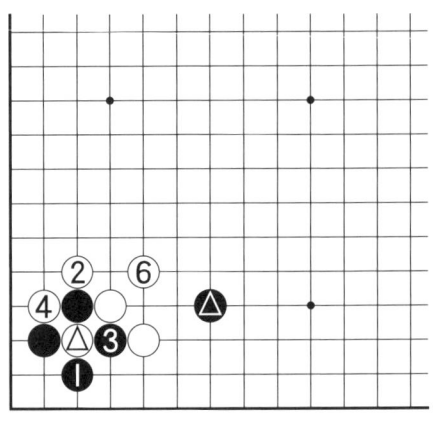

2도　　　　　　　　　

2도 (흑, 불리)

앞 그림 백3 때 흑1의 반발은 이 경우에 성립하지 않는다.

　백2의 되단수 후 6까지 되었을 때 흑△가 높은 만큼 귀와의 연결고리가 사라져 흑이 불리하다.

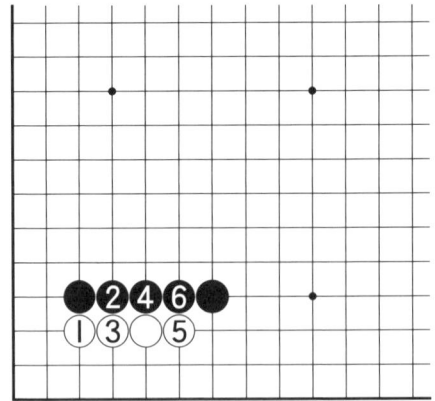

3도

3도 (틀어막는 경우)

다만 백1에 흑이 두텁게 두고 싶다면 2, 4로 틀어막는다.

　백5에 흑6이 되면 완전무결한 봉쇄인데 백도 선수로 실리를 차지해서 불만 없다.

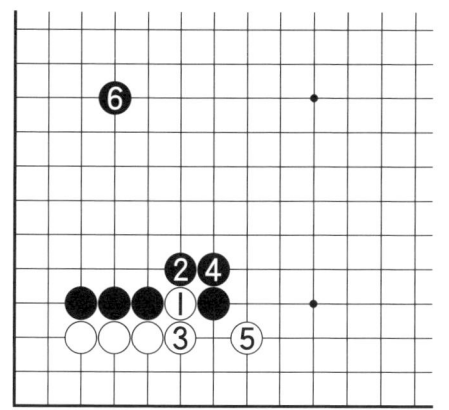

4도

4도 (끼우는 경우)

앞 그림 흑4 때 백1의 끼움은 흑 모양에 약점을 남기려는 뜻인데 흑2로 막고 6까지 되면 서로 무난하다.

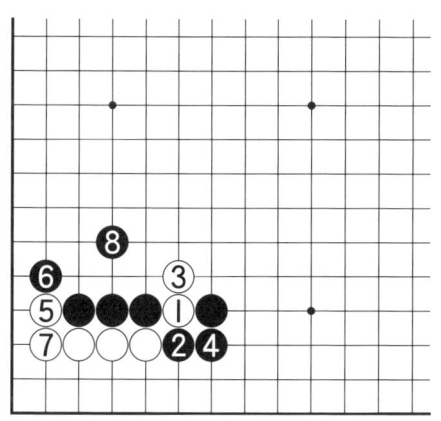

5도

5도 (흑의 반격)

백1에는 흑도 2의 아래쪽 단수로 반격하며 전투로 임할 수 있다. 이하 8까지 필연인데 백이 이런 싸움을 피하려면 3도가 무난하다.

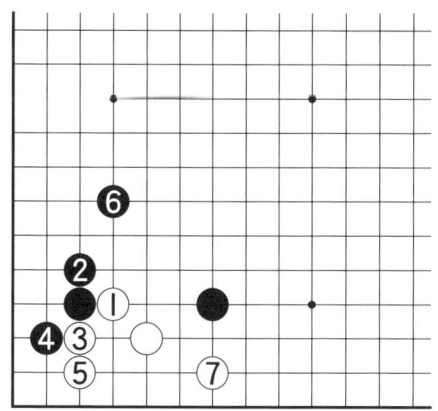

6도

6도 (봉쇄를 피하면서 안정)

백이 봉쇄를 피하면서 안정하려면 1의 마늘모붙임이 확실하다. 이하 7까지는 AI가 알려주는 변화인데 1도와 다름없다.

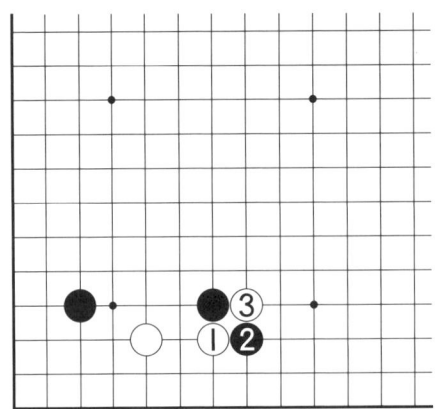

7도

7도 (능동적 대응)

처음으로 돌아가서 백1, 3으로 붙이며 맞끊는 것이 변에서 타개하며 국면을 넓게 사용하려는 능동적인 대응이다.

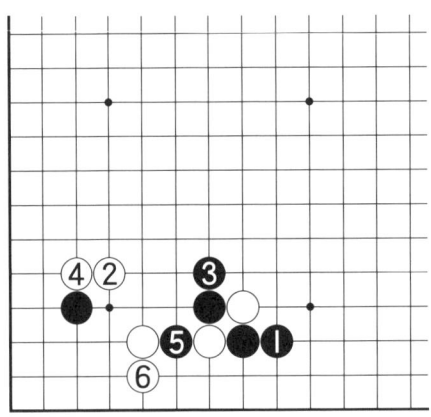

8도

8도 (날일자씌움의 경우)

이다음 흑1로 늘 때 백2의 씌움이 하나의 방안이며 중앙 흑3에 보강하면 백4로 귀를 접수한다.

흑5에는 백6으로 각각 진영을 확보하는데~

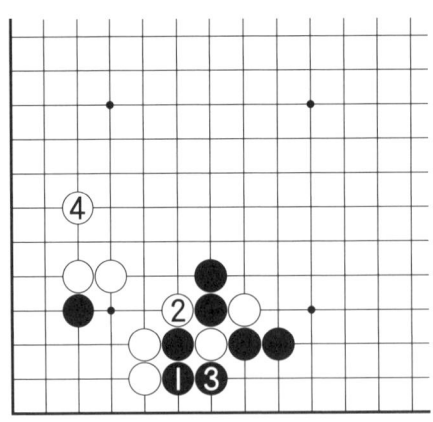

9도

9도 (과거의 정석)

흑1로 막으면 백2, 4로 문단속하는 것이 좋은 수순인데, 이 진행이 과거의 정석이었다.

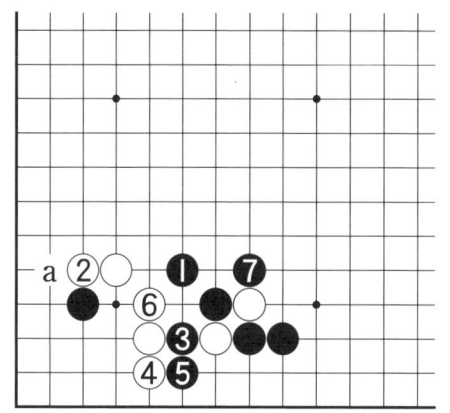

10도

10도 (효율적 마늘모)

8도 백2 때 흑1의 마늘모로 귀를 엿보며 지키면 효율적이라는 것이 AI의 견해이다. 그러면서 백2에 흑3 이하 7까지 정리하면 후수이지만 두텁다고 본다. 귀는 상황에 따라 a로 준동하는 맛이 남아있다는 점도 흑의 기대이다.

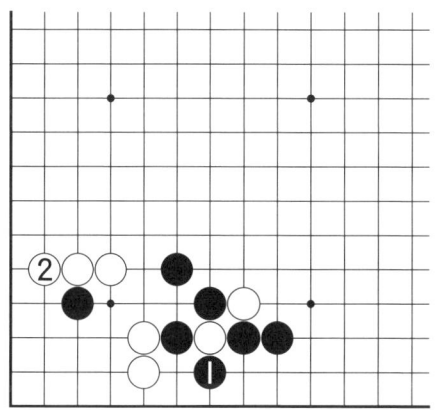

11도

11도 (국면에 따른 선택)

앞 그림 백4 때 흑이 선수를 잡고 싶다면 1로 따낸다.

대신 백2로 지키면 귀가 완전무결해서 불안 요소가 없다. 국면에 따라 흑에게 선택권이 있다.

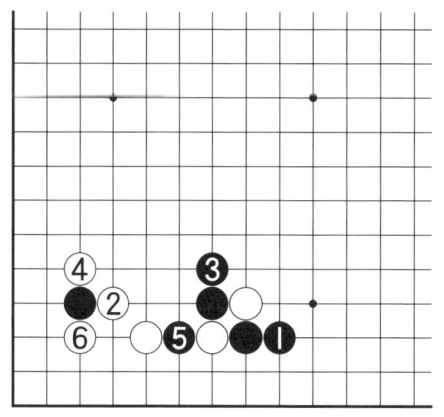

12도

12도 (마늘모붙임의 경우)

거슬러 올라가 흑1에 백2의 붙임은 귀를 단단하게 제어하려는 뜻인데 6까지 되면 서로 귀와 변에 진영을 갖춰 타협한다.

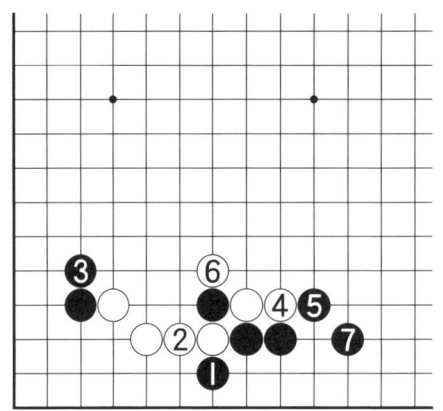

13도

13도 (흑의 주문)

앞 그림 백2 때 흑1의 단수는 변과 귀를 동시에 처리하려는 뜻인데, 백2로 이으면 흑3으로 귀를 살린다. 백4, 6으로 중앙 한점을 잡으면 흑7로 하변도 보기 좋게 지켜 이 변화는 AI가 알려주는 흑의 주문이다.

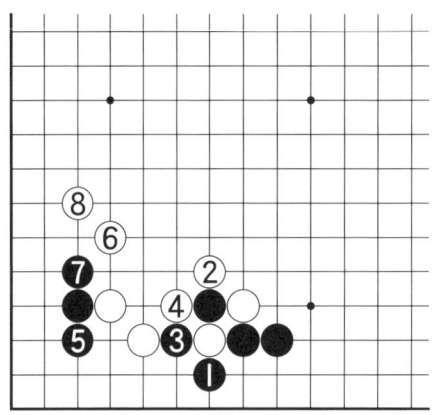

14도

14도 (타협안)

흑1에는 백2, 4로 돌려치는 것이 현명한 대응이다. 이후 8까지는 AI가 보여주는 타협안이다. 흑은 귀와 변을 정리했고 백은 중앙 발전성으로 이에 맞설 수 있다.

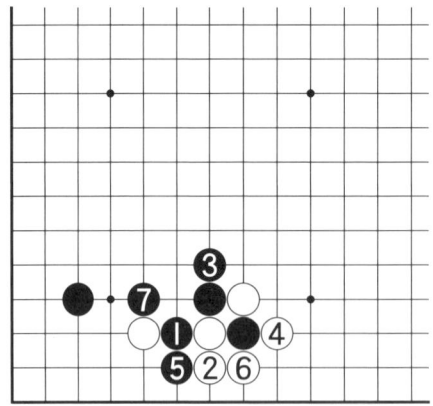

15도

15도 (흑, 만족)

7도 다음 흑은 축이 유리하면 1, 3의 수순으로 귀와 변을 노릴 수 있다. 이때 백4로 잡으면 흑5, 7로 귀를 제압한 자세가 두터워서 흑의 만족이다.

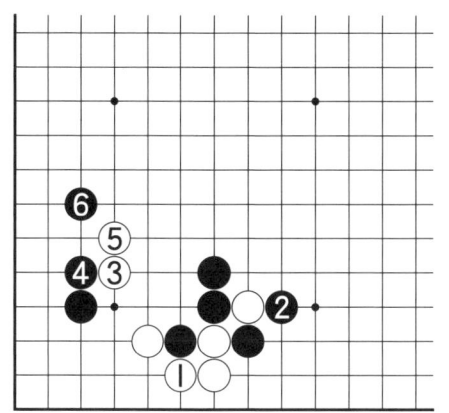

16도

16도 (흑, 활발)

앞 그림 흑3 때 백1로 방어하면 흑2의 축으로 잡고 좌변도 6까지 처리해서 흑이 활발한 흐름이다.

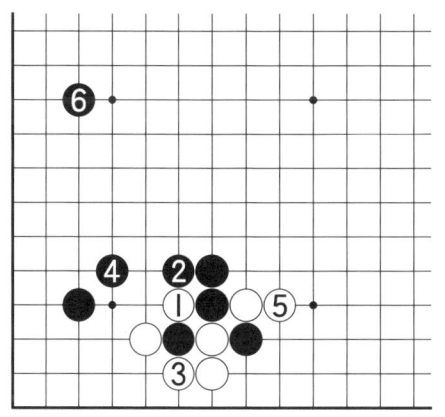

17도

17도 (효율적 대처)

15도 흑3 때 백도 1로 위에서 단수치고 흑2, 4로 연결할 때 백5로 하변까지 방어하는 것이 효율적 대처이다.

흑도 좌변 두터움을 살려 6으로 벌리면 타협이다.

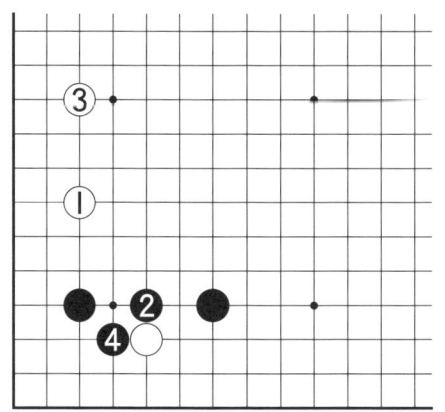

18도

18도 (백의 일책)

흑이 협공할 때 상황에 따라 백1, 3으로 좌변에 벌리고 흑도 2, 4로 제압하는 변화도 일책이다.

백이 직접 싸우지 않고 진영을 구축하며 모양으로 맞서겠다는 전략이다.

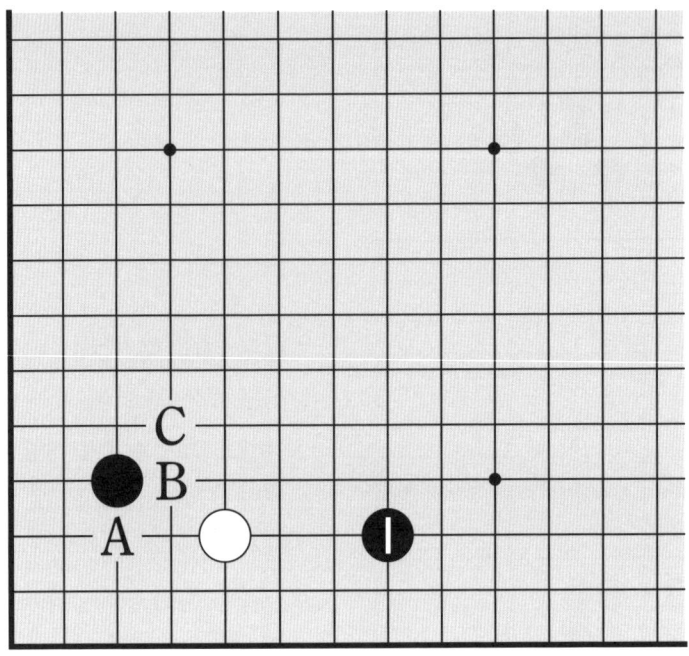

기본형

　이번 주제는 소목 날일자걸침에서 흑1의 두칸협공인데 이처럼 낮은 협공일 때는 백의 대응도 A와 B의 귀쪽 붙임과 C의 날일자씌움으로 한정되며 중앙으로 뛰는 것은 운영에 어려움이 있어 거의 두지 않는다.

　A와 B의 붙임은 소극적이지만 간명책이고 C의 날일자씌움은 능동적 수단으로 많이 둔다. 여기서는 이들 수단에 대해 기본 변화 위주로 알아본다.

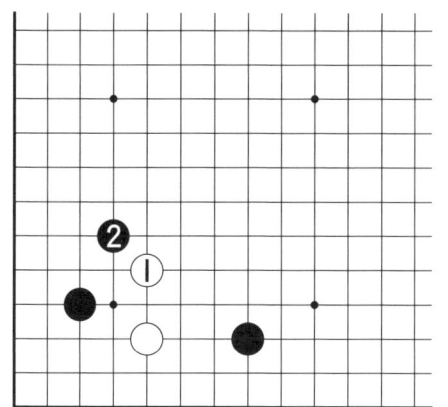

1도

1도 (백, 금물)

두칸의 낮은 협공에서 백1로 한칸 뛰는 것은 금물이다.

흑2로 받고 나면 백이 근거가 없어 쫓기는 흐름이다.

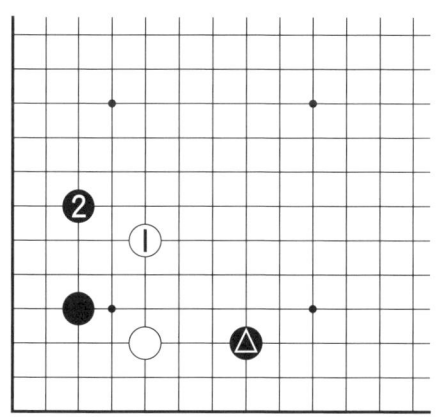

2도

2도 (실속이 없다)

백1의 두칸뜀이라면 가벼운 행마로 사용하기도 하지만 흑2로 벌리고 나서 ▲가 낮은 만큼 백이 역시 운영하기가 어려워 실속이 없는 흐름이다.

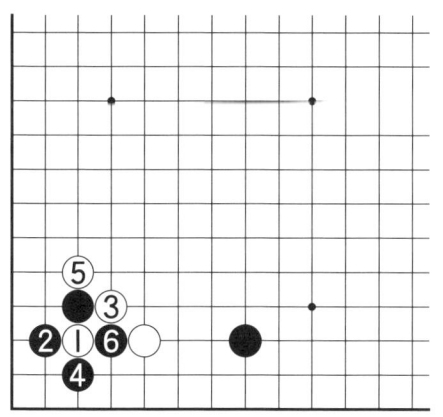

3도

3도 (효과적 반발)

백이 자체 안정하려면 귀쪽 붙임을 생각할 수 있는데 1, 3의 수순이면 흑4의 반발이 효과적이다.

백5의 되단수는 기세이고 흑6 다음~

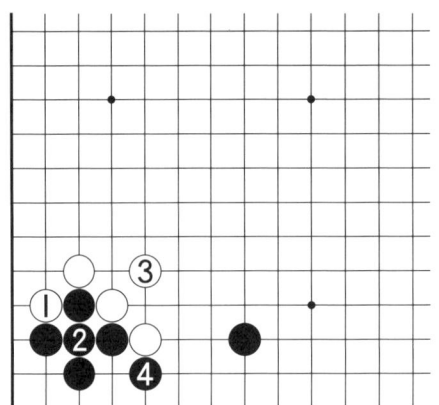

4도

4도 (견고한 실리)

백1, 3으로 모양을 갖출 때 흑4로 넘어가면 AI의 관점에서 실리가 견고한 흑이 유리하다고 본다.

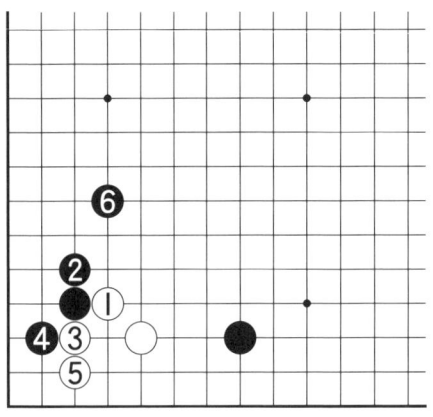

5도

5도 (흑, 활발)

백이 귀에서 안정하려면 1쪽에서 붙이고 3, 5로 자세를 잡는 것이 확실한데 이래도 흑이 활발하다고 본다.

상황에 따라 백이 간명하게 처리하고 싶을 때만 사용한다.

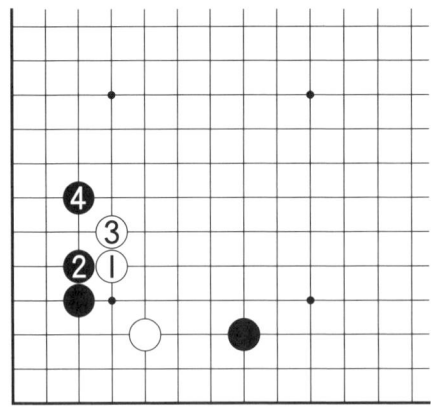

6도

6도 (능동적 씌움)

백1의 날일자씌움이 AI가 가장 선호하는 능동적 대응이다.

흑이 싸움을 피하자면 변에서 받는데 2, 4로 진출하면~

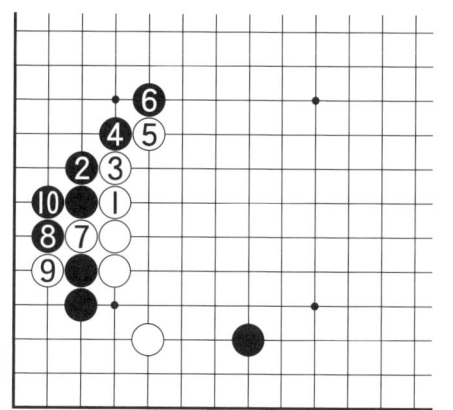

7도

7도 (백, 밀어붙임)

백1, 3의 밀어붙임이 강수이다. 흑도 강하게 맞서자면 4, 6의 이 단젖힘인데 백7, 9로 나와 끊고 흑10의 이음은 필연이다.

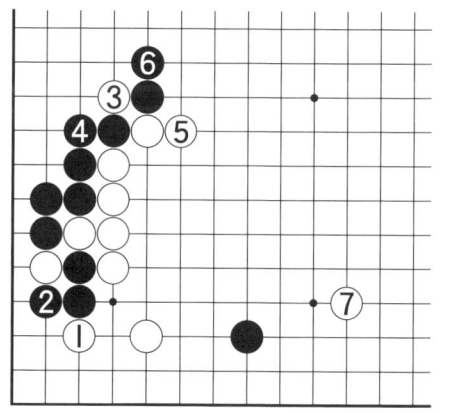

8도

8도 (백, 주도)

이다음 백1을 활용하고 백3, 5로 모양을 갖춘 후 흑6을 유도해서 백7로 협공하면 백이 주도하는 흐름이다.

수순 중 흑도 6 대신 상황에 맞는 대처 방안을 고려할 수 있다.

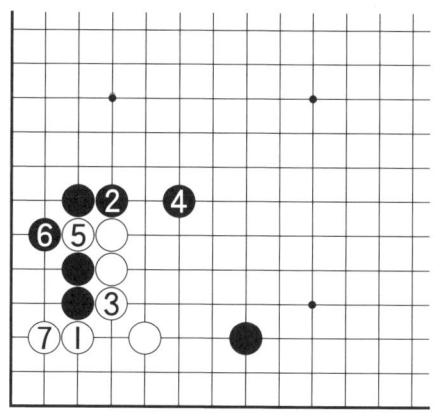

9도

9도 (상형)

6도 다음 백이 귀를 중시한다면 1로 붙일 수 있다. 흑2로 밀어올린 후 7까지 상형이다. 백이 선수를 잡고 싶다면~

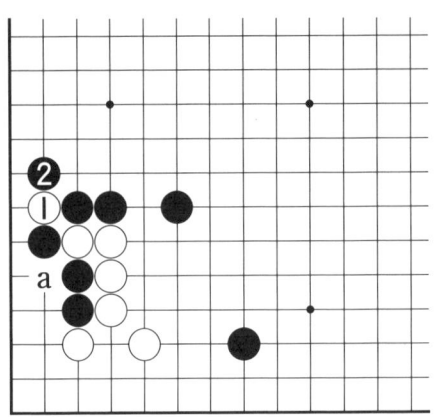

10도

10도 (백, 끊고 손뺌)

앞 그림 흑6 때 백1로 끊어 놓으면 a의 단점이 남으므로 백이 손을 돌려도 된다. 대신 흑도 2로 한 점을 잡아 좌변이 두터워졌다.

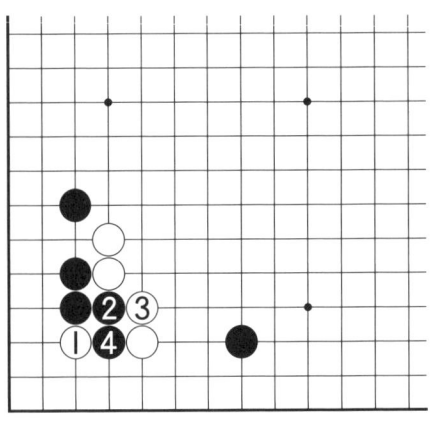

11도

11도 (뚫고 나가는 경우)

백1에 흑2, 4로 뚫고 나오면 어떻게 될까.

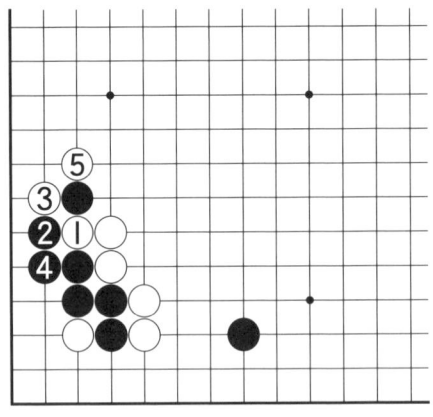

12도

12도 (백, 유리)

백은 1로 좌변을 공략해서 3, 5로 한점을 잡으면 유리한 흐름이다.

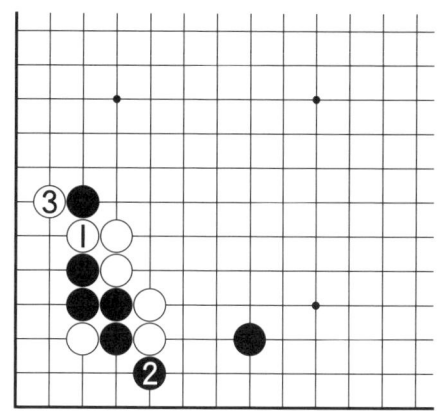

13도

13도 (타협 흐름)

백1에 흑도 좌변을 무시하고 2로 하변 젖힘이 현명하며 백3으로 좌변을 관통하면 타협 흐름이다.

서로 모양이 확정되지 않았지만 균형이 잡혀있다.

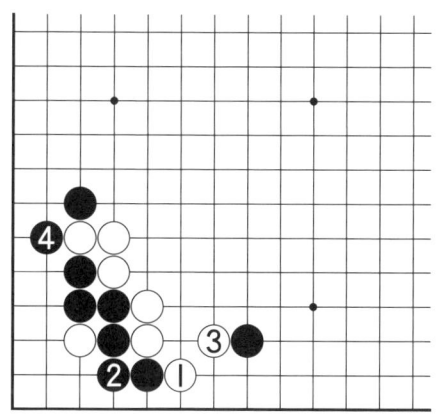

14도

14도 (백, 불리)

앞 그림 흑2 때 백1, 3으로 차단하면 흑4로 넘어가며 백 모양의 효율이 떨어져서 불리하다.

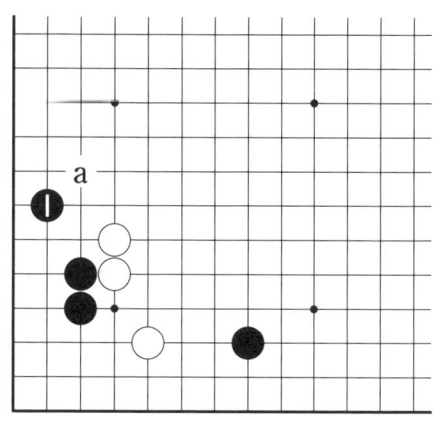

15도

15도 (흑의 일책)

변과 귀에서 백의 주도적인 수단을 견제하고 싶다면 안전하게 흑1의 날일자 진출도 일책이다.

다만 낮은 자세이므로 차후 a의 눌림은 감수해야 한다.

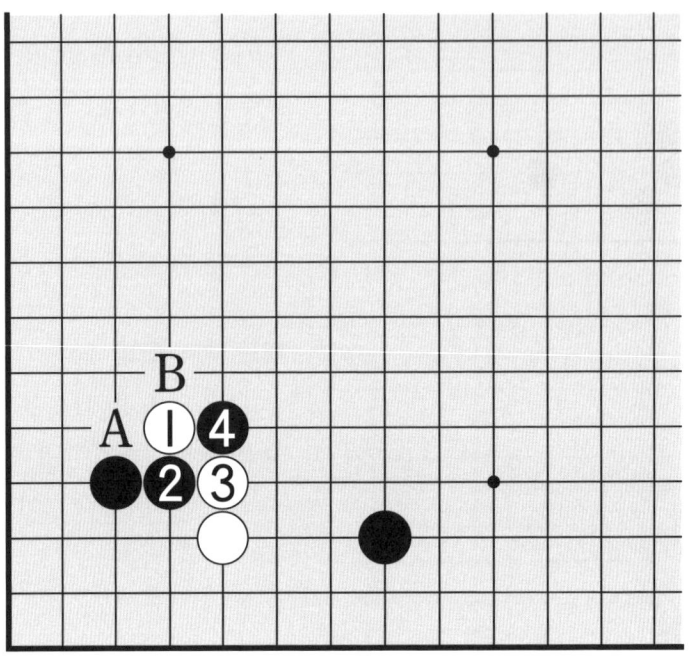

기본형

소목 날일자걸침−두칸협공에서 백1의 날일자씌움에는 흑도 2, 4의 끊음이 강력한 대응인데 치열한 싸움을 피할 수 없다.

백은 A와 B의 대응이 대표적이지만 A의 압박은 낮은 협공에서는 적당하지 않고 B로 늘면서 팽팽한 싸움인데 이후 변화를 통해 어떻게 타협점을 찾아가는지 알아본다.

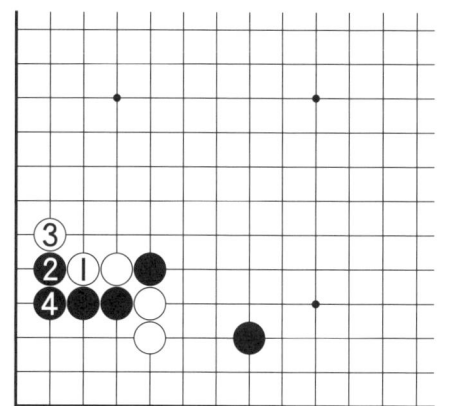

1도

1도 (귀를 막는 경우)

백1로 귀를 막는 것은 흑2, 4로 젖혀 잇고 나면 백이 대처하기 어렵다. 다음 백의 주요 행마를 몇 가지 살펴보면~

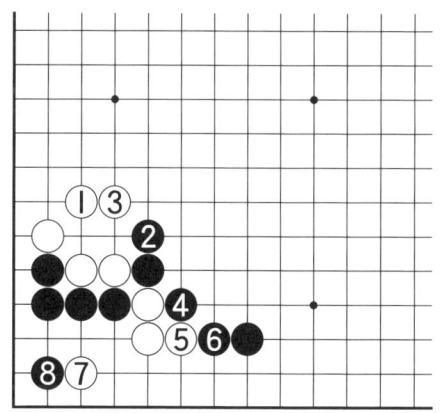

2도

2도 (백, 수상전 필패)

우선 백1의 호구이음이면 흑2에 백의 행마가 꼬인다. 백3에 보강한다면 흑4, 6으로 알기 쉽게 틀어막아 그만이다. 백7로 귀에 진입해도 흑8로 방어하면 백이 어떻게 해도 수상전 필패이다.

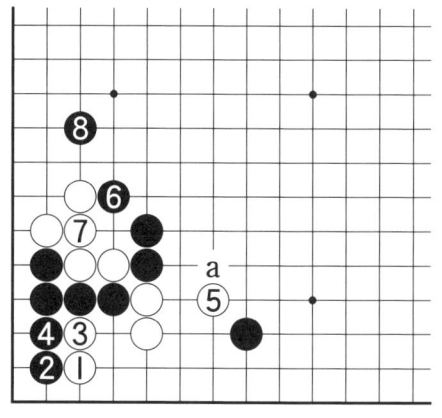

3도

3도 (흑, 유리한 싸움)

앞 그림 흑2 때 백1, 3으로 귀의 안형을 박탈한 후 5로 나가면 흑6, 8로 좌변을 압박하는 것이 행마의 묘이다. 이후 수상전을 둘러싸고 방심할 수 없는 치열한 다툼이 벌어지지만 흑이 a의 선수 붙임을 적절히 활용하면 유리하다.

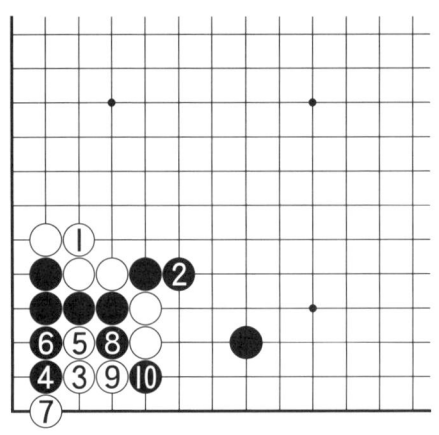

4도

4도 (백의 죽음)

1도 다음 백1로 꽉 잇는 것이 뒷
맛 없지만 이번에는 흑2로 늘어
하변 백을 추궁한다.

이때 백3 이하 7로 귀를 잡으려
가면 흑8, 10으로 끊은 후 조여
백이 잡힌다.

5도

5도 (유가무가 흑승)

앞 그림 흑4 때 백1은 귀를 추궁
하며 a로 나가는 맛도 보겠다는
뜻이지만 흑2로 배후의 급소를 공
략하면 백이 탈출 불가하며 귀와
의 수상전도 백3에 흑4로 유가무
가 흑승이다.

6도

6도 (백, 궁색)

4도 흑2 때 백1의 마늘모 행마면
귀에 패맛을 남기며 7까지 나갈
수 있지만, 흑8로 우선 좌변을 위
협하면 백이 궁색해져서 불리한
흐름이다.

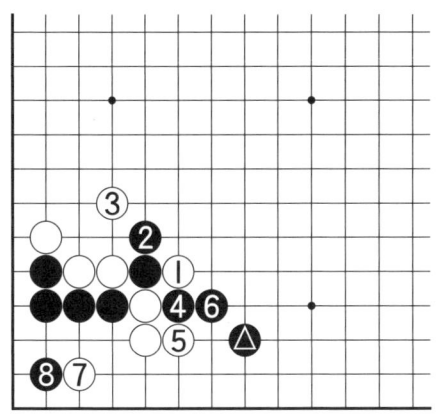

7도

7도 (백, 불리)

1도 다음 백1, 3은 높은 협공일 경우 AI가 알려주는 행마법인데 흑▲로 낮은 협공에서는 통하지 않는다.

흑4로 끊으면 하변 진출이 차단된 백이 7로 진입하며 수상전을 벌이지만 흑8 다음 양쪽 모두 허술한 백이 불리한 진행이다.

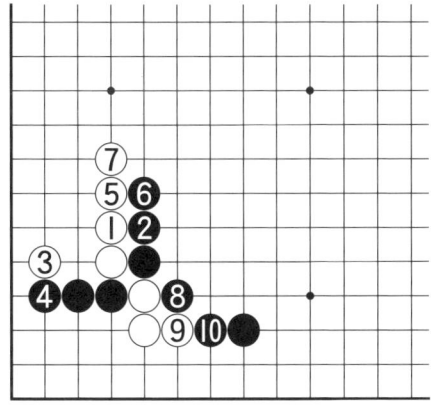

8도

8도 (변쪽에 늘고 나서의 변화)

처음으로 돌아가서 낮은 협공에서는 백1로 변쪽에 느는 것이 싸우기 편하다.

이때 흑2 이하 밀어 7까지 되고 나서 8, 10으로 하변을 틀어막으면 귀와의 수상전이 어떻게 될까.

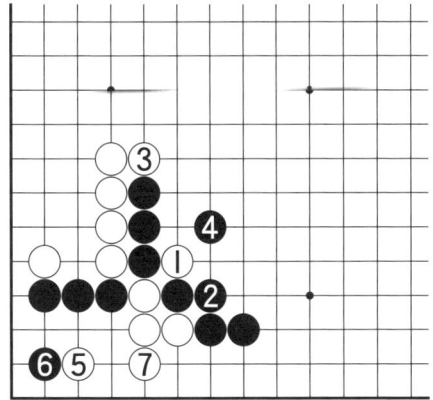

9도

9도 (수상전 유도)

백1, 3으로 선수해두고 5, 7로 귀와 수상전을 유도하면 흑이 불리한 흐름이다.

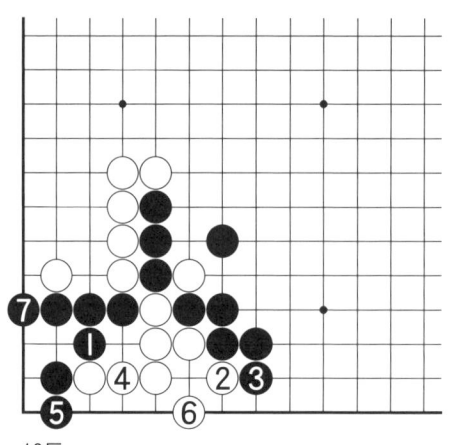

10도

10도 (백, 활발)

이후 수상전만 따지면 어느 한쪽이 일방적이지 않는데, 흑1에는 백2의 선수 활용을 토대로 7까지 각생이다.

이 결과 서로 변에 진영을 갖췄지만 백이 선수인 만큼 활발하다.

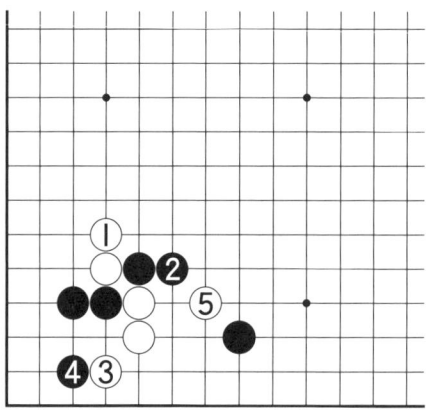

11도

11도 (백, 유리)

거슬러 올라가 백1에는 흑도 2로 느는 것이 정수이다. 백3의 마늘모는 흑4로 막으면 백5로 변에 진출하려는 뜻으로 이렇게 되면 흑진을 갈라 백이 유리한 흐름이다.

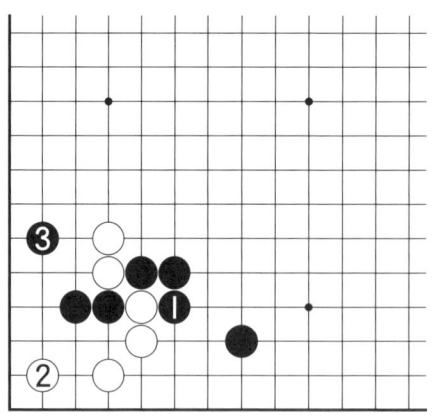

12도

12도 (효과적 막음)

앞 그림 백3 때 흑1의 변쪽 막음으로 백을 가두고 귀와 접전을 붙이는 것이 효과적이다.

이때 백2로 귀에 진입하면 흑3으로 변에 진출하면서 수를 늘려 흑이 충분히 싸울 수 있다.

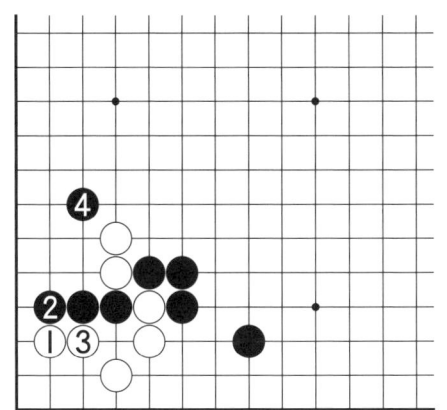

13도

13도 (백, 욕심)

백1, 3으로 귀의 근거를 크게 확보하려는 것도 욕심인데 흑이 4로 진출하면 백이 더욱 불리한 진행이다.

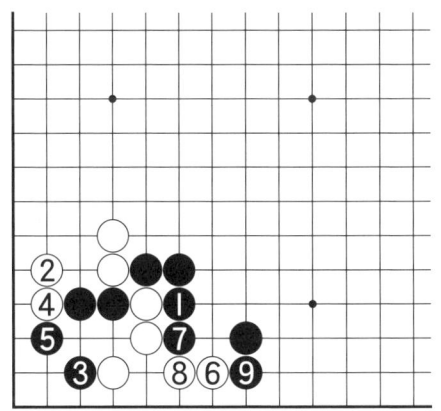

14도

14도 (최선의 수순)

흑1에 백은 2로 변쪽에서 제어하며 수상전을 유도하는 것이 올바르다.

흑3에 막은 후 9까지 최선의 수순을 밟고 나서가 문제인데~

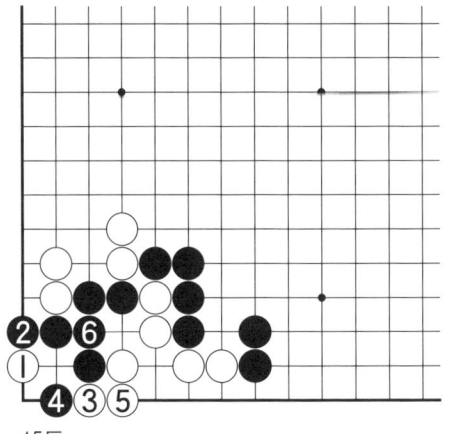

15도

15도 (수를 늘리는 급소)

백1로 치중하고 3, 5로 젖혀잇는 것은 흑6의 이음이 수를 늘리는 급소이다.

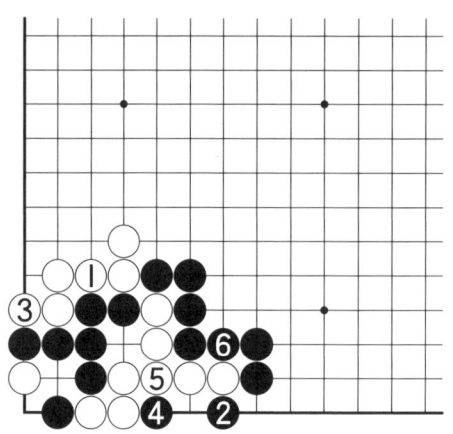

16도

16도 (흑, 월등)

이다음 백도 1 이하의 수순으로 조이며 6까지 수상전에서 선수 빅을 만들 수 있지만, 각자 변에 형성된 두터움을 비교해보면 흑이 후수이지만 월등하다.

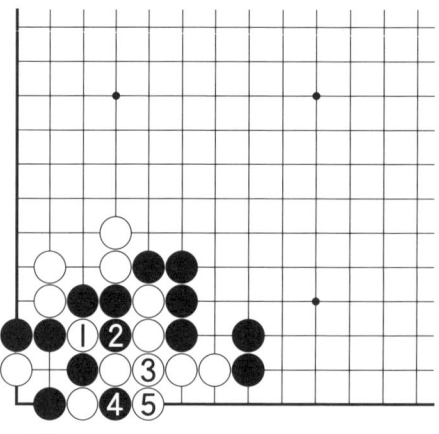

17도

17도 (수를 줄이는 맥)

백도 좋은 수단이 있는데, 15도 흑4 때 백1로 먹여치며 3에 잇는 것이 수를 줄이는 맥이다.

흑4에 백5로 되고 나서~

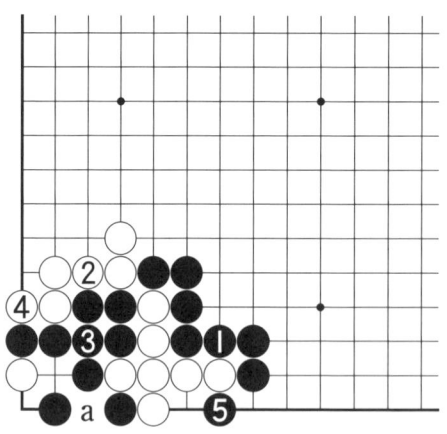

18도

18도 (흑, 충분)

흑1 이하 조여가면 마지막 흑5의 단수에 백a로 따내 단패가 된다.

백은 맥을 구사하며 선패를 만들었지만 흑의 두터움이 상당한데다 팻감을 최대한 활용하면 AI의 눈으로는 흑이 충분한 국면이라고 본다.

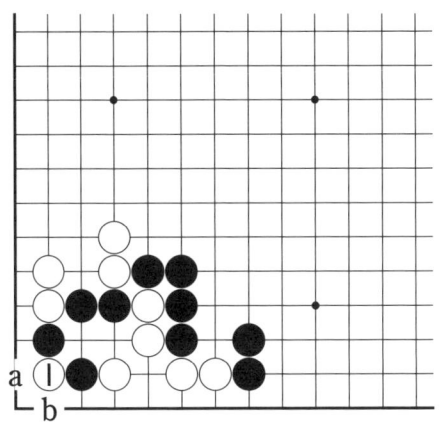

19도

19도 (집어넣는 맥)

사실 14도 다음 백1로 집어넣는 수가 생각하기 어려운 수상전의 맥이었다.

흑은 a나 b의 단수, 둘 중 하나를 선택해야 하는데~

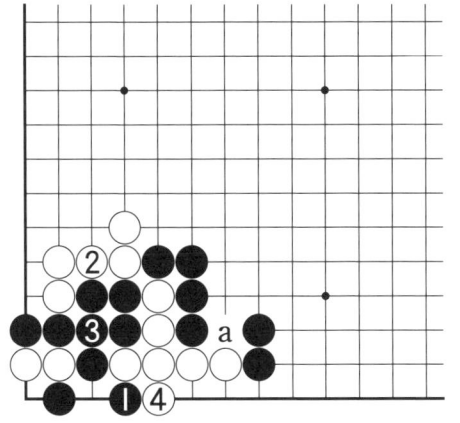

20도

20도 (왼쪽으로 모는 경우)

흑1, 3으로 왼쪽으로 몰면 백4, 6으로 먹여치고 잇는 것이 수를 줄이는 맥이다.

21도

21도 (늘어진 패)

이다음 흑1에 백2, 4로 된 결과를 보면 18도의 단패보다 백이 여유 있는 늘어진 패이다.

흑이 a로 수를 줄여도 백이 한 번 손을 뺄 수 있다는 뜻이기도 한데 이번에는 흑이 미흡하다.

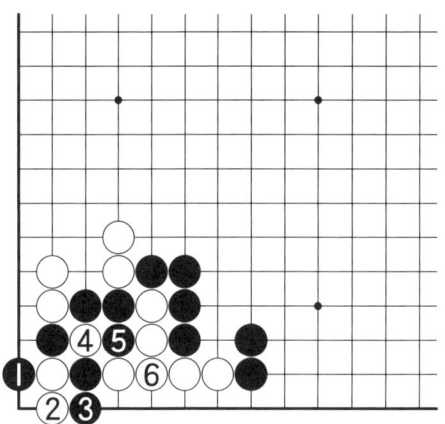

22도

22도 (수상전 백승)

19도 다음 흑1, 3으로 아래쪽으로 단수치는 것이 정수이다.

역시 백4로 먹여칠 때 흑5로 그냥 잡으면 백6에 이어 수상전 백승이다.

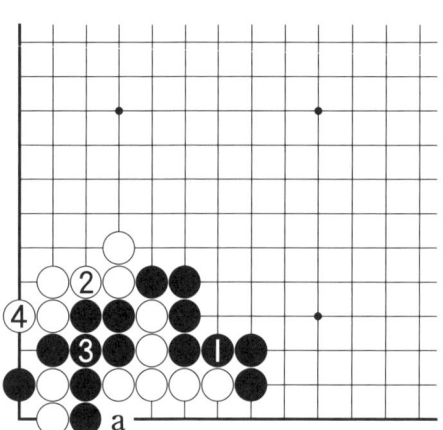

23도

23도 (백승 확인)

이다음 흑1에 백2, 4로 정확한 수순을 밟으면 백승을 확인할 수 있다. 수상전에서는 백4로 a부터 수를 줄이면 오히려 흑승이므로 주의한다.

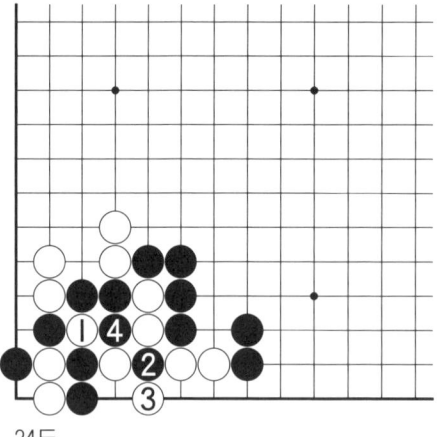

24도

24도 (흑의 묘수)

실은 백1 때 흑도 2로 먹여치는 것이 묘수이다. 백3에 따내면 흑4로 단수치면서 자연스럽게 백의 수가 하나 줄어든다.

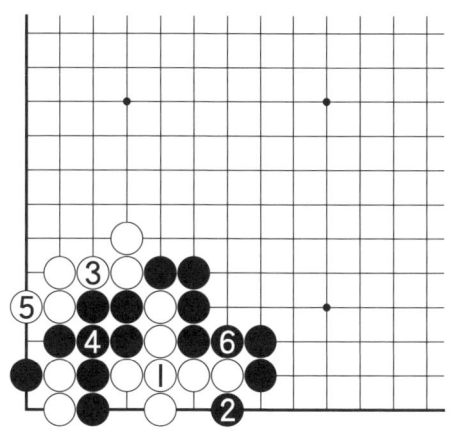

25도

25도 (유가무가 흑승)

이다음 백1에 잇고 흑2 이하 6까지 서로 수를 줄여가면 이 수상전은 유가무가로 흑승이다.

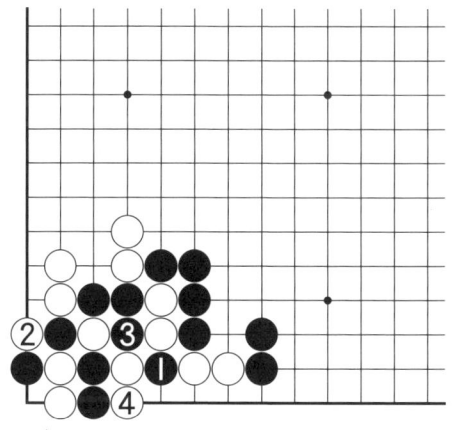

26도

26도 (서로 따냄)

흑1로 먹여칠 때 백도 2로 한점을 따내고 서로 흑3과 백4로 두점을 따내면 이제는 타협이다.

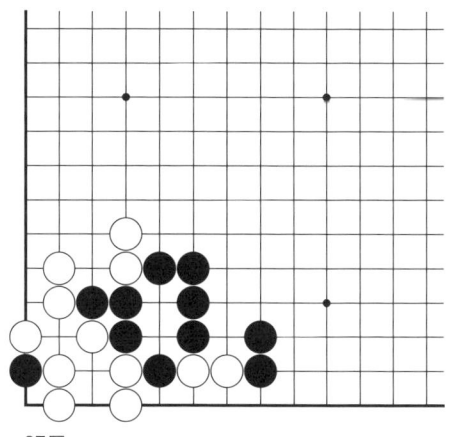

27도

27도 (타협안)

아주 긴 여정을 거쳐서 서로 타협안을 찾았다.

결과를 다시 보여주고 있지만 AI도 호각으로 인정한다.

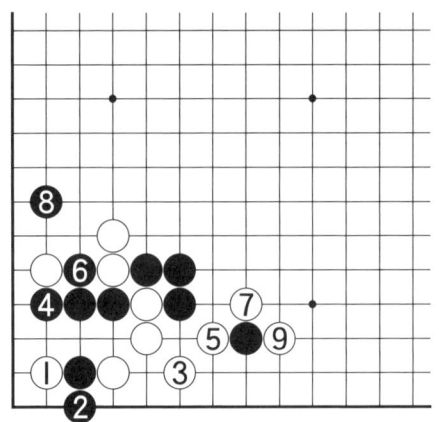
28도

28도 (껴붙이는 변화)

14도 흑3 때 백1의 껴붙임은 흑2에 백3을 선수로 활용해서 5로 수를 늘리며 귀를 노리겠다는 뜻이다. 흑6 이하 9까지 서로 좌변과 하변을 제압하며 타협하는 흐름이 자연스럽다.

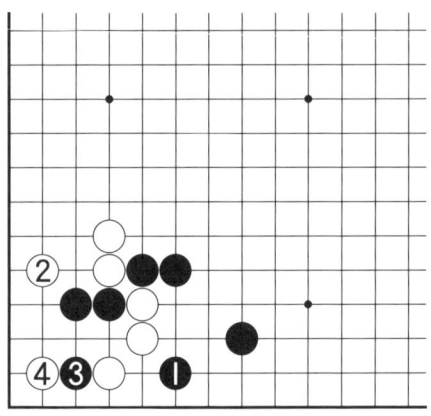
29도

29도 (변의 근거부터 공격)

거슬러 올라가 11도 백3 때 흑1로 변의 근거부터 공격하는 방법도 있다. 백2로 좌변에서 압박하고 흑3에 백4의 껴붙임이 타개 방안이다.

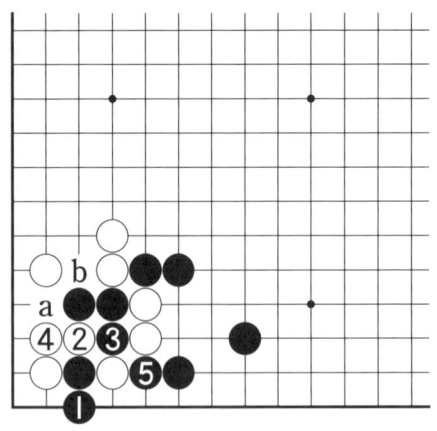
30도

30도 (팽팽한 결과)

이다음 흑1에 백2로 끼우면 백3, 5는 필연이다.

흑이 하변을 두텁게 제압했지만 백이 선수이고 a와 b의 조임도 활용이 되므로 팽팽한 결과이다.

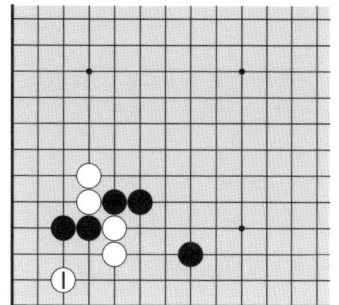

▦ 장면

이 장면에서 백1의 날일자달림이면 흑의 효과적 대응과 서로 최선의 공방은 무엇인지 생각해보자.

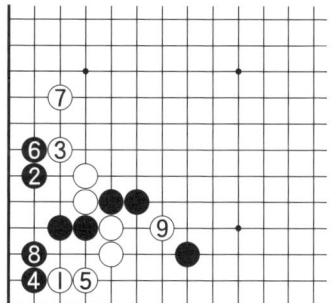

1도 (백, 호조)

백1에 흑2와 백3은 필연인데 흑4의 붙임이면 백이 5로 물러선 후 9까지 가르고 나가는 흐름이 순조롭다.

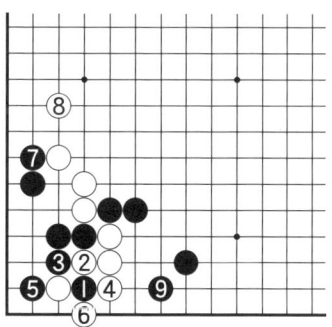

2도 (흑, 호조)

앞 그림 백3 때 흑1의 건너붙임이 맥이다. 이때 백2, 4로 잡으면 이번에는 흑이 9까지 하변을 추궁하는 흐름이 순조롭다.

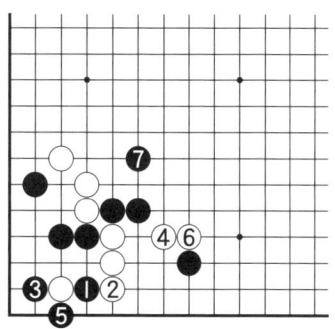

3도 (최선의 공방)

흑1에는 백도 2를 선수한 후 4로 진출하는 것이 효율적이다.

다음 흑5로 근거부터 확보하는 것이 싸울 때 편하며 백6과 흑7로 중앙 전투가 초점이다. 서로 최선의 공방이었다.

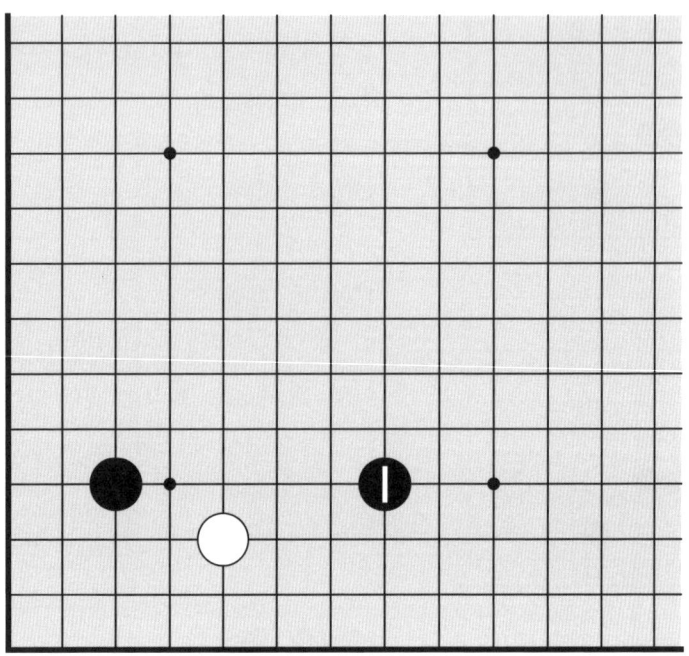

기본형

이번 주제는 소목 날일자걸침에서 흑1의 두칸높은협공인데 AI의 영향으로 진화된 수법도 실전에 많이 등장한다. 우선 이번 형에서는 중앙으로 뛰거나 귀에 붙이는 등 비교적 예전에 많이 사용했던 변화에 대해 알아본다.

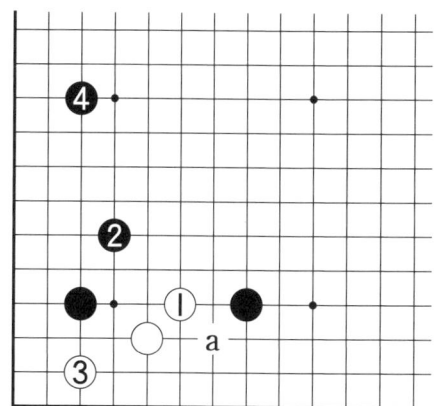

1도

1도 (백, 견실하지만 소극적)

백1의 마늘모 수비는 견실하지만 소극적이다. 서로 4까지 모양을 갖추면 일단락인데 차후 a의 공격이 기분 좋은 흑이 국면을 주도할 가능성이 높다.

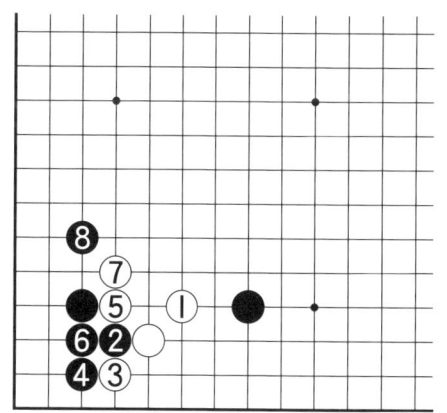

2도

2도 (귀를 중시하는 경우)

백1에 흑2의 붙임은 귀를 중시하겠다는 뜻인데 백3의 젖힘 이하 8까지 상형이다.

　백이 실리는 허용했지만 더욱 견실한 만큼 하변에서 협공하며 국면을 주도할 가능성이 높다.

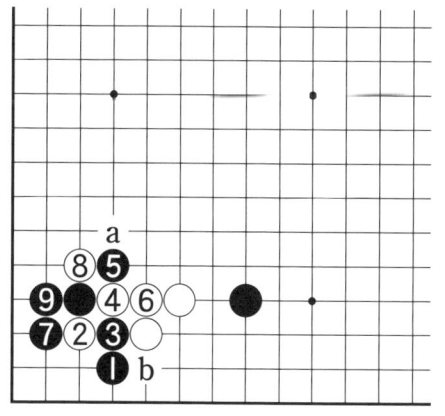

3도

3도 (귀에서 발전된 수단)

귀에서 흑1의 날일자는 발전된 수단이다. 백은 2로 건너붙이고 4로 끊는 것이 맥이며 흑5 이하 9까지 필연이다.

　다음 백은 a와 b의 선택이 기다리는데~

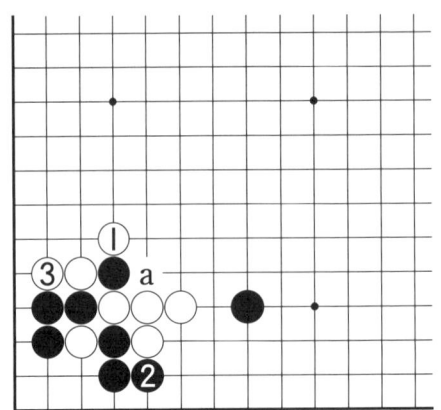

4도

4도 (한점을 잡는 경우)

백1로 좌변 한점을 잡으면 흑2의 꼬부림이 요소이다. 백3으로 보강하면 일단락되며 서로 어울렸다.

　백3은 흑a로 나가는 맛을 미연에 방지하는 역할도 겸한다.

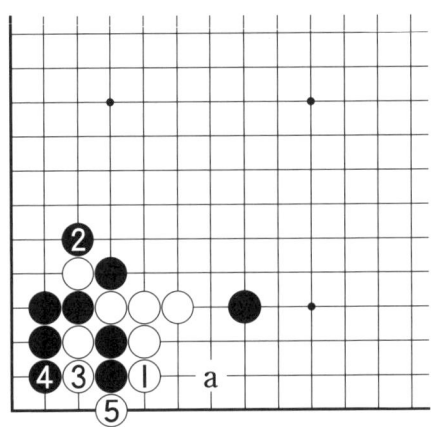

5도

5도 (변을 막는 경우)

3도 다음 하변 백1로 막으면 흑은 두점을 살리기보다 좌변 2로 한점을 잡는 것이 우선이다.

　백3, 5로 잡아서 타협이지만 차후 흑a로 압박하면 백이 시달릴 모양이라 흑이 불만 없다.

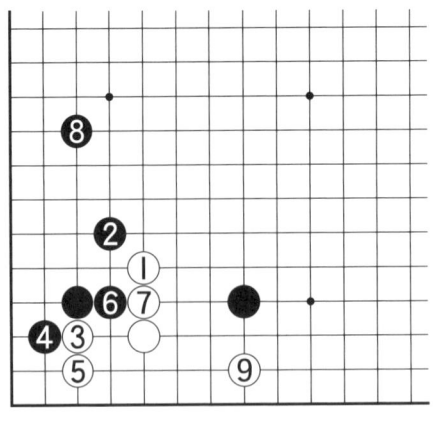

6도

6도 (백, 낮은 자세)

기본형 다음 백이 중앙으로 뛰는 경우 백1의 한칸이면 이하 9까지 이전에 많이 두던 정석 변화이다.

　화점에서도 나왔지만 AI는 백9와 같은 낮은 자세를 선호하지 않는 만큼 흑이 편한 흐름이라 봐도 좋겠다.

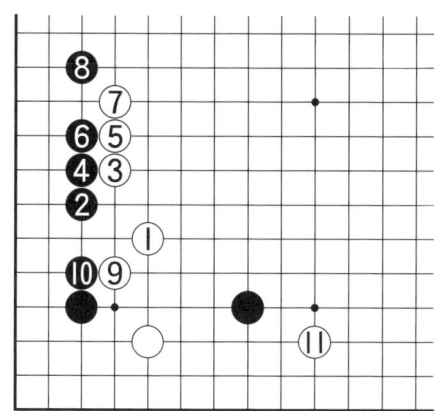

7도

7도 (두칸뜀의 경우)

백1의 두칸뜀이면 흑2에 백3으로 눌러갈 수 있다. 흑4 이하 8까지 온건하게 받으면 백9로 보강한 후 하변 11이나 근방에서 협공해 허용한 실리의 대가를 구하는 것이 하나의 흐름이다.

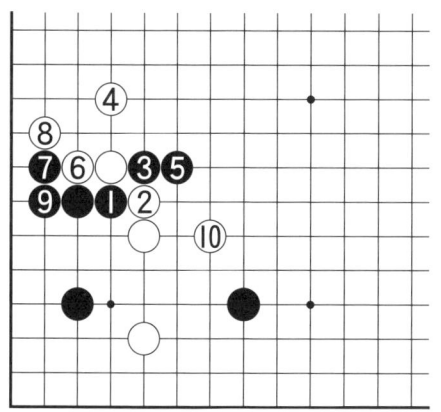

8도

8도 (중앙 전투)

앞 그림 백3 때 흑1, 3으로 나와 끊으면 중앙 전투로 이어진다.

백4가 효율적 행마이며 이하 10까지 상형인데 이제부터는 주변 여건에 따라 싸운다.

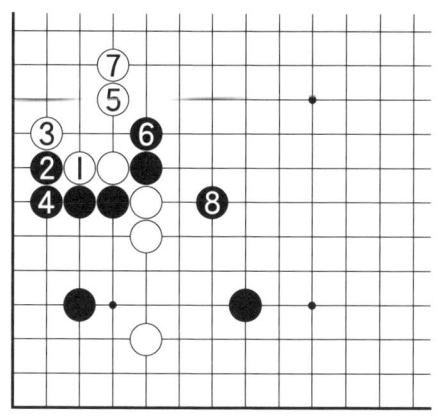

9도

9도 (선제 공격)

흑이 끊을 때 백1의 막음부터 두면 5까지 지킬 때 흑6이 선수가 되고 8로 선제공격해서 백이 몰릴 우려가 있다.

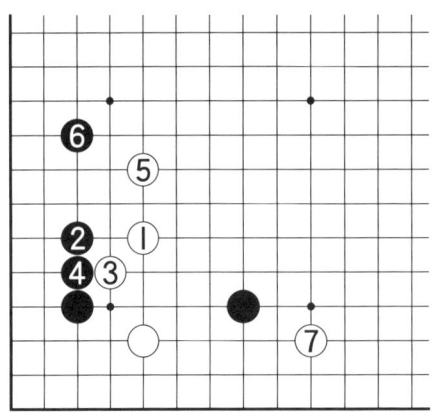

10도

10도 (흑, 한칸 응수)

백1에 흑2의 한칸은 백 두칸의 엷음을 노리겠다는 뜻이다.

백3, 5로 보강하면서 뛴 후 7로 협공하는 흐름이 자연스럽다.

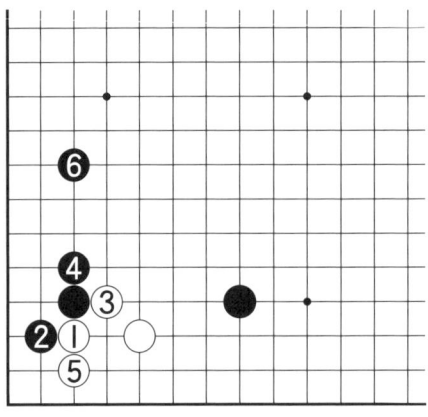

11도

11도 (간명책)

처음으로 돌아와서 백1의 붙임은 간명책이다.

백3에 흑4로 늘면 백5로 귀에서 안정하고 흑6에 벌리면 타협인데 넓은 국면이라면 흑이 후수이므로 발이 느린 단점도 있다.

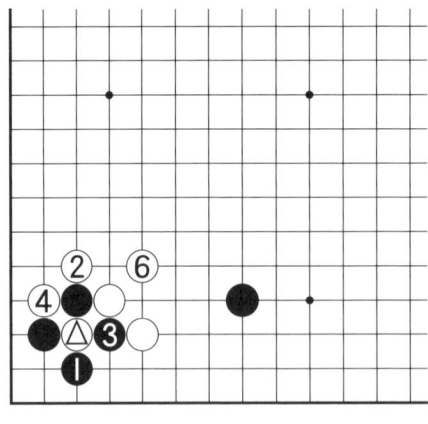

12도   ❺‥△

12도 (서로 반발)

앞 그림 백3 때 흑1의 단수는 귀의 안정을 주지 않으려는 주도적인 반발이다.

백도 반발해서 6까지 모양을 갖추는 것이 필연인데~

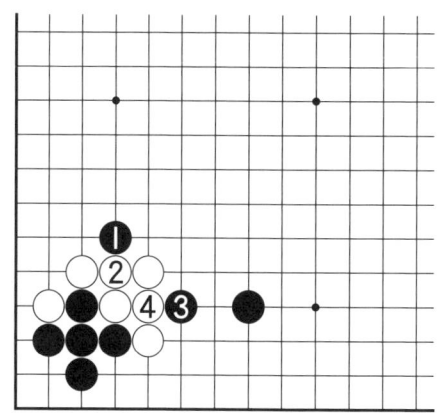

13도

13도 (백, 무거운 행마)

이다음 흑1로 들여다볼 때 백2로 잇고 흑3에도 백4로 모두 잇는 것은 백의 모양이 뭉쳐 무거운 행마이다.

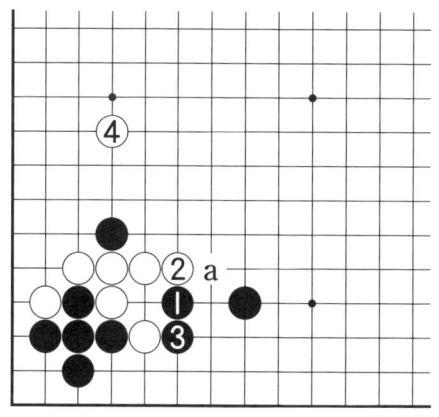

14도

14도 (효율적 운영)

흑1로 이쪽을 들여다볼 때는 백도 2로 위에서 막고 흑3에 넘을 때 백4로 좌변에서 모양을 새로 구축하는 것이 효율적 운영이다.

상황에 따라 a도 활용할 수 있는 것이 백의 강점인데 흑도 실리가 충실해서 불만 없다.

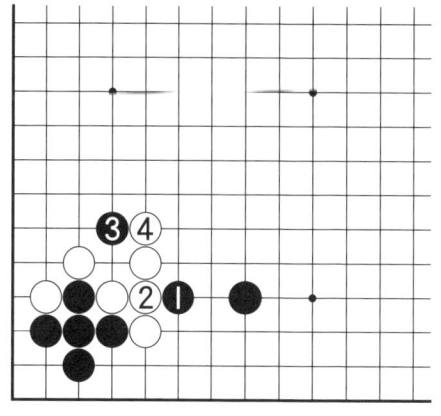

15도

15도 (흑, 잘못된 활용)

12도 다음 흑이 들여다볼 때도 하변 1부터 활용하는 것은 수순이 틀렸다. 백2로 이은 다음 흑3에는 백도 4로 밀어 반발하며 두텁게 운영할 수 있다.

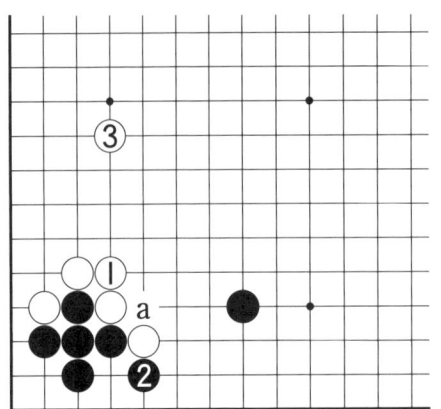

16도

16도 (간명한 타협)

12도 흑5 때 백은 a쪽 축이 유리하면 1로 잇고 흑2에 백3으로 벌리는 것도 간명한 타협이다.

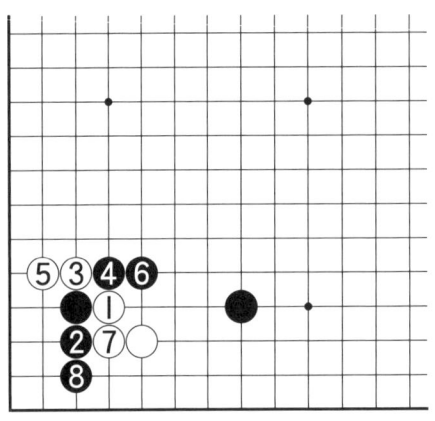

17도

17도 (옆구리붙임의 경우)

처음으로 돌아와서, 백1의 옆구리붙임은 흑이 변에 늘면 11도처럼 백이 귀에 안정하겠다는 뜻인데 흑2로 귀에 쑥 들어올 때가 문제이다. 백3의 젖힘과 흑4의 끊음은 서로 기세이며 이하 8까지 필연의 수순으로 기억한다.

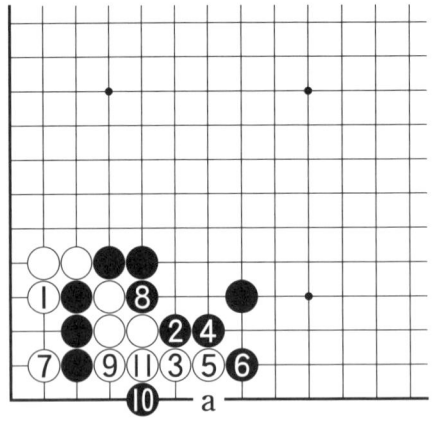

18도

18도 (실리와 두터움 대결)

이다음 백1부터는 서로 수를 줄이면서 모양을 정리하는 과정이다. 마지막 흑10의 치중은 끝내기의 맥으로 백11로 이은 다음 흑은 a쪽 1선들이 선수로 듣는다.

귀의 실리와 변의 두터움이 팽팽하게 맞선 진행이었다.

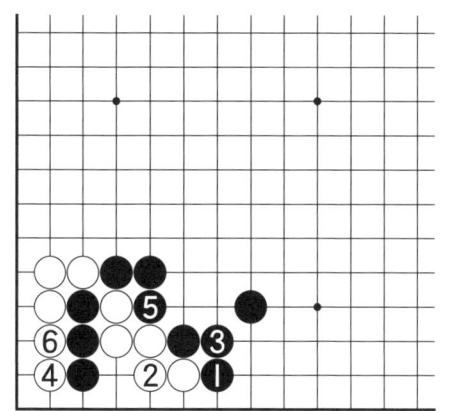

19도

19도 (흑의 강점)

앞 그림 백3 때 흑1의 젖힘이 강수인데 백2로 이으면 흑3, 5를 선수해서 흠집 없이 틀어막겠다는 의도이다.

앞 그림에 비해 백집은 그대로인데 하변 두터운 모양에 활용이 없는 것이 흑의 강점이다.

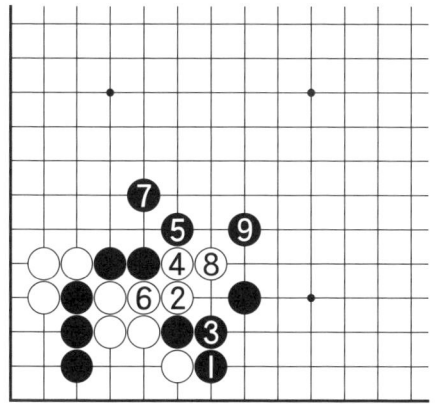

20도

20도 (두터운 봉쇄)

흑1에 백2, 4로 나갈 때는 중앙 축이 유리해야 한다.

그래도 흑은 5로 막은 후 9까지 봉쇄해서 두텁게 처리하면 충분하다는 계산이다.

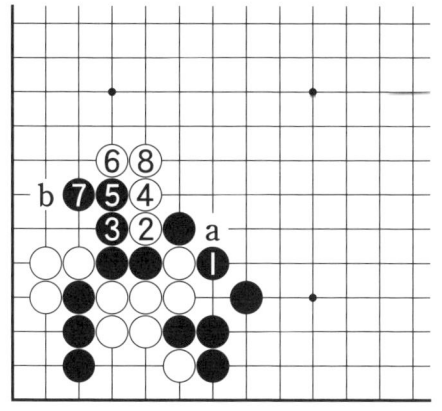

21도

21도 (축문제)

앞 그림 백6 때 흑이 중앙 축까지 유리하면 백이 상당한 타격을 입는다. 흑1로 죄며 바로 잡으러 갈 때가 문제이다. 백은 2로 끊은 후 8까지 버티고 나서 a와 b를 맞볼 수 있어야 하는데 축이 불리하면 하변이 고스란히 잡힌다.

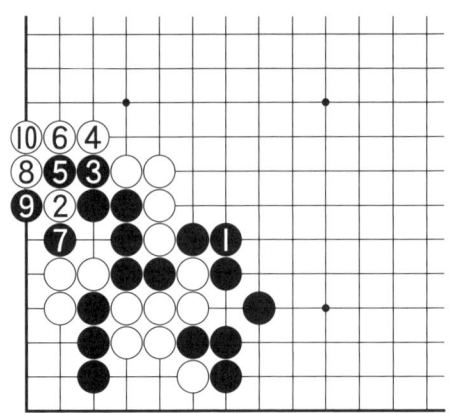

22도

22도 (좌변 수상전)

반대로 흑이 축이 불리해서 1로 잇는다면 백2의 붙이는 맥으로 10까지 좌변 흑이 수상전에서 위기를 맞는다.

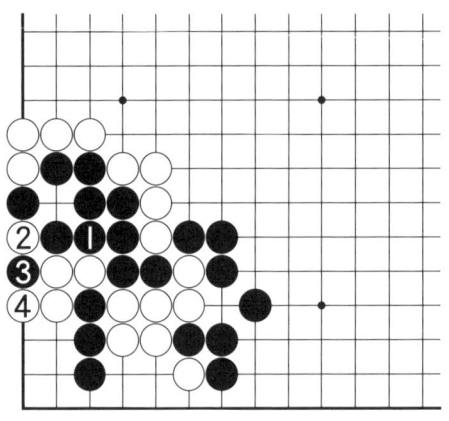

23도

23도 (백의 선패)

이다음 흑1로 이을 때 백2로 먹여치고 4로 패가 나지만 백의 선패이므로 흑이 망한다.

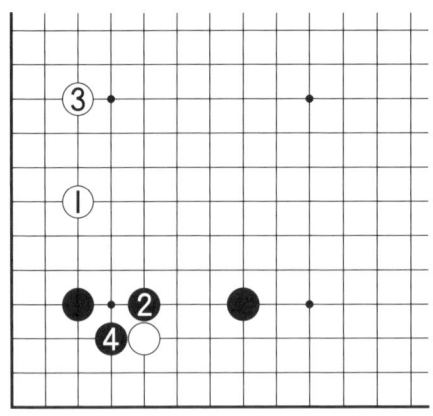

24도

24도 (백의 일책)

처음으로 돌아와서 백1, 3으로 좌변 경영도 일책이다.

　다른 협공에서도 보았지만 직접 대응하지 않고 유연하게 두려는 뜻이다.

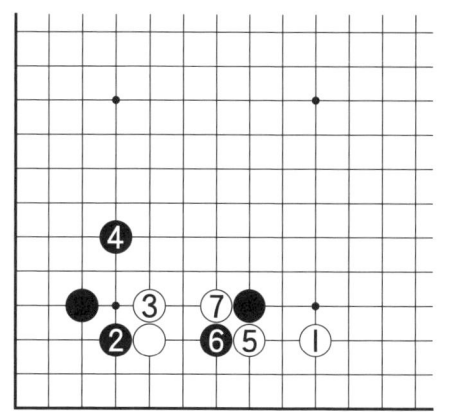

25도

25도 (전략적 선택)

하변에서 백1의 다가섬도 전략적 선택이다.

흑2, 4로 귀에 붙여서 압박하면 백5, 7로 맞끊어 타개한다.

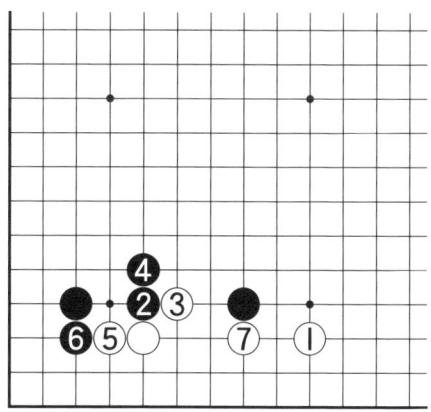

26도

26도 (변화1)

백1에 흑2로 위에서 압박하면 백3, 5 다음 7로 건널 수 있다.

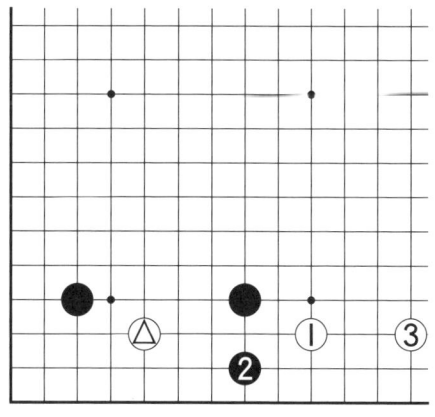

27도

27도 (변화2)

백1에 흑2로 차단하면 백3으로 보강한 다음 귀의 △는 가볍게 처리하려는 계산이다.

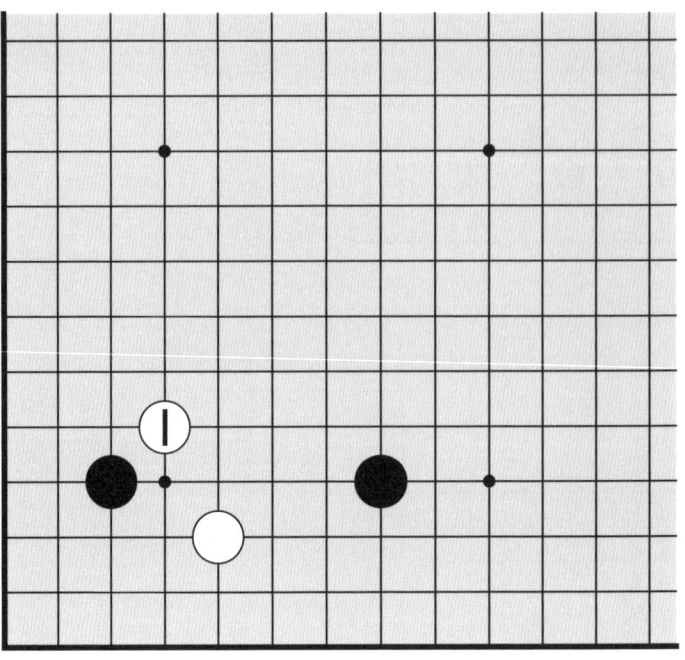

기본형

　이번에는 소목 날일자걸침—두칸높은협공에서 백1의 날일자씌움인데 중앙 주도의 가장 능동적 수단이다.
　다른 협공과 마찬가지로 이처럼 귀쪽을 눌러가는 것이 AI도 선호하는 추세인데 여기서는 비교적 사용하기에 간편한 기본 변화에 대해 알아본다.

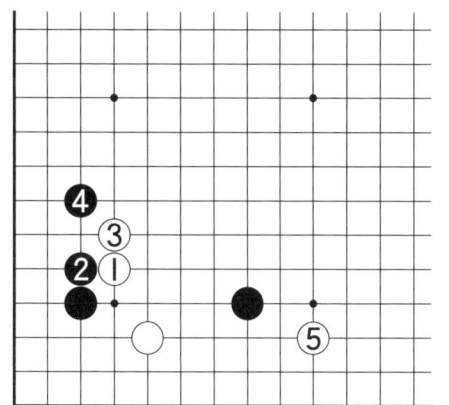

1도

1도 (흑, 온건책)

백1의 씌움에 흑2, 4의 응수는 싸움을 피하는 온건책이다.

백5로 협공하면 백도 하변에서 국면을 주도해 충분하다.

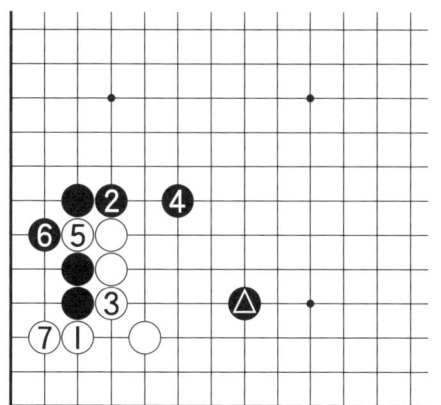

2도

2도 (귀에 붙이는 경우)

앞 그림 흑4 때 백이 협공 대신 귀쪽 1의 붙임이면 실리적 선택인데 이하 7까지 많이 애용되는 수순이다. 다만 흑은 ▲의 역할이 애매한 단점이 있다.

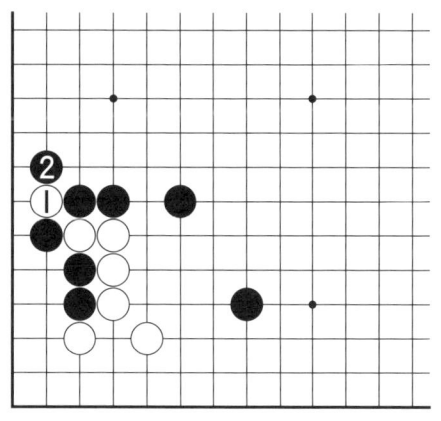

3도

3도 (백의 선수)

앞 그림 흑6 때 백이 선수를 잡고 싶다면 1로 끊어놓고 손을 뺀다.

대신 좌변 흑의 모양이 강화되었다.

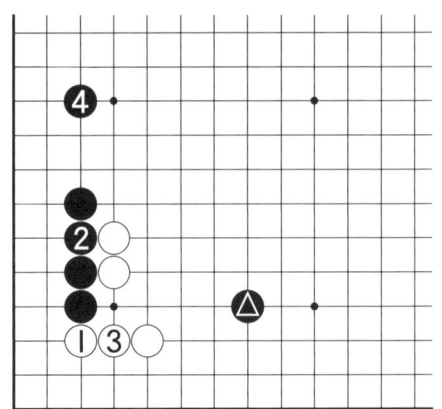

4도

4도 (변 중시의 선택)

백1에 흑이 변을 중시하면 2로 잇고 백3에 지킬 때 흑4로 벌리는 변화도 있다.

　흑이 변에 치중하고 ▲도 고립되므로 많이 두지 않고 경우에 따른 선택이다.

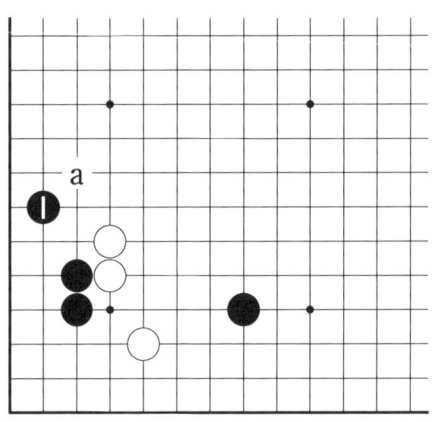

5도

5도 (간명책)

1도 백3 때 흑1의 날일자 진출은 AI가 알려주는 간명책이다. 차후 a의 눌림은 남지만 백이 귀의 붙임이나 변에 밀어가는 수단을 미연에 방어하는 효력이 있다.

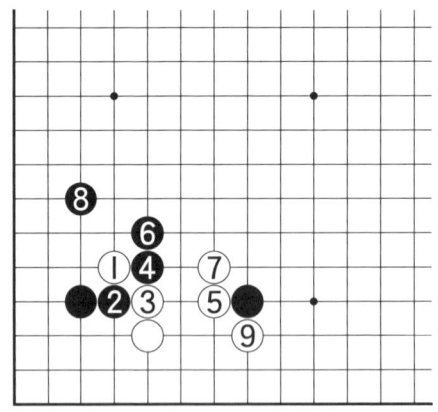

6도

6도 (주도적 끊음)

처음으로 돌아와서 백1에 흑2, 4의 끊음이 주도적 선택이다.

　이때 복잡한 싸움을 피하자면 백5의 붙임이 맥이며 이하 9까지 서로 진영을 갖추는 것이 그동안 많이 두던 정석 변화였다.

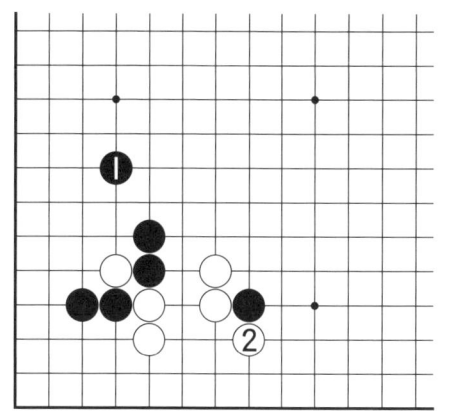

7도

7도 (흑, 활발)

앞 그림의 정석에 대해 AI는 불만을 표출한다.

　진영을 갖출 때 흑1로 변을 향해 넓히는 것이 백2의 하변과 비교해 흑이 활발하다고 본다.

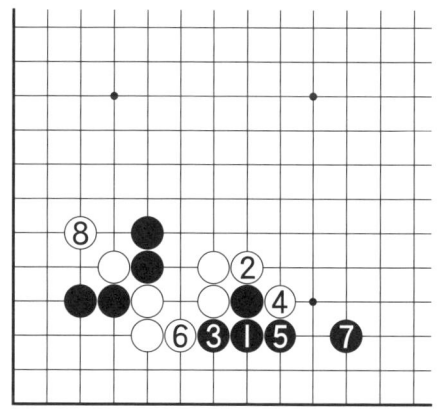

8도

8도 (흑이 시달리는 흐름)

6도 백7 때 흑1로 하변부터 움직이면?

　백2로 꼬부려 7까지 정리된 뒤 좌변 백8의 마늘모로 움직이면 흑이 시달리는 흐름이다.

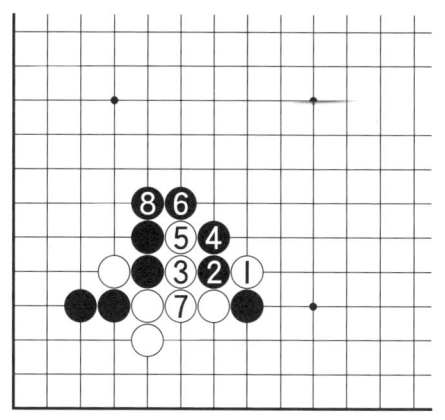

9도

9도 (강수와 기세의 대응)

6도 흑6 때 백1의 젖힘은 강수이지만 흑도 2로 끊는 것이 기세이다. 다음 백3, 5로 나가서 7에 이으면 흑8로 좌변 쪽을 두텁게 이어놓고~

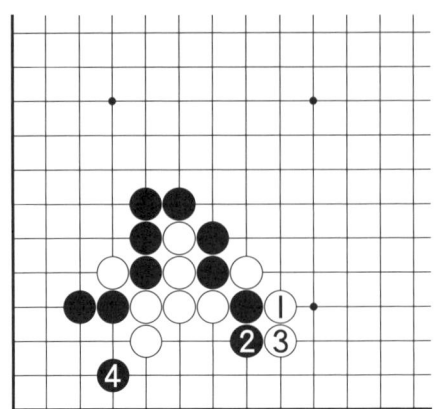

10도

10도 (흑, 활발)

백1, 3으로 두점을 제압할 때 흑4로 귀를 지키면서 하변의 엷음도 노리면 흑이 활발한 흐름이다.

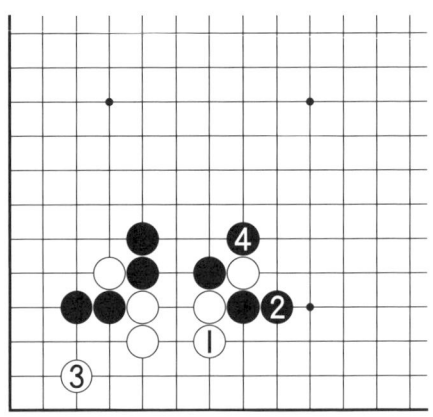

11도

11도 (간명한 행마)

9도 흑2 때 백1로 물러선 후 흑2에 백3으로 귀에 진입하는 것이 AI가 보여주는 간명한 행마이다.

흑4로 중앙을 제압하고 나서~

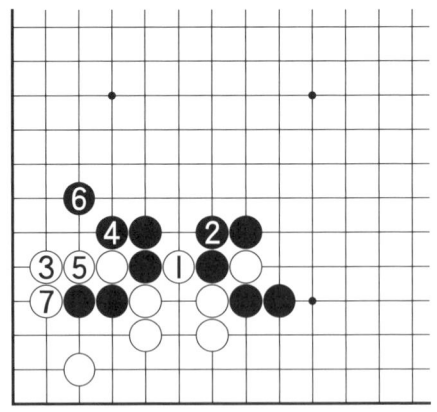

12도

12도 (흑, 두터운 타협)

백1을 활용한 다음 3이 모양의 급소인데 흑도 4, 6으로 귀의 두점을 사석으로 이용하면 두터운 타협이다.

귀는 묘한데 백이 7로 두점을 잡으면 후수이며~

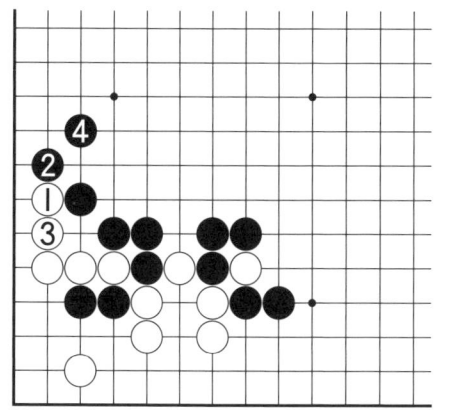

13도

13도 (두터움 허용)

앞 그림 흑6 때 백1, 3으로 수를 늘리면 두점을 선수로 잡지만 대신 변에 두터움을 허용한다.

초반이라면 앞 그림 흑6 시점에서 백이 손을 빼는 것이 유력하다. 흑이 백 석점을 잡더라도 백이 뒤에서 죄면 큰 타격은 없다.

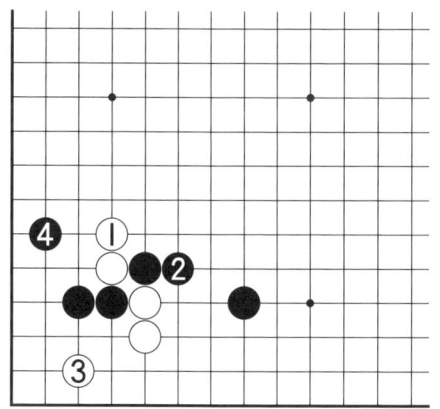

14도

14도 (본격 싸움)

6도 흑4 때 백이 좌변 한점을 움직이는 것이 적극적 태도이며 본격 싸움도 이로부터 시작된다.

다만 백1로 늘면 4까지 서로 풍차형의 공방이 필연인데~

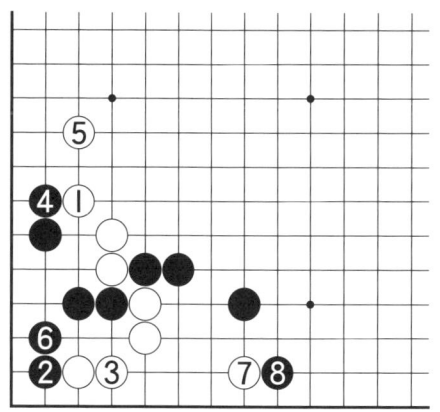

15도

15도 (백, 불만)

백1에 흑2 이하 6까지 귀를 정리하고 나서 백7로 근거를 확보할 때 흑8의 차단이 통렬해서 백이 살더라도 불만이다.

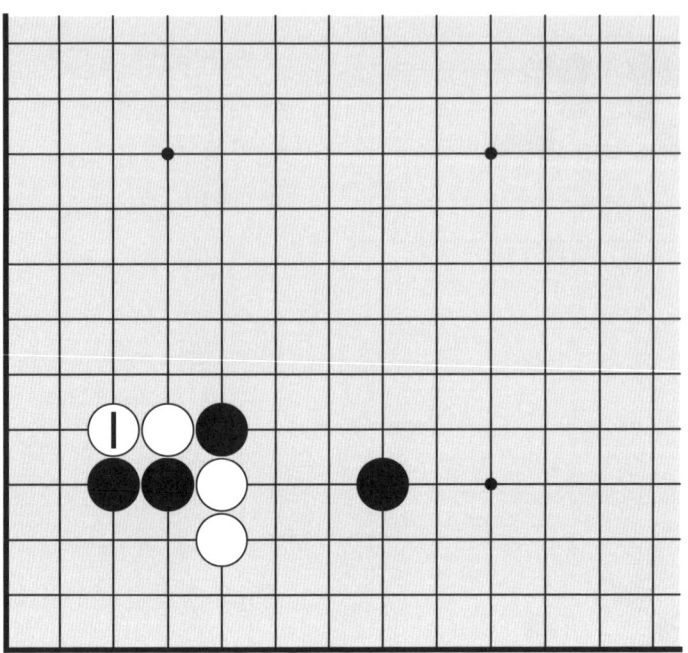

기본형

두칸높은협공에서는 흑이 나와끊을 때 백1로 막는 것이
가장 효과적이며 이제부터 우열을 단정하기 어려운 본격
싸움으로 돌입한다.

싸움이 심화되는 과정을 이해하는 데 AI가 바라보는 관
점도 주목하면서 이후 변화에 대해 알아본다.

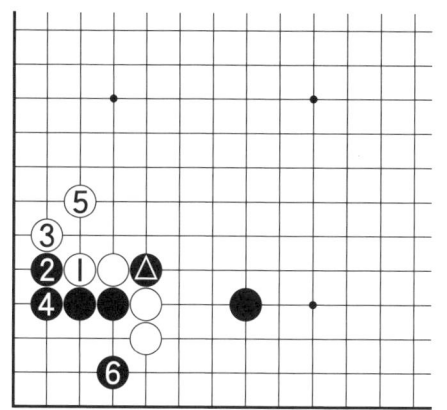

1도

1도 (백, 곤란)

백1로 막으면 우선 흑2, 4의 수비는 당연하다.

　이때 백5의 호구이음은 흑6에 지키고 나면 ▲가 상대 허리를 끊은 모양이 되어 백이 곤란하다.

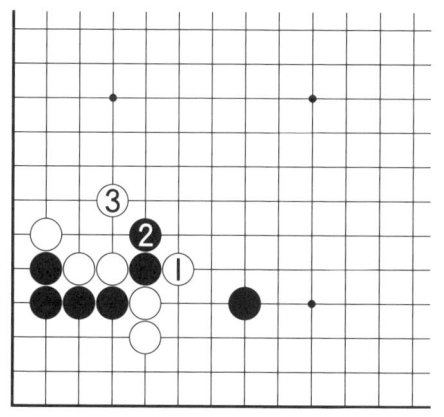

2도

2도 (효율적 행마법)

앞 그림 흑4 때 백1, 3으로 몰아가는 것이 AI가 알려주는 효율적인 행마법이다.

　이제부터 서로 싸움의 기술을 요하는 단계인데~

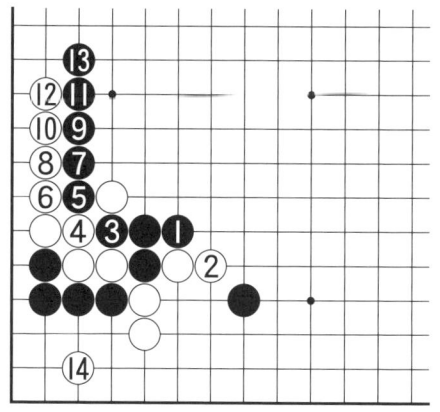

3도

3도 (수상전 백승)

좌변 흑1 이하 5로 끊어 추궁하면 백6 이하 12까지 밀어 수를 늘린 후 14로 귀와 수상전은 백승이다.

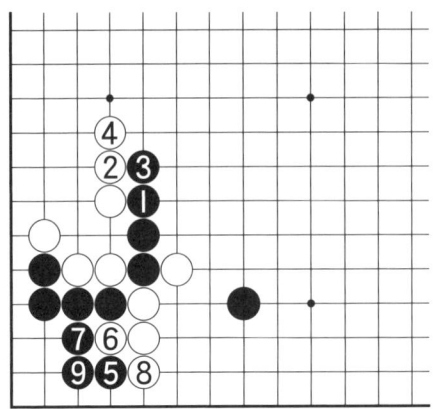

4도

4도 (안일한 생각)

2도 다음 흑1, 3으로 밀어놓고 5 이하 9까지 귀를 살리는 것은 안 일한 생각이다.

백은 자연스럽게 좌변이 강화되 었고~

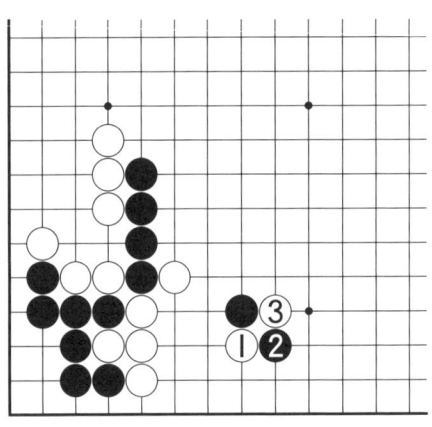

5도

5도 (백, 활발)

하변도 백1로 붙여 흑2에 백3으 로 끊으면 효율적 타개가 가능하 므로 양쪽을 순탄하게 처리한 백 이 활발한 흐름이다.

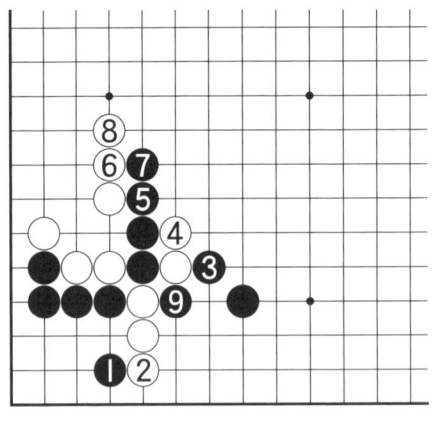

6도

6도 (하나의 방안)

2도 다음 흑1로 귀의 진입을 견제 한 후 3의 붙임으로 좌변까지 연 계해서 추궁하는 것이 하나의 방 안이다. 백4로 나가면 흑5, 7로 밀어놓고 9로 끊는다.

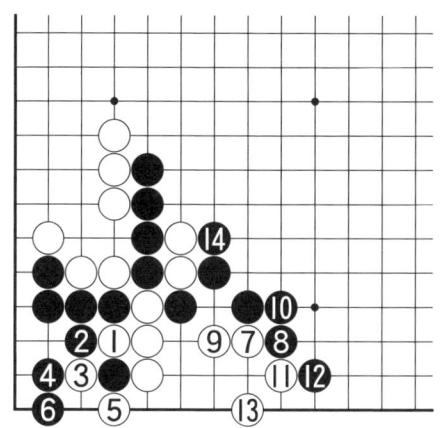

7도

7도 (초기의 변화)

이다음 백1 이하 5를 선수한 후 7의 맥을 이용해 13까지 사는 대신 흑이 14로 두점을 제압하며 중앙 두터움으로 대응해서 타협 흐름인데 이 전투의 초기에 많이 두던 변화이다.

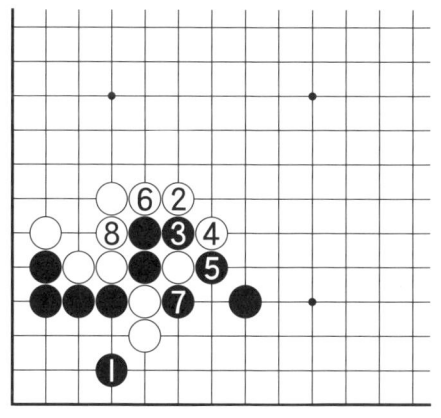

8도

8도 (사석작전)

흑1에 백2의 씌움이 국면을 넓게 보는 발전된 대응이다. 흑3에 백4 이하 8까지 돌려쳐서 사석작전을 펼치겠다는 뜻이다.

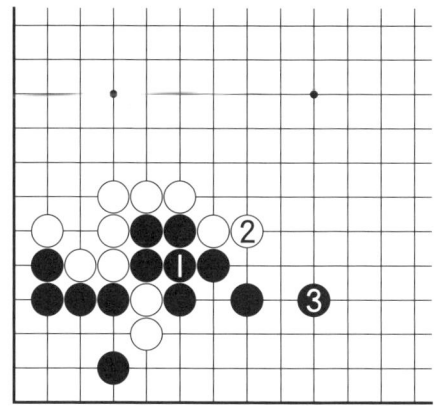

9도

9도 (상황에 따른 선택)

이다음 흑1에 있고 백2에 흑3으로 벌리면 하변 실리도 크지만, AI의 안목은 선수로 견실한 두터움을 형성한 백이 충분하다고 본다. 하변은 뒷문이 열린 만큼 맛도 남아있어 백이 상황에 따라 선택할 수 있는 변화이다.

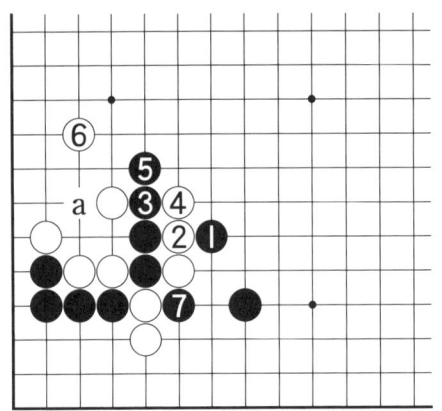

10도

10도 (백, 곤란)

2도 다음 중앙부터 흑1의 씌움도 이후 진화된 전략이다. 백2, 4로 나간 후 좌변도 6으로 진출하면 흑7의 끊음이 통렬하다.

백은 a의 약점으로 귀를 잡으러 갈 수 없기에 곤란하다.

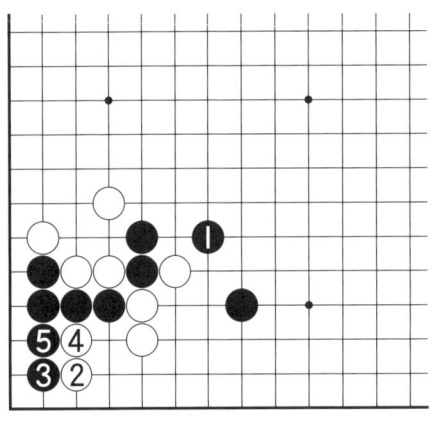

11도

11도 (필연)

흑1에는 백2, 4로 일단 귀에서 활용해두는 것이 필연이다.

다음 백의 행마가 중요한데~

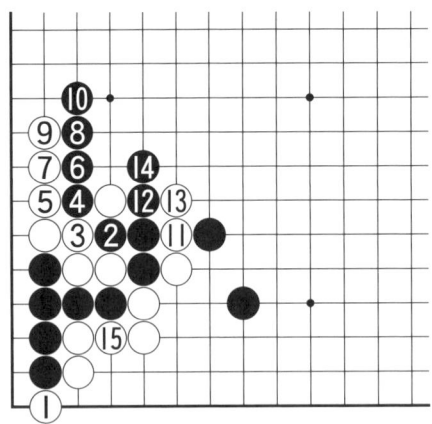

12도

12도 (흑, 파탄)

백1로 즉시 잡으러 가면? 이때 흑2, 4로 끊으면 백5 이하 9로 수를 늘리고 중앙 11, 13으로 관통한 후 15로 귀를 잡아 흑의 파탄이다.

사실 백1은 무모한 결단인데~

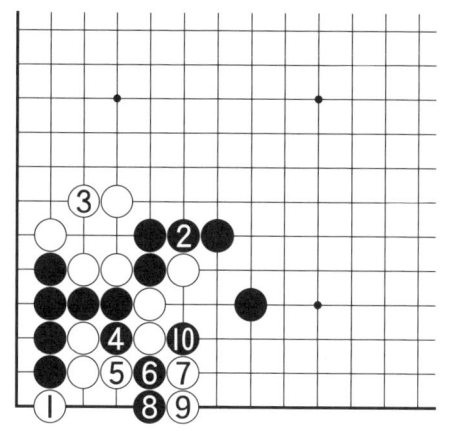

13도

13도 (숨겨진 비수)

백1에는 흑2로 꽉 잇는 것이 양쪽 백을 노리는 숨겨진 비수였다.

　좌변 백3에 지킬 때 흑4, 6으로 끊고 이하 10으로 또 끊어 조이면 백의 죽음을 쉽게 확인할 수 있다.

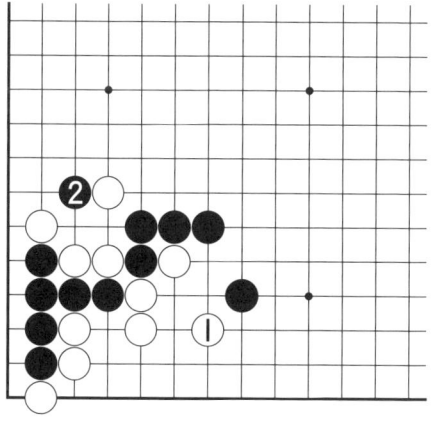

14도

14도 (백, 불리)

앞 그림 흑2 때 백1로 지키면 좌변 흑2의 붙임이 맥이며 백이 어떻게 대응해도 불리한 진행이다.

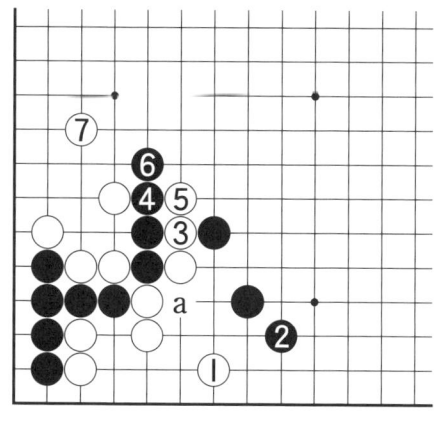

15도

15도 (흑, 약세)

11도 다음 백1의 날일자는 AI가 보여주는 교묘한 행마로 a의 단점을 방어하는 탄력적 대응이다. 흑2의 마늘모로 차단하면 백3, 5로 뚫고 좌변은 7로 변통한다.

　흑은 2의 마늘모 행마가 느슨했기에 약세 흐름이다.

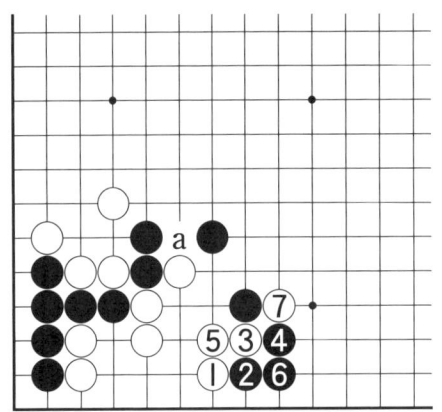

16도

16도 (강수로 일관하면)

백1에는 흑2로 막는 것이 기세이고 백도 a쪽을 함부로 나갈 수 없어 3에 끼우며 응수를 묻는다.

이때 흑4, 6의 강수로 일관하면 백7로 끊어 싸운다.

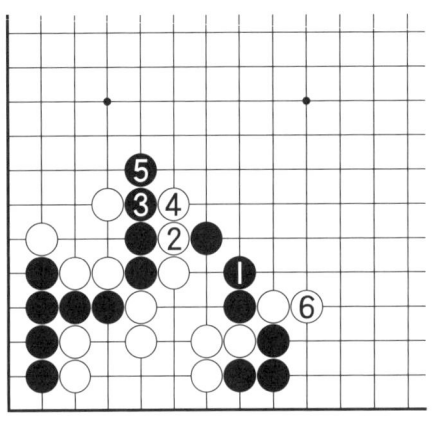

17도

17도 (백, 싸움 주도)

이다음 흑1에 이제는 백2, 4로 뚫고 6으로 늘면 백이 싸움을 주도하는 흐름이다.

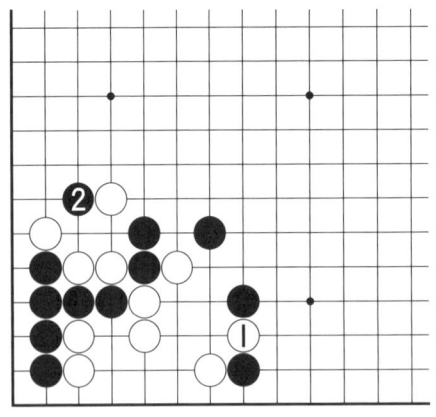

18도

18도 (싸움을 풀어가는 요령)

백1로 끼울 때 흑도 좌변 2로 붙이는 맥을 구사하는 것이 싸움을 풀어가는 요령이다.

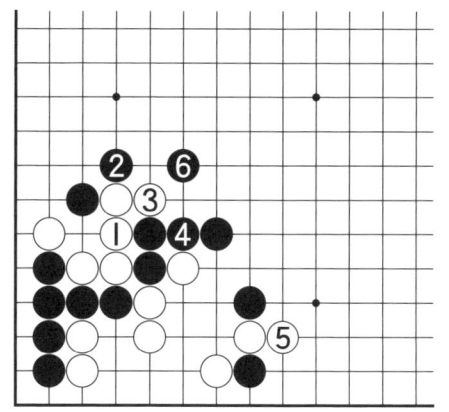

19도

19도 (필연의 수순)

이다음 백1에 흑2로 몰며 4로 자연스럽게 이으면 하변 백은 5의 보강이 절대이다.

흑도 6으로 씌우며 하변 손실의 대가를 구하는 것이 필연의 수순이다.

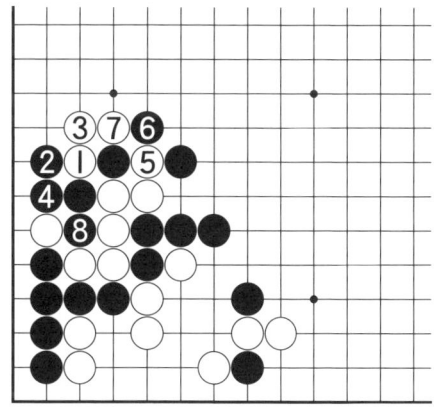

20도

20도 (효율적 조임)

계속해서 백1로 끊어 수습하는데 흑2에 백3, 5로 나가면 흑6, 8로 외곽을 조이는 것이 효율적이며~

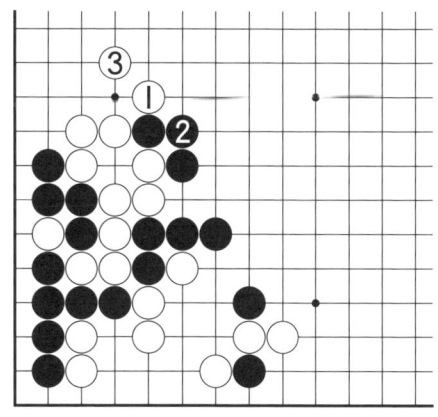

21도

21도 (흑, 만족)

백이 1, 3으로 모양을 갖추면 일단락인데, 흑은 좌변과 연결해 불안했던 귀도 정리했고 무엇보다 이 과정에서 중앙도 두터워져서 만족이다.

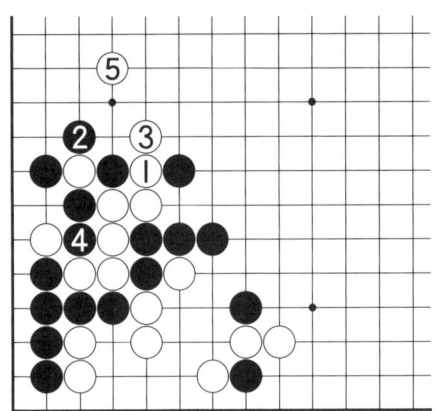

22도

22도 (올바른 정리)

20도 흑2 때 백1, 3으로 나가는 것이 올바른데 그래야 죄는 맛을 피하면서 흑4와 백5로 정리된다.

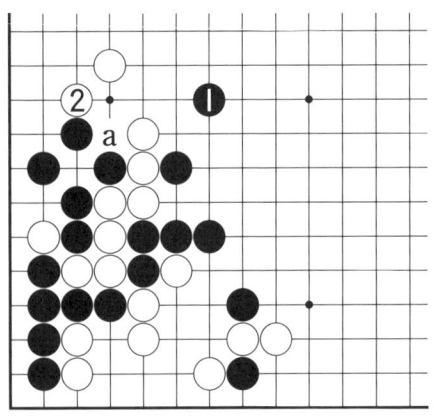

23도

23도 (호각)

이다음 흑1은 중앙 요소이고 백은 2 다음 a가 선수인 만큼 변에서 안정하면 호각이라고 본다.

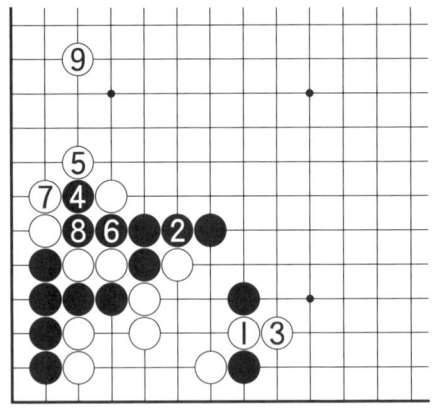

24도

24도 (흑, 미흡)

거슬러 올라가 백1에 흑2로 먼저 잇고 4의 맥을 구사하면 이번에는 백이 5, 7로 물러서서 가볍게 처리한 후 9로 벌려 흑이 두점을 잡았지만 미흡하다.

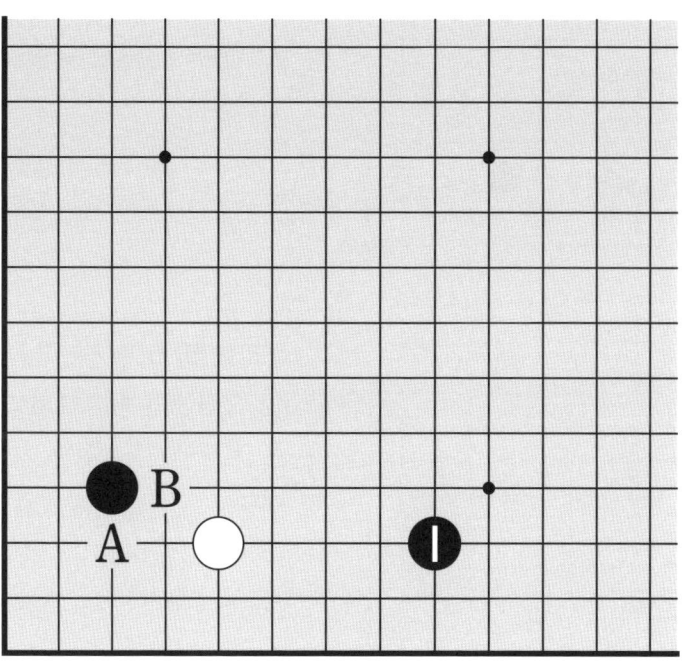

기본형

이번 주제는 소목 날일자걸침에서 흑1의 세칸협공인데 국면을 넓게 사용하려는 의도에서 많이 둔다. 백은 귀로 붙여 정리하는 방법과 중앙으로 향하는 능동적 대응이 대표적 선택이다.

이번 형에서는 귀쪽 A와 B의 붙임이 본론이고 더불어 변에서의 간명한 변화에 대해서도 알아본다.

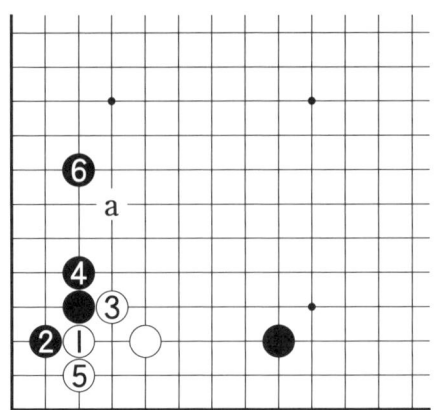

1도

1도 (무난한 타협)

백1로 귀의 3三에 붙인 후 6까지 되면 가장 무난한 타협이다.

흑6은 상황에 따라 변의 발전성을 원한다면 a의 날일자 행마도 일책이다.

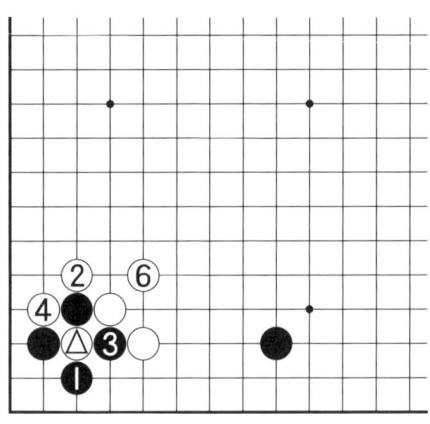

2도

❺‥△

2도 (반발 이후 정리법)

앞 그림 백3 때 흑1의 단수는 다른 협공에서도 항시 보았던 반발이다.

백2 이하 6까지도 이럴 때의 상용 정리법인데~

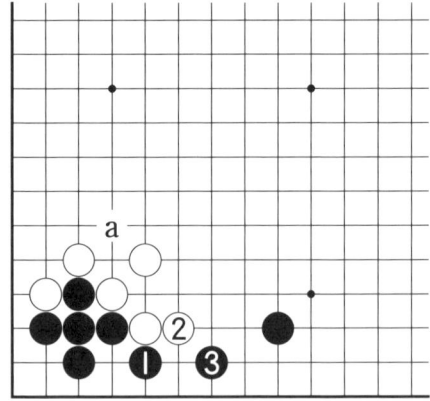

3도

3도 (백, 불만)

흑은 1, 3으로 넘어가는 자세가 견실한 데 비해 백은 a의 활용도 남아 무거워질 염려가 있는 만큼 AI도 백이 불만이라고 본다.

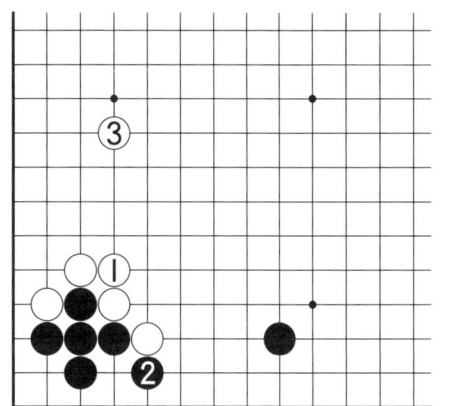

4도

4도 (효과적 이음)

2도 흑5 때 백은 축이 유리하다면 1로 잇고 흑2에 백3으로 벌리는 것이 실속 면에서 효과적이다.

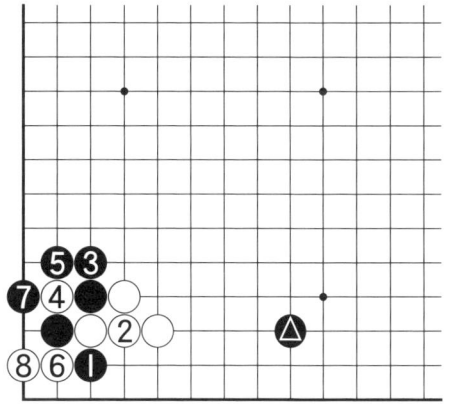

5도

5도 (백도 둘만하다)

흑1에 백2의 이음이면 우형이 되기에 두면 안 되는 것이 그동안의 상식이었다.

놀랍게도 AI는 흑3에 늘 때 백4로 끊은 후 8까지 좌변 흑 모양도 뭉쳐 백도 둘만하다고 본다. 흑❷가 귀쪽 공방에 영향을 주지 않는 위치이기 때문이기도 하다.

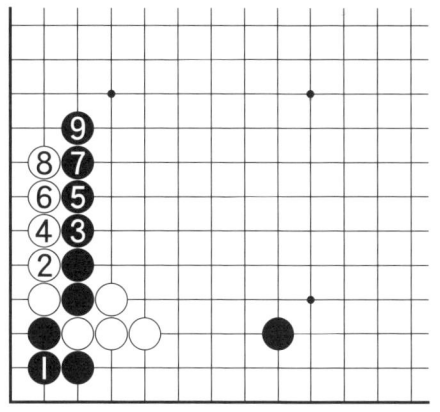

6도

6도 (자동으로 죽음)

앞 그림 백4 때 흑1로 이으면 백2 이하 밀고 나가서 9까지 되면 귀의 흑은 자동으로 죽음이다.

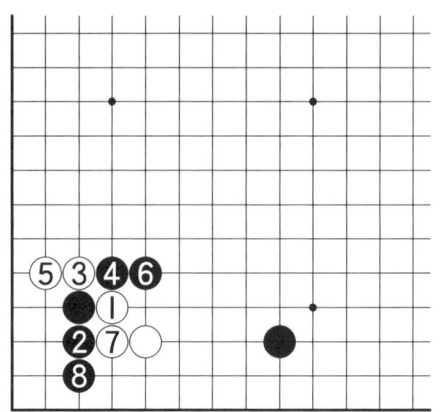

7도

7도 (옆구리붙임의 경우)

처음으로 돌아가서, 백1의 옆구리붙임은 2도의 반발을 피하면서 흑이 변에 늘면 백이 귀에서 안정하려는 뜻인데 이번에는 흑2의 반발도 고려해야 한다.

백3과 흑4는 서로 기세이며 8까지 상용 수순이다.

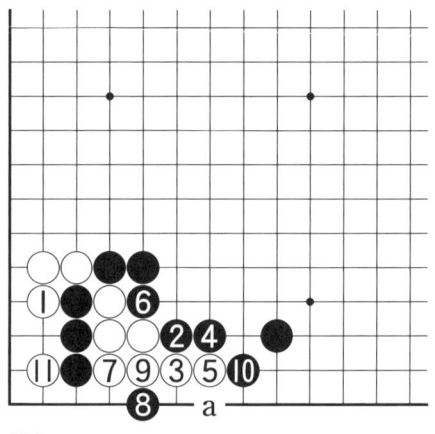

8도

8도 (백, 불만)

이다음 백1로 즉시 수를 줄이면 흑2 이하 10까지 틀어막는 것이 선수이다. 수순 중 흑8의 치중이 끝내기의 맥으로 a도 선수이니 변의 백집이 없는 만큼 이 진행은 백이 불만이다.

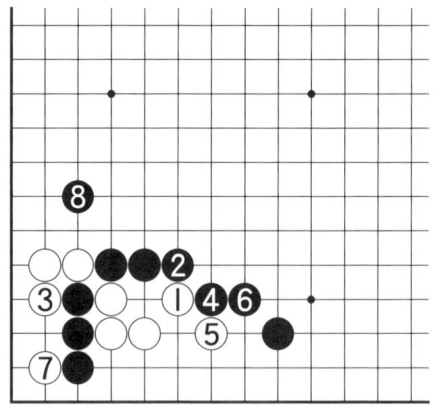

9도

9도 (효율적 수줄임)

7도 다음 백1로 하나 나간 후 3의 수줄임이 집으로 효율적이다.

흑도 4 이하 8까지 두텁게 포위해서 실리에 대항하면 타협 흐름이다.

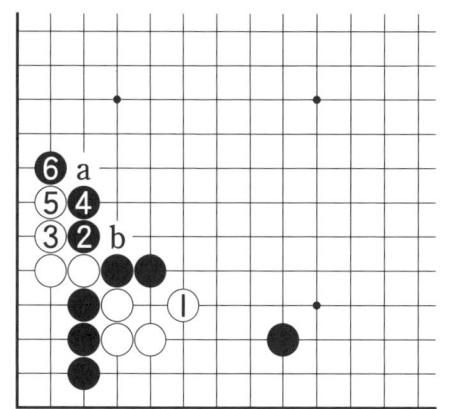

10도

10도 (흑, 파탄)

백1에 흑2 이하 6까지 좌변 백을 잡으러 가면?

잡으면 성공이지만 a와 b의 약점으로 흑의 파탄이다.

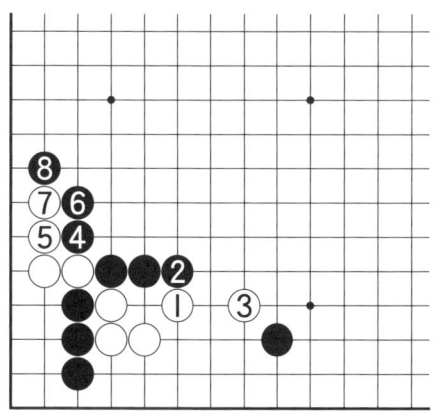

11도

11도 (백, 죽음)

그렇다면 아예 백1, 3으로 진출하면?

이번에는 흑4 이하 8로 막는 것이 성립해서 좌변 백의 죽음이다.

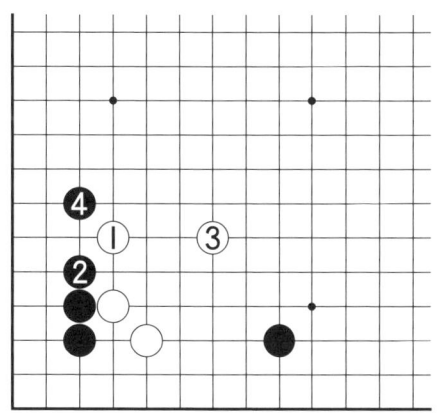

12도

12도 (백, 불만)

7도 흑2 때 백이 싸움을 피해 1, 3으로 날렵하게 두는 것은 실속이 없고 하변 흑을 공격하기에도 거리가 멀어 불만이다.

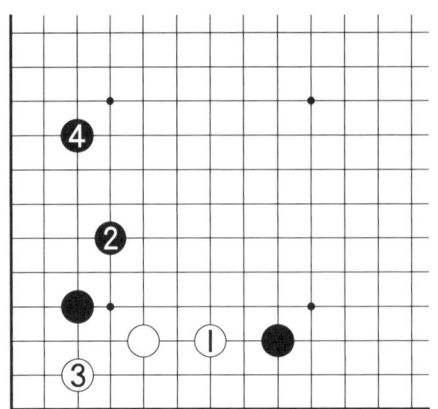

13도

13도 (백의 일책)

세칸협공에서는 백이 간명하게 두자면 1의 벌림도 일책이다.

흑2의 날일자는 변을 중시하며서로 백3과 흑4로 안정하면 무난한 타협이다.

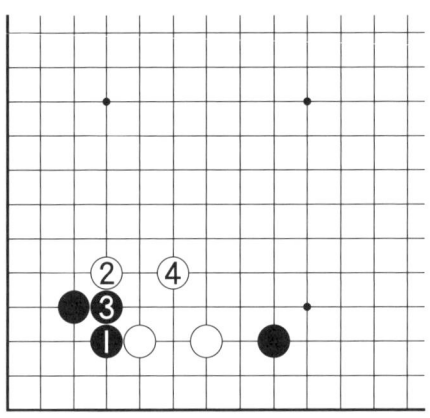

14도

14도 (백, 경쾌한 행마)

흑이 귀를 중시하면 1로 붙이는데백2의 씌움이 효율적 대응이다.

이때 흑3으로 반격하면 백4가경쾌한 행마이다.

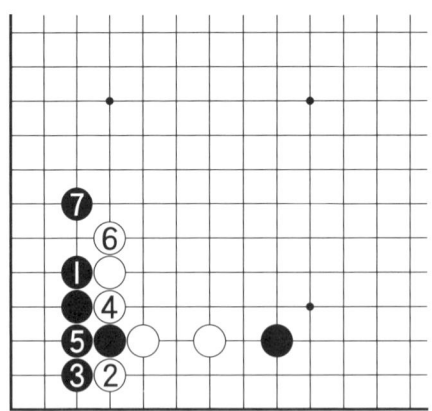

15도

15도 (흑, 무난한 받음)

앞 그림 백2 때 흑1로 받는 것이무난하며 이하 7까지 일단락이다.

백은 실리를 허용한 대신 두터움을 이용해 하변 공격에 주도권을 쥐고 있다.

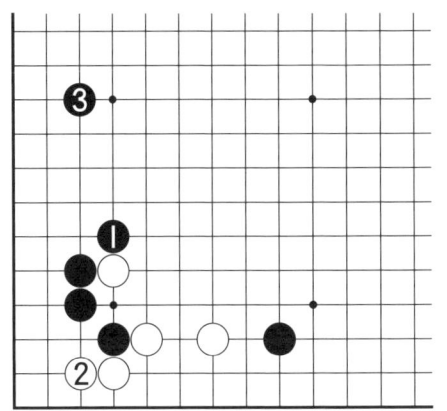

16도

16도 (흑의 일책)

앞 그림 백2 때 흑이 두터움을 주기 싫으면 변쪽 1의 젖힘도 일책이다. 백2로 진입하고 흑3에 벌리면 타협된 모습이다.

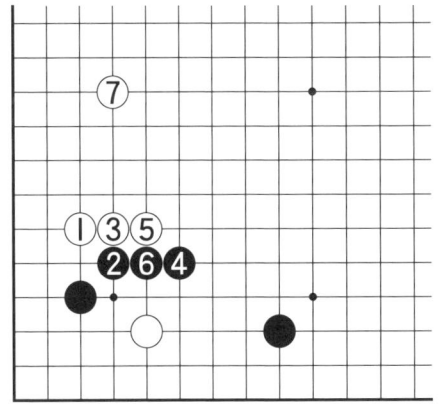

17도

17도 (적극적 좌변 경영)

세칸협공에서도 상황에 따라 백이 되협공하며 좌변 경영에 나설 수 있다.

적극적으로 두자면 백1로 바짝 다가선 후 7까지 하나의 방안이다. 차후 귀는 상황에 맞게 활용하는 맛이 남아있다.

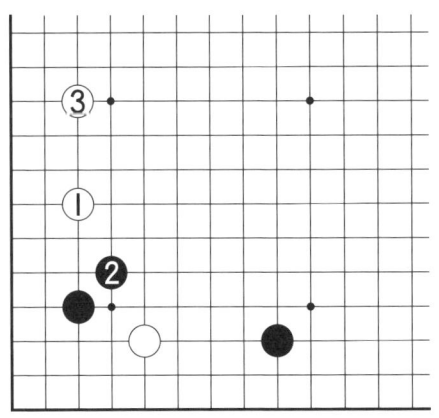

18도

18도 (온건한 두칸벌림)

백이 좌변에서 온건하게 두자면 1, 3의 두칸벌림이 무난하다.

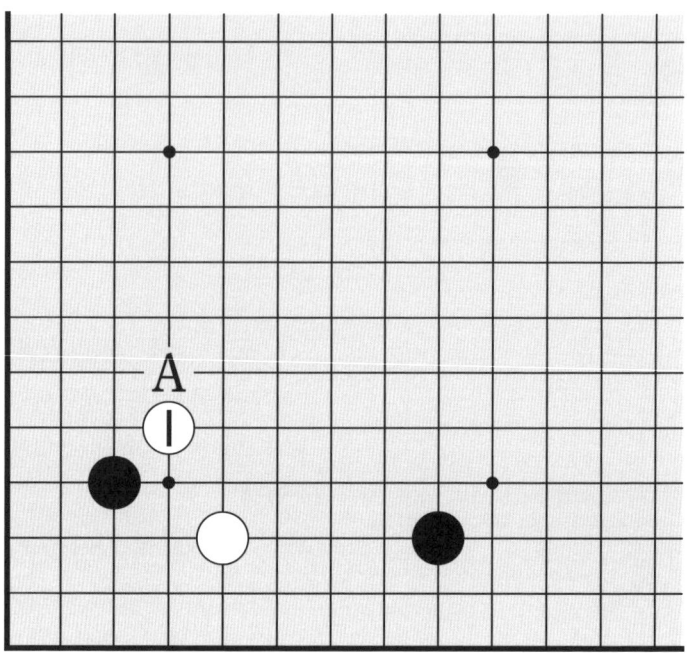

기본형

　이번에는 소목 날일자걸침—세칸협공에서 백이 중앙으로 움직이는 능동적인 변화에 대해 알아본다.

　중앙을 향한 행마라면 뛰거나 씌움이 대표적인데 AI의 안목에서 뛰는 수는 실속이 없고 씌우는 수가 발전성이 좋다고 본다. 같은 씌움이라도 백1의 날일자가 효과적이라 해서 실전에서도 주로 애용한다. 이와 더불어 A의 눈목자도 그동안 많이 두던 전략적 발상이므로 이 두 가지 씌움이 이번 형의 본론이다.

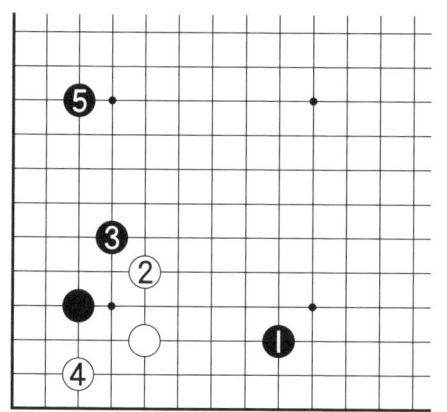

1도

1도 (백, 무거운 행마)
흑1의 세칸협공에서 백2의 한칸 뜀은 가장 무겁고 실속 없는 중앙 행마이다. 흑3에 백4로 뒤늦게 근거를 갖춰봐야 엇박자이다. 흑이 5로 벌리며 활발한 진행이다.

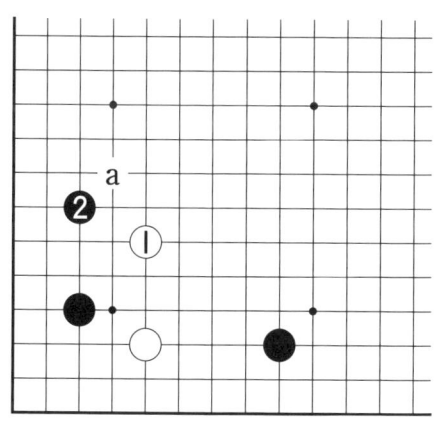

2도

2도 (백, 엷은 행마)
백1의 두칸으로 뛴다면 무거움에서 벗어나고 흑2 다음 백a로 눌러 가는 이점도 있지만, 하변 흑을 공격하기에는 모양이 엷고 거리가 멀다.

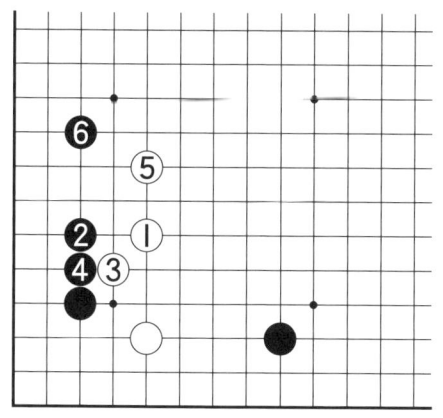

3도

3도 (흑, 단단한 행마)
백1에 흑2의 한칸도 백 두칸의 엷음을 노리는 단단한 행마이며 보통 6까지 진행된다.

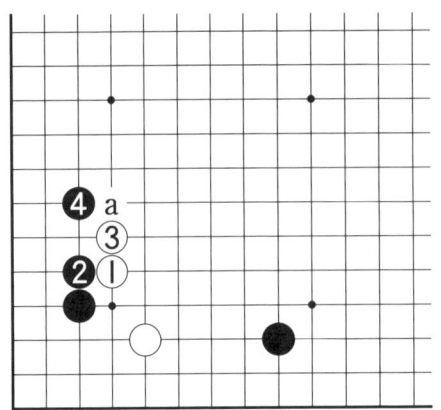

4도

4도 (백, 능동적 씌움)

백1의 날일자씌움이 AI도 인정하는 능동적 행마이다.

흑2, 4로 받으면 백이 a로 눌러가며 두텁게 둘 수도 있지만 대신 실리 허용이 싫으면~

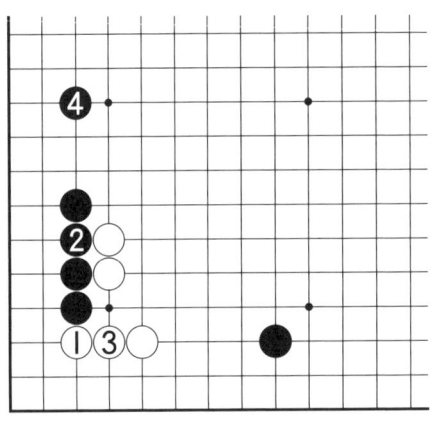

5도

5도 (흑, 변에 치우침)

상황에 따라 귀쪽 백1의 붙임도 간명하다.

이때 흑2로 잇고 백3에 흑4로 벌리면 예전에 두기도 했던 정석이지만 흑이 변에 치우치고 후수라는 단점이 있다.

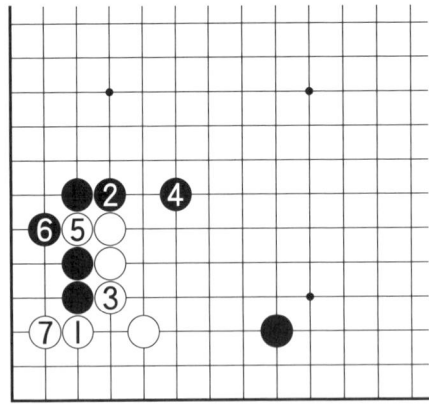

6도

6도 (국면을 넓게 사용)

백1에 흑2로 밀어올린 후 7까지가 많이 두는 정석 변화이다.

흑이 실리는 허용한 대신 하변과 연계해서 국면을 넓게 쓰는 것이 특징이다.

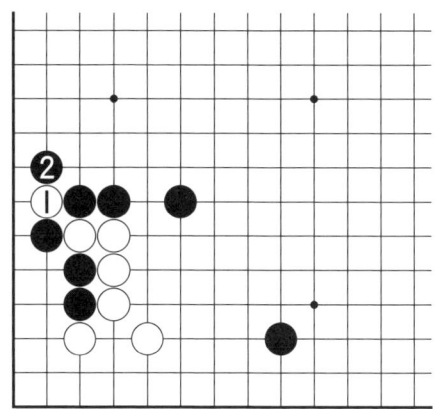

7도

7도 (백, 발빠른 작전)

다른 협공에서도 보았지만 앞 그림 흑6 때 백이 선수를 잡고 싶다면 1로 끊어놓고 흑2에 손을 빼는 것도 발빠른 작전이다.

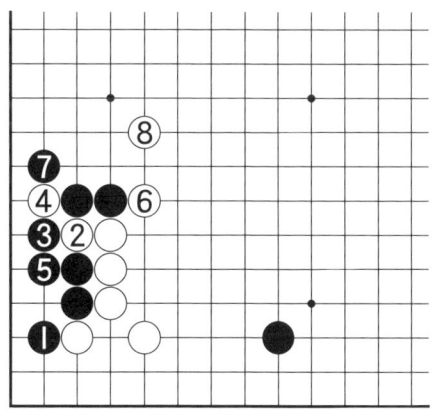

8도

8도 (백, 활발)

6도 백3 때 흑1로 젖히는 것은 성급하다.

백2, 4를 활용해놓고 6, 8로 진출하면 백이 활발한 흐름이다.

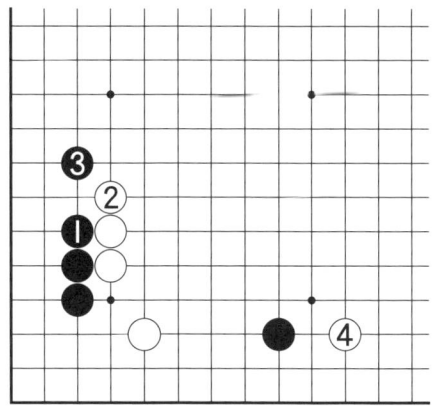

9도

9도 (흑, 약세 국면)

4도 다음 흑이 귀의 수단을 방어하려면 1, 3으로 하나 더 밀고 뛰는 방법도 있다.

다만 백이 두터움을 배경으로 4의 협공이면 흑이 약세 국면으로 시달릴 염려가 있다.

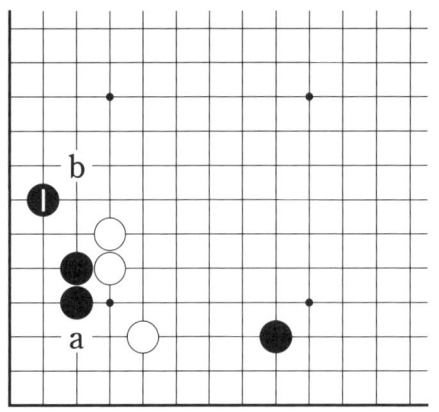

10도

10도 (간명책)

4도 백3 때 흑1의 날일자 진출은 다른 협공에서도 보았던 간명책이다. 이렇게 두면 a쪽 귀의 수단과 좌변에서 눌리는 부담을 동시에 방어하는 장점이 있다.

백도 b의 압박을 남기며 당장은 손을 빼는 것이 보통이다.

11도

11도 (바람직하지 않은 싸움)

되돌아가서 백1에 흑2, 4로 끊는 싸움은 우군인 ●가 멀기 때문에 바람직하지 않다.

백5로 막은 후 9까지 알기 쉽게 정리하면 충분한데~

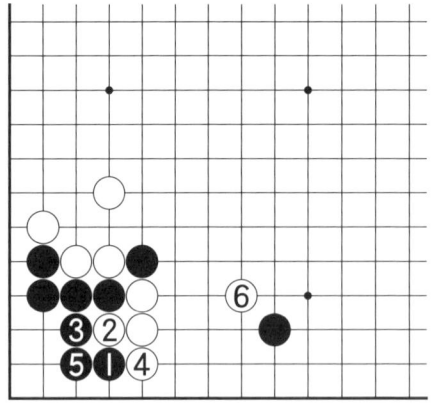

12도

12도 (흑, 불리)

안전하게 흑1로 귀를 방어하면 백2 이하 6까지 나와서 흑이 불리한 싸움이다.

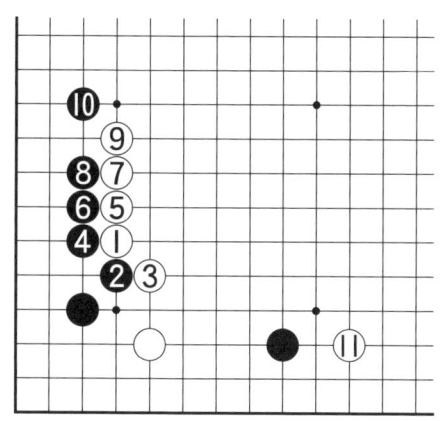

13도

13도 (눈목자씌움의 경우)

처음으로 돌아가서, 백1의 눈목자 씌움도 한때 유행했던 능동적 수단인데 눈목자가 엷어 흑도 상황에 따른 선택권이 있다. 흑이 실리를 중시하면 2 이하 10까지 받는데 백은 좌변 두터움을 배경으로 11로 협공하는 것이 자연스럽다.

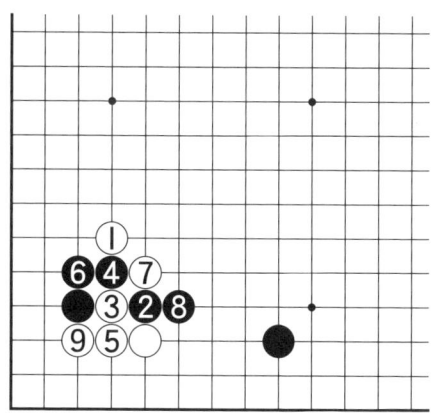

14도

14도 (상용 수순)

백1에 흑2의 붙임이면 백3으로 끼운 후 9까지 상용 수순이다.

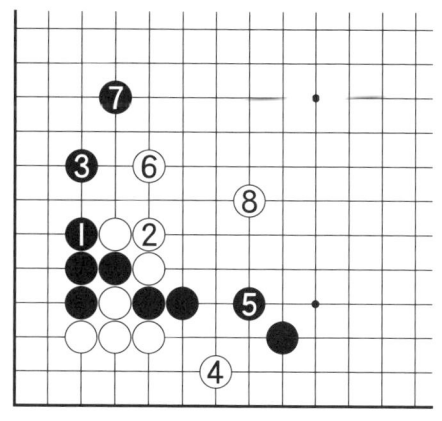

15도

15도 (알려진 변화)

이다음 흑1로 밀고 백2로 이은 후 8까지 널리 알려진 정석 변화이다. 백이 귀를 차지한 대신 흑은 양쪽 변에 모양을 갖추며 중앙을 노리는 국면이다.

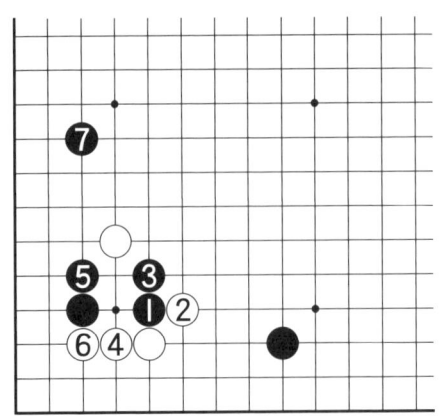

16도

16도 (백, 축이 유리할 때)

백은 축이 유리하다면 흑1에 백2로 젖힌 후 6까지 귀를 차지하고 흑은 7로 벌리며 변에 모양을 갖춰 타협하는 방안도 있다.

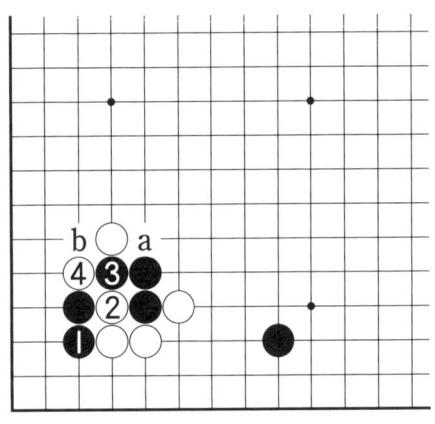

17도

17도 (축관계)

앞 그림 백4에 흑1로 막으면 백2, 4로 끊을 때 문제가 생긴다.

흑이 a쪽 축이 불리하면 b로 잡을 수 없는 만큼 국면도 불리하다.

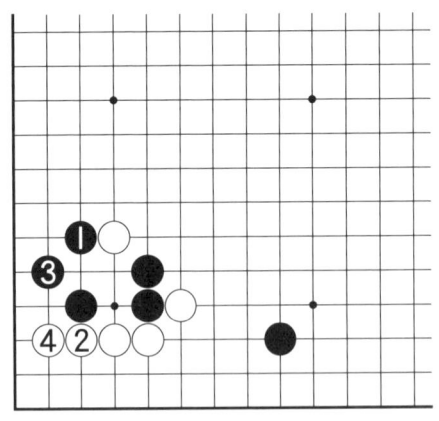

18도

18도 (흑의 별책)

16도 백4 때 흑1로 붙이고 백2에 흑3의 호구로 탄력을 주며 백4를 유도하는 방법도 있다.

흑이 모양은 작지만 선수를 잡고 싶을 때 사용하는 별책이다.

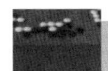
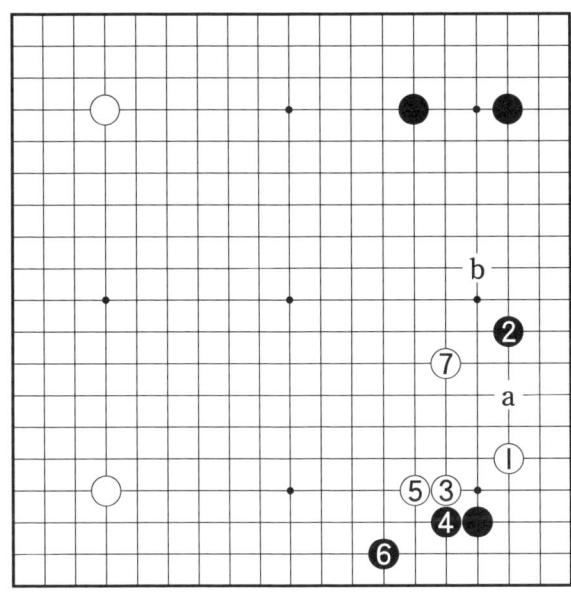

실전 1

실전 1

우상귀 두칸굳힘은 AI 시대 대표 포진이다.

백1의 날일자걸침에서 흑이 어떻게 협공해도 백3의 날일자씌움은 주도적 대응이며 흑4, 6도 무난한 수비이다. 백7로 보강한 다음 실전은 적극적 흑a인데 AI는 흑b로 받는 것이 무난했다고 본다.

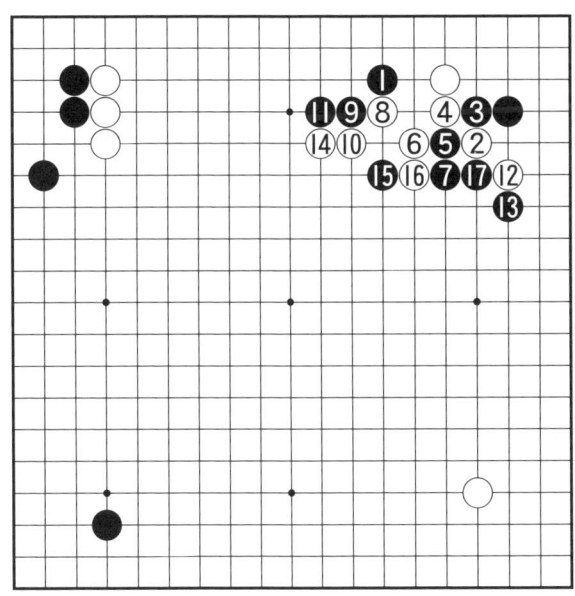

실전 2

실전 2

우상귀 소목 날일자걸침에 흑1의 한칸협공 이후 8까지 널리 알려진 기세의 진행이다.

흑9, 11로 상변을 움직일 때 백12의 마늘모는 AI가 알려주는 효과적 행마이며 이하 17까지 서로 버티는 수순이 치열하다.

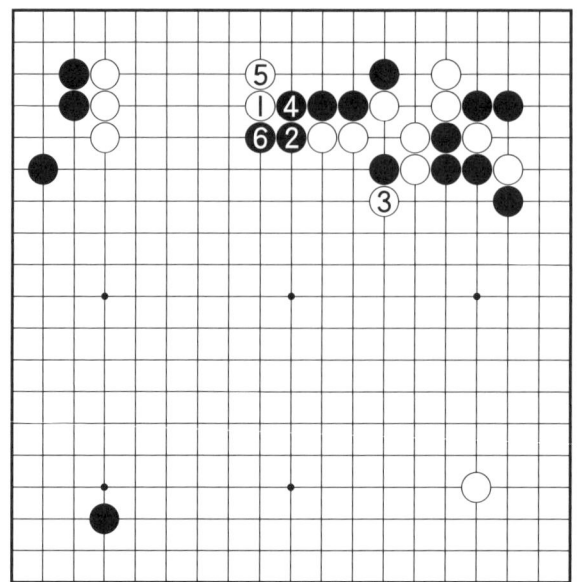

실전 계속

실전 계속

백1은 상변이 돌파되더라도 3, 5로 양쪽을 정리하겠다는 뜻인데 흑6으로 두텁게 꼬부리면서 AI는 흑이 우세한 형세라고 판단한다.

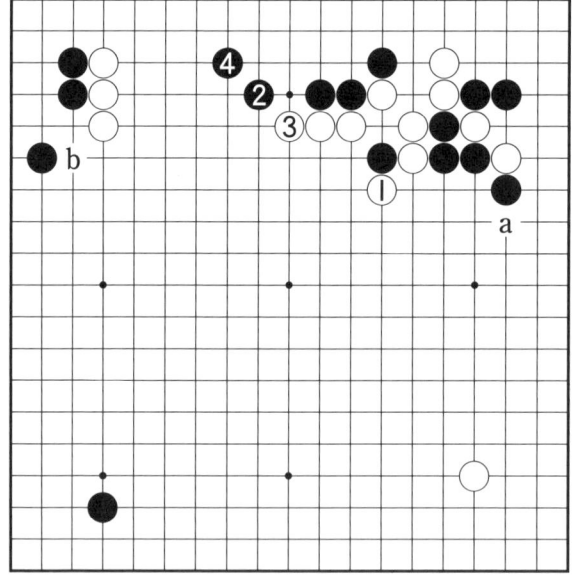

참고도

참고도 (AI 추천)

백은 상변에 연연하지 말고 1의 지킴이 우선이라고 본다.

흑2, 4로 지키겠지만 백도 a와 b의 활용을 적절히 두면서 국면을 두텁게 이끌어가는 것이 무난했다고 본다.

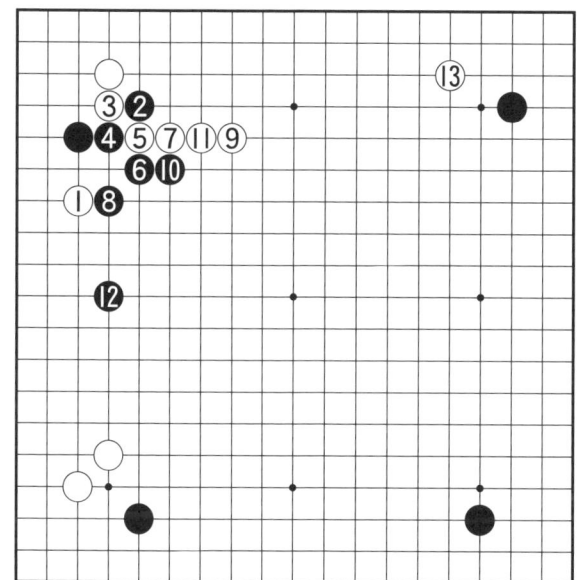

실전 3

실전 3

서로 양소목 포진에서 초점은 좌상귀 백1의 한 칸협공인데 흑2로 씌운 후 8까지 상형이다.

　백9의 한칸은 폭은 넓지만 어차피 흑10에 백11로 이어야 한다면 효율성이 떨어지며 13에 걸쳐도 상변이 엷다. 이 진행은 흑이 활발하다는 것이 AI의 견해이다.

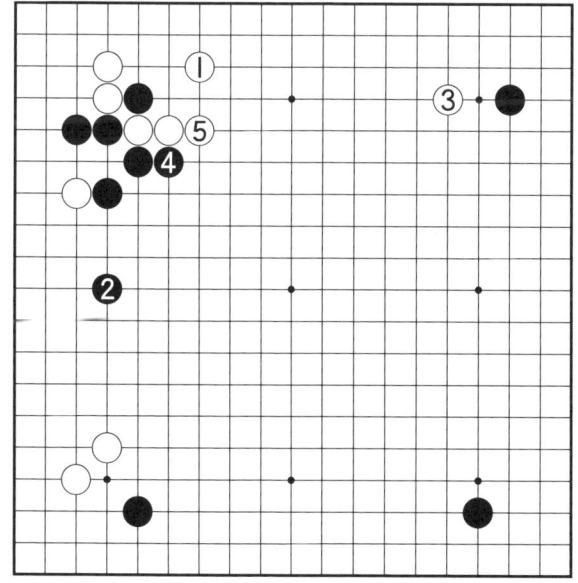

참고도

참고도 (AI 추천)

실전 흑8 때 AI는 백1로 지키고 3으로 걸치는 것이 안정적이라고 본다.

　흑도 2의 두칸은 어차피 4의 활용을 염두에 둔 효율적 벌림이다.

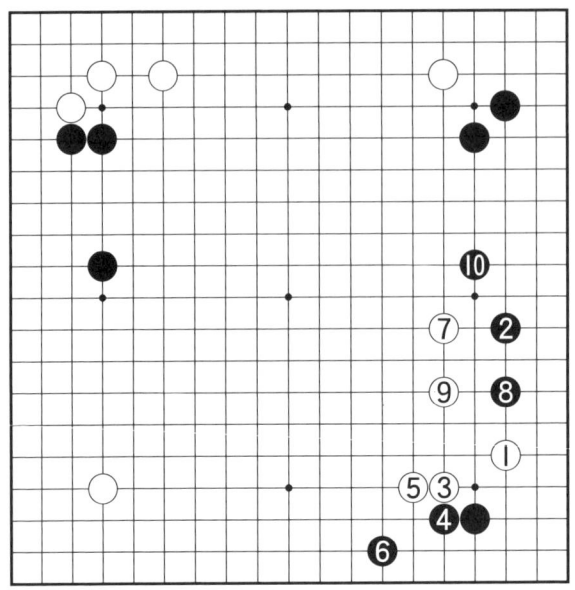

실전 4

실전 4

우상귀 소목에서의 수비형 정석을 배경으로 백1에 흑2의 세칸협공이다.

백3, 5로 눌러간 후 7의 모자씌움은 주도적 행마이며 흑8, 10으로 차분히 받은 장면이다.

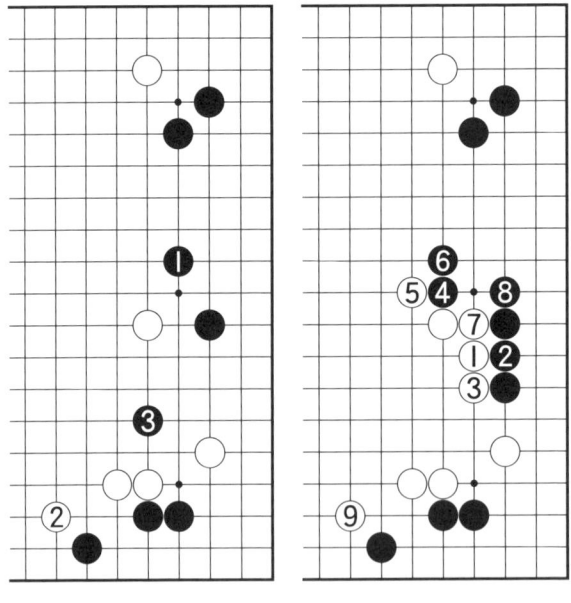

참고도 1   참고도 2

참고도 1 (AI 추천)

실전 백7때 흑도 단순히 1로 받고 차후 3으로 강하게 공격하는 것이 AI가 알려주는 능동적 행마이다.

참고도 2 (AI 변화)

실전 흑8 때 백1, 3으로 더욱 견실하게 받은 후 9까지 AI가 보여주는 변화인데, 모양을 중시하지 않는 실전적 감각을 느낄 수 있다.

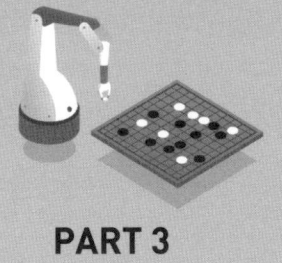

PART 3

한칸걸침에서
공격형 정석

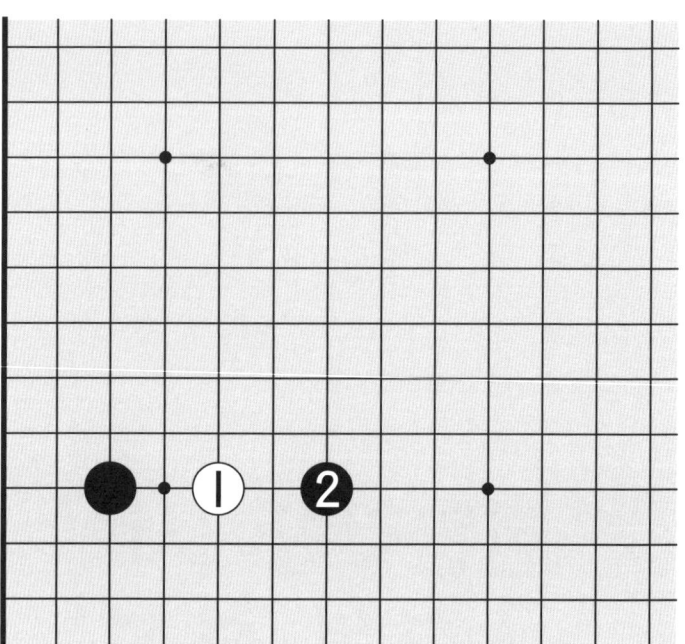

기본형

이제부터는 백1의 소목 한칸걸침에서 공격형 정석을 다루는데 첫 번째 주제로 변에서 가장 적극적인 흑2의 한칸협공부터 알아본다.

이렇게 협공하면 격렬한 싸움이 예상되지만 의외로 간명한 타협이 얼마든지 가능하다는 점도 이 협공의 특징이다.

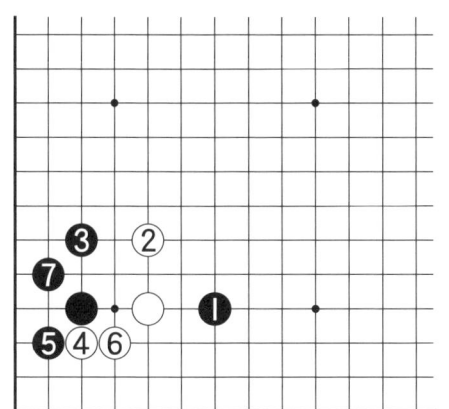

1도

1도 (상용)

흑1의 협공에는 백2로 뛰고 귀에서 4, 6의 수순이 근거의 요소이다. 흑도 7의 단단한 양호구가 싸움을 대비한 안전한 수비이다. 여기까지 상형으로 기억해둔다.

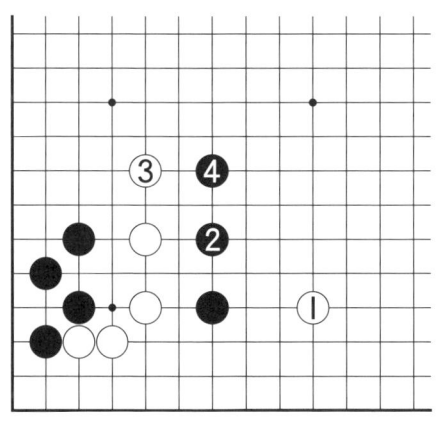

2도

2도 (백, 불리)

이다음 백1로 무작정 협공하는 것은 서로 4까지 동행한다고 볼 때 흑은 국면이 넓고 백이 한쪽으로 몰려서 불리한 싸움이다.

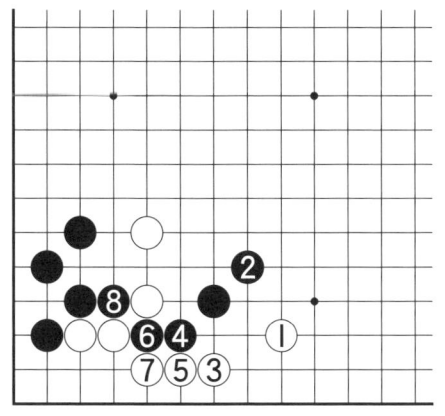

3도

3도 (백, 곤란)

1도 다음 백1로 바짝 다가서서 흑2에 백3으로 넘으려는 것은 잘 되지 않는다.

좌변 흑이 단단해서 4 이하 8까지 끊어지니 백이 곤란하다.

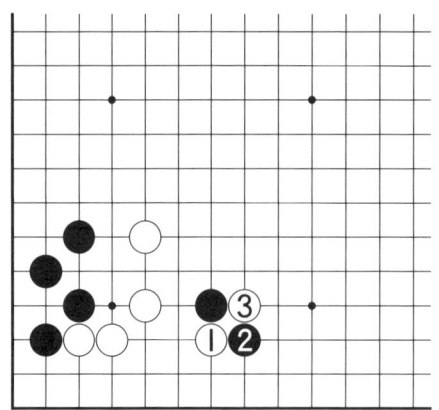

4도

4도 (타개의 맥)

백은 싸우기보다 안정이 우선인데, 이런 모양에서는 백1, 3으로 맞끊는 것이 타개의 맥으로 기억해둔다.

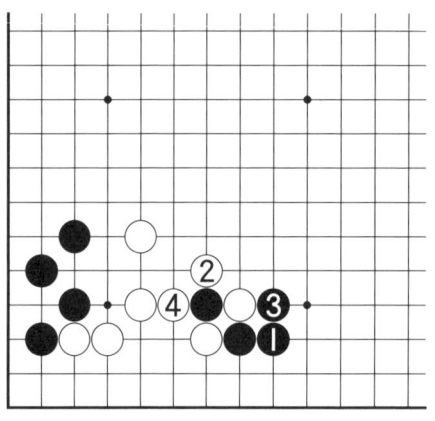

5도

5도 (두텁게 안정하며 타협)

이다음 흑1에 늘면 백2로 잡고 흑이 3과 4로 활용한 후 상황에 따라 하변 어딘가를 벌려 보강하는 흐름이 된다.

백이 두텁게 안정했고 흑도 그동안 하변에 모양을 구축해서 타협된 결과이다.

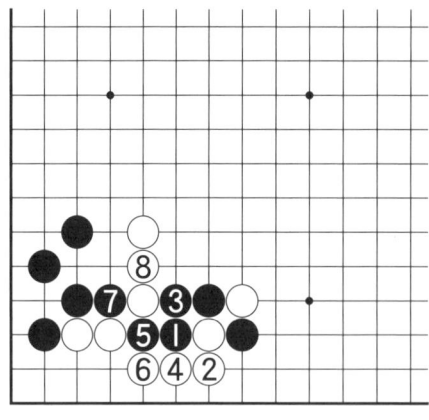

6도

6도 (흑, 불리)

4도 다음 흑1로 몰면 이하 7로 끊을 수 있지만 백8로 잇고 나서 흑이 불리한 진행이다.

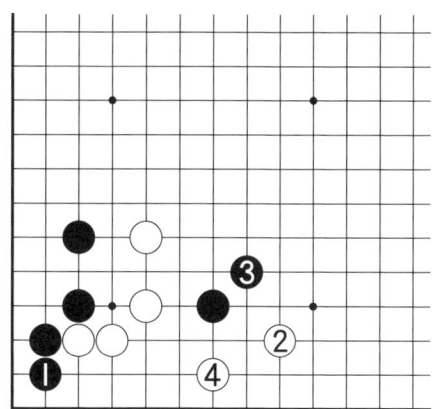

7도

7도 (백, 연결 가능)

거슬러 올라가 1도 백6 때 흑1로 빠지는 것이 실리로 이득이지만 정수는 아니다. 이번에는 백이 2, 4로 넘을 수 있다.

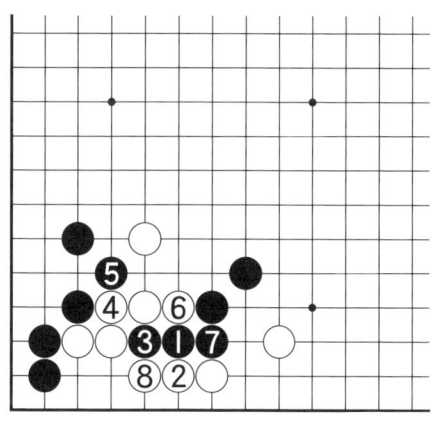

8도

8도 (연결 확인)

이다음 흑1, 3으로 추궁하면 백4로 일단 잇는다. 흑도 5의 가일수가 절대일 때 백6, 8로 연결하는데 문제없다.

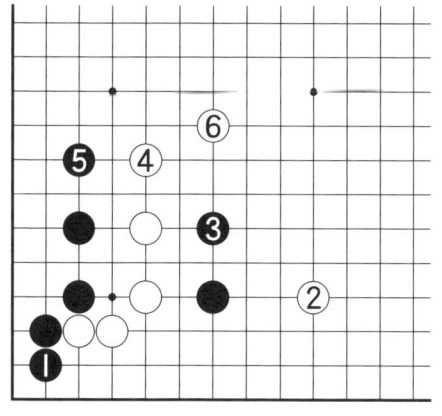

9도

9도 (백, 국면 주도)

흑1 때는 백2로 협공해서 당당히 싸울 수도 있다.

다음 백4 때 흑5로 받는 것이 정수인데 중앙 백6으로 향하며 국면을 주도할 수 있다.

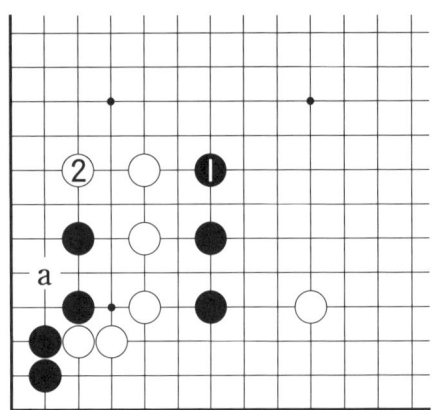

10도

10도 (급소 노림)

앞 그림 백4 때 중앙 흑1로 먼저 두면 좌변 백2로 차단해서 a의 급소를 노리므로 흑이 괴롭다.

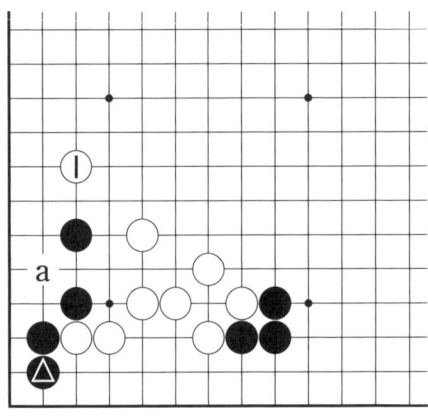

11도

11도 (위력적 다가섬)

흑▲로 빠지는 경우 하변이 5도처럼 되었을 때도 차후 백1의 다가섬이 역시 a의 급소를 노릴 수 있기에 위력적이다.

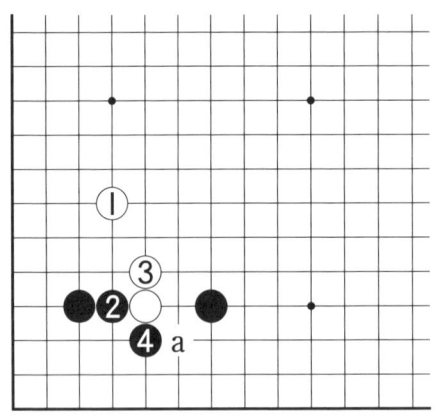

12도

12도 (눈목자 행마)

처음으로 돌아가서 백1의 눈목자 행마도 하나의 방안이다. 흑2, 4로 넘어가면 간명하다.

　백은 a의 젖힘을 노리며 손을 뺄 수도 있지만~

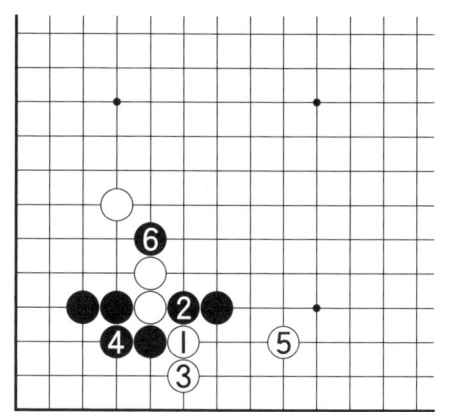

13도

13도 (모양의 급소)

백1 이하 5로 하변을 도모할 수 있다. 이때 흑도 6의 붙임이 모양의 급소로 기억해둔다.

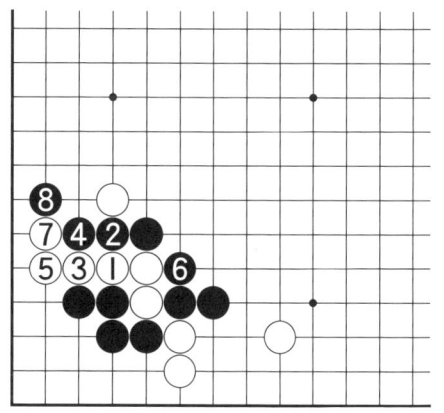

14도

14도 (백, 죽음)

이다음 백1 이하 5로 나가는 것은 흑이 뚫고 6으로 막아 가둔다.

백7에 흑8로 막으면 백의 죽음을 확인할 뿐이다.

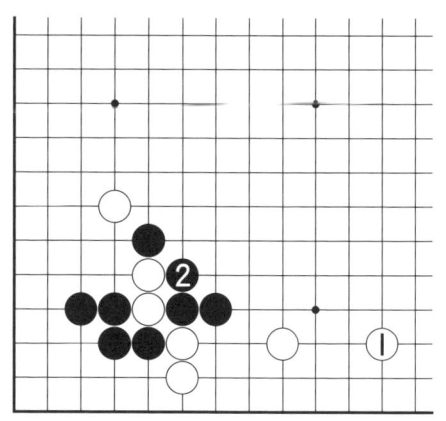

15도

15도 (무난한 길)

13도 다음 백1로 하변을 보강하고 흑도 2로 확실히 지켜두는 것이 서로 무난한 길이며 정석으로 기억해둔다.

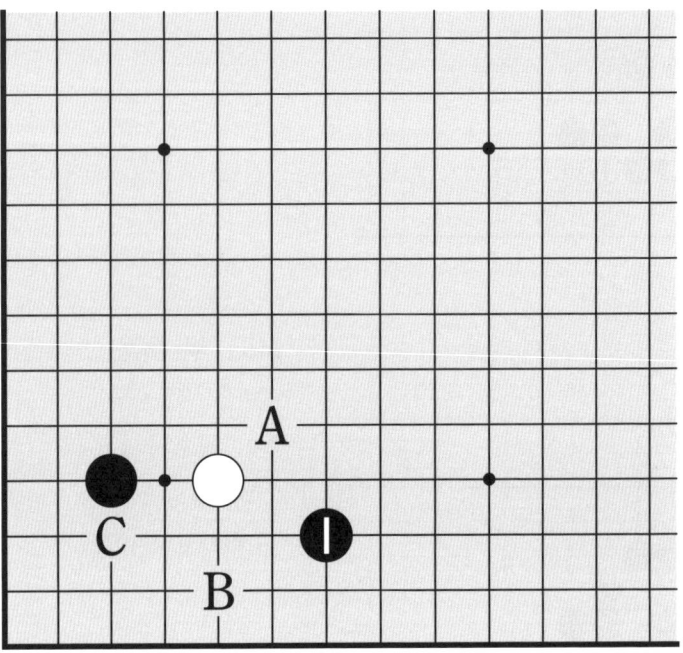

기본형

　　이번 주제는 소목 한칸걸침에서 흑1의 한칸낮은협공 또
는 날일자협공인데 한칸협공과 더불어 적극적 공격 수단이
다. 이 협공은 귀와 연결되는 위치에 있기에 백도 이를 저
지하는 것이 초점인데 A의 마늘모, B의 한칸, C의 붙임
등이 대표적 응수이다. 여기서는 이들 응수를 배경으로 핵
심 변화에 대해 알아본다.

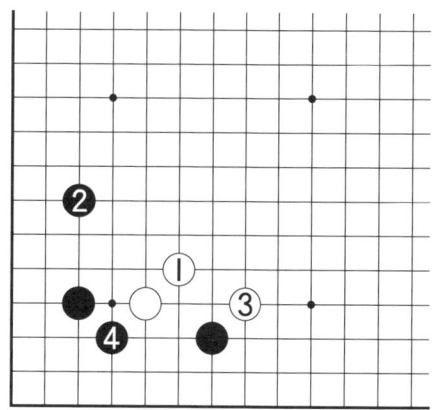

1도

1도 (흑, 편안)

백1의 마늘모는 연결을 저지하는 대표적 행마이지만 AI의 관점에서는 느슨하다고 본다.

흑2의 두칸벌림이 무난하고 백3에 씌우면 흑4로 귀를 지켜 실리가 착실한 흑이 편안한 흐름이다.

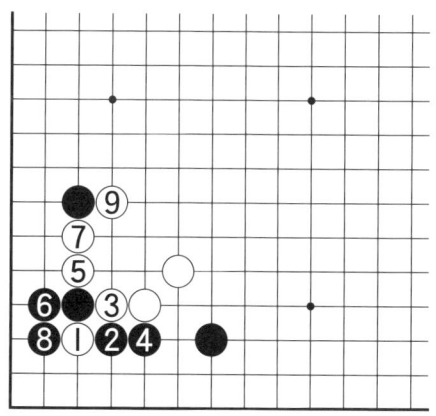

2도

2도 (흑, 충분)

앞 그림 흑2 때 귀쪽 백1로 붙이면 흑2, 4로 하변과 연결한다.

백도 5 이하 9까지 좌변을 제압하지만 역시 실리가 충실한 흑이 충분하다.

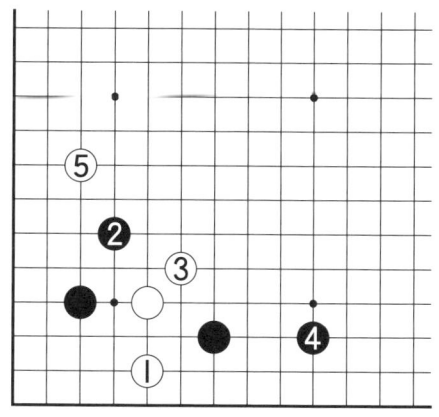

3도

3도 (노골적 한칸 행마)

백1의 하카운 연결을 차단하는 노골적 행마이다. 흑2의 날일자에 백3으로 나가고 하변 흑4로 벌리면 좌변 백5의 다가섬이 예전에 많이 두던 흐름이다.

이후 서로 우열을 장담할 수 없는 싸움이 전개된다.

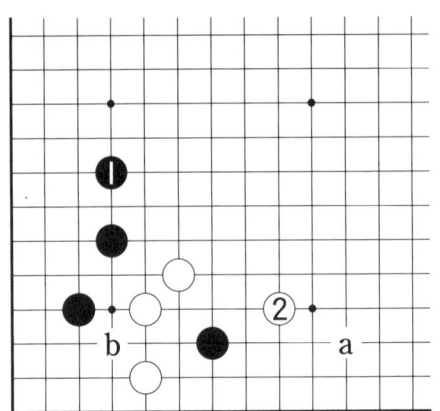

4도

4도 (두터운 한칸 수비)

앞 그림 백3 때 흑1의 한칸이 AI 가 알려주는 두터운 수비이다.

하변은 백2가 효과적인 제압인 데 백진에는 a와 b의 활용이 있어 흑이 편안한 흐름이라 본다.

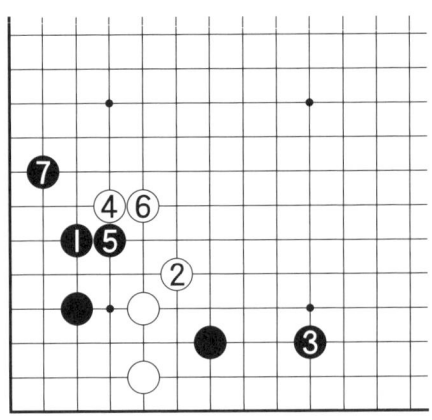

5도

5도 (흑, 유리)

3도 흑2 대신 1의 한칸도 무난한 행마이다. 좌변이 단단하므로 백2 에 흑은 안심하고 3에 벌린다.

백4로 씌우면 흑5, 7로 진출해 서 양쪽을 정리한 흑이 유리하다 고 본다.

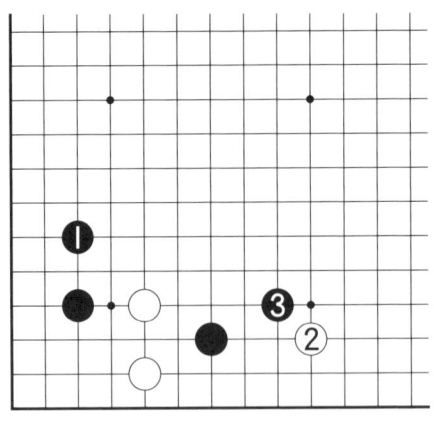

6도

6도 (흑, 충분)

흑1에 백2로 협공해도 흑은 좌변 이 안심이므로 3으로 마음껏 싸우 면 충분하다.

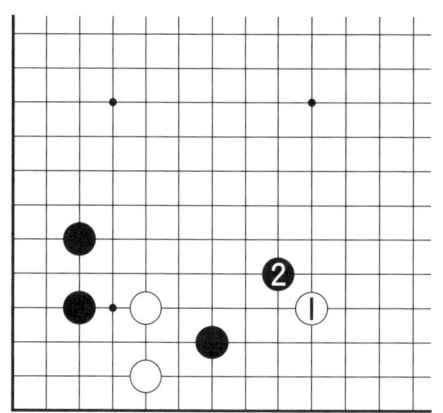

7도

7도 (백, 불리)

백1로 높게 협공하며 중앙을 주도
하려 해도 흑2의 밭전자 행마로
압도하면 백이 불리한 진행이다.

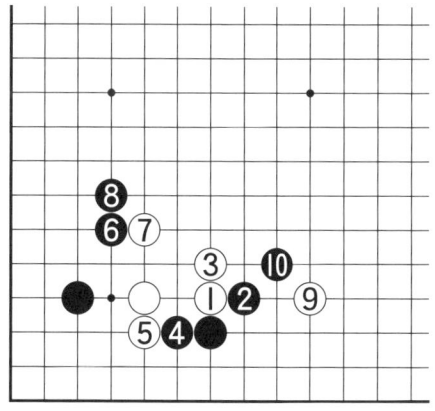

8도

8도 (흑, 활발)

백1의 붙임은 기대면서 연결을 차
단하려는 뜻이다.

흑2로 젖힌 후 8까지 상용 수순
이며 백이 기댄 효과로 9로 협공
하는 성과를 얻지만 흑도 그사이
좌변이 굳어졌기에 하변은 알기
쉽게 10으로 나가기만 해도 활발
한 싸움이라고 본다.

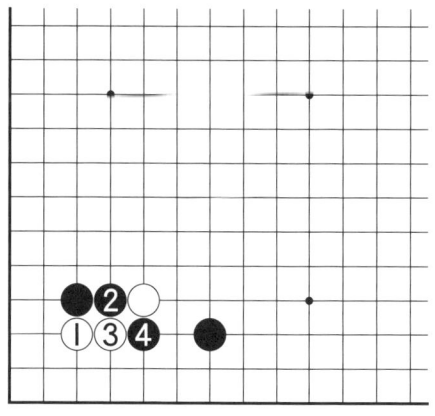

9도

9도 (백의 대처법은?)

처음부터 백이 귀에 1로 붙이면
무난한 출발이다.

이때 흑2, 4로 끊으면 백이 어
떻게 대처할까?

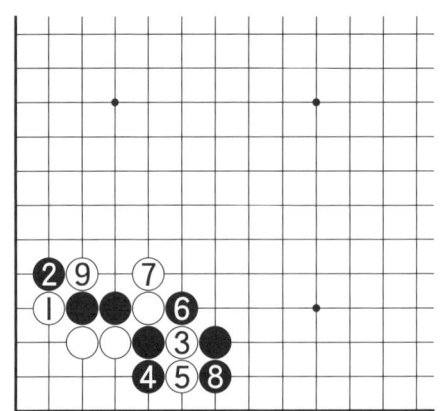

10도

10도 (흑, 불리)

백1의 젖힘은 절대인데 흑2로 받으면 백3, 5로 뚫는 것이 통한다.

흑6, 8로 두점을 잡지만 백9로 제압된 좌변 손실이 커서 흑이 불리하다.

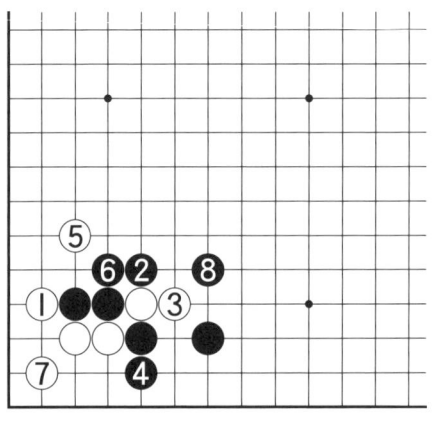

11도

11도 (흑, 불만)

백1에는 흑2, 4가 대응법인데 백은 5, 7로 변에 진출하며 모양을 갖춘다.

흑도 8로 두점을 잡아 이 변화가 한동안 정석으로 알려졌는데, AI는 흑진에 활용이 남았고 후수이므로 불만이라고 본다.

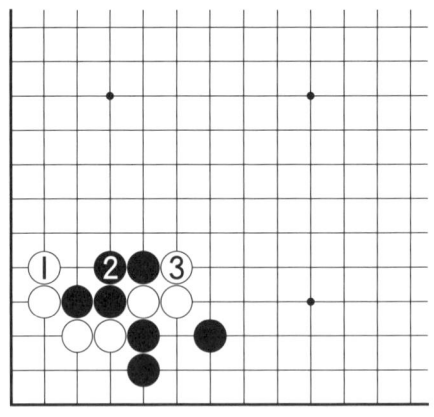

12도

12도 (백, 능동적 싸움)

앞 그림 흑4 때 백1로 뻗고 흑2로 이으면 백3에 꼬부려 싸우는 것도 능동적이다.

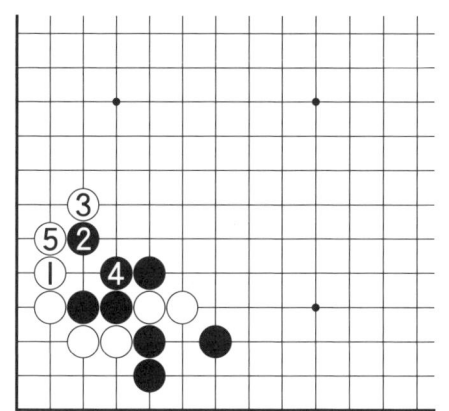

13도

13도 (백, 호조)

백1에 흑2로 뛰면 백3의 붙임이 맥이다. 다음 흑4에 백5로 넘어가서 백이 순조로운 흐름이다.

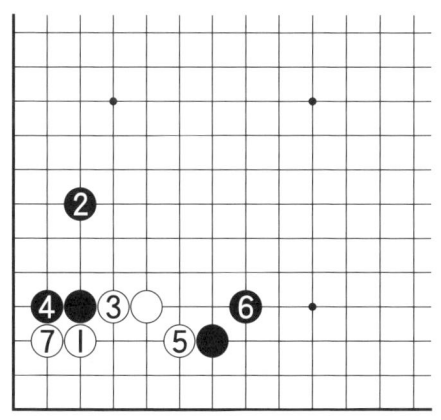

14도

14도 (백, 편안)

백1에 흑2의 두칸벌림이 한때 유행했다. 뜬금없는 행마 같지만 백3 이하 7까지 되면 서로 모양이 정리되면서 팽팽한 형세로 알려졌는데, AI의 안목에서는 실리가 견실한 백이 편안하다고 본다.

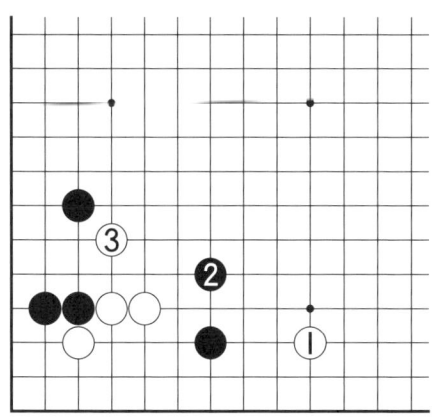

15도

15도 (백, 국면 주도)

더 나아가 AI는 앞 그림 흑4 때도 백1로 협공하고 흑2에 백3으로 눌러가면 백이 국면을 주도하는 흐름이라고 본다.

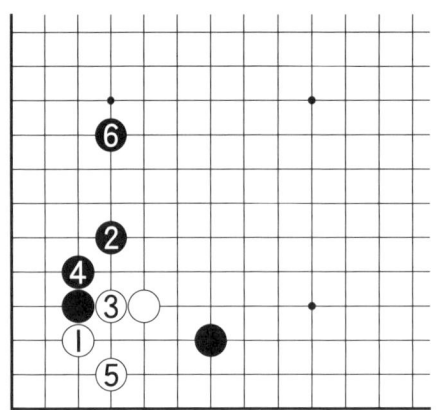

16도

16도 (변의 발전성)

백1에 흑도 변의 발전성을 생각하면 2의 날일자가 두칸보다 낫다고 본다.

AI는 이하 6까지의 변화를 보여주면서 그래도 귀가 견실한 백이 충분하다고 본다.

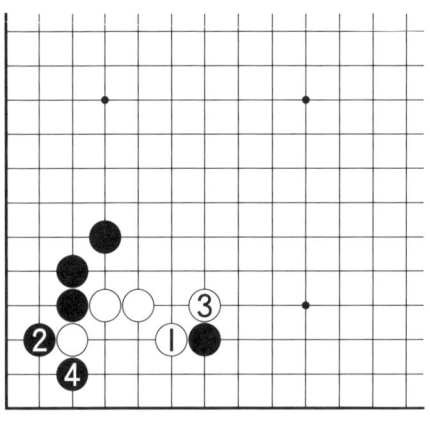

17도

17도 (흑, 유리)

앞 그림 흑4 때 백1의 붙임이면 흑2로 반발하고 백3에 흑4로 단수쳐서 하변 백의 이득보다 귀를 파괴한 흑이 유리하다.

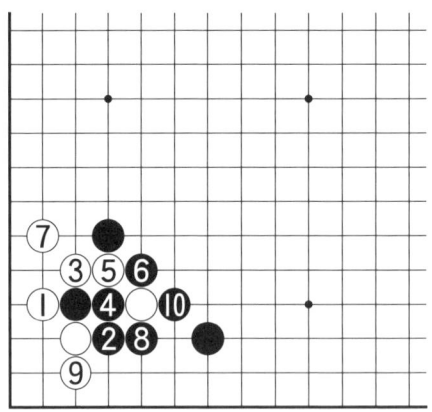

18도

18도 (흑, 두터움)

16도 흑2 때 백1로 젖히면 흑2의 되젖힘이 강수이다.

백은 3 이하 9까지 귀를 근거지로 모양을 갖추지만 흑이 10으로 한점을 잡으면 두터운 흐름이다.

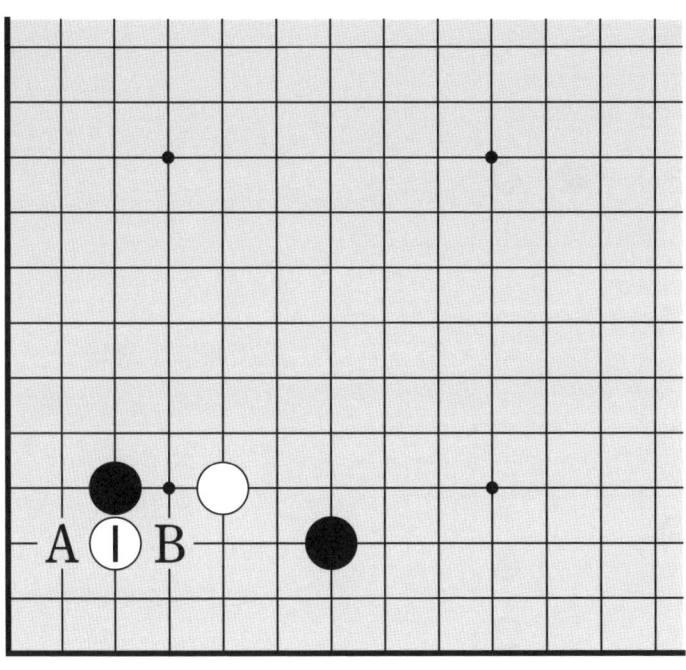

기본형

이번에는 소목 한칸걸침—한칸낮은협공에서 백1로 붙일 때 흑이 A나 B로 젖히는 변화에 대해 알아본다.

이런 보편적 대응에서 심도 있는 변화들이 등장하며 AI의 진단에도 귀를 기울일만하다.

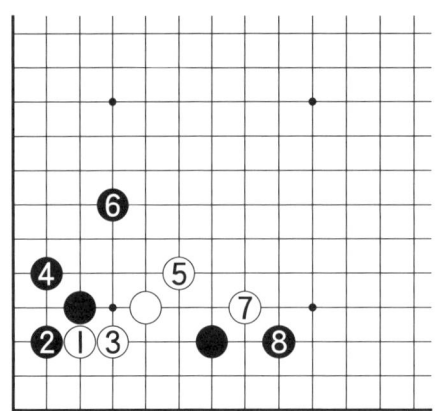

1도

1도 (상용 수순)

백1에 흑2, 4의 호구는 발이 느리지만 견실한 태도이며 8까지 상용 수순이다.

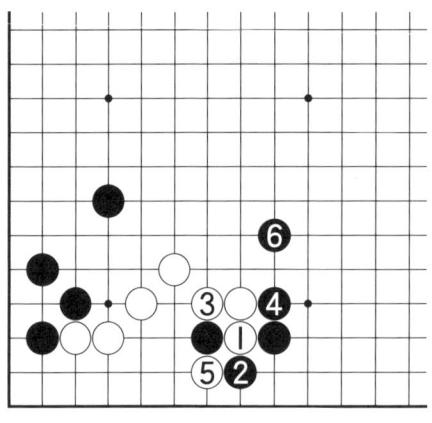

2도

2도 (예전의 정석)

이다음 백1, 3의 꼬부림은 간명한 정리법이며 흑은 4, 6으로 한점을 주고 중앙 진출하는 것이 넓은 발상이다.

　백의 실리와 변에서 흑의 두터움이 맞선 모양인데 이렇게 두는 것은 예전의 정석 흐름이었다.

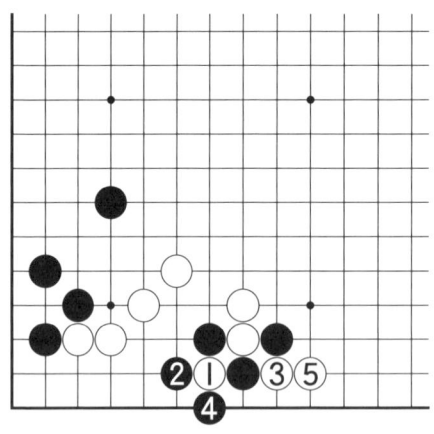

3도

3도 (끊는 경우)

앞 그림 흑2 때 백1로 끊으면 흑2로 잡고 백3, 5로 늘고 나서가 어렵다.

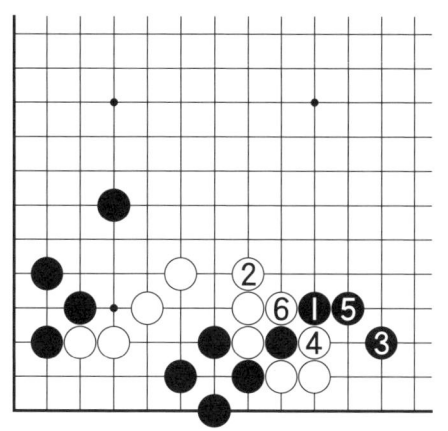

4도

4도 (갇힌 흑의 활용이 초점)

이다음 서로의 공방은 AI가 보여주는 변화인데 흑1의 마늘모 행마와 백2의 지킴이 교묘하고 흑3, 5의 활용도 효율적이다. 백6 다음 하변에 갇힌 흑 일단을 어떻게 활용하느냐가 초점이다.

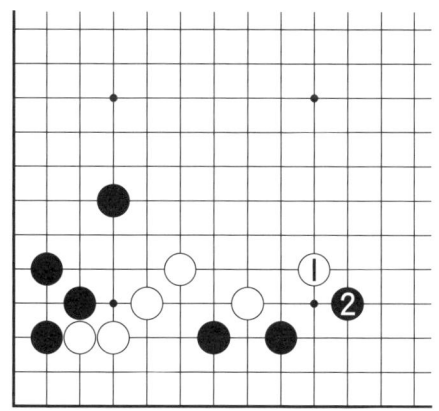

5도

5도 (백, 활발)

1도 다음 백1은 흑2를 유도해서 국면을 넓게 이용하겠다는 뜻인데, 사실 이렇게 두면 백이 활발하다는 것이 AI의 견해이다.

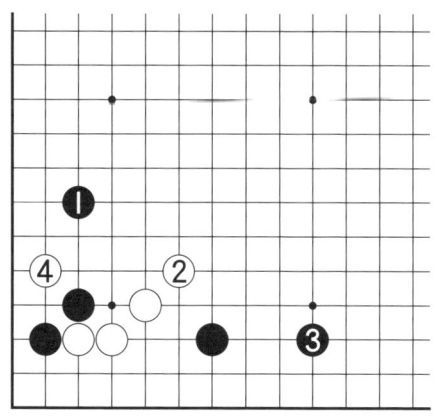

6도

6도 (진화된 두칸벌림)

거슬러 올라가 1도 백3 때 흑1의 두칸이 발빠르며 진화된 수단이다. 백2의 마늘모는 양쪽 변을 맞보는 탄력적 행마인데 흑3에 벌리면 백4의 치중이 맥이다.

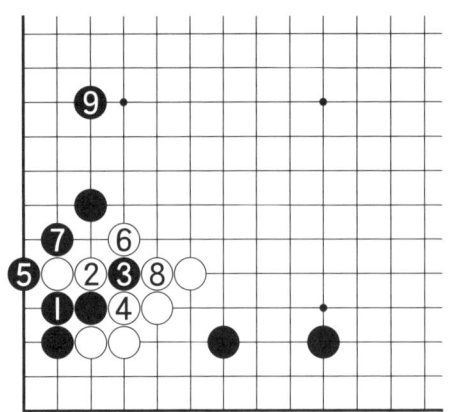

7도

7도 (백, 빈약한 모양)

이다음 흑도 1 이하 7로 넘을 수 있는데 백8로 따내면 흑9로 벌려 양쪽 변을 정리한 흑이 활발하다. 백은 모양이 중복되어 상대적으로 빈약하다.

AI는 좌변 백의 수순에 문제가 있다고 보는데~

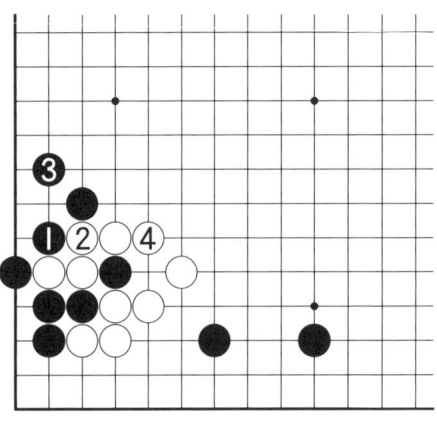

8도

8도 (백, 두터움)

좌변의 수순 중 흑1에 백2로 잇고 흑3에 지킬 때 백4로 모양의 단점을 보강하면 백이 두터운 흐름이라 진단한다.

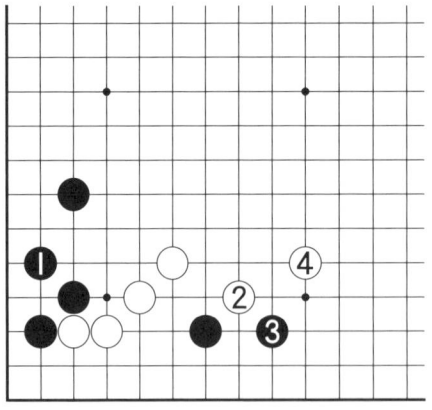

9도

9도 (백, 활발)

되돌아가서 6도 백2 때 좌변 흑1로 지키면 백2, 4로 중앙을 넓히며 하변을 압박해서 백이 활발하다. 5도에서 AI가 보여주었던 변화와도 같은 맥락이다.

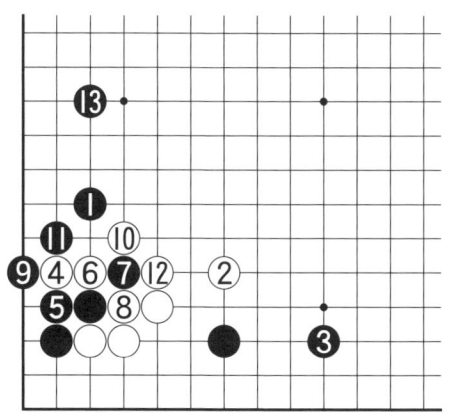

10도

10도 (백, 활발)

흑1에 벌릴 때 백2의 날일자 행마
는 7도와 같은 수순대로 13까지
되었을 때 백 모양이 7도보다 능
률적이라는 뜻이다.

　이렇게 두면 AI도 백이 활발하
다고 본다.

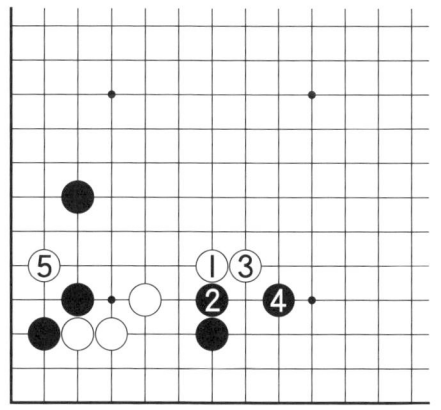

11도

11도 (흑, 치받음)

백1의 엷음을 추궁하려면 흑2로
치받는 것이 하나의 방안이다.

　백은 3에 늘고 5의 치중이 모양
의 급소인데~

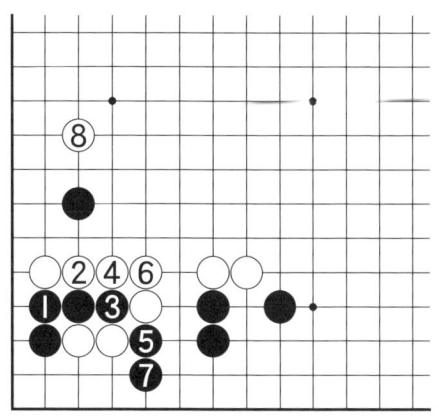

12도

12도 (바꿔치기)

흑1 이하 5로 끊고 백6, 8로 좌변
을 제압하면 자연스럽게 바꿔치기
형태로 타협되며 예전에 사용했던
정석 변화이다.

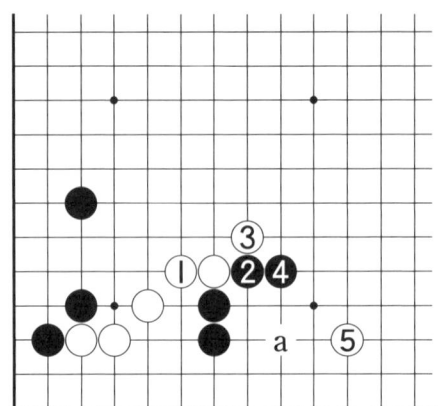

13도

13도 (AI의 복안)

11도 흑2 때 백1로 물러선 후 흑 2, 4로 대응하면 하변에 백5로 a 의 급소를 노리면서 두는 것이 AI 의 복안이다.

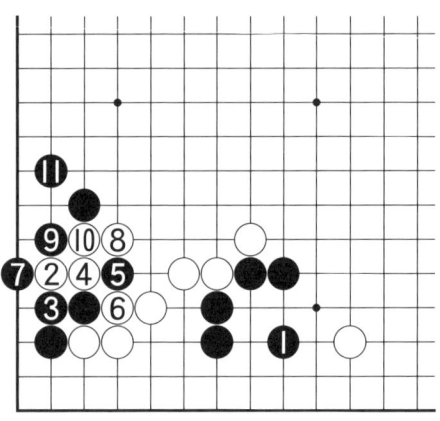

14도

14도 (백, 유리)

이다음 흑1로 지키면 좌변 백2로 치중한 후 11까지 활용하고 나서 백이 하변을 상황에 맞게 보강하 면 유리하다고 본다.

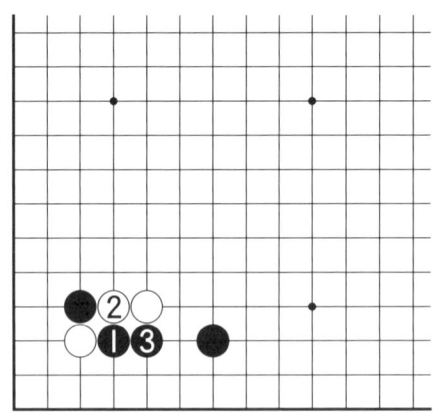

15도

15도 (흑, 안쪽 젖힘)

처음으로 돌아가서 흑1로 안쪽으 로 젖히며 3으로 하변에 연결하는 변화에 대해 알아보자.

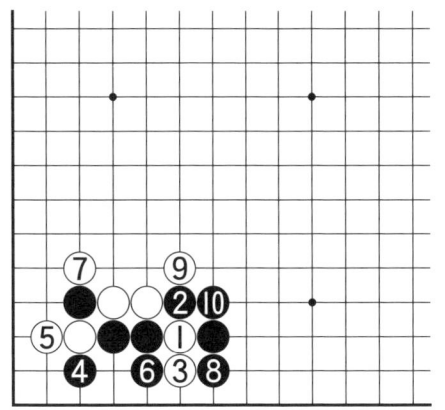

16도

16도 (백, 유리)

백1의 끼움이 풀어가는 요소인데 흑2로 위에서 단수치면 이하 10까지가 예전부터 알려진 정석 변화였다.

AI의 안목에서는 백이 유리한 변화로 보기 때문에 정석 가치는 상실했다고 봐도 무방하다.

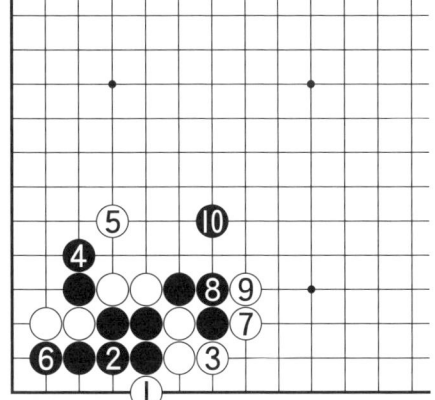

17도

17도 (백, 축이 유리할 때)

앞 그림 흑6 때 백은 축이 유리하면 1, 3으로 나갈 수 있는데 흑4, 6은 필연이고 10까지도 보편적 진행이었다.

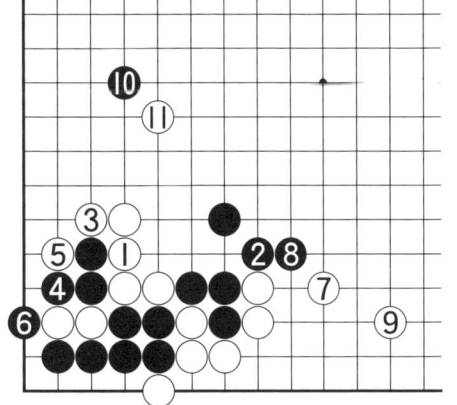

18도

18도 (백, 유리)

이다음 백1에 흑2가 요소이고 백은 3, 5를 선수한 후 7, 9의 하변 지킴이 수순이다.

흑10으로 협공하면 백11로 나가 싸움인데, 이 변화도 예전의 정석이지만 역시 AI는 백이 유리하다고 평한다.

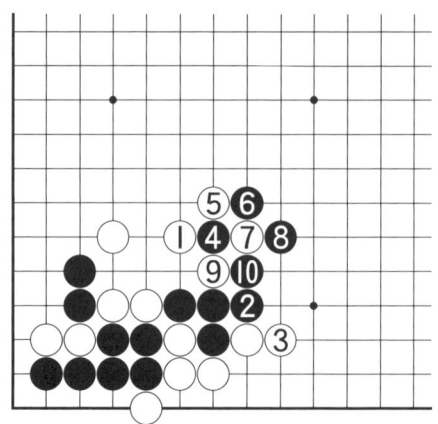

19도

19도 (기세의 공방)

17도 흑8 때도 AI는 백1로 중앙에서 먼저 움직이라고 조언한다.

다음 흑2로 밀고 이하 10까지는 중앙 주도권을 쥐려는 기세의 공방인데~

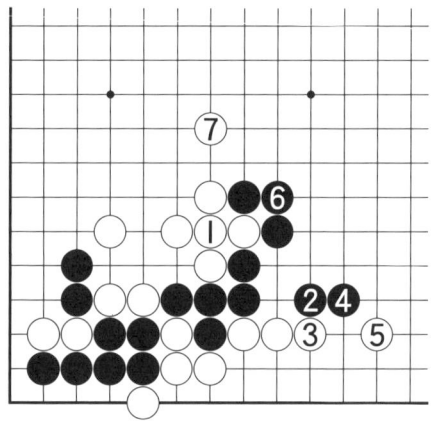

20도

20도 (백, 더욱 유리)

백1로 잇고 흑2 이하 6까지 중앙 모양을 갖출 때 백이 그사이 하변도 정리했고 7로 중앙에 진출하면 18도보다 백이 더욱 유리하다고 본다.

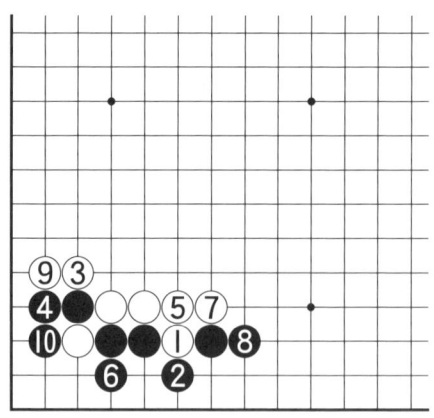

21도

21도 (흑, 아래쪽 단수)

백1에 흑2로 아래쪽에서 단수치면 백3으로 먼저 단수치고 5로 잇는 것이 안정적이다.

흑6으로 지키고 10까지 되면 흑이 실리를 차지한 대신 백은 좌변을 경영해서 타협 흐름이다.

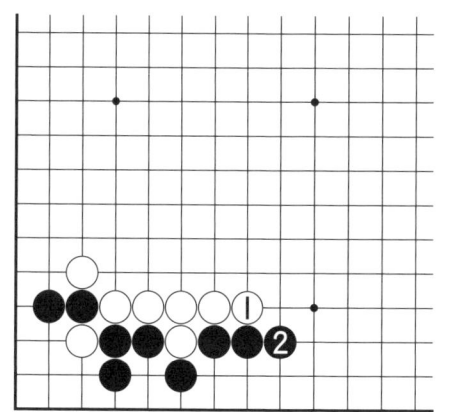

22도

22도 (백, 두텁게 운영)

앞 그림 흑6 때 백은 1과 2의 교환으로 밀어서 중앙을 더욱 두텁게 운영할 수도 있다.

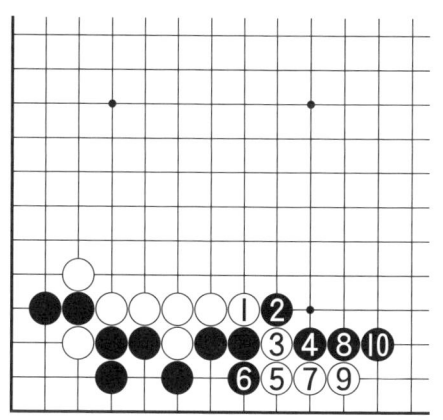

23도

23도 (흑, 위험한 젖힘)

백1에 흑2로 젖히면 백3에 끊어 흑이 위험하다.

흑4, 6으로 몰면 백7, 9로 밀고 나서~

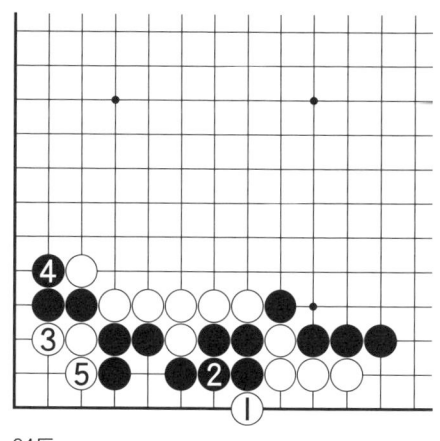

24도

24도 (흑, 곤란)

백1을 선수하고 3, 5로 귀에서 버티면 흑이 어떻게 해도 아주 곤란하다. 22도 백1에는 역시 흑2가 정수였다.

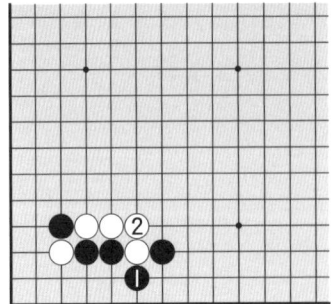

▦ 장면

이 장면에서 흑1에 백2로 그냥 이으면 어떤 변화가 일어나는지 생각해보자.

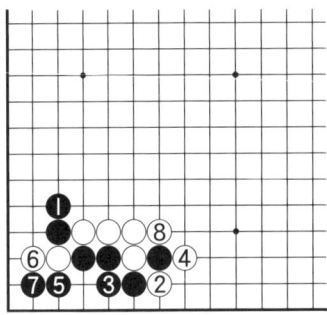

1도 (백, 두터움)

흑1은 축관계가 작용하는데 백2, 4의 축이 유리하면 흑5, 7에 백8의 따냄이 두텁다. 흑도 실리가 착실하지만 AI의 안목으로는 세력의 폭이 넓은 백이 단연 유리하다고 본다.

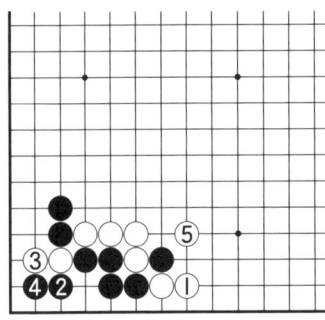

2도 (활용하는 맛)

다만 흑이 축이 유리하다면 앞 그림 흑3 때 백1로 늘고 흑2, 4에 백5의 장문으로 잡아야하기에 흑도 활용하는 맛이 생겨 충분히 버틸 수 있다.

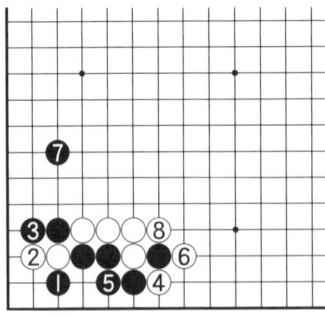

3도 (흑, 효율적 모양)

흑은 축과 관계없이 1, 3으로 몰면 무난하다. 백4, 6에 흑7로 벌리고 백8로 보강하면 타협 흐름인데 1도와 비교할 때 흑이 확실히 효율적인 모양이다.

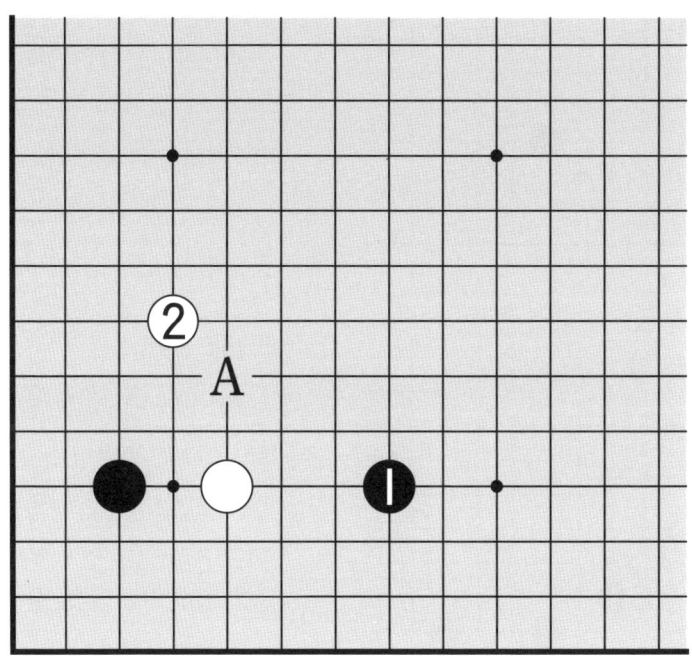

기본형

이번 주제는 소목 한칸걸침에서 흑1의 두칸협공인데 한 칸보다 유연한 공격인 만큼 백도 운신의 폭이 넓다.

우선 이번 형에서는 백2의 눈목자씌움이 본론이며 더불어 A의 한칸뜀에 대해서도 알아본다. 특기할 점은 그동안 상식으로 알려졌던 변화에 AI의 일침과 반전이 주목할 만하다.

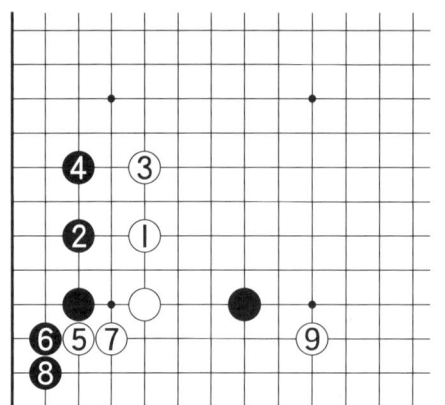

1도

1도 (알고 있던 상식)

백1로 한칸 뛰는 경우 이하 9까지 흐름은 그동안 우리가 알고 있던 상식이었다.

흑이 실리를 선점한 대신 백이 하변에서 공격의 주도권을 쥐는 정석 변화라고 여겼다.

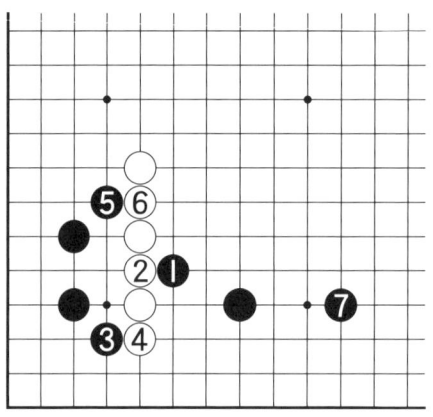

2도

2도 (백, 불만)

앞 그림 백3 때 AI가 보여주는 변화는 주목할 만하다.

흑1 이하 5까지 가볍게 활용한 후 7로 벌리면 흑이 양쪽을 알차게 정리하면서 백은 장대말로 변해 불만이 명백하다.

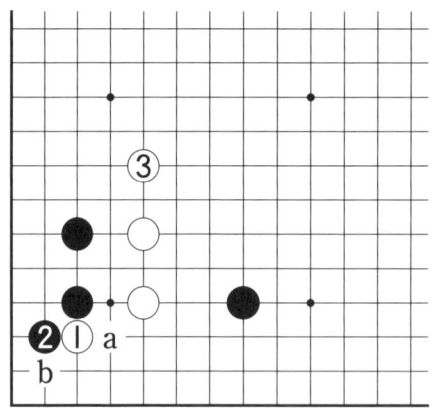

3도

3도 (발전된 행마)

1도 흑2 때 백1을 활용하고 3의 뜀은 발전된 행마인데, 차후 귀에는 상황에 따라 a로 늘든지 b의 수단을 남기려는 뜻이다.

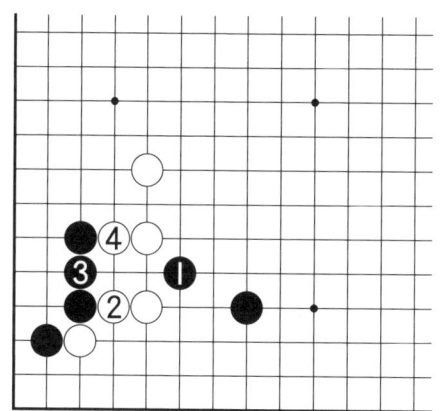

4도

4도 (백, 효율적 지킴)

이다음 흑1로 활용해도 이번에는 백이 2, 4의 쌍립 자세로 지킬 수 있어 효율적이다.

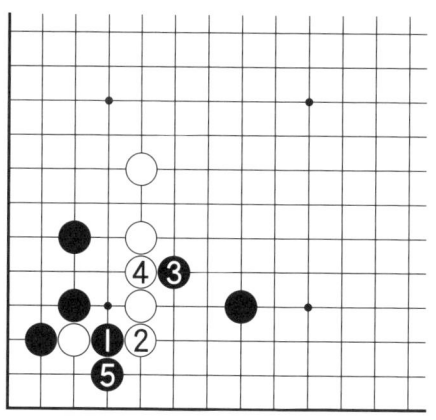

5도

5도 (흑, 호조)

3도 다음 흑도 1의 단수를 먼저 두고 3을 활용한 후 5로 귀를 확실하게 지키면서 하변에 도움을 주는 것이 AI의 변화도인데 흑이 순조로운 흐름이다.

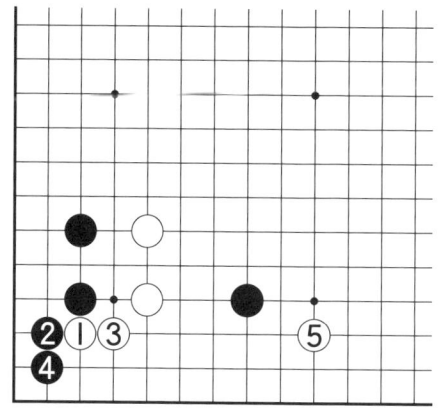

6도

6도 (타협 흐름)

1도 흑2 때 AI는 백의 변화도를 보여준다.

중앙에 더 이상 뛰지 말고 귀쪽 백1, 3의 활용을 완전히 해두고 5로 협공하면 1도와 같은 타협 흐름을 얻을 수 있다.

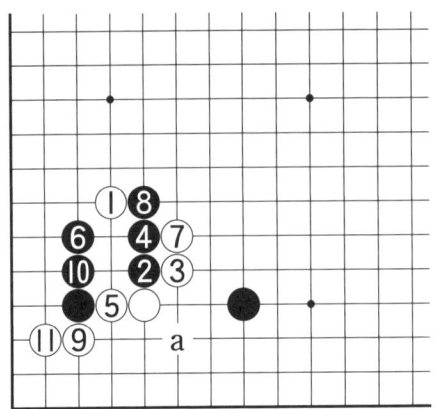

7도

7도 (백, 눈목자씌움)

처음으로 돌아가서 백1의 눈목자 씌움이 유연한 수단으로 많이 사용되며 이번 형의 본론이다. 흑2로 붙인 후 11까지는 그동안 흔히 두던 상식적 수순이었다.

백 모양에 a의 지킴이 추가되면 완벽하므로~

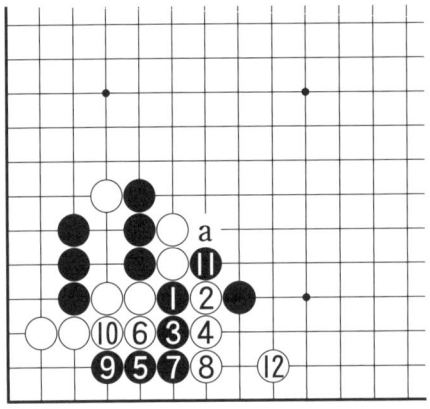

8도

8도 (절대 행마)

일단 흑1도 끊어 약점을 추궁하면 백2, 4로 몰고 나서 12까지는 필연이다. 이때 a의 축은 백이 유리해야 하고, 수순 중 흑5의 마늘모는 수를 늘리는 맥이며 흑11의 끊음에 백12의 2선 뜀도 귀쪽 수상전을 위한 절대 행마이다.

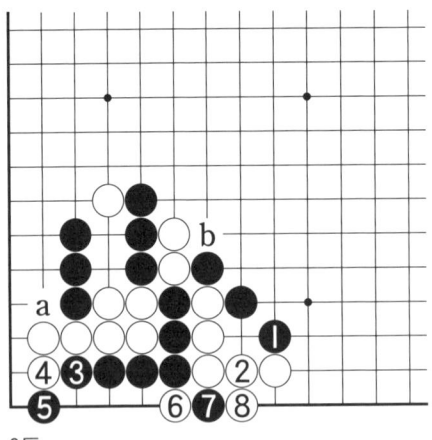

9도

9도 (축머리 활용이 관건)

이다음 흑1부터 백8까지는 흑의 활용인데 수상전은 1수 부족이지만 a쪽이 선수로 듣고 b쪽 축머리를 현명하게 이용하면 흑이 충분하다는 AI의 결론이다.

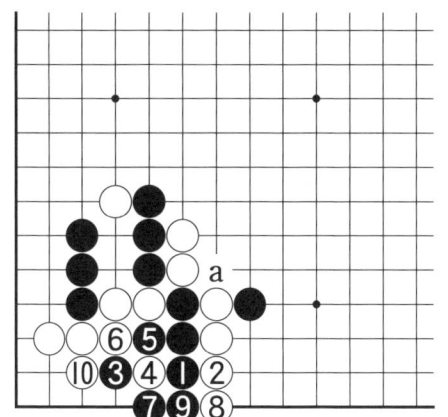

10도

10도 (수를 줄이는 끼움)

8도 백4 때 흑1, 3으로 단순하게
두면 백4의 끼움이 맥으로 이하
10까지 하변 흑이 1수 줄어 a로
끊을 때 큰 차질이 생긴다.

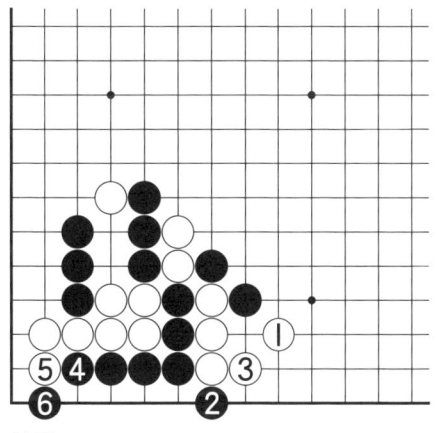

11도

11도 (흑, 역전승)

8도 흑11 때 백도 무심코 1로 뛰
면 수상전에 차질이 생긴다.

흑2가 선수이고 4, 6이면 귀와
수상전은 흑승으로 역전된다.

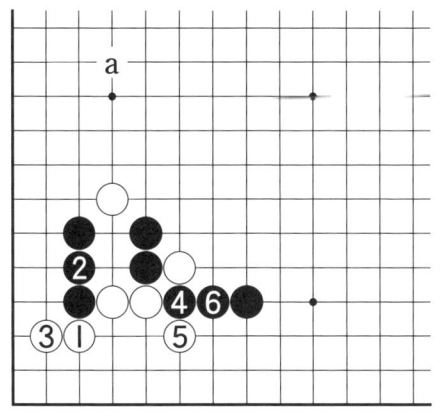

12도

12도 (백의 2안)

7도 흑6 때 AI는 백의 두 가지 안
을 제시한다.

2안부터 보면 백이 중앙 미는
것을 생략하고 1, 3으로 두라고
한다. 흑4로 끊으면 백5를 선수해
서 귀의 실리를 차지한 후 a쪽에
서 흑세를 견제해도 좋고~

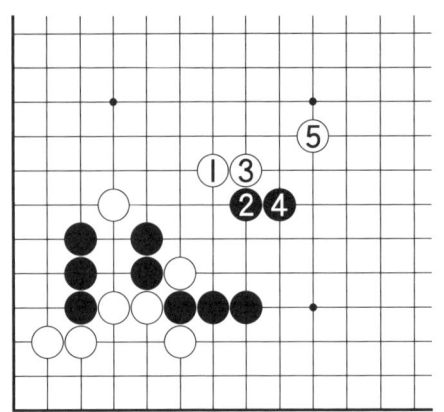

13도

13도 (백, 활발)

백1로 중앙부터 견제해서 흑2로 지킬 때 백3, 5로 호쾌하게 진출하면 백이 활발하다고 본다.

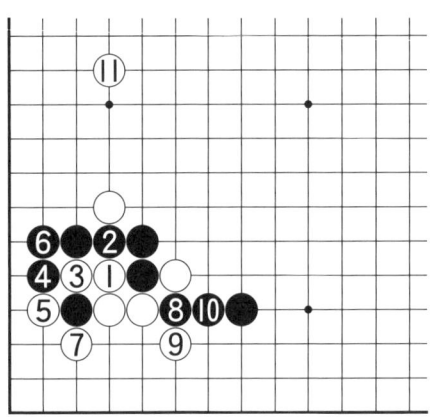

14도

14도 (백의 1안)

7도 흑6 때 AI가 제시하는 백의 최고 1안은 백1, 3으로 뚫고나가서 이하 10까지 귀를 확실하게 차지한 후 11로 흑세를 견제하면 백이 유리하다고 본다.

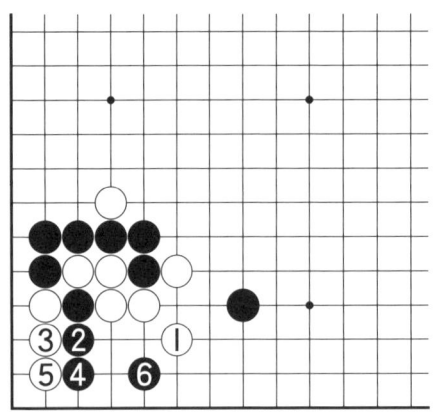

15도

15도 (백, 과욕)

앞 그림 흑6 때 백1의 지킴은 과욕이다. 흑2, 4로 나가서 6으로 뛰면 백이 난감하다.

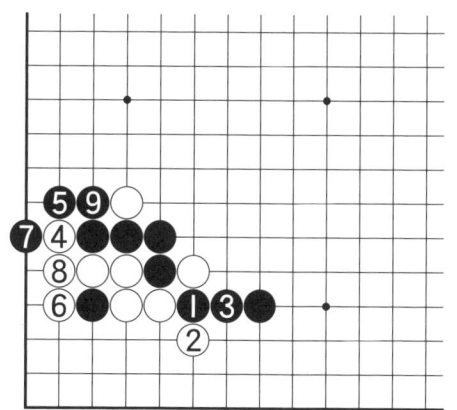

16도

16도 (먼저 끊는 경우)

14도 백3 때 흑1부터 끊어도 백2를 선수하고 4로 젖힌 후 9까지 되면 14도와 마찬가지로 백의 실리가 돋보인다.

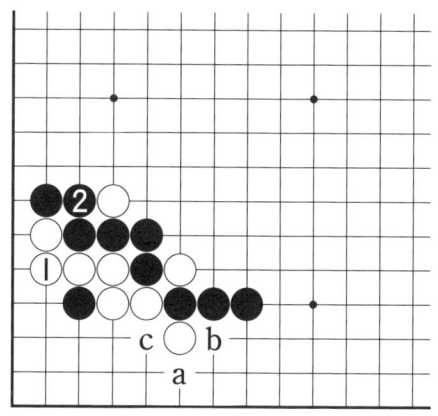

17도

17도 (하변에서 문제)

참고로 앞 그림 흑5 때 백1로 잇는 것이 실리로 이득이지만 흑이 2로 잇고 차후 하변에서 a로 붙일 때 백b로 나가면 흑c로 끊어 문제가 생긴다.

18도 (흑, 불리)

7도 백5 때 흑이 뛰지 않고 1로 뻗는 경우 백이 축이 유리하다면 2, 4로 끊는다. 흑5로 축을 피할 때 백6에 젖힌 후 10까지 좌변을 압박하면 흑이 불리한 흐름이다.

흑은 축이 유리해도 백이 끊지 않고 6으로 뒤에서 막으면 12도와 비슷한 진행이 되므로 흑이 좋은 변화는 없다.

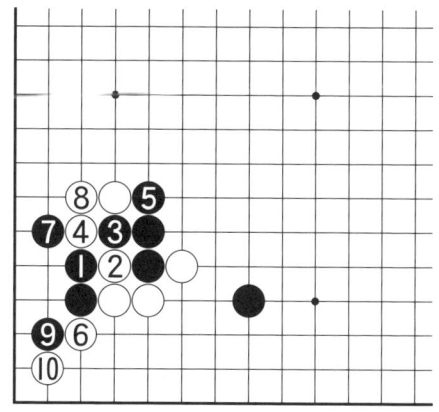

18도

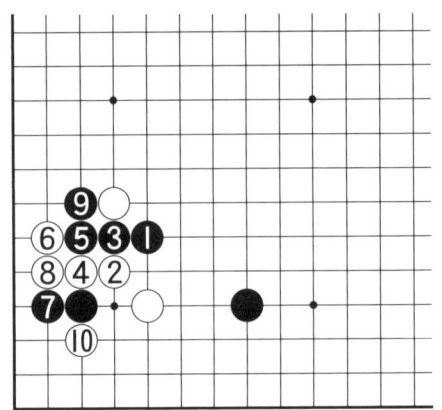

19도

19도 (흑, 밭전자 행마)

되돌아가서 흑1의 밭전자 행마는 중앙에서 차단하려는 뜻인데 백2로 가른 후 10까지 많이 두는 수순이다.

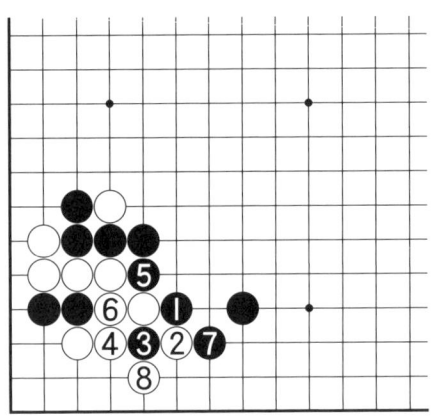

20도

20도 (백, 유리)

이다음 흑1, 3의 맞끊음이 맥이고 백4 이하 8까지 정석 변화로 알려졌는데 실리에 민감한 AI는 백이 유리하다고 본다.

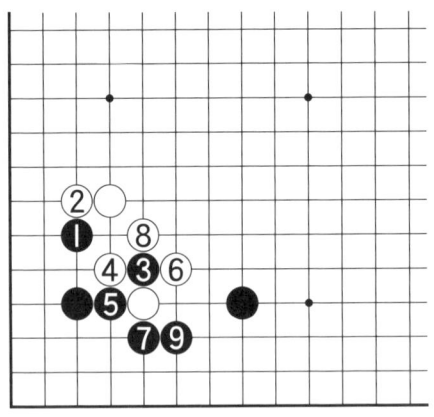

21도

21도 (흑의 대처법1)

눈목자씌움에 대해 AI가 제시하는 흑의 대처법은 무엇일까.

우선 흑1의 한칸을 생각할 수 있다. 백2로 막으면 흑3에 붙인 후 9까지 넘어가서 이번에는 흑의 실리가 착실하다고 본다.

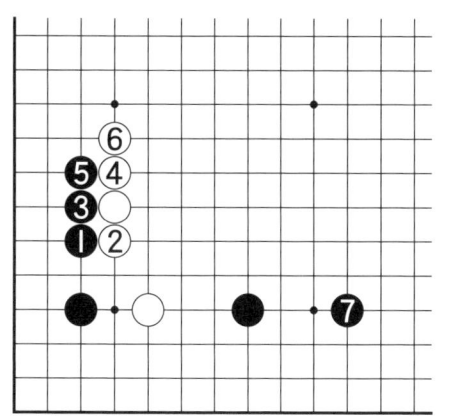

22도

22도 (적당한 타협)

흑1에는 백2로 위에서 막는 것이 두터운데 흑3, 5로 밀고 하변 7로 벌리면 적당한 타협이라 본다.

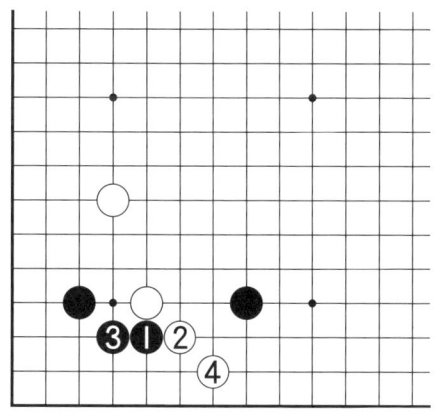

23도

23도 (흑의 대처법2)

흑1, 3으로 귀를 노골적으로 지키는 방안도 제시한다. 예전 같으면 하수의 행마 아니던가.

이때 백은 잇지 않고 4의 마늘모 행마가 일책이다. 어쨌든 서로 타협이라고 본다.

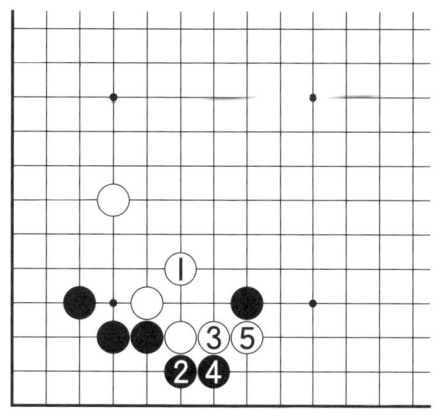

24도

24도 (중앙 호구)

앞 그림 흑3 때 백이 잇더라두 중앙으로 1의 호구를 추천한다. 흑2, 4로 활용되지만 백도 한점을 품어서 타협이라고 본다.

23도와 24도를 보면 AI의 자유자재한 감각을 느낄 수 있다.

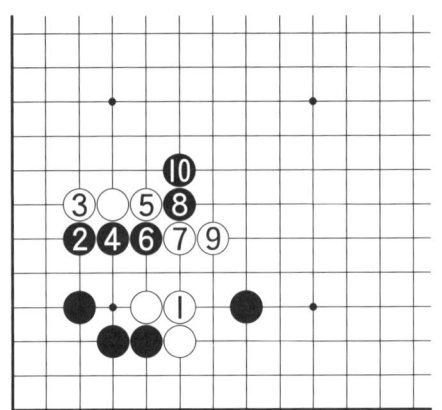

25도

25도 (흑, 편한 싸움)

백1의 꽉 이음은 AI의 안목으로는 경직된 행마이다. 흑2에 백3으로 막으면 흑4 이하 나가서 끊고 10까지 이미 실리를 확보한 흑이 편한 싸움이라고 본다.

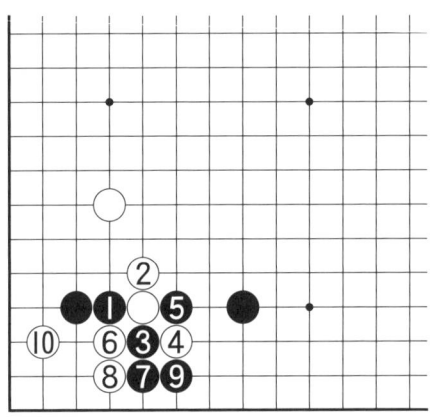

26도

26도 (치받고 끊는 변화)

되돌아가서 흑1로 치받고 백2에 흑3, 5로 끊는 변화에 대해서도 알아보자.

일단 백6으로 젖힌 후 10까지는 필연이다.

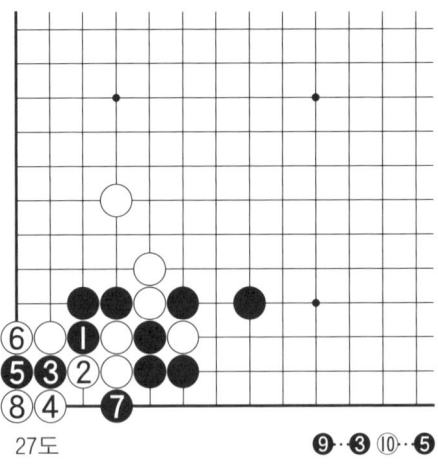

27도

⑨‥❸ ⑩‥❺

27도 (귀삼수)

이다음 흑1, 3으로 끊으면 이하 10까지도 필연인데 귀삼수로 알려진 유명한 수순이다.

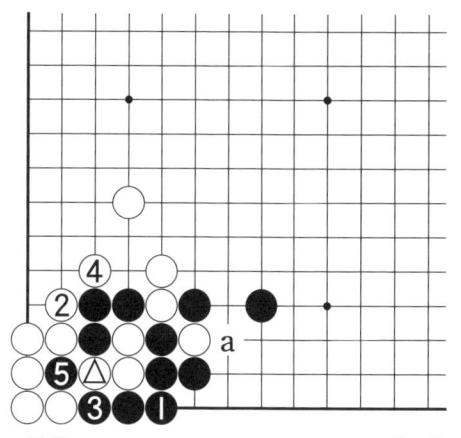

28도

⑥‥△

28도 (흑, 불리)

계속해서 흑1 이하 5까지 석점을 잡지만 백6으로 되따내면 a로 나가는 맛도 있어 흑이 불리하다.

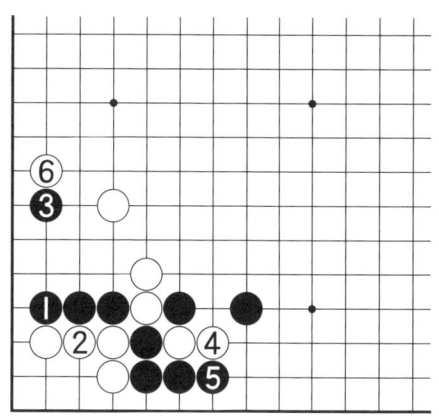

29도

29도 (흑이 막는 경우)

26도 다음 흑1로 막으면 백2로 잇는다. 흑3으로 근거를 확보하며 수를 늘리면 백4로 하나 나간 후 6의 막음이 효과적이다.

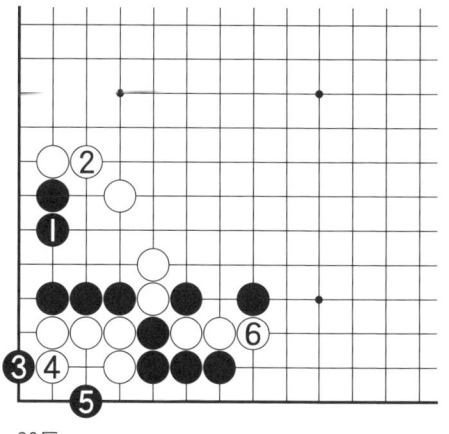

30도

30도 (흑, 절대 불리)

이다음 흑1 다음 3, 5로 공격해서 귀는 잡더라도 대신 좌변이 막혔고 백6으로 나가 하변까지 압도하면 흑이 절대 불리하다.

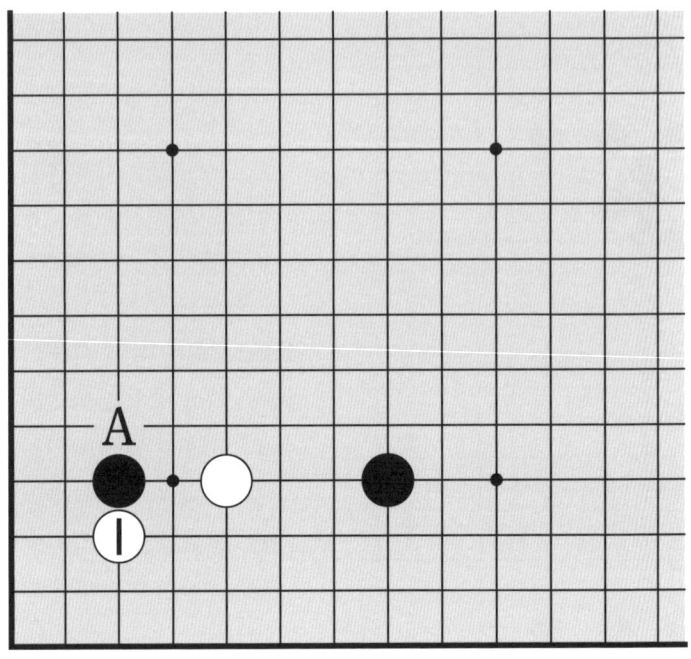

기본형

이번에는 소목 한칸걸침―두칸협공에서 귀쪽 붙임인데
백1의 안쪽 붙임과 A의 바깥쪽 붙임이 대표적이다.

통상 귀의 붙임이라면 A의 바깥쪽이 상식이었는데 실리
를 중시하는 AI는 배후에 협공이 있는데도 서슴없이 1의
안쪽 붙임을 둘만하다고 본다. 이번 형은 백1이 당당한 주
역이며 더불어 A에 대해서도 알아본다.

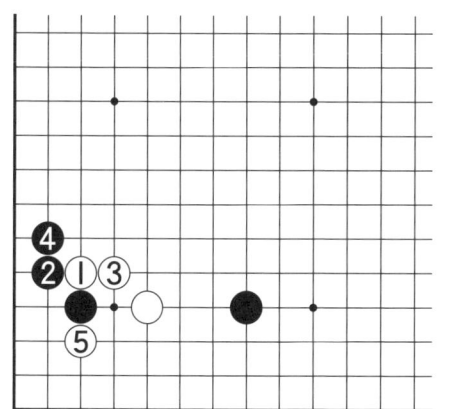

1도

1도 (백, 바깥쪽 붙임)

백1로 바깥쪽에 붙이면 흑2, 4로 2선에 나가는 것이 무난한 행마이다. 백은 5로 추궁하는 것이 모양의 급소인데~

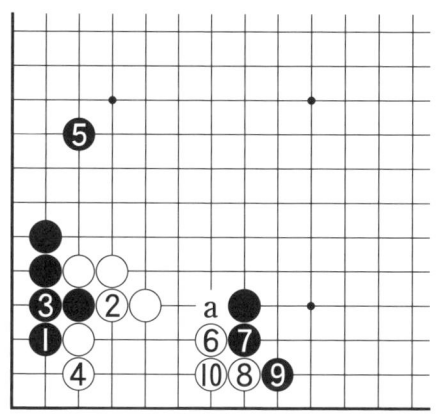

2도

2도 (간명한 타협)

흑1로 젖히면 백2, 4는 귀의 요소이고 이하 10까지 서로 안정하면 예전부터 많이 두던 간명한 타협이다. 수순 중 백8로는 a에 밀어 정리할 수도 있다.

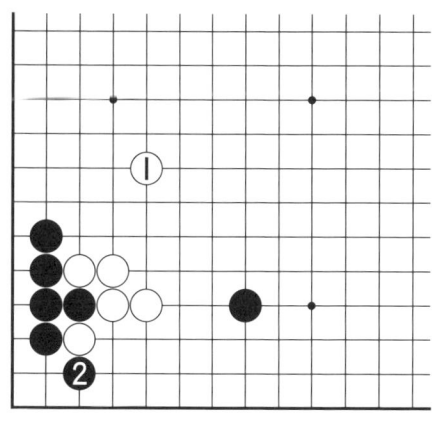

3도

3도 (백, 중앙 중시)

앞 그림 흑3 때 백이 중앙을 중시하면 1로 진출하는데 흑도 2로 근거의 요소를 두면 불만 없다.

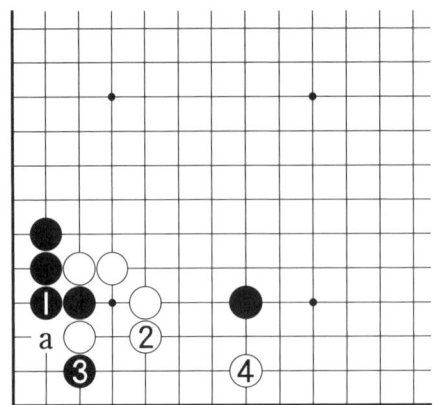

4도

4도 (균형 유지)

1도 다음 흑1로 이으면 백2의 차렷 자세가 귀와 하변 진출을 맞보는 행마이다.

흑1일 때는 3의 맥으로 귀의 공략이 가능한데 백도 4의 진출로 근거를 확보한 후 a를 노리며 서로 균형을 유지한다.

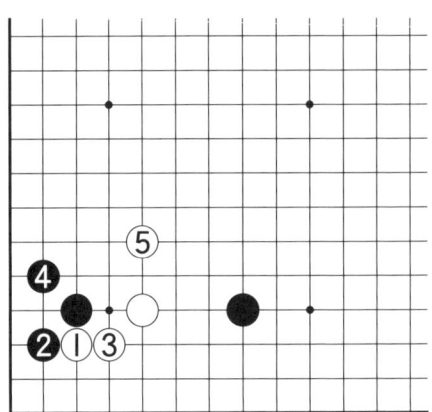

5도

5도 (금기의 행마?)

처음으로 돌아가서 백1로 안쪽에서 붙이고 5까지 중앙으로 나가면 일방적으로 쫓긴다 해서 그동안 둘 수 없던 금기의 행마였다.

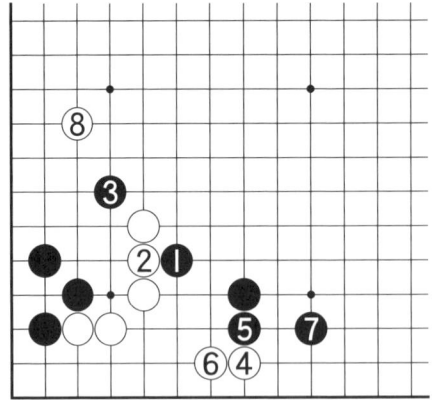

6도

6도 (백이 둘만하다)

그런데 AI의 견해는 다르다. 흑1, 3의 효과적인 공격에도 백4로 근거를 확보한 후 흑5, 7로 차단할 때 백이 8로 되려 좌변을 노리며 둘만하다고 본다.

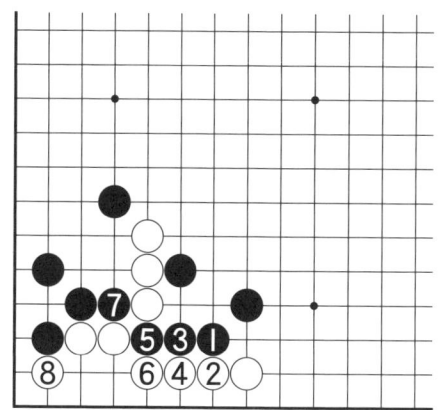

7도

7도 (흑이 끊는 경우)

앞 그림 백4 때 흑1 이하 7로 끊는 것이 두려운데 백은 유유히 8로 귀의 요소를 젖히면서 중앙은 독자적으로 해결하겠다는 태도로 임한다.

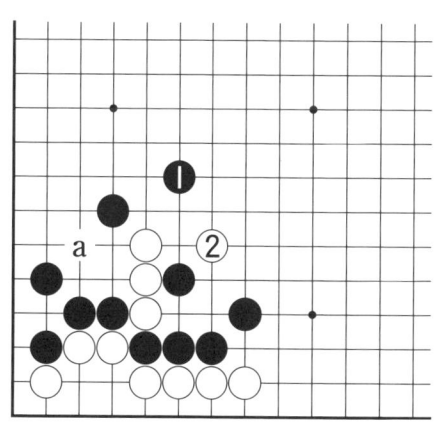

8도

8도 (백, 탈출 가능)

이다음 중앙 백을 잡으려면 흑1의 날일자 포위가 유력하지만 백2로 가볍게 탈출이 가능하며 좌변 a의 급소도 노출되어 흑이 불리하다.

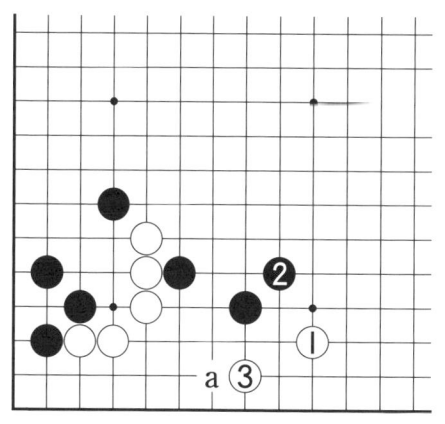

9도

9도 (백, 충분)

6도 흑3 때 백1의 협공도 능동적인데 흑2로 느슨하게 두면 백3에 넘어가서 충분하다.

이때 흑a의 과감한 붙임은 백이 젖혀 한점을 잡으면 흑이 변을 차단해도 불리하다.

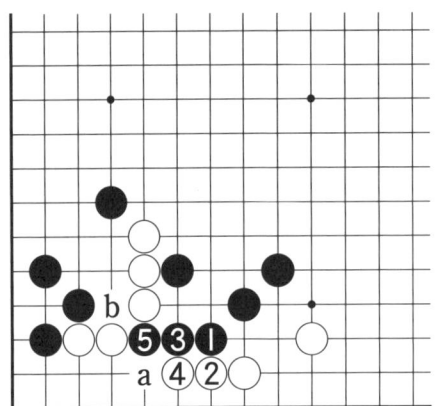

10도

10도 (변의 엷음을 추궁하면?)

이다음 흑1 이하 5로 변의 엷음을 추궁하면 어떻게 될까?

이제는 중앙 흑이 강화되어 백 a, 흑b로 차단되면 백도 앞길을 장담하지 못한다.

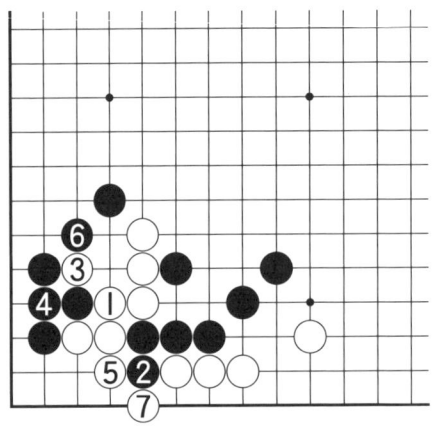

11도

11도 (백, 호조)

이번에는 백1로 위쪽을 잇고 흑2에 백3, 5로 양쪽을 맞보면 결국 흑6에 백7로 연결이 가능하다.

그사이 중앙 흑이 곤마가 되었으니 백이 순조롭다.

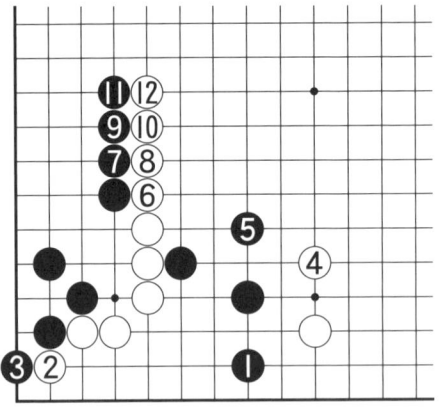

12도

12도 (과감한 결단)

하변은 흑1의 차단이 강수이다. 백은 2, 4를 활용한 후 6 이하 12까지 밀어가는 것이 과감한 결단이다.

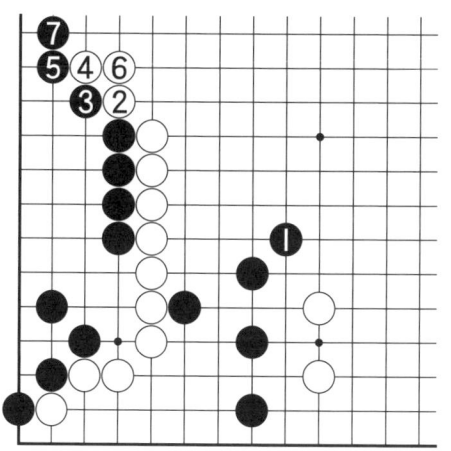

13도

13도 (호각)

이다음 흑1의 보강이 우선인데 좌변 백2로 젖힌 후 7까지 두텁게 압박해두면 호각이라는 것이 AI의 견해이다.

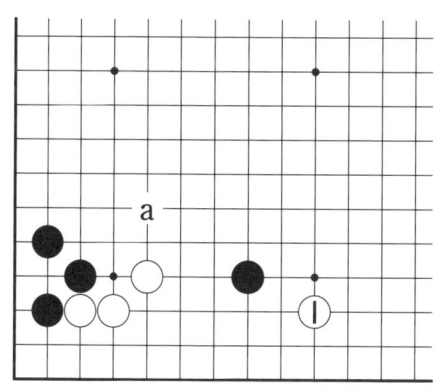

14도

14도 (고급 전략)

5도 흑4 때 백이 a로 미리 나가지 않고 1부터 협공하는 것도 고급 전략이다.

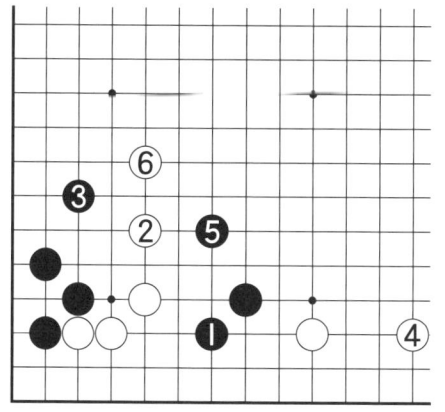

15도

15도 (무난한 흐름)

흑1로 차단하면 이제 백2로 나가고 흑3에 일단 백4로 변을 안정해 둔다.

중앙은 흑5로 몰면 백6으로 진출해서 급한 싸움이 아니므로 서로 무난한 흐름이다.

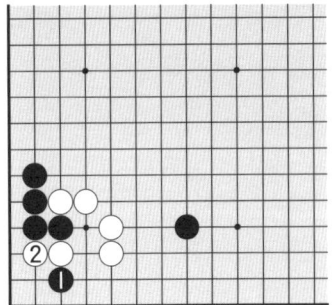

⊞ 장면

이 장면에서 흑1로 껴붙일 때 백2로 당장 나가면 성급하다. 이후 어떤 변화가 일어날지 생각해보자.

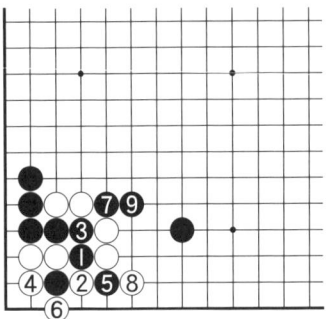

1도 (흑, 월등)

흑1로 끼운 후 7의 끊음까지는 서로 기세이며 다음 백8에 흑9면 타협이지만 백의 실리보다 흑의 세력이 월등하다.

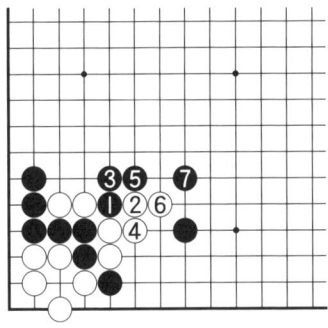

2도 (포위)

앞 그림의 수순 중 흑1로 끊을 때 백2 이하 나가려 해도 흑이 7까지 포위하면 흑의 두터움이 더욱 가중된다.

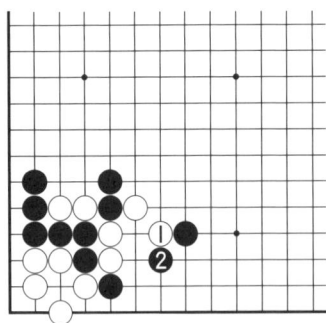

3도 (모양의 급소)

앞 그림 흑3 때 백1로 붙이며 나가려 해도 흑2가 모양의 급소이며 이후 어떻게 해도 백이 불리한 진행이다.

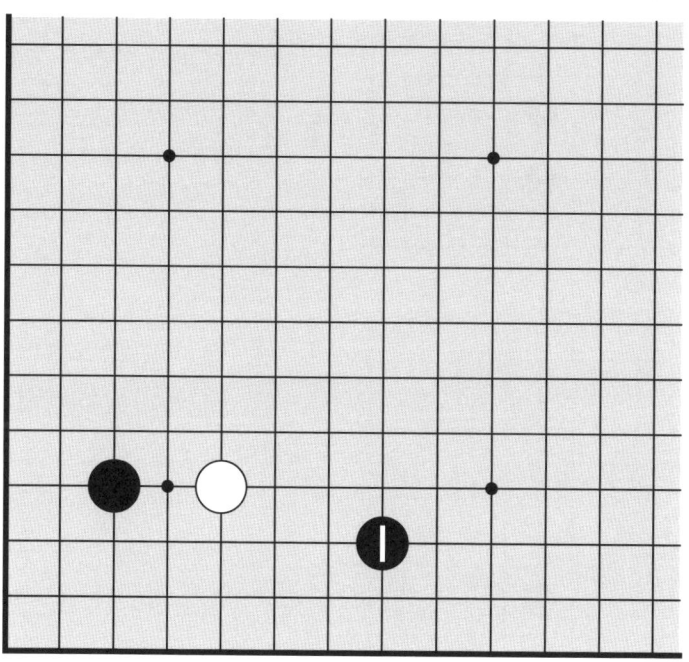

기본형

소목 한칸걸침에서 마지막 주제는 흑1의 두칸낮은협공 또는 눈목자협공이라 불러도 좋은데 AI가 알려주는 회심의 공격 수단이다.

귀와 연결도 어려워 보기에 엉성하기 짝이 없는 협공이지만 효율을 중시하는 AI는 모양에 구애받지 않는데 이후의 공방에 대해 알아본다.

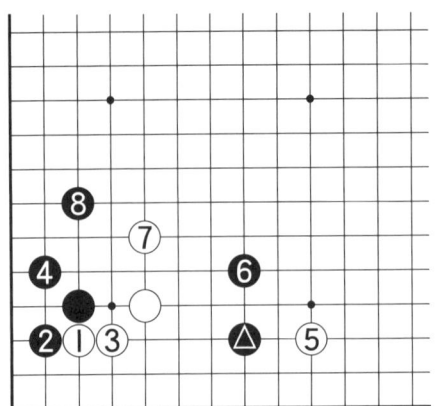

1도

1도 (전매특허 붙여끌기)

두칸낮은협공에서도 AI의 전매특허 백1, 3의 붙여끌기는 유효하다. 다만 변쪽 백5의 협공은 흑▲가 귀쪽과의 연결을 차단하는 위치에 있어 6, 8로 공격하면 백이 일방적으로 쫓길 우려가 있다.

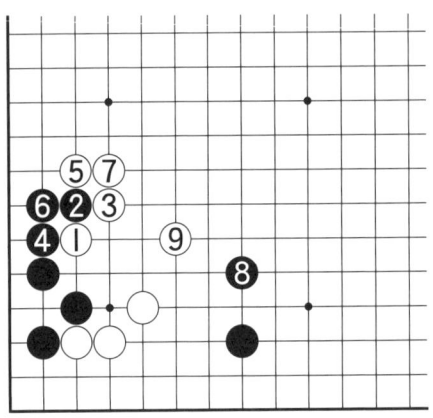

2도

2도 (백, 두터움)

앞 그림 흑4 때 좌변 백1로 흑 모양의 급소를 짚으며 풀어가는 것이 AI가 제시하는 하나의 방안이다. 이때 흑2의 맥을 구사하며 이하 9까지 서로 모양을 갖추면 AI는 백이 두텁다고 본다.

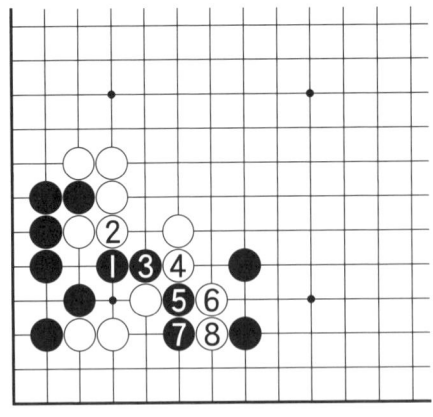

3도

3도 (흑, 파탄)

앞 그림 백9는 능동적인 지킴인데 흑1로 엷음을 추궁하면 백2로 잇고 흑3, 5로 끊지만 백6, 8로 관통하면 흑의 파탄이다.

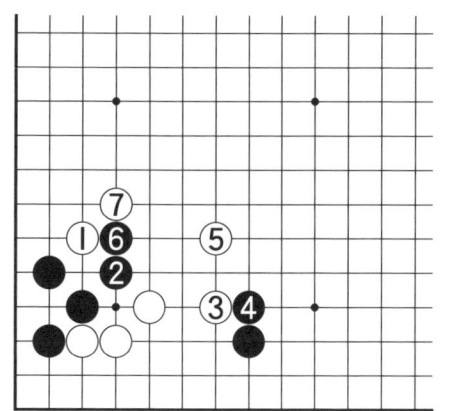

4도

4도 (행마의 리듬)

백1에 흑도 2로 나가는 것이 능동적이며 이하 7까지는 AI가 보여주는 흑백 행마의 리듬이다.

마지막 백7의 젖힘이 효율적 행마인데~

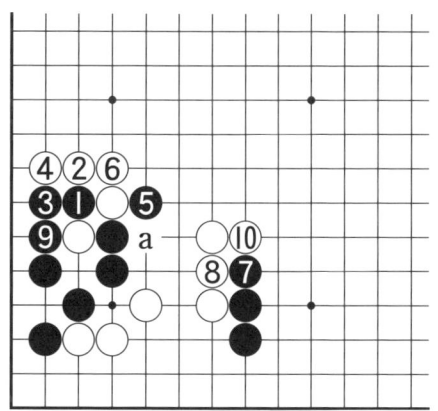

5도

5도 (백, 활발)

이때 흑1로 끊으면 백2, 4로 막은 후 10까지 AI가 보여주는 변화이지만 백이 a의 끊음도 노리며 활발한 흐름이다.

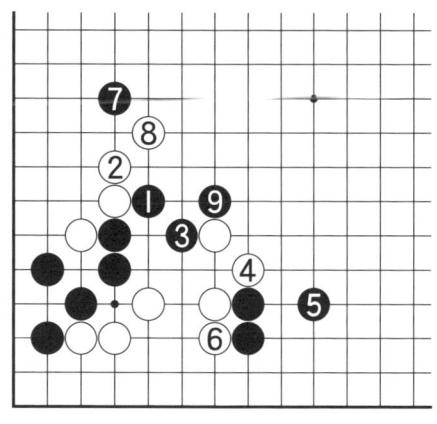

6도

6도 (중앙 전투)

4도 다음 흑1, 3으로 나가는 것이 기세이며 이하 9까지 자연스럽게 중앙으로 싸움이 확대된다.

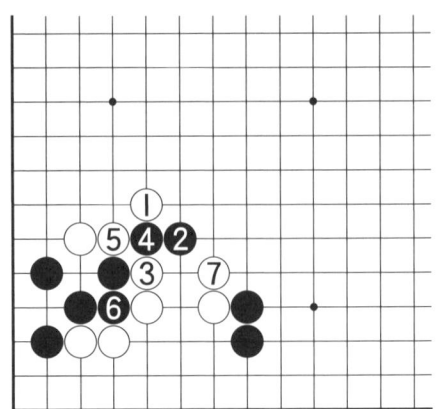

7도

7도 (백, 날일자 포위)

4도 흑4 때 백1의 날일자 포위도 생각할 수 있다.

이때 흑2로 가르고나오면 백3, 5로 끊고 흑6에 버틸 때 백7로 나가는 것이 필연이며~

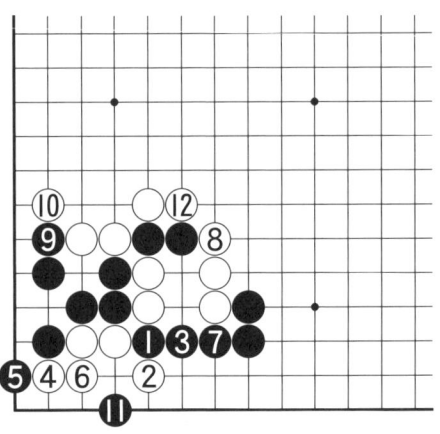

8도

8도 (백, 월등)

흑1로 끊으면 백2를 선수하고 4, 6으로 버틴다. 흑은 7, 9를 선수하고 11로 백 일단을 잡을 수 있지만 활용하는 맛이 남아 백이 12로 잡으면 두터움이 월등하다.

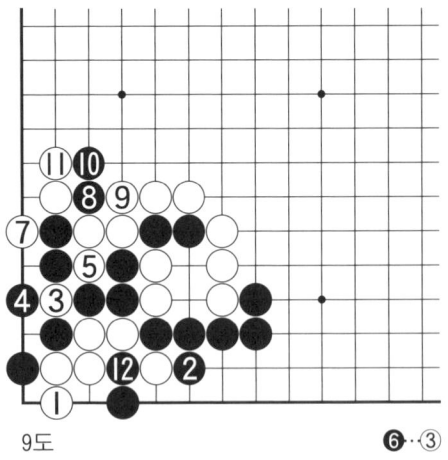

9도

6··**3**

9도 (활용하는 맛)

차후 귀에는 백1부터의 수상전을 배경으로 활용하는 맛이 있다. 이하 7까지 되면 흑은 8, 10을 결정하고 12로 조여야 한다.

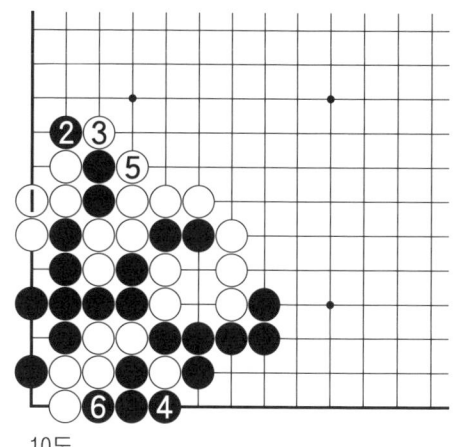

10도

10도 (혹독한 대가)

이다음 백1에 흑2가 절대이니 백3, 5로 두점 따냄이 선수이다.

흑은 귀를 잡았으나 그 대가가 혹독하다. 활용치고는 상당해서 흑도 웬만하면 8도 다음 가일수해 두는 것이 편한데 이런 이유로 백이 월등했다.

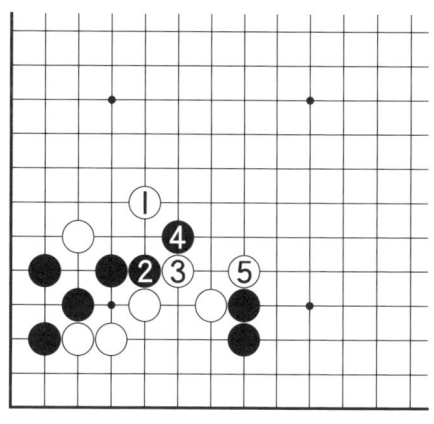

11도

11도 (백의 리듬)

백1에 흑2, 4로 단도직입적으로 젖히면 백5의 호구 젖힘으로 나가는 자세가 생겨 백의 행마가 리듬을 탄다.

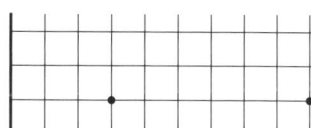

12도

12도 (흑, 현명한 대응)

백1에는 흑도 당장 포위를 뚫고 나가기보다 변쪽을 건드리며 풀어가는 것이 현명한 대응이다. 그러면서 AI가 보여주는 변화는 흑2로 붙인 후 7까지 되고 나서~

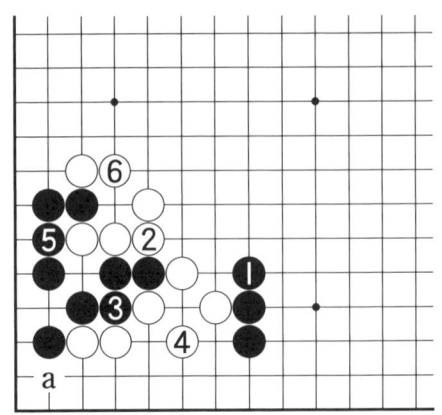

13도

13도 (호각)

흑1은 두터운 요소이고 백2로 막으면 흑3, 5로 좌변을 돌본다.

백6에 흑은 a로 살든지 좌변에서 활용하면서 살든지 상황에 맞게 가일수가 필요하며 이 진행이면 호각이라 본다.

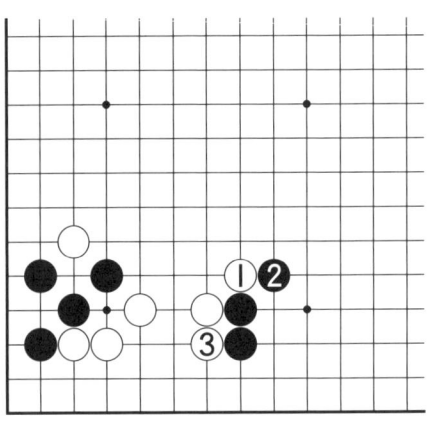

14도

14도 (실전적 수단)

4도 흑4 때 백1, 3으로 젖히고 막는 것도 발은 느리지만 자체로 안정하는 실전적 수단이다.

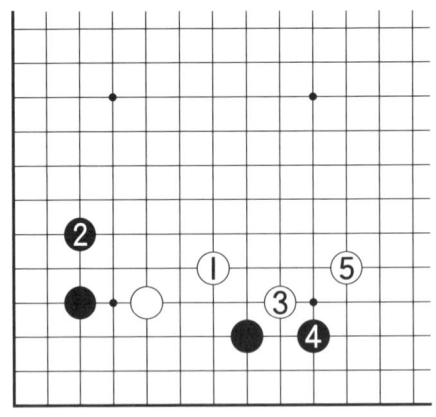

15도

15도 (백, 변에서 주도)

처음으로 돌아가서 백1의 날일자 행마는 귀와 변을 맞보겠다는 뜻이다.

흑2로 귀에서 받으면 백3, 5로 변을 압박해서 국면을 주도한다.

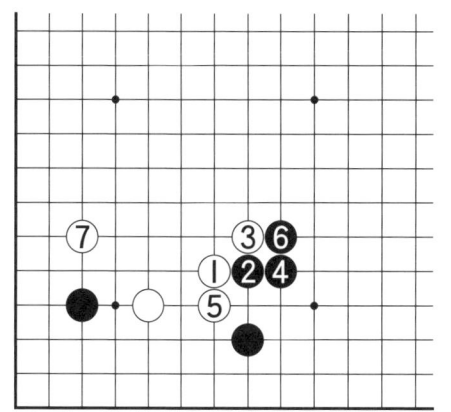

16도

16도 (백, 귀에서 주도)

백1에 흑2로 붙이며 변에서 강하게 대항하면 백은 6까지 공방의 틈에 자연스럽게 7로 귀를 압박해서 싸움을 주도한다.

AI의 안목에서 15도와 16도는 백이 활발하다고 본다.

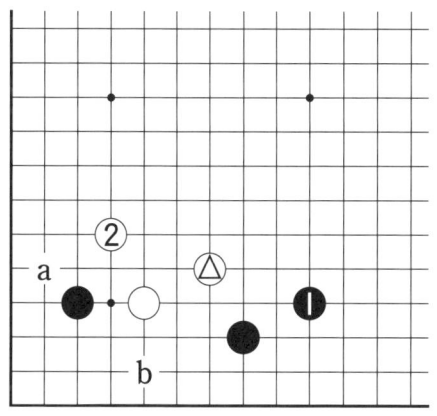

17도

17도 (백, 불만)

흑이 하변에서 받더라도 1의 날일자 행마가 무난하다. 백도 2의 날일자로 씌우는 정도인데 이때라면 흑이 싸우지 않고 손을 빼도 좋다는 것이 AI의 견해이다.

그도 그럴 것이 계속 백이 a와 b로 귀를 제압해도 ⓐ의 가치가 상실되는 만큼 불만이다.

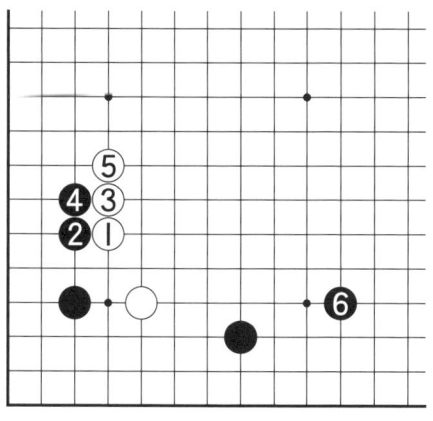

18도

18도 (무난한 타협)

그럴 바에야 처음부터 백1로 씌우는 것이 낫고 흑2, 4로 밀고 6으로 벌리면 서로 무난한 타협이다.

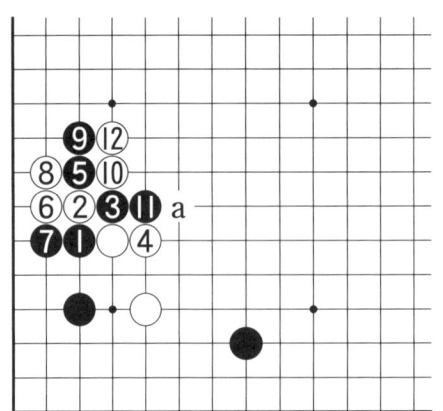

19도

19도 (백의 강수)

흑1에 백은 축이 유리하면 2의 젖힘이 강수이다.

흑3에 끊으면 백4로 올라선 후 12까지 필연인데 다음 흑은 a의 축을 방비해야 한다.

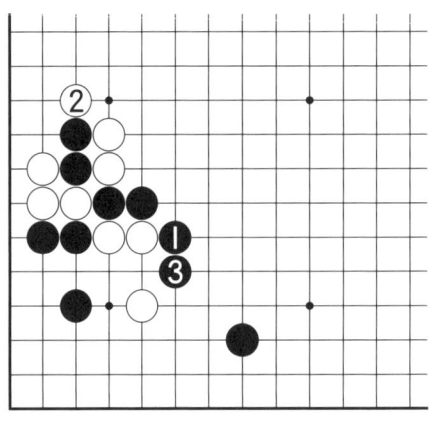

20도

20도 (백, 충분)

사실 흑도 1, 3으로 축을 방비하며 공격을 가할 수 있다.

이 결과를 놓고 AI는 백이 충분하다고 보는데 수세에 몰린 백 일단의 타개가 어렵지 않기 때문이라고 한다.

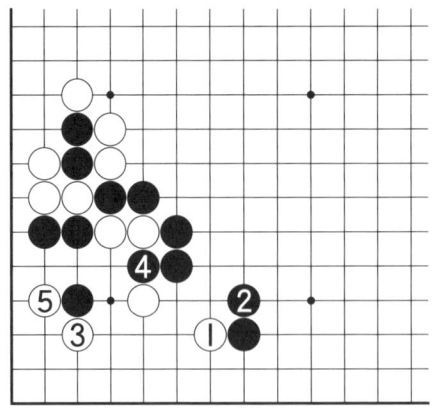

21도

21도 (백의 타개)

그러면서 타개의 예를 보여준다. 백1로 변에 공작을 해놓고 3으로 붙이면 흑4로 잡는 정도인데 백5로 젖히면 귀에서 근거를 확보하며 사는 데 문제없다.

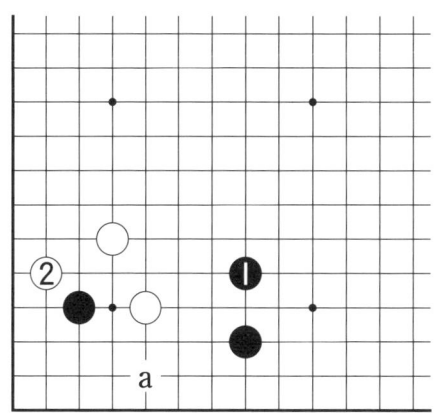

22도

22도 (백, 효과적 모양)

흑이 귀에서 맞붙지 않고 1로 하변을 키우면 이제는 백2의 압박이 효과적이다. 백이 a까지 둔다면 군더더기 없이 완벽한 모양이다.

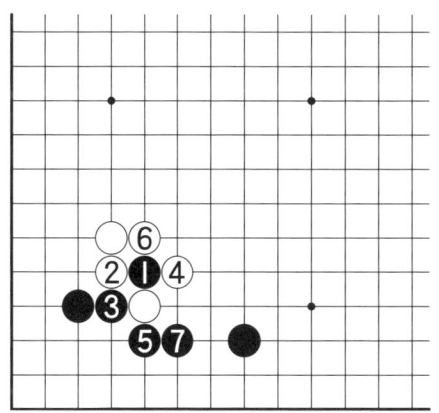

23도

23도 (흑, 착실한 실리)

흑1로 건너붙이며 싸움을 걸면 어떻게 될까. 이때 백2, 4로 잡는 것은 흑5, 7로 건너가서 흑의 실리가 착실하다.

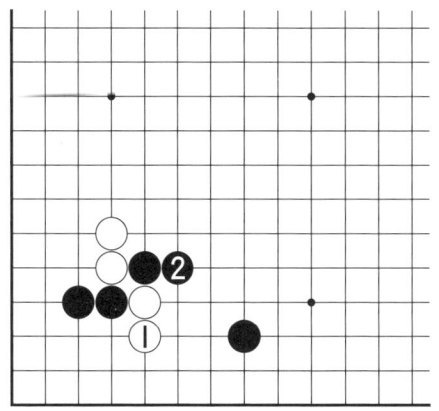

24도

24도 (대등한 싸움)

앞 그림 흑3 때 백1로 차단해서 싸우는 것이 기세인데 이 진행은 날일자걸침—두칸협공에서 나와끊는 수순과 같다.

흑이 2로 늘면 대등한 싸움을 펼치는데 자세한 변화를 알고 싶다면 16형을 참조한다.

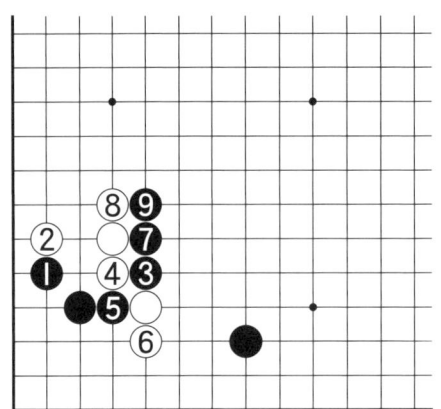

25도

25도 (고급 마늘모 행마)

흑1의 마늘모는 AI가 추천하는 고급 행마인데 백2로 막으면 흑3, 5로 끊어 싸울 때 7, 9로 눌러가서 충분하다고 본다.

흑1이 귀에 안형을 확보해주기 때문에 이번에는 백이 불편한 싸움이다.

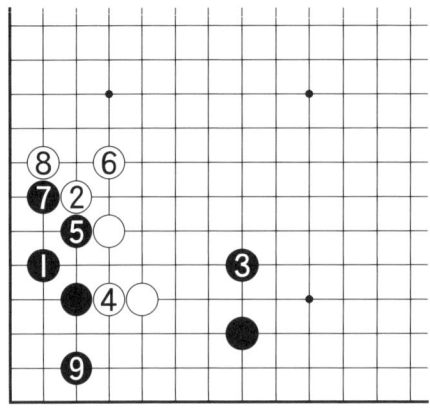

26도

26도 (무난한 타협)

흑1에 백2의 마늘모로 안전하게 받으면 흑3으로 변을 키운 후 9까지 귀도 안정한다.

백도 그동안 좌변에 모양을 갖추는데 AI가 알려주는 서로 무난한 타협의 변화도이다.

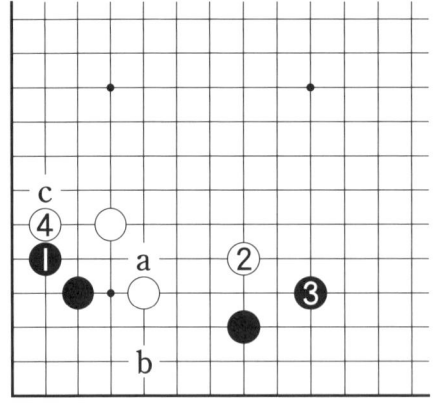

27도

27도 (모자 활용)

흑1에 백2의 모자 활용은 a의 도발을 방어하면서 4로 강하게 막겠다는 뜻이다. 이때는 흑도 직접 싸우지 않고 손을 빼도 된다.

백이 b로 포위해도 흑은 c의 붙임 등 상황에 맞는 활용이 많다고 보는 것이 AI의 복안이다.

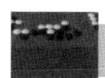

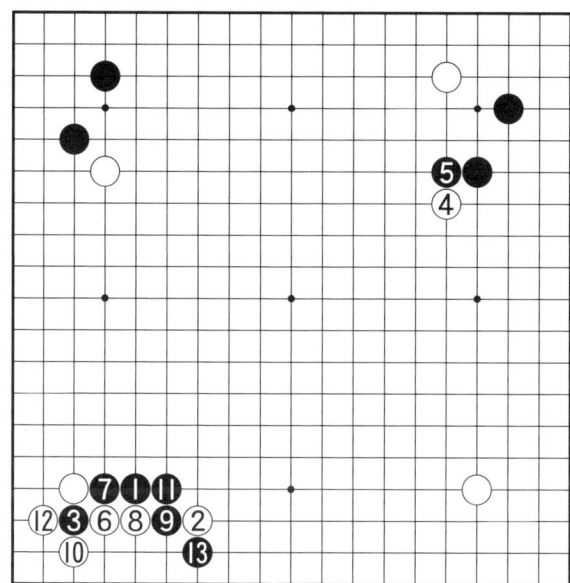

실전 1

실전 1

흑1의 한칸걸침에 백2의 날일자 협공 이후 변화가 초점이다.

흑3에 백4는 축을 대비한 활용이며 이하 13까지 교묘한 타협이 이루어졌다.

수순 중 백10의 단수 때 흑11의 이음은 축과 관련이 있다.

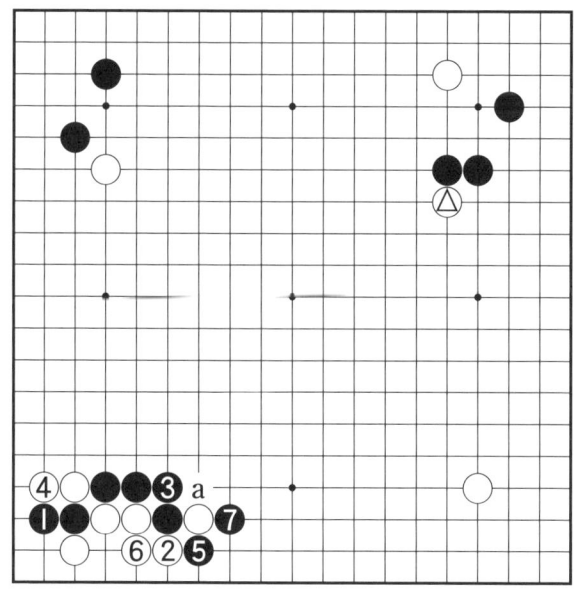

참고도

참고도 (흑, 곤란)

실전 백10 때 흑1로 나가면 백2를 선수하고 4로 막는 수순이 효과적이다.

지금은 흑5, 7의 축이 성립해야 타협이 되는데, 백이 △의 축머리 덕분에 a로 나갈 수 있어 흑이 곤란하다.

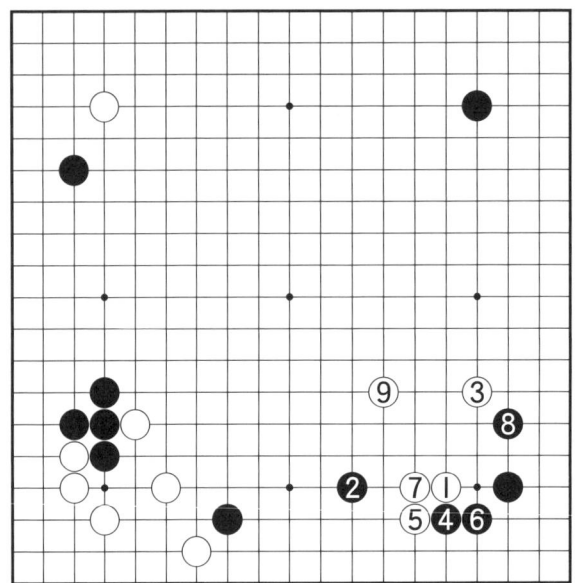

실전 2

실전 2

좌반부 포석이 끝나고 우하귀 백1의 한칸걸침에 흑2의 두칸협공이 초점이다. 백3의 눈목자씌움이면 흑4 이하 8로 알기 쉽게 실리부터 차지해도 충분하다는 것이 AI시대의 정평이다. 백은 9로 가볍게 지키며 중앙에서 국면을 주도하려는 참이다.

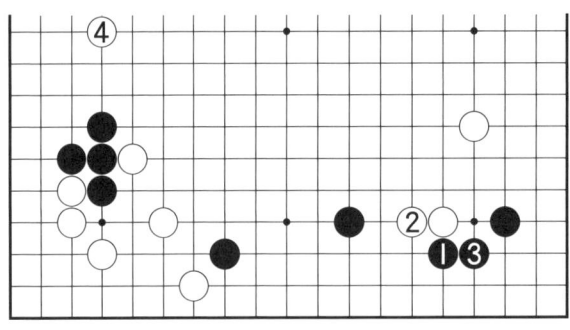

참고도 1

참고도 1 (AI 추천)

전체적 안목을 중시하는 AI는 흑1에 백이 2와 3의 교환만 하고 좌변 4의 협공이 대세적 요소라고 본다.

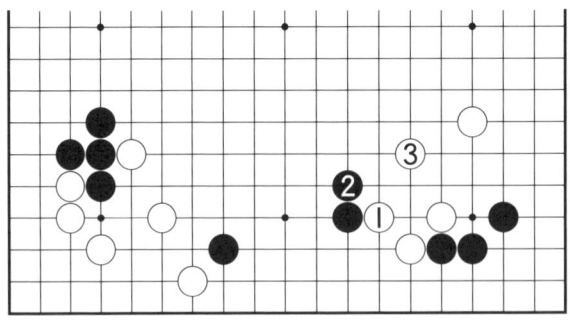

참고도 2

참고도 2 (AI 변화)

실전 흑6 때 백이 지키더라도 1, 3의 수순이 탄력적이라 보는데, AI 특유의 행마법이다.

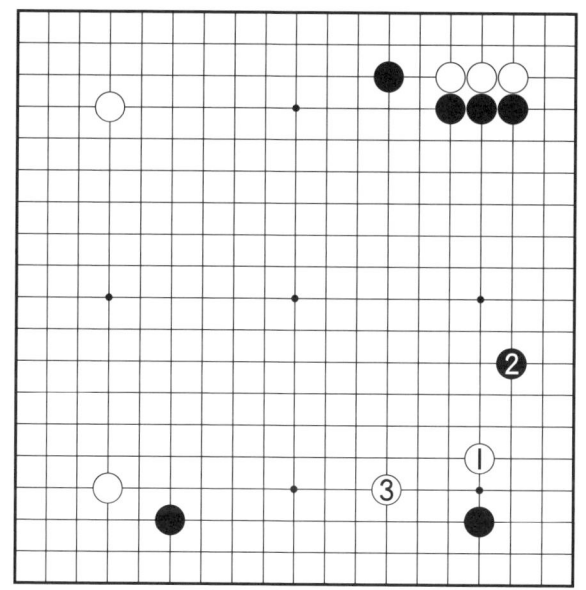

실전 3

실전 3

우하귀 백1의 걸침에 흑 2의 눈목자협공이 AI시 대에는 생소하지 않다.

흑은 우상쪽 두터움 을 배경으로 우변에서 국면을 주도하려는 뜻인 데, 백은 3의 눈목자씌 움으로 가볍게 대응한 장면이다.

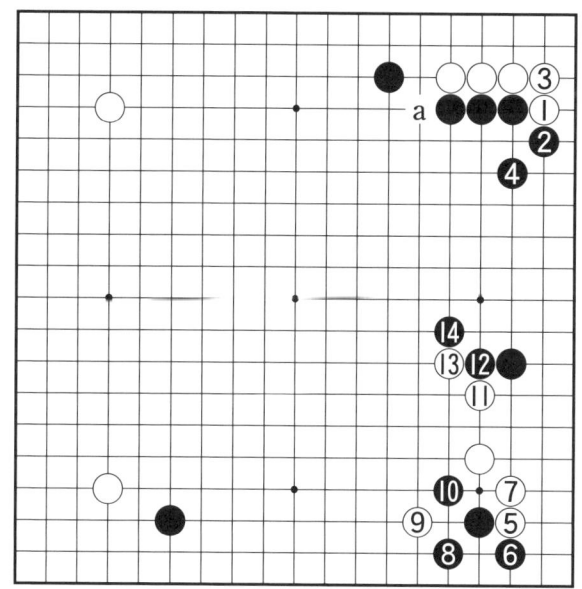

참고도

참고도 (AI 추천)

실전 흑2 때 AI가 추천 하는 일순위 변화는 우 상귀에서 백1, 3을 아낌 없이 선수해서 a의 맛을 남긴 후 5 이하 14까지 의 싸움이다.

여기서 주안점은 백 이 협공을 당한 상황에 서도 5, 7의 붙여끌기로 싸움을 주도해 간다는 발상이다.

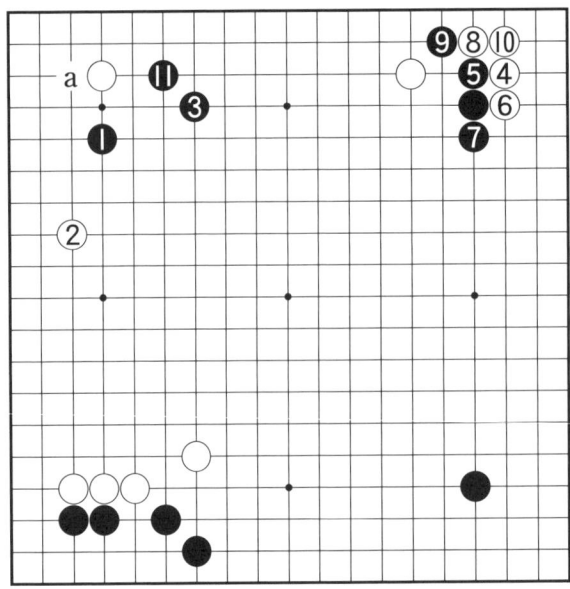

실전 4

실전 4

좌상귀 흑1의 걸침 때
백2의 눈목자협공에서
도 흑은 3의 눈목자씌
움으로 가볍게 대응하
고 있다. 백이 손을 돌
려 4 이하 10까지 되고
나서 흑11로 손질했지
만 그 부근이 투자에 비
해 미흡해 보인다. AI
는 흑11 대신 a의 붙임
이 효율적이라 본다.

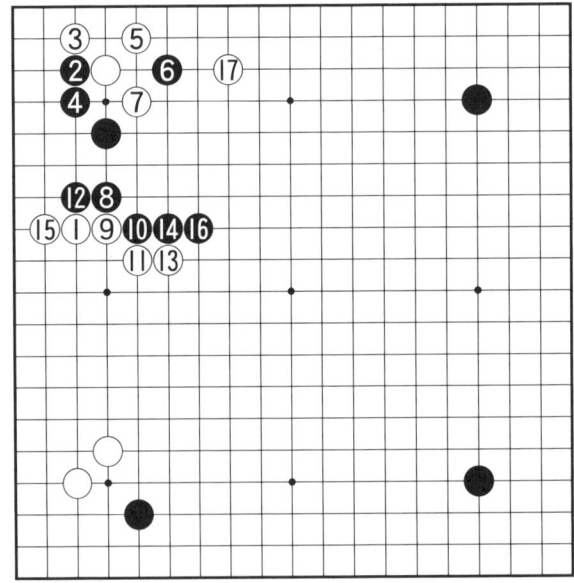

실전 5

실전 5

좌상귀 백1의 눈목자협
공에서 이번에는 흑2로
귀에 붙이는 변화이다.

흑6에 백7로 나온 후
좌변에서 치열한 공방
이 벌어지면서 이하 17
까지 타협 흐름이다.

PART 4

전략적 걸침과
외목·고목의 핵심

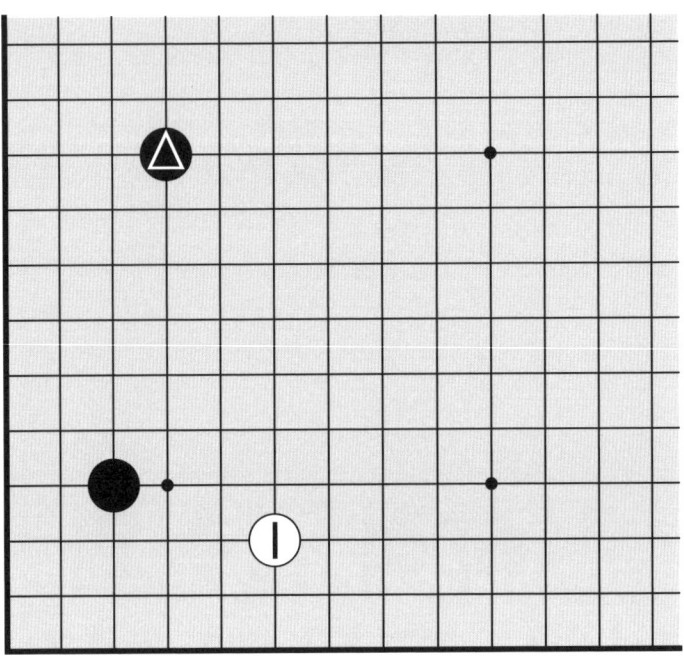

기본형

소목에 백1의 눈목자걸침은 귀와 거리가 떨어진 만큼 실리보다는 변을 중시하며 유연하게 두려는 뜻이 담겨있다.

보통은 흑▲와 같은 상대 병력이 포진할 때 국면을 넓게 사용하려는 전략적 선택인데 이후의 핵심 변화에 대해 알아본다.

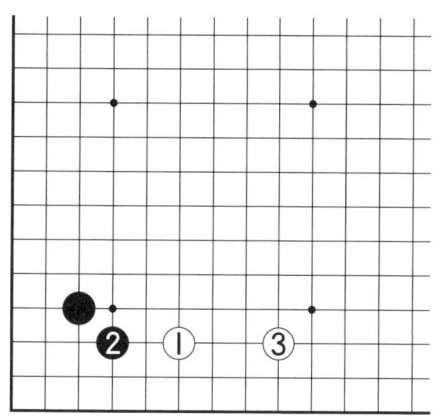

1도

1도 (눈목자걸침의 기본)

백1의 눈목자걸침에서 흑2의 마늘모로 지키고 백3으로 두칸 벌리면 가장 기본적인 변화인데, 아무런 조건 없이 이렇게 둔다면 귀에 실리를 허용한 백이 불만이다.

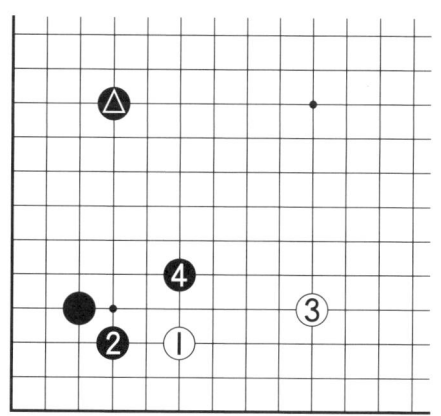

2도

2도 (엷지만 발빠른 전략)

보통 흑▲로 배후에 상대 우군이 있을 때 이를 견제할 목적으로 백1의 눈목자걸침을 둔다.

흑2에 백3의 세칸높은벌림은 엷지만 발빠른 전략인데 흑4로 중앙에서 추궁하면 백이 손을 빼고 둔다는 계산이다.

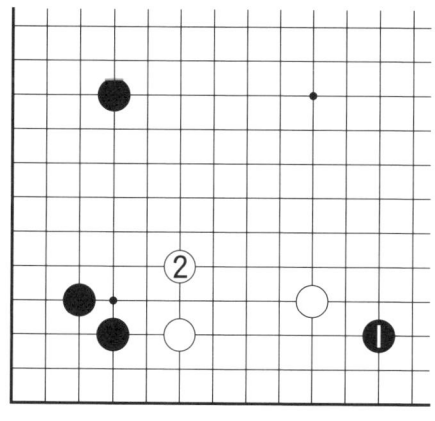

3도

3도 (서로의 중앙 요소)

앞 그림 백3 때 흑1로 번에서 디가서면 백2로 보강하며 서로의 중앙 요소를 선점한다.

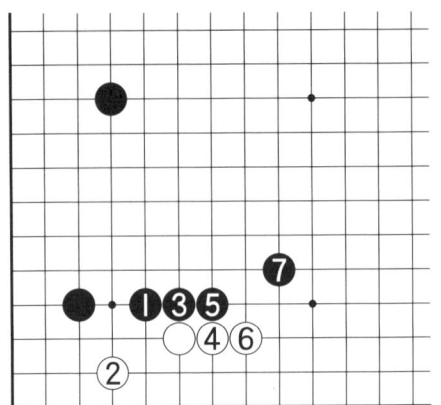

4도

4도 (단순명료)

흑1의 한칸은 귀가 열렸지만 중앙에 뜻을 둔다. 백2로 귀에 진입할 때 흑이 3 이하 7까지 밀면서 중앙으로 향하면 단순명료하게 모양을 키울 수 있다. 대신 실리를 허용하므로 세력을 효과적으로 운영하지 못한다면 집부족이 된다.

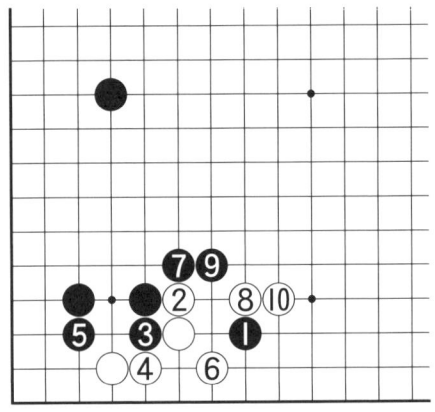

5도

5도 (예전의 정석)

앞 그림 백2 때 변에서 흑1의 압박은 상용 수단이다.

백2로 나가면 흑3, 5의 쌍립이 귀의 수비법이며 백도 6의 호구로 지키며 10까지는 예전에 많이 두던 간명한 정석 변화이다.

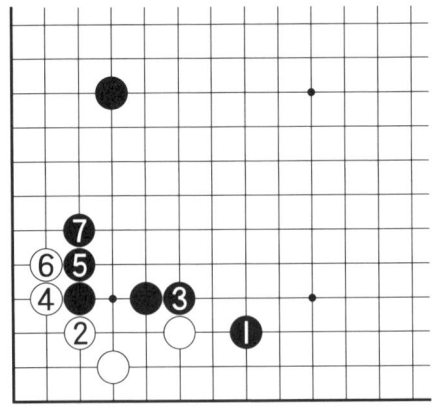

6도

6도 (백, 편안)

흑1에 AI는 백2로 귀부터 공략하고 싶다고 한다.

흑3으로 봉쇄하면 백4로 젖혀 7까지 변화가 필연인데 선수로 귀를 차지한 백이 편안하다고 본다.

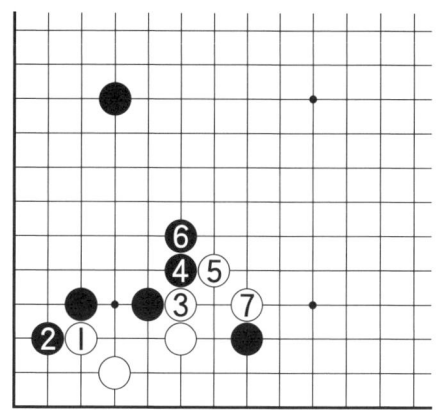

7도

7도 (행마의 리듬)

백1에 흑2로 젖히면 백3으로 나가며 7까지 호구치는 행마의 리듬이 활발하다.

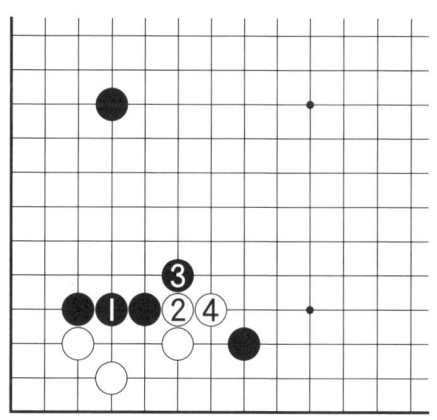

8도

8도 (빈삼각이지만 편안)

호구 자세를 주지 않기 위해 흑1로 두텁게 이으면 귀에 근거를 확보한 백이 2, 4의 빈삼각으로 나가더라도 편안한 흐름이다.

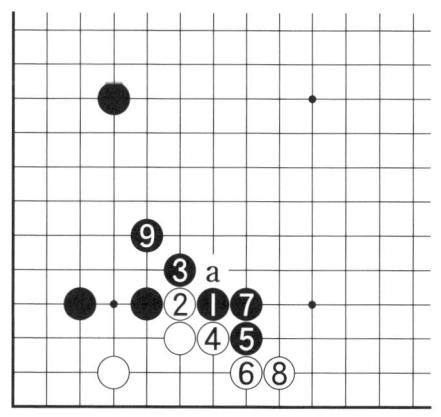

9도

9도 (흑의 부담)

4도 백2 때 흑1의 한칸씌움은 중앙에서 변까지 눌러가려는 뜻인데 백은 2로 나간 후 8까지 낮은 자세이지만 안정해서 충분하다.

흑은 9로 지키며 중앙을 막아 두텁지만 a쪽 단점이 있어 부담으로 남아있다.

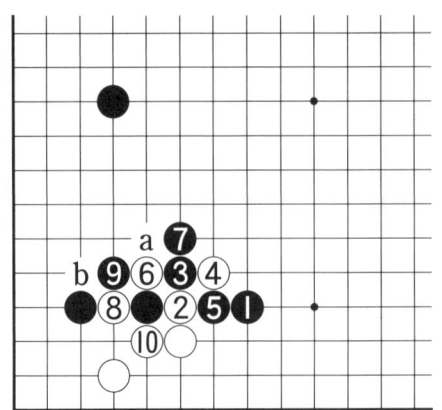

10도

10도 (흑, 두칸씌움)

4도 백2 때 흑1의 두칸 씌움이면 백2, 4에 흑5로 끊고 이하 10까지 필연이다. 다음 흑a로 막으면 백b로 돌려쳐 흑이 불리한 흐름이다.

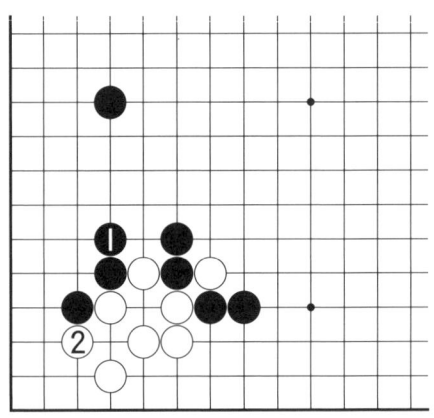

11도

11도 (흑, 불만)

흑이 틀어막을 수 없다면 1로 늘어두는 것이 차선책이다.

백은 2로 막아 실리가 착실한데 흑은 모양이 엷어 불만이다.

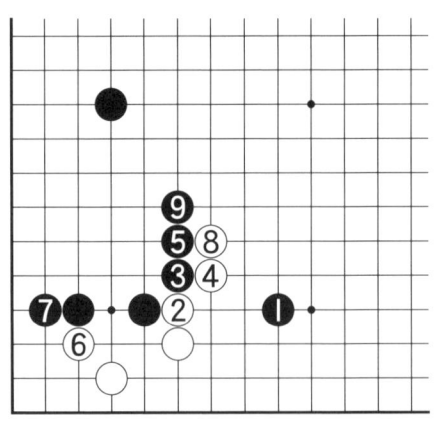

12도

12도 (흑, 세칸씌움)

흑1의 세칸씌움이면 백2로 밀어 올린 후 9까지 필연이며 백은 이대로 손을 빼도 큰 염려가 없다.

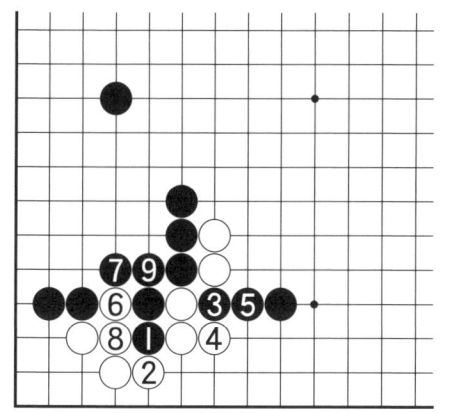

13도

13도 (백, 선수로 정리)

흑이 백 모양을 추궁하자면 1, 3
의 끊음이 효과적인데 백은 4 이
하 9까지 살면서 정리할 수 있다.

　백이 세력은 허용했지만 다시
선수인 점이 자랑이다.

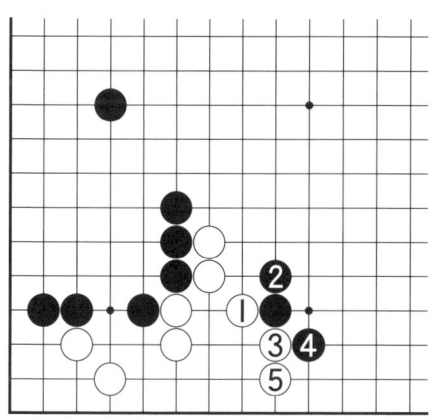

14도

14도 (백, 안정책)

12도 다음 흑 세력을 허용하기 싫
다면 백1 이하 5까지 안정해두는
것도 약간 소극적이지만 하나의
방안이다.

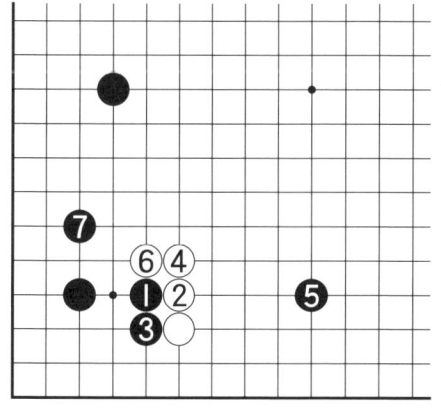

15도

15도 (백, 두터운 운영)

거슬러 올라가 흑1에 백2로 밀어
올리면 흑3에 막고 백4에 흑5로
변에서 협공이 한때 유행했던 효
과적 공격이었다.

　다음 백6에 흑7이 상형인데, 백
이 귀의 활용을 탄력적으로 구사
하며 두텁게 운영하면 충분하다.

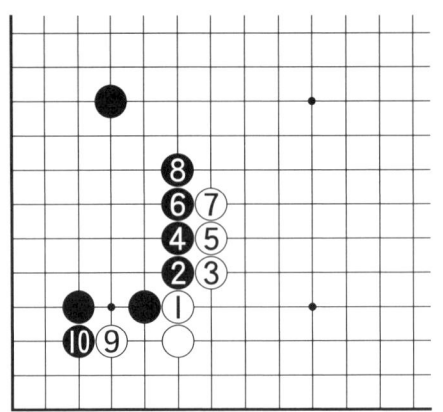

16도

16도 (백, 충분)

백1에 흑2로 젖히고 8까지 좌변 모양을 키우면 백9의 활용이 시의 적절하며 흑10 다음 선수인 백이 충분한 흐름이다.

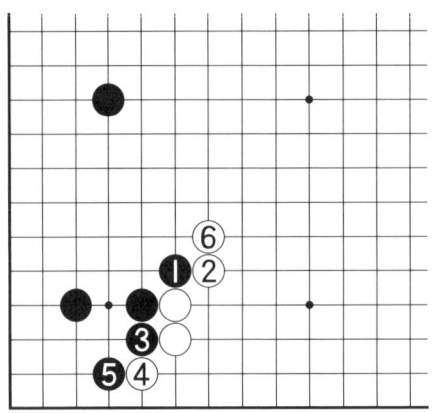

17도

17도 (백, 힘찬 대응)

15도 백2 때 흑1, 3으로 젖히고 막는 것이 강수이지만 백도 4로 젖힌 후 6으로 가만히 올라서는 수가 힘차다.

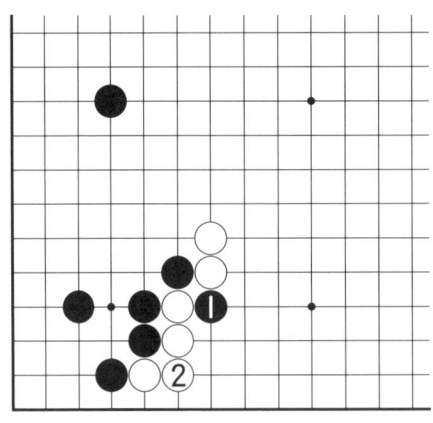

18도

18도 (흑, 싸우기에 부담)

이다음 흑1의 끊음이 기세이지만 백2로 이으면 약점이 많은 흑이 싸우기에 부담이 된다.

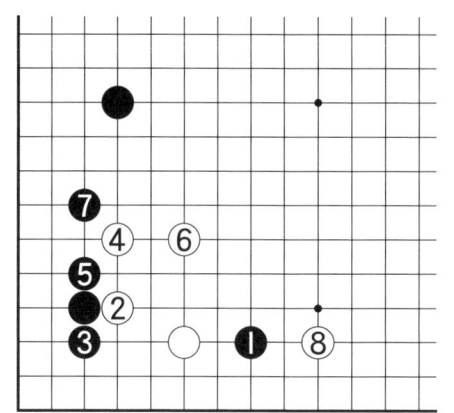

19도

19도 (백, 활발)

처음으로 돌아가서 흑1로 협공하면 백2의 옆구리붙임이 효과적이다. 흑3으로 귀에 들어오면 백4, 6이 가벼운 행마이다. 다음 흑7에 백8로 협공하면 백이 활발한 흐름이다.

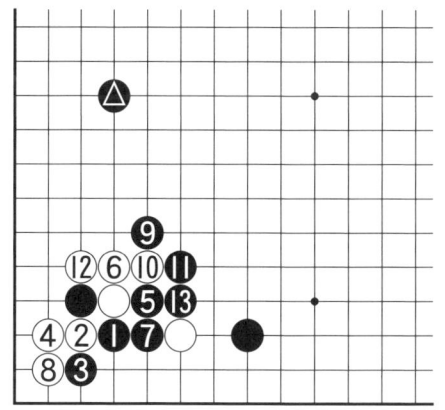

20도

20도 (비효율적 역할)

앞 그림 백2 때 흑1로 젖히면 백2의 맞끊음이 행마의 맥이며 이하 13까지 기억해둘 정석 변화이다.

　문제는 흑▲의 역할인데 일단 비효율적이다.

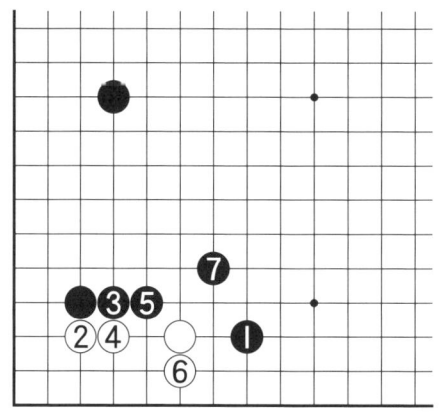

21도

21도 (변신할 여지)

흑1에 백2로 3三에 붙이면 흑3 이하 7까지 변신할 여지가 있다. 이러면 화점 정석으로 환원된다.

　물론 백6으로는 AI가 알려주는 추천 변화들이 있지만 여기서의 주제가 아니다.

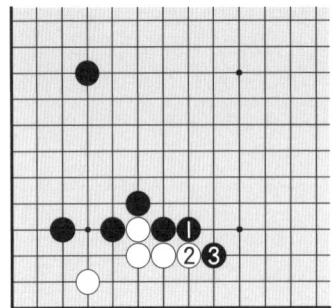

▦ 장면

이 장면에서 흑1로 하나 늘고 3의 막음은 변을 은근히 봉쇄하려는 노림인데 백이 어떻게 대처할지 생각해보자.

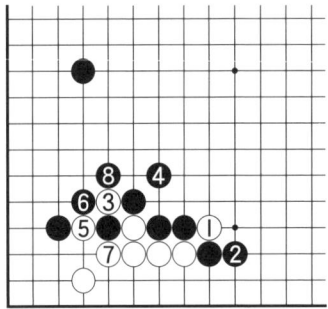

1도 (흑, 성공)

일단 백1의 끊음이 기세이며 흑2 다음이 문제인데 백이 3, 5로 한점을 잡으면 흑이 8까지 틀어막아 노렸던 봉쇄작전이 성공한다.

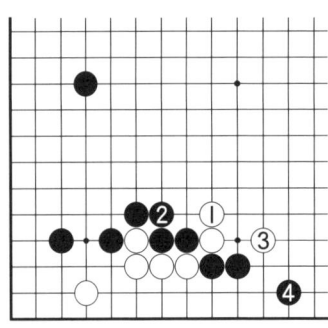

2도 (백, 약세)

앞 그림 흑2 때 하변이 초점인데 백1, 3으로 노골적인 씌움은 수순에 문제가 있다.

흑의 중앙 약점이 완화되었고 하변도 4로 사뿐히 달리면 양쪽 백이 약세가 되어 불리한 싸움이다.

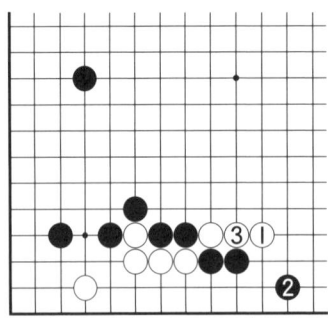

3도 (백, 강세)

앞 그림의 수순을 바꿔 백1의 씌움부터 두는 것이 행마의 요령이다. 흑2로 달리면 이번에는 백3에 틀어막아 일거에 강세가 되고 흑은 양쪽에 약점이 노출되어 불리한 싸움이다.

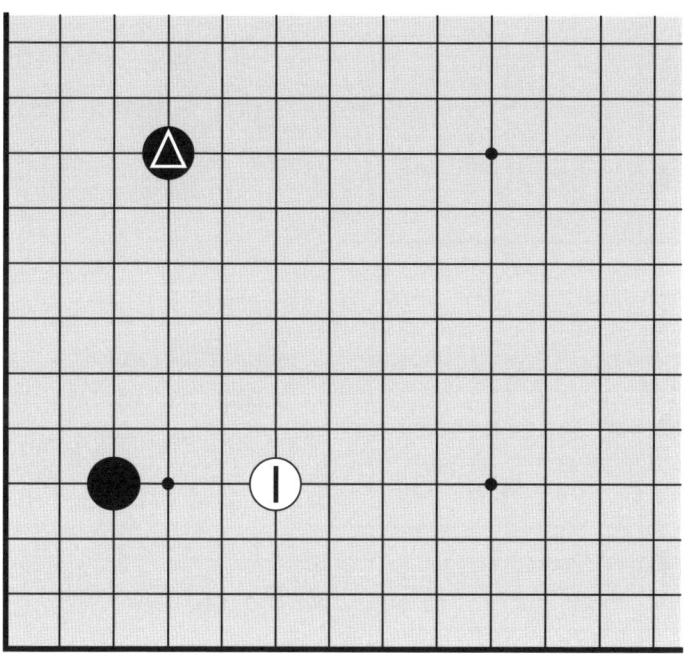

기본형

이번에는 소목에 백1의 두칸걸침인데 변과 중잉도 고려한 작전이다. 실리가 취약해 단독으로는 거의 두지 않지만 흑△와 같은 상대 병력이 포진할 때 눈목자걸침과 마찬가지로 국면을 넓게 사용하려는 전략적 선택인데 이후의 핵심 변화에 대해 알아본다.

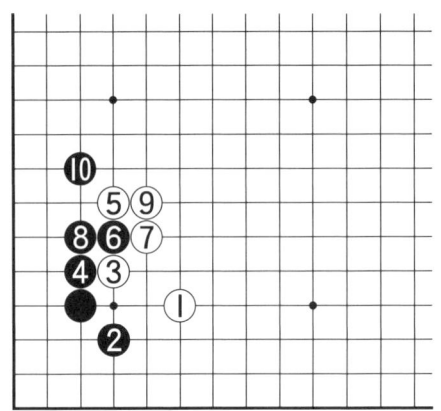

1도

1도 (흑, 착실한 실리)

귀쪽만 한정해서 백1의 두칸걸침이면 일단 흑2의 마늘모 지킴이 안정적이다.

　백이 높은 위치를 살려 3으로 눌러간 후 10까지 되면 실리가 착실한 흑이 좋다는 평이다.

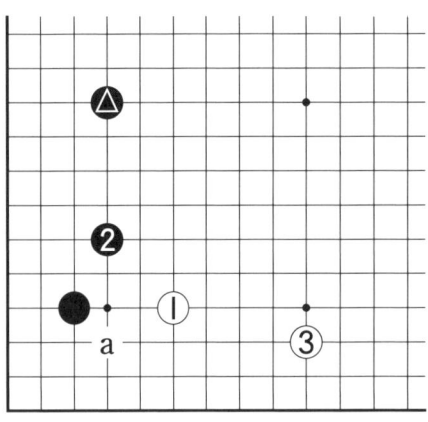

2도

2도 (무난한 지킴)

흑▲와 같은 배치에서 백1의 두칸걸침이 주로 시도되는데 변을 향해 흑2와 백3으로 지키면 서로 무난하다. 차후 a는 서로 근거를 다투는 요소이다.

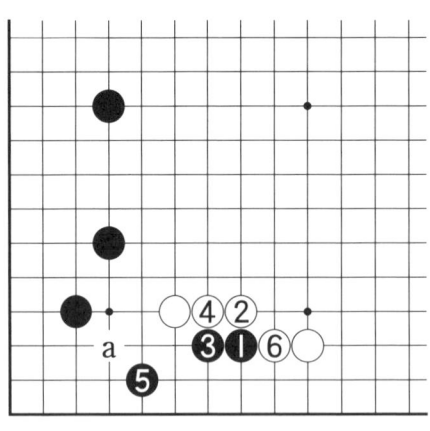

3도

3도 (위험한 침입)

이다음 흑1의 침입은 위험한 발상이다. 백2로 막은 후 6까지 되고 나서 흑이 a쪽 엷음을 또 지켜야 한다면 발이 늦다.

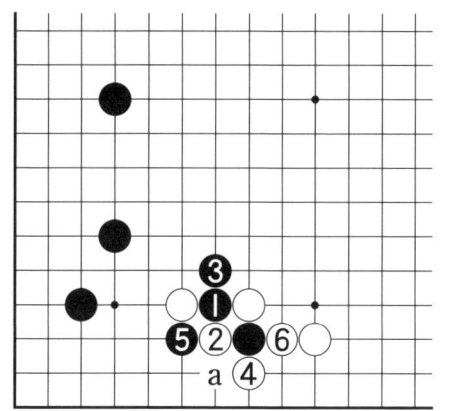

4도

4도 (흑, 미약한 성과)

앞 그림 백2 때 흑1로 끼우면 백 2, 4로 잡는다. 흑5와 백6 다음 흑이 a의 단수는 패가 부담이 되기에 물러서야 한다면 침입으로 얻은 성과가 미약하다.

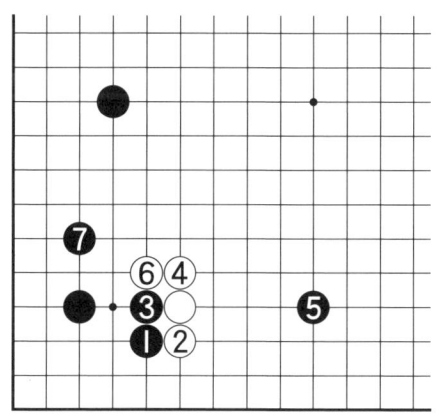

5도

5도 (동일한 변화)

처음으로 돌아가서 흑1, 3으로 밀어올려 귀를 지키면서 5로 협공하면 백6과 흑7로 수순이 이어지는데 눈목자걸침에서도 보았던 변화이다.

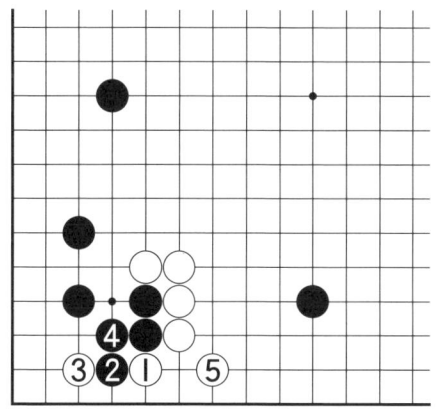

6도

6도 (백, 탄력적 행마)

이다음 귀에서 백1, 3의 껴붙임이 교묘한 활용이며 흑4에 백5의 호구가 탄력적 행마이다.

백은 귀를 괴롭히면서 탄력도 생겨 두터움을 운영하는 데 한층 도움을 준다.

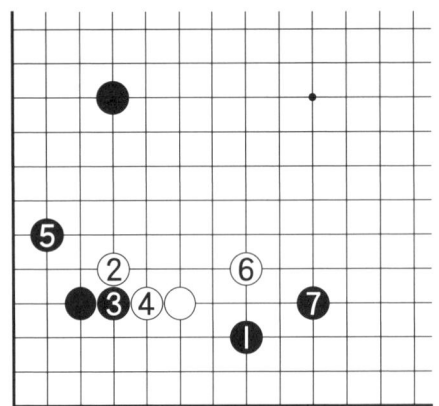

7도

7도 (무난한 흐름)

흑1로 협공하는 경우에 대해 알아
보자.

변쪽 백2에 흑3, 5로 받고 백6
에 흑7이 되면 일단 무난한 흐름
이다.

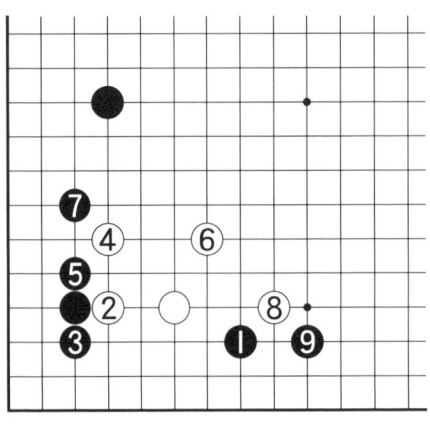

8도

8도 (백, 활발)

흑1에 백2의 치받음이 강수인데
흑3으로 귀쪽에 늘면 백4, 6으로
모양을 갖추며 흑이 좌변으로 넘
어갈 때 백8에 흑9로 백이 하변을
눌러가면 활발하다.

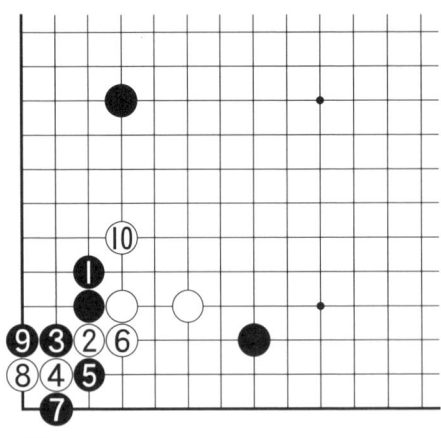

9도

9도 (행마법)

앞 그림 백2 때 흑1로 변쪽에 늘
면 백2, 4의 이단젖힘이 행마법이
다. 흑5 이하 9로 잡으면 백10의
씌움이 요소이며~

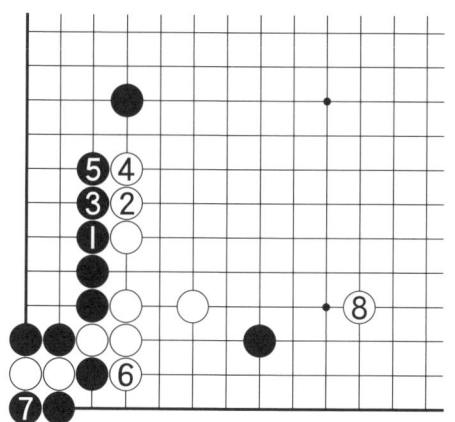

10도

10도 (백, 활발)

흑1 이하 5로 넘을 때 백6, 8로
협공하면 좌변에 쌓은 벽을 배경
으로 공격하는 흐름이 되어 백이
활발하다.

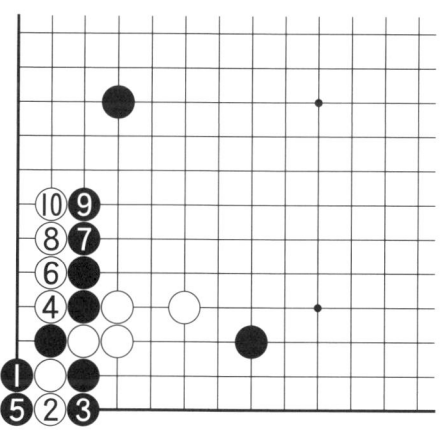

11도

11도 (흑, 위험한 단수)

9도의 수순 중 흑1, 3은 잡는 방
향이 잘못되어 위험하다.

백4 이하 10까지 기어나가면~

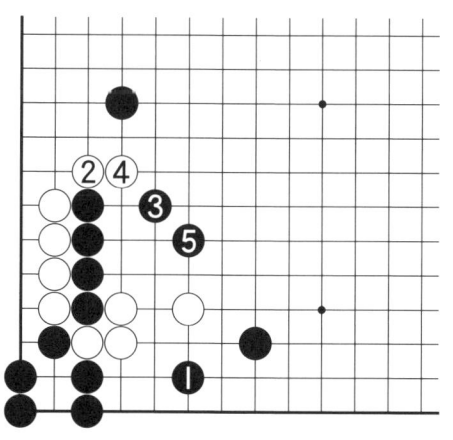

12도

12도 (필연)

흑1의 연결이 절대일 때 백2로 젖
히면 흑3에 받고 백4에 흑5의 지
킴도 필연이다.

언뜻 양쪽 백이 쫓겨서 곤란할
것 같지만~

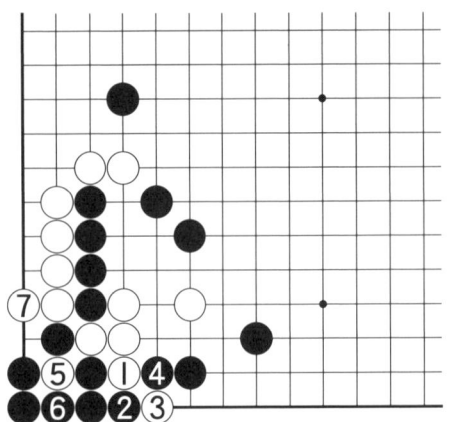

13도

13도 (귀의 치명적 약점)

귀에는 치명적인 약점이 있다. 백 1 이하 7까지 추궁하면 패가 발생하는데 백의 선패 아닌가.

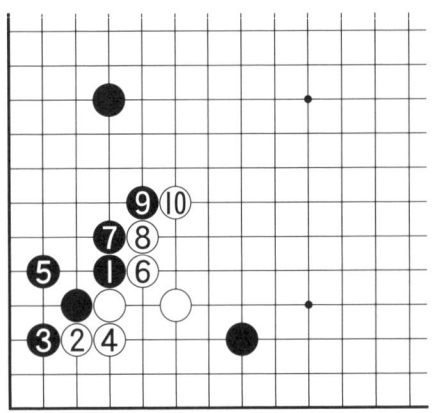

14도

14도 (백, 두터운 정리)

8도 백2 때 흑1, 3으로 강하게 이단 젖히면 백은 4 이하 모양을 갖추는데 10까지 두텁게 정리해가서 충분하다.

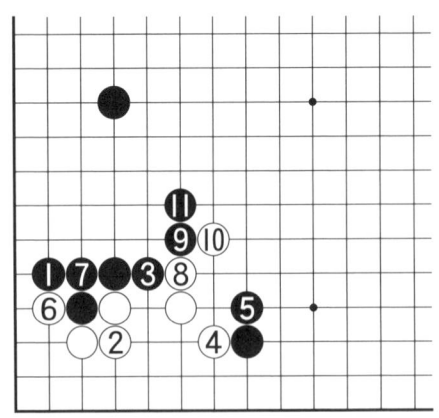

15도

15도 (백, 편안)

앞 그림 백2 때 흑1, 3으로 좌변에 힘을 실으면 백은 4, 6을 선수해서 귀를 차지한 후 11까지 밀고 나가 편안한 흐름이다.

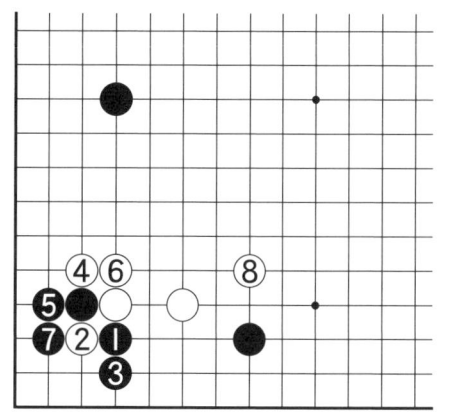

16도

16도 (백, 활발)

8도 백2 때 흑1로 귀쪽 젖힘이면 백2로 맞끊는 것이 맥이다.

흑3으로 귀쪽에 늘면 백4, 6으로 좌변에 모양을 갖춘 후 8로 씌우며 폭을 넓혀 백이 활발하다.

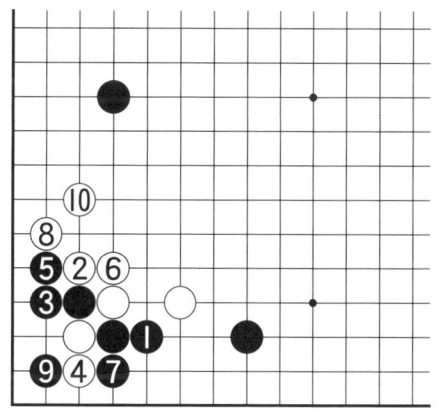

17도

17도 (백, 미흡)

앞 그림 백2 때 흑1로 변쪽에 늘면 백2, 4에 흑5는 필연인데 백의 다음수가 중요하다.

단순히 백6에 이으면 흑7 다음 백8, 10으로 지키는 것이 후수라서 백이 미흡하다.

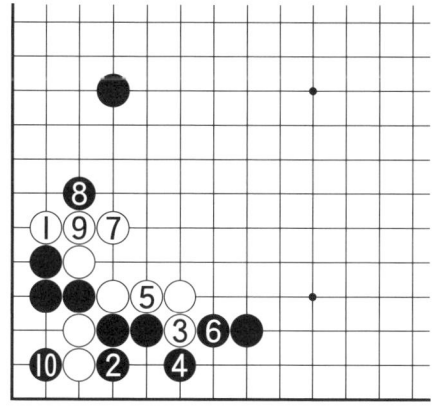

18도

18도 (백, 선수로 타개)

앞 그림 흑5 때 백1의 젖힘이 교묘한데 모양이 허술해도 흑이 약점을 함부로 건드릴 수 없다.

결국 흑2로 지켜야하고 백이 7까지 정리하면 흑8, 10으로 보강해야하니 백이 선수로 타개해서 충분하다.

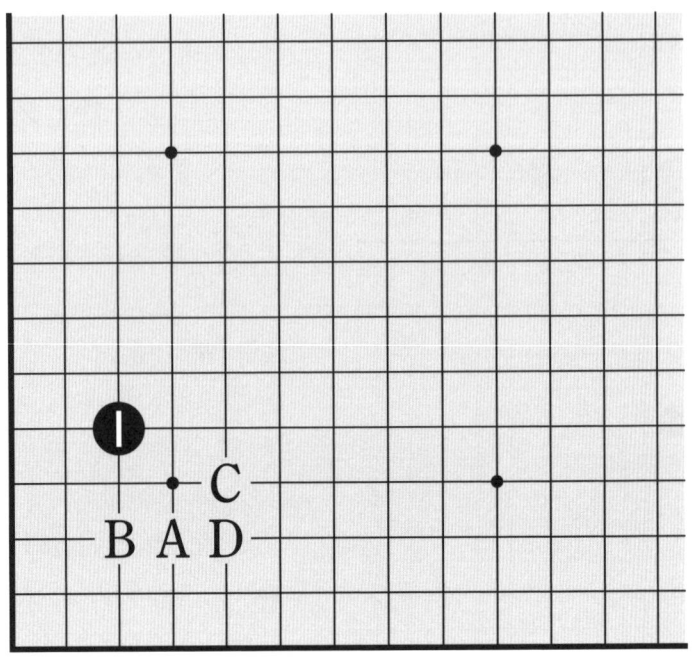

기본형

이번 주제는 흑1의 외목에 걸치면서 벌어지는 정석 변화이다. 외목은 소목에 날일자로 걸치는 자리이기도 한데 실전에서는 손빼기가 주특기인 AI의 영향으로 소목에서 출발해 외목 정석으로 전환되기도 한다. 그런 점에서 외목 정석이라도 백A의 걸침이 주류이지만 의외로 핵심은 간단하며, 더불어 B~D의 걸침에서의 핵심 변화와 다른 전략적 걸침에 대해서도 알아본다.

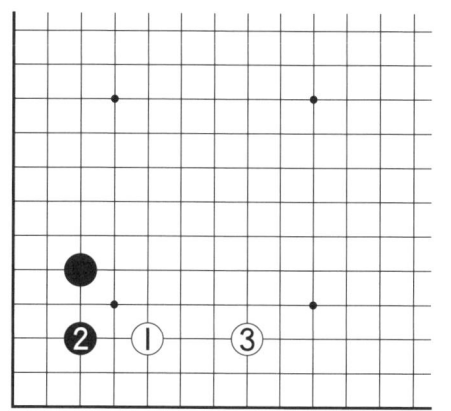

1도

1도 (밭전자걸침)

백1의 밭전자 걸침은 흑2로 귀의 실리를 허용해도 백3으로 변에서 안정하겠다는 뜻이다.

백이 소극적이지만 외목에서의 싸움을 피하려는 간명책이다.

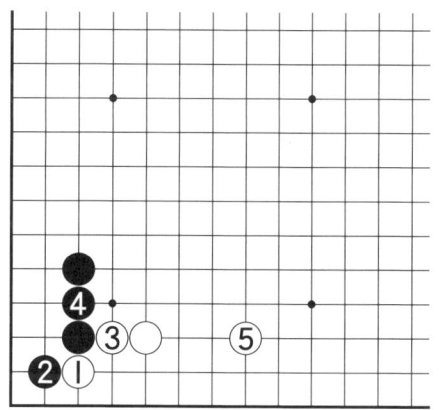

2도

2도 (특별한 방법)

귀에서 백1, 3을 활용하고 5로 안정하는 특별한 방법도 있다.

흑 모양이 단단해진 대신 귀에 백의 노림이 있다.

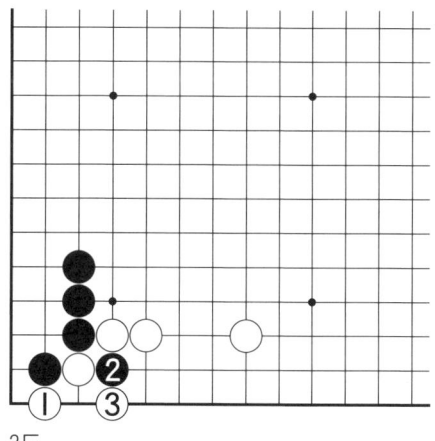

3도

3도 (패로 버티는 노림)

백의 노림이란 차후 백1로 젖히고 흑2에 백3의 패로 버틴다는 계산이다. 다만 초반에 이런 지엽적인 기술은 바람직하지 않다.

4도 (백, 두터운 결과)

백△에 흑1로 반발하면 백은 2로 끊은 후 10까지 변화해서 두터운 결과이다.

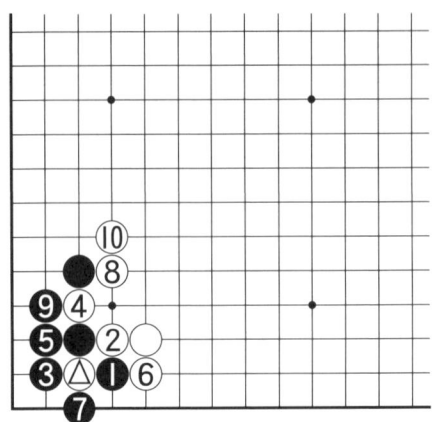

4도

5도 (고목 자리 날일자걸침)

백1의 고목 자리 날일자걸침도 귀에서 싸움을 피하는 소극적인 방법이다.

흑2로 귀를 지킨 후 9까지 예전 정석 변화인데 AI의 평은 실리가 충실한 흑이 편안하다고 본다.

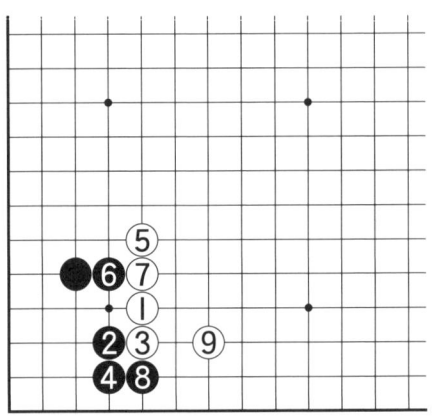

5도

6도 (흑, 좌변 진출)

앞 그림의 수순 중 흑6은 모양의 엷음을 보강하기 위함인데 생략하고 그냥 흑1로 좌변에 진출해도 좋다는 평이다.

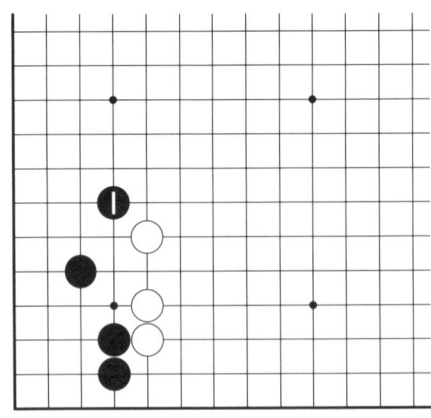

6도

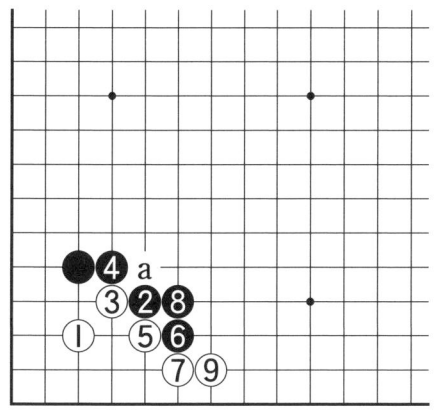

7도

7도 (3三걸침)

백1의 3三걸침은 AI도 인정하는 실리 위주의 적극적인 수단이다. 흑2의 날일자씌움이면 백3부터 붙이면서 9까지 예전에는 백이 눌려 좋지 않다고 했는데 오히려 AI는 백이 a의 약점을 노리면서 둘 만하다고 본다. AI시대의 간명한 정석이라 봐도 좋다.

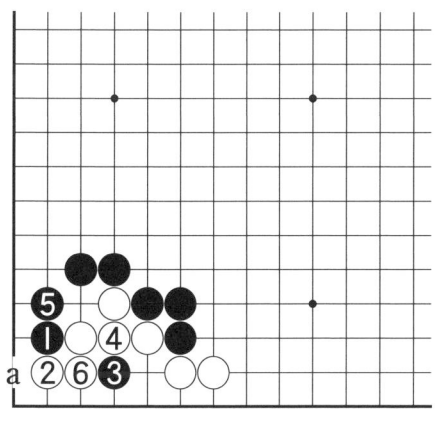

8도

8도 (귀의 대응법)

차후 흑1, 3으로 귀를 공략하면 백은 4 다음 a가 아닌 6에 잇는 것이 정수라고 한다.

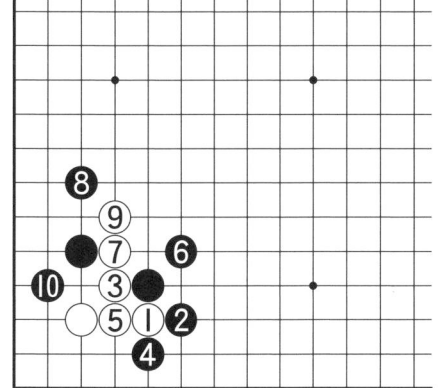

9도

9도 (백, 미생)

흑이 씌울 때 백1부터 붙이고 3으로 수순을 바꾸면 흑4로 단수치고 6으로 변신한다. 백7에 흑8, 10이면 백이 졸지에 미생으로 쫓겨 흑이 분단되어도 활발하다고 한다.

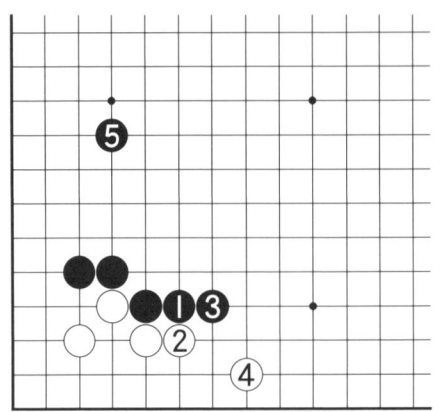

10도

10도 (호각)

7도 백5 때 흑1로 늘면 백2로 밀고 4의 날일자가 간명한 행마인데 흑5로 벌리면 호각이라고 본다.

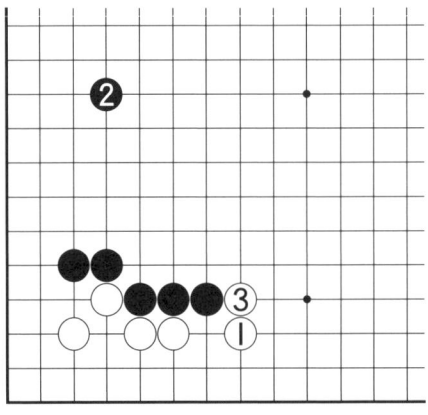

11도

11도 (백, 변의 발전책)

백이 변의 발전을 생각한다면 하나 밀고 나서 1로 뛰어도 좋다고 한다. 귀에 맛이 있지만 흑이 당장 추궁하기는 어려워 2로 벌리면 백 3에 밀어올림이 요소이다.

백1에 흑이 손을 빼고 두는 것도 효율적인데 어쨌든 이런 식의 진행도 호각이다.

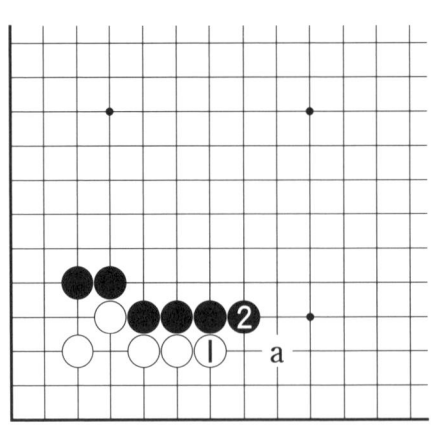

12도

12도 (손빼기 위한 밀기)

백이 선수를 잡고 싶다면 1로 한 번 더 밀고 손을 빼도 된다.

다만 백이 a의 진출을 위한 밀기라면 흑이 그만큼 두터워져 백의 불만이다.

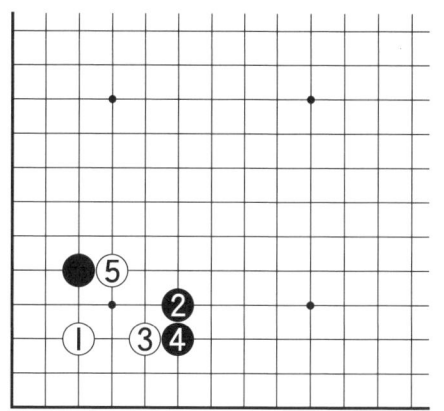

13도

13도 (흑, 눈목자씌움)

되돌아가서 백1에 흑2의 눈목자 씌움일 때는 백3에 한칸 뛰고 흑4 로 막으면 백5로 붙이는 것이 행 마의 요령이다.

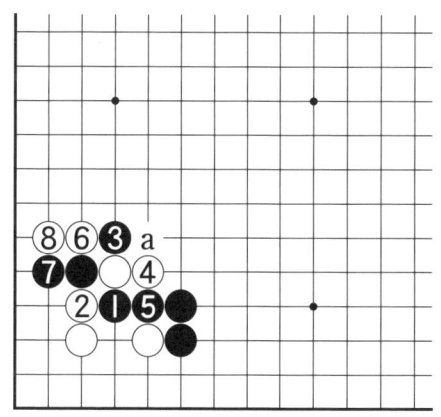

14도

14도 (축문제)

이다음 흑1로 젖혀 5까지 차단하 면 백6, 8로 몰아 a의 축문제가 발생한다. 사실 백은 이 축이 유리 해야 3三걸침도 유효하다.

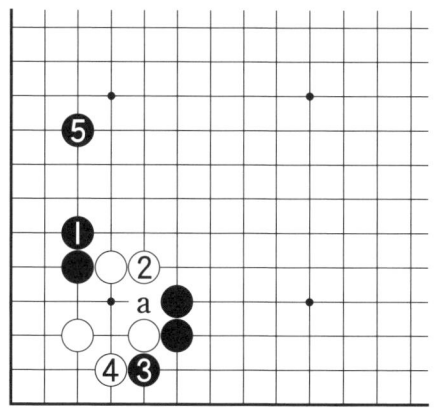

15도

15도 (흑, 축이 불리할 때)

13도 다음 흑은 축이 불리해도 1 로 늘고 백2로 모양을 잡을 때 흑 3을 활용해서 a의 맛을 남긴 후 5 로 벌리면 호각이다. AI가 제시하 는 추천 변화였다.

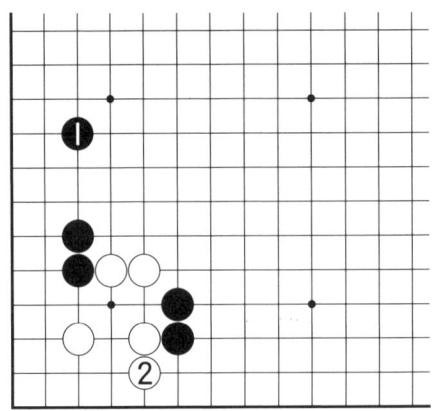

16도

16도 (흑, 불만)

앞 그림 흑3의 활용은 긴요한데 이 수순을 생략하고 흑1로 먼저 벌리면 백2로 맛을 없애며 하변 흑이 약해져서 불만이다.

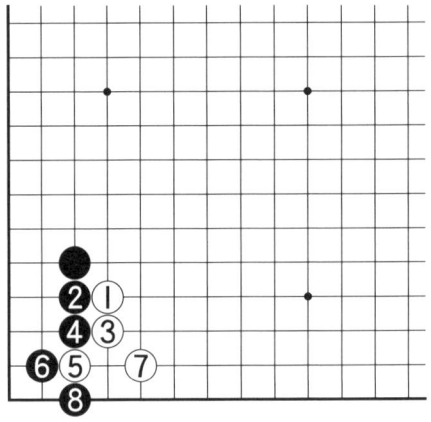

17도

17도 (어깨짚음에 가까운 걸침)

처음으로 돌아가서, 백1의 마늘모 걸침도 AI가 알려주는 하나의 방안이다. 걸침이라기보다 어깨짚음에 가까운데 흑2, 4로 귀를 지키면 백5로 젖힌다.

이때 흑6이면 백7의 호구로 탄력을 주고 흑8을 유도해서 백이 손을 빼도 활발하다.

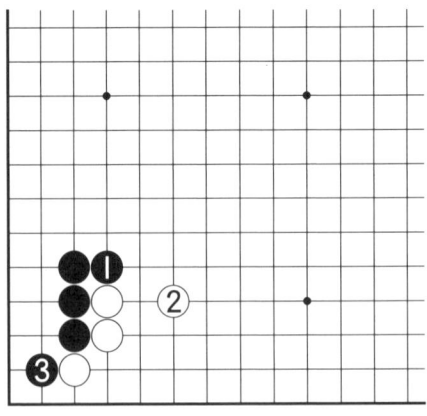

18도

18도 (효율적 수순)

앞 그림 백5 때 흑1이 두터운 자리이고 백2에 흑3으로 막는 것이 효율적 수순이며 무난한 타협이라고 한다.

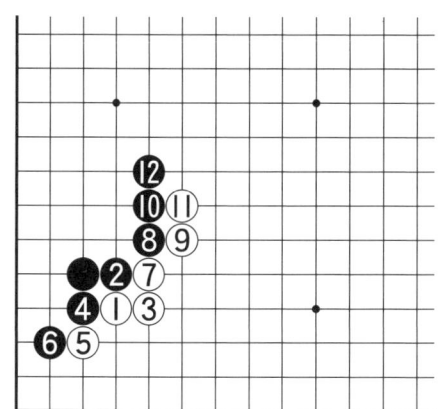

19도

19도 (모양 대결)

백1에 위쪽 흑2로 먼저 밀고 4, 6
으로 젖히면 백7로 꼬부린 후 12
까지 서로 모양을 키우는데 이 변
화도 호각으로 본다.

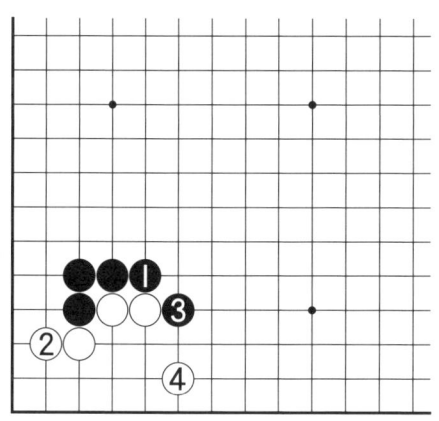

20도

20도 (귀의 실리로 대항)

앞 그림 백3 때 흑1로 한번 더 밀
때는 백2로 전향해서 귀의 실리로
대항한다. 흑3의 젖힘에는 백4의
날일자가 수비의 틀인데 이 변화
도 호각으로 본다.

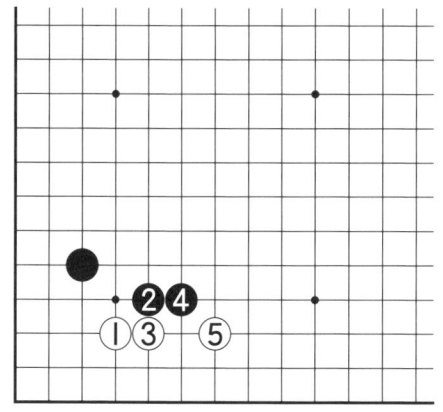

21도

21도 (소목 자리 날일자걸침)

주류는 소목 자리 백1의 날일자걸
침인데, 실전에서는 대부분 소목
날일자걸침에 손을 빼서 외목 정
석으로 둔갑한다.

실은 AI의 추천 일순위는 간명
한데 흑2, 4로 눌러가서 백5로 뛰
는 변화이다. 이렇게 활용해두고
흑이 손을 빼면 충분하다고 본다.

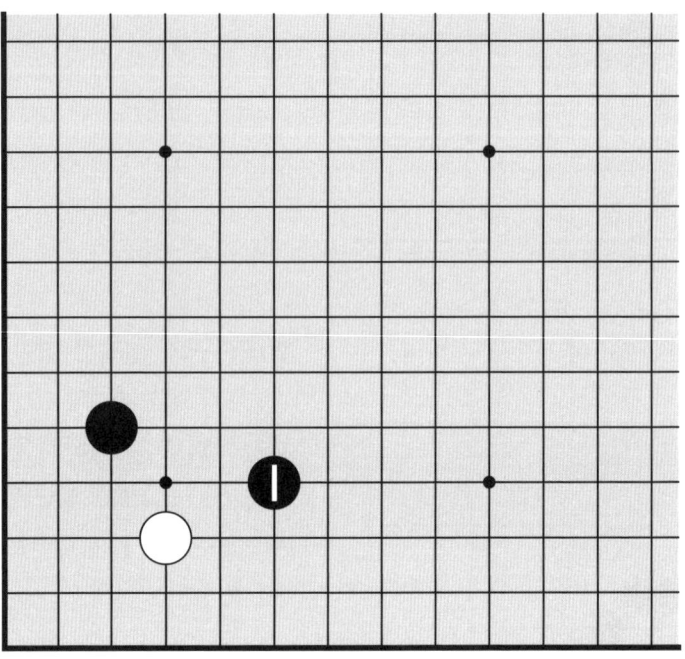

기본형

외목 날일자걸침에서 흑1의 눈목자씌움은 대사씌움이라고도 하는데 예전부터 이 정석에서 길고도 많은 변화가 나온다고 해서 '대사백변'이라고도 별칭이 붙었다.

이번 형에서는 책 한권에 실어도 부족할 만큼 난해한 변화를 피하면서도 효과적인 대응에 대해 알아본다.

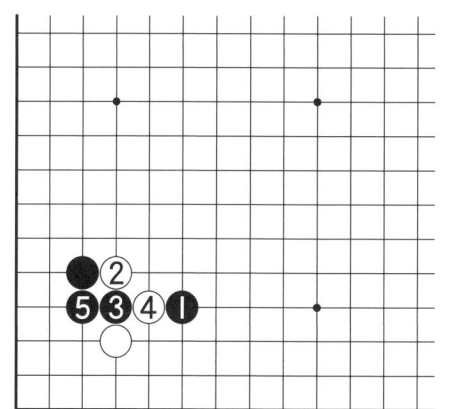

1도

1도 (대사백변의 출발)

흑1로 씌울 때 백2로 붙이고 흑3에 끼우면 길고도 많은 대사백변으로 들어간다.

백4에 흑5는 필연인데 다음 백은 위나 아래의 이음이 기다린다.

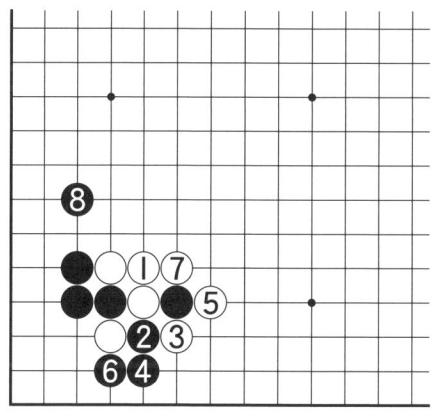

2도

2도 (흑, 착실한 실리)

위쪽 백1로 이으면 비교적 변화가 간단하다. 흑2로 끊은 후 8까지는 예전에 두었던 정석인데 흑의 실리가 착실하다 해서 지금은 거의 두지 않는다.

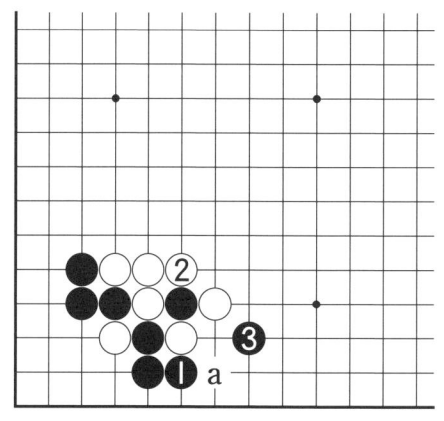

3도

3도 (흑, 더욱 편안)

나아가 앞 그림 백5 때 하변 흑1, 3으로 진출하면 더욱 편안하다고 보는 것이 AI의 견해이다.

이 수순에서 흑이 a쪽 뒷맛이 신경 쓰일 때는~

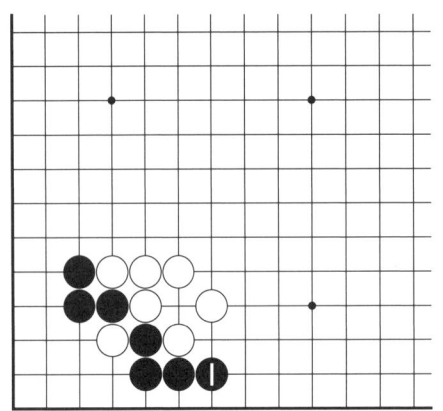

4도

4도 (안전한 행마)

앞 그림 흑3 대신 1로 늘면 안전한데 약간 느슨한 행마이지만 이래도 충분하다고 본다.

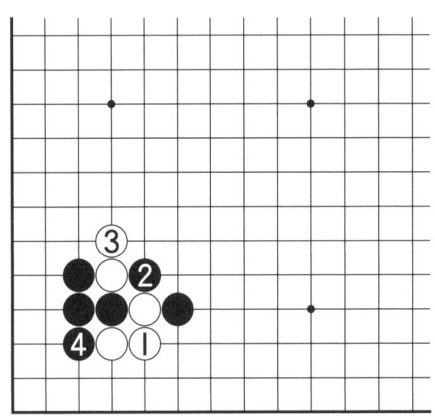

5도

5도 (난해한 변화)

1도 다음 아래 백1로 이으면서 난해한 변화가 펼쳐진다.

　우선 흑2, 4로 귀의 선점이 필연인데~

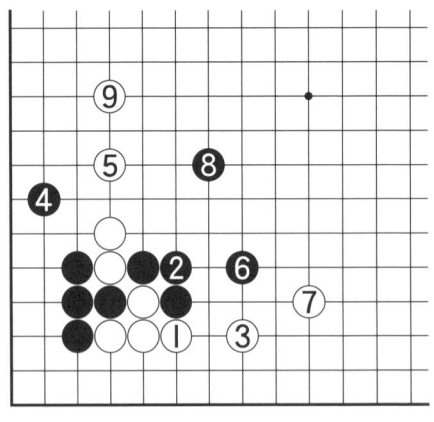

6도

6도 (무난한 변화)

백1로 밀면 흑2로 이은 후 9까지는 한동안 많이 두던 무난한 정석 변화이다.

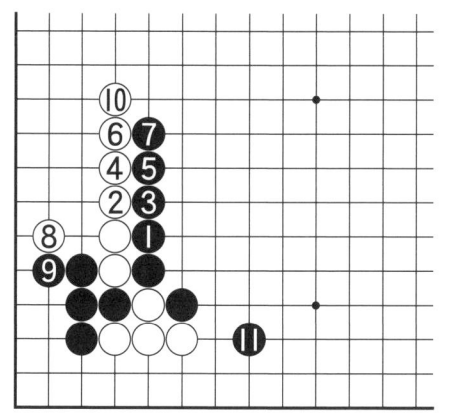

7도

7도 (본격 난해한 변화)

앞 그림 흑2로 잇는 대신 1 이하 7까지 계속 밀어간 후 벽을 이용한 11의 하변 공격은 위력적이면서 본격 난해한 변화가 숨겨있다.

백이 정교한 기술로 타개해도 대등한 정도이므로 미리 피하는 것이 좋은데 AI가 알려주는 두 가지 방안이 있다.

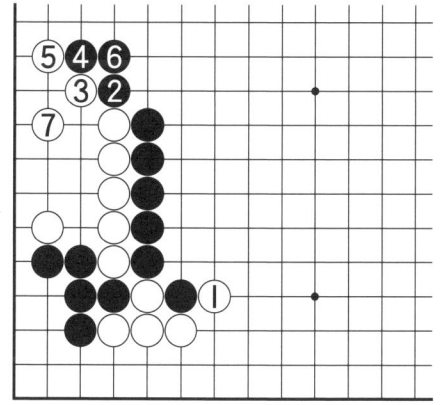

8도

8도 (백의 대응책)

우선 앞 그림 흑9 때 백1로 하변부터 보강한다.

흑2, 4의 이단젖힘에는 백5, 7로 버티면 충분하다고 본다.

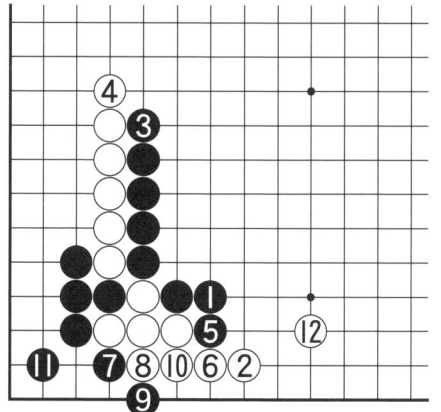

9도

9도 (흑의 대응책)

7도 백6 때 흑이 무난히게 두는 변화도 있다.

흑1, 3으로 중앙을 강화해놓고 이하 12까지 하변을 압박하면서 귀를 정리하면 호각이라고 본다.

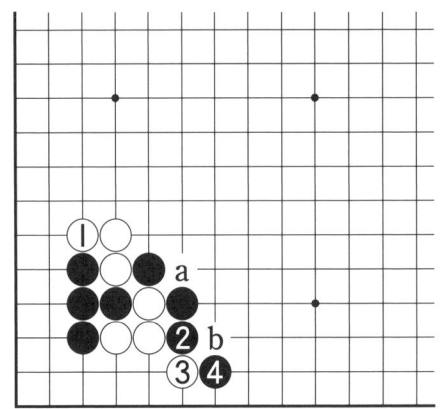

10도

10도 (백, 축이 유리할 때)

5도 다음 백은 축이 유리하다면 1의 막음도 아주 난해한 변화를 미리 피하는 방안이다.

이때 흑2, 4로 막는 것은 a와 b의 약점으로 축이 불리한 흑이 곤란하다.

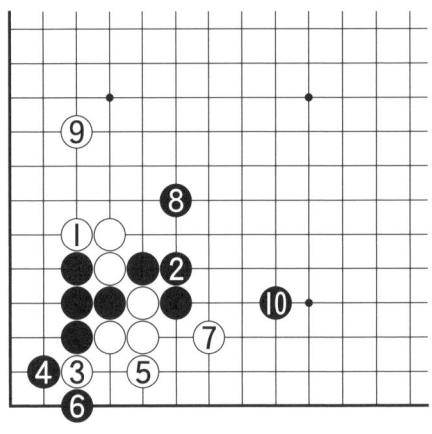

11도

11도 (효율적 행마)

백1에는 흑2로 잇는 정도인데 백3, 5의 호구가 효율적 행마이며 흑6을 유도해 백7로 진출한다.

흑도 8, 10으로 씌우며 중앙 두터움을 도모하는데~

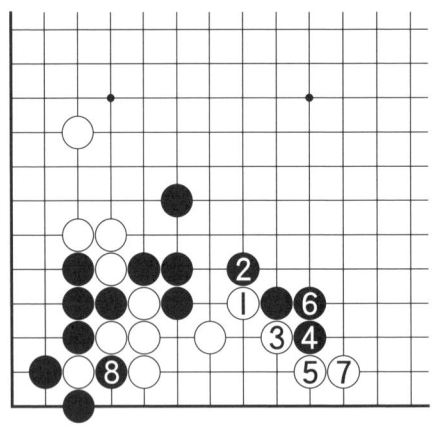

12도

12도 (필연)

백1로 붙인 후 7까지 모양을 정리하면 흑8로 잡으며 귀를 확실히 살아두는 것도 필연이다.

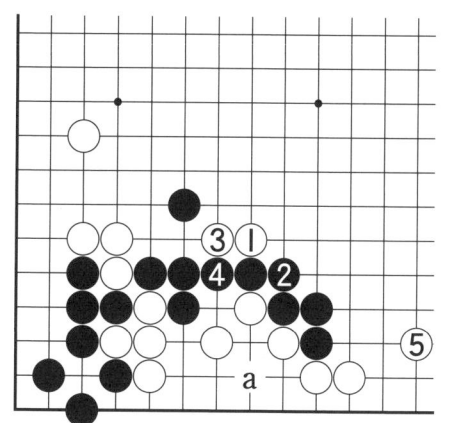

13도

13도 (백, 양쪽 정리)

이다음 백1, 3은 활용이며 5로 모양을 확실히 갖추면 양쪽을 정리한 백이 약간이라도 활발하다는 AI의 견해이다. 백진에는 a의 약점이 있지만~

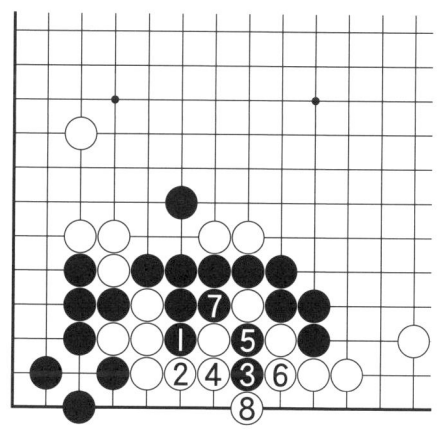

14도

14도 (백, 연결)

흑1, 3으로 치중하면 백4 이하 8까지 연결하는 데는 문제없다.

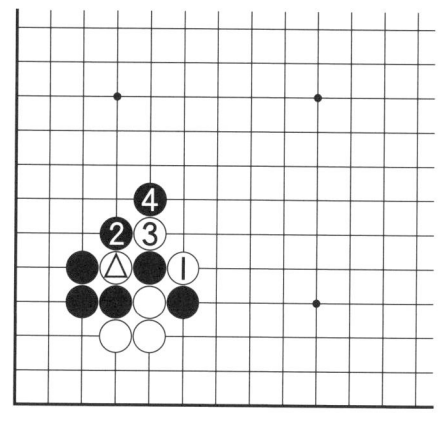

15도

⑤…△

15도 (핵심)

거슬러 올라가 5도 흑2 때 백1, 3으로 단수치는 방법도 있는데 흑도 잇지 않고 4의 되단수가 핵심이다. 백5로 따내면~

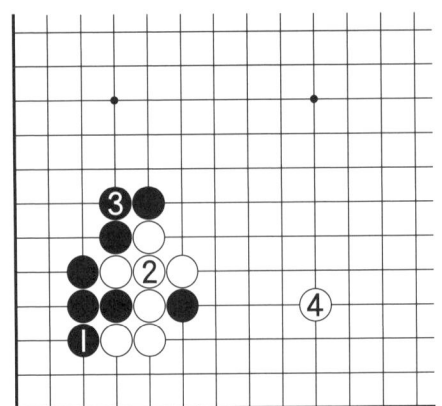

16도

16도 (백도 둘만하다)

흑1로 귀의 근거를 확보한 후 서로 4까지 모양을 갖추면 일단락이다. 지금까지 흑의 실리가 돋보이는 변화로 알려졌지만 AI는 백도 둘만하다는 의외의 진단을 한다.

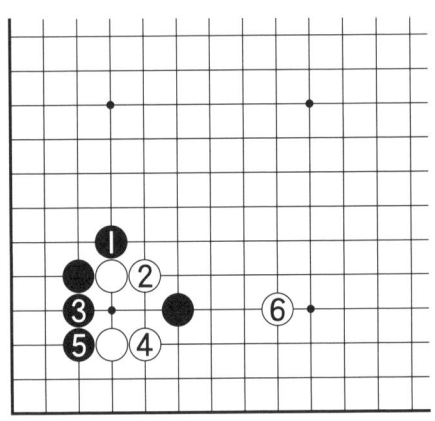

17도

17도 (흑, 축이 유리할 때)

되돌아가서 1도 백2 때 흑도 축이 유리하면 애초부터 난해한 변화를 피하는 방법이 있다.

흑1로 젖힌 후 6까지 서로 귀와 변에 모양을 잡으면 무난한 타협이다.

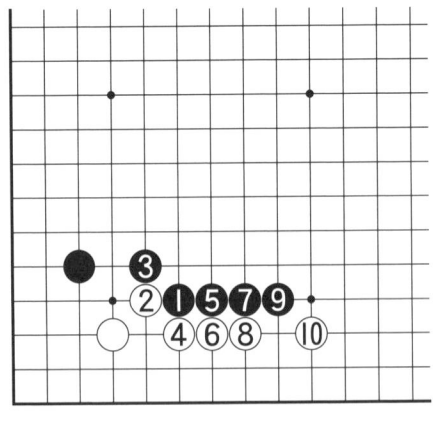

18도

18도 (백, 호구 행마)

백도 처음부터 대사백변을 피하고 싶다면 흑1에 백2, 4의 호구 행마가 간명한데 계속해서 10까지 진출하면 한때 유행하던 정석이지만 AI는 흑이 두텁다고 본다.

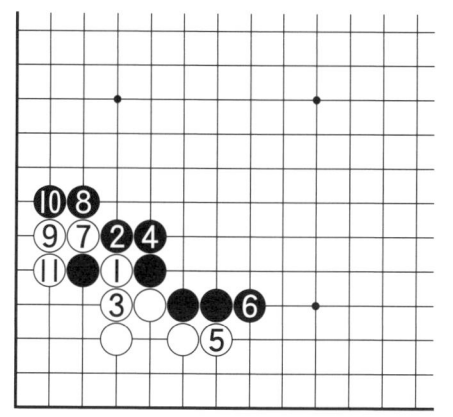

19도

19도 (흑, 불리)

앞 그림 흑5 때 백1, 3으로 끼워 잇는 것이 실전적이다.

   이때 흑4로 잇고 백이 5 이하 11까지 한점을 잡으면 실리가 월등해서 흑이 불리하다는 것이 AI의 해석이다.

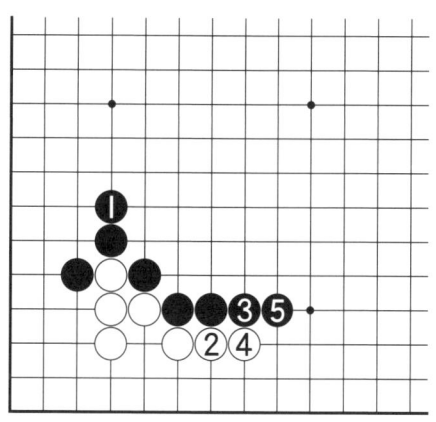

20도

20도 (교묘한 쌍점 행마)

앞 그림 백3 때 흑1의 쌍점이 좌우 양쪽을 방어하는 교묘한 행마이다. 백2, 4로 밀고 흑5에 손을 빼면 서로 적당한 타협인데 AI의 추천 정석이라 해도 무방하다.

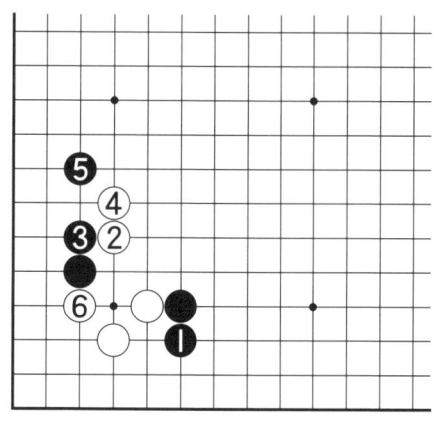

21도

21도 (백, 편안)

1도 백2 때 흑1로 변을 차단하면 백2 이하 6까지 AI의 변화도인데 백이 편하다고 본다.

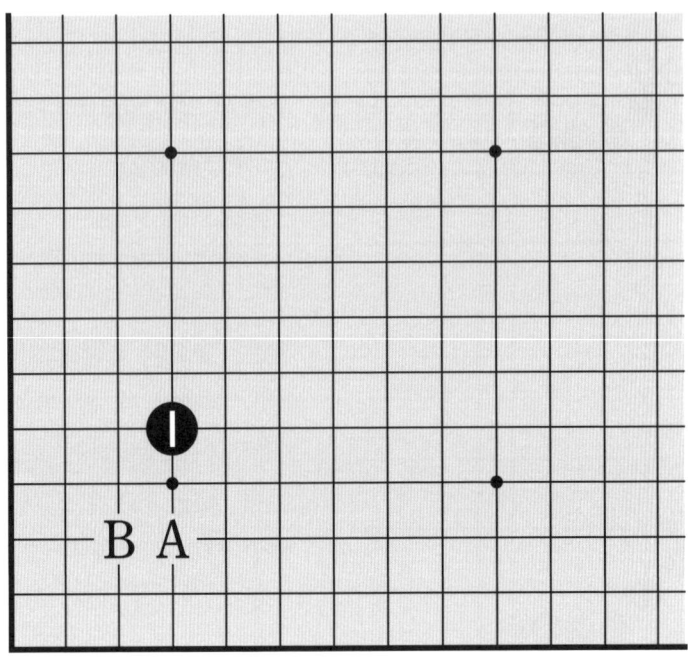

기본형

　　마지막 주제는 흑1의 고목에 백이 걸치면서 나타나는 정
석 변화이다. 고목은 소목에 한칸 걸치는 자리이기도 한데
실전에서는 귀를 보호하기 위해 받는 경우가 많아 단독으
로 두지 않는 한 사용빈도가 희박하다. 주로 상수가 전략상
많이 사용하므로 대비 차원에서 주로 백의 대표적 걸침인
A와 B의 핵심 변화에 대해 알아본다.

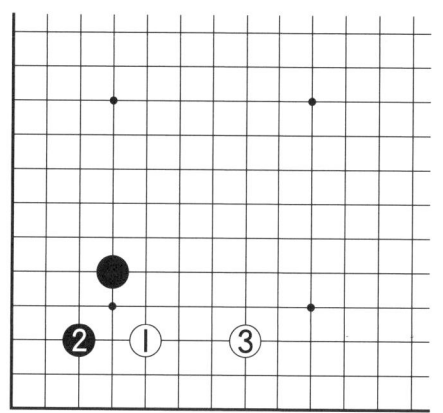

1도

1도 (흑, 착실한 실리)

본론으로 들어가기 전에 백1은 소극적 걸침인데 다가섬에 가깝다.

흑2로 지키고 백3으로 벌려 타결되는데 귀의 실리가 착실해서 백이 변에 안정하기 위함이 아니라면 선택하기 어렵다.

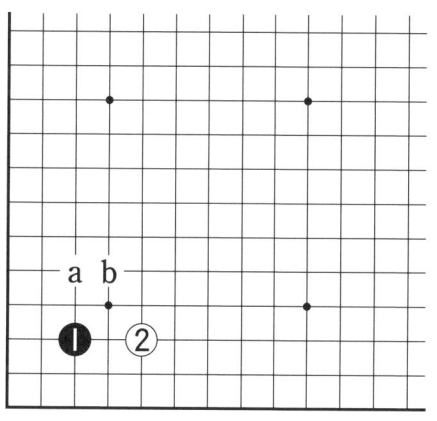

2도

2도 (3三에서 참고)

참고로 흑1의 3三에 백2로 다가서면 흑이 a나 b로 받아서 일단 편하다. 이중 흑이 b로 받은 것이 앞 그림과 같다고 생각해도 된다.

보통 3三에는 화점으로 씌우는 것이 일감이며 걸치더라도 두칸이 보편적이다.

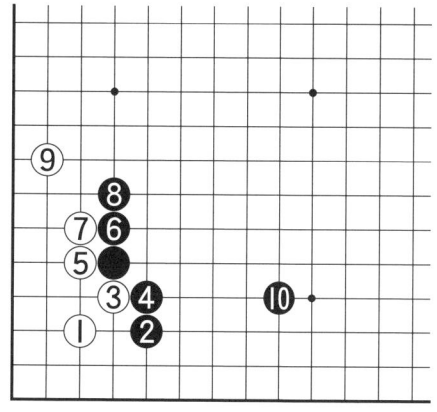

3도

3도 (외목 정석과 동일)

이제부터 본론인데 백1의 3三길침은 실리를 중시한다.

흑2로 차단한 후 10까지는 외목 정석에서도 나왔던 AI의 추천 변화인데 무난한 타협이다.

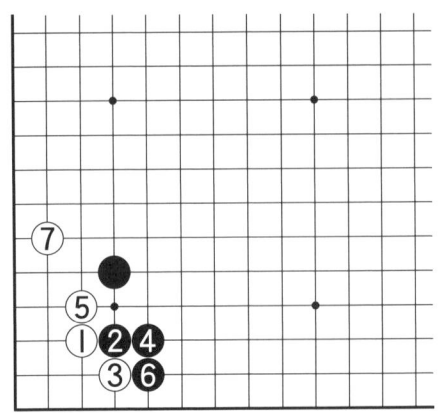

4도

4도 (백, 미흡)

백1에 흑2로 막는 것이 강수이지만 치명적 약점이 노출된다.

그러나 백3 이하 7까지 안정하면 간명하긴 해도 하변 흑이 두터워서 백이 미흡하다.

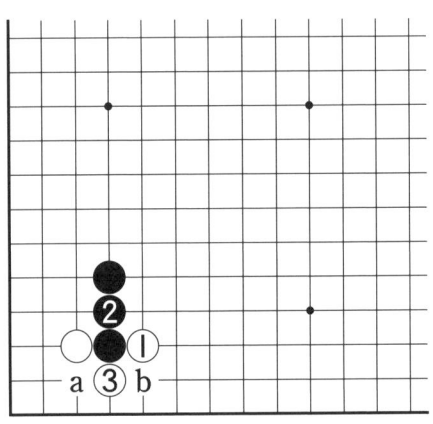

5도

5도 (껴붙이는 맥)

앞 그림 흑2 때 백1의 껴붙임이 약점을 공략하는 맥이다. 흑2로 이으면 백3에 넘어간 다음 흑이 a와 b의 어느 쪽을 끊더라도 끊은 쪽을 백이 잡으면 충분하다. 흑은 석점이 일렬로 된 중복형이다.

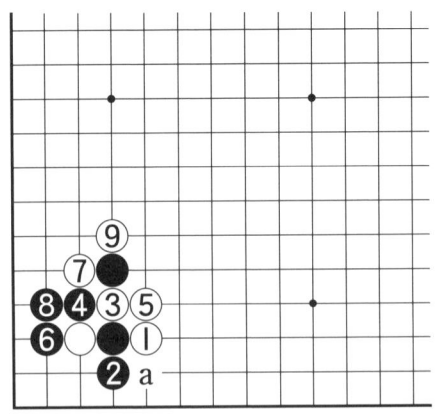

6도

6도 (백, 두터움)

백1에 흑2로 빠지면 백3의 끼움이 맥이다.

흑4, 6으로 귀쪽 한점을 잡으면 백7, 9로 몰며 a의 활용도 있는 만큼 백이 두터운 흐름이다.

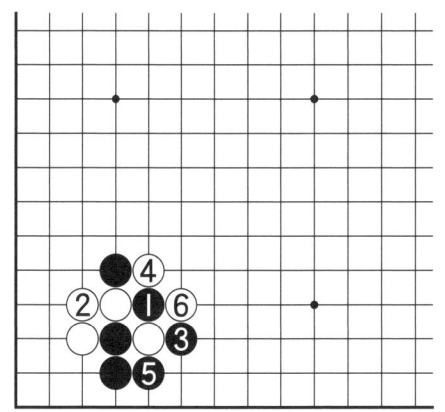

7도

7도 (백, 유리)

앞 그림 백3 때 흑1, 3으로 변쪽 한점을 잡으면 백4, 6으로 강하게 패로 버텨 역시 백이 유리한 흐름 이다.

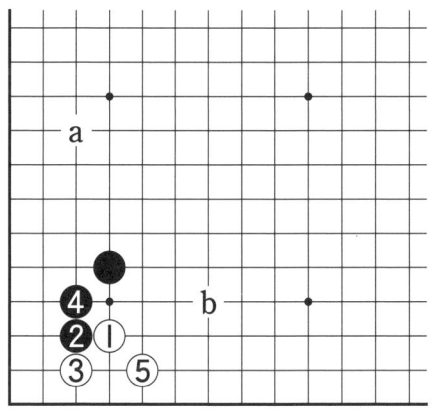

8도

8도 (흑, 실리 중시)

처음으로 돌아가서 백1의 소목걸 침이면 고목에서의 전략이 왕성하 다. 흑이 실리를 중시하면 2, 4의 붙여끌기가 보편적이다.

백5 다음 흑a와 백b로 모양을 갖추면 서로 무난한 타결인데 넓 은 안목의 AI는 이 자체로 흑이 손을 빼도 된다고 한다.

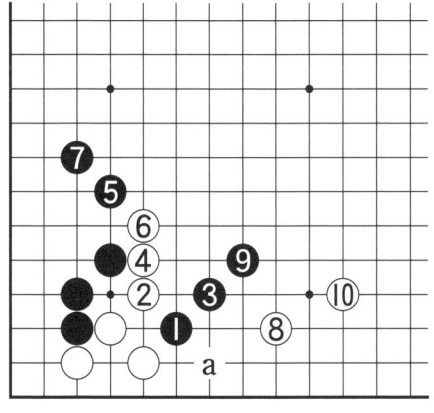

9도

9도 (흑, 불리)

이다음 당장 흑1의 공격은 성급하 다. 백2로 나간 후 10까지는 AI가 보여주는 변화인데 좌변 흑은 정 리됐지만 하변 백이 a로 넘을 수 있는 좋은 환경에서 흑 일단을 쫓 는 만큼 흑이 불리하다고 본다.

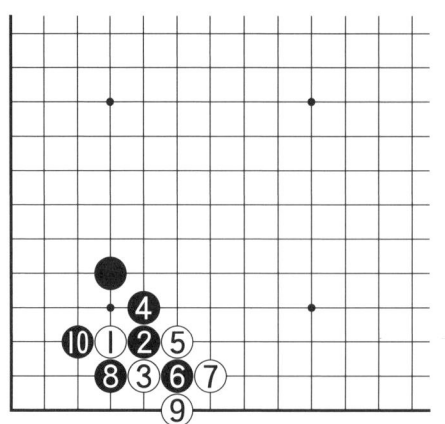

10도

10도 (귀의 실리가 돋보인다)

백1에 변쪽 흑2, 4의 붙여끌기도 일책이다. 이때 백5로 젖히면 흑6에 끊은 후 10까지 귀의 실리가 돋보인다.

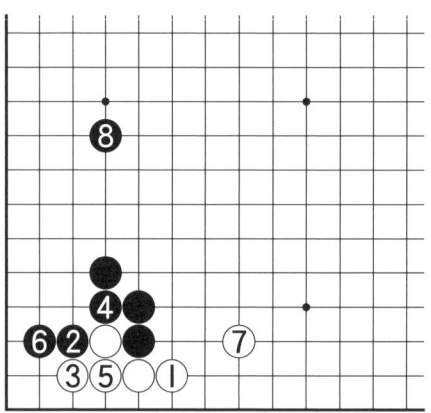

11도

11도 (유력한 뻗음)

앞 그림 흑4 때 백1로 뻗는 것이 유력하다. 흑2 이하 6까지 귀를 제어하면 서로 변에 모양을 갖추는데 백7과 흑8은 AI가 추천하는 벌림으로 호각이다.

흑이 8로 높인 것은 귀쪽이 두터운 만큼 중앙에 힘을 실었다.

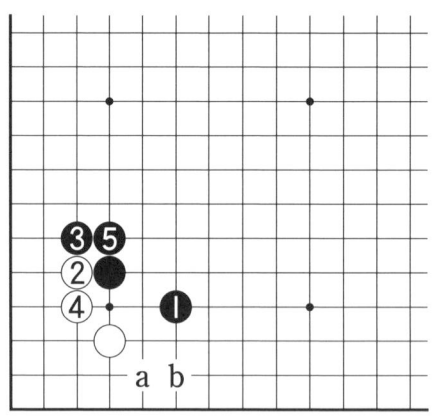

12도

12도 (흑, 세력작전)

흑1의 날일자씌움은 고목 특유의 세력작전인데 백2, 4로 귀를 차지하면 간명하다. 흑5 다음 백이 손을 빼면 흑a의 활용이 선수로 보장된다.

그렇다고 백b로 달리면 후수로 발이 느리므로~

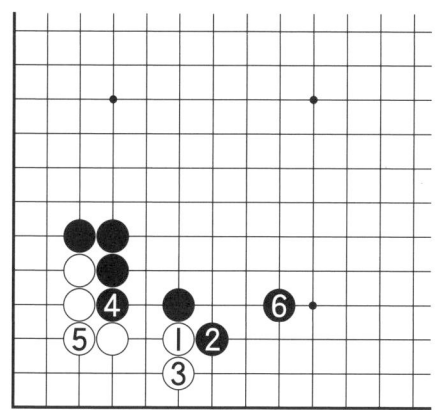

13도

13도 (적당한 타결)

백1로 붙인 후 6까지는 AI가 알려주는 변화인데 백이 활용을 피해 선수로 근거를 확장했고 대신 흑도 두터워졌으니 적당한 선에서 타결됐다.

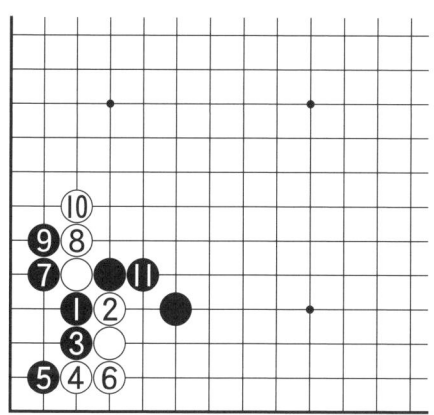

14도

14도 (흑, 안쪽 젖힘)

12도 백2 때 흑1의 안쪽 젖힘이면 백2로 끊어 싸움을 피할 수 없다.

흑3 이하 11까지는 필연인데~

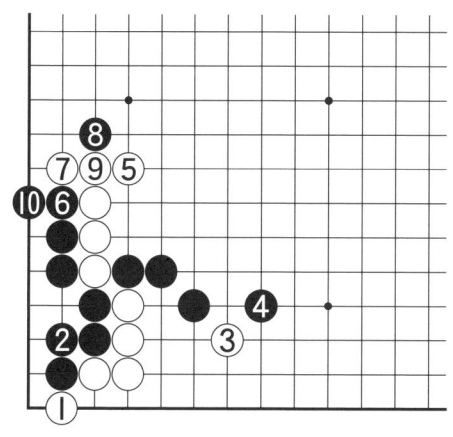

15도

15도 (알려진 수순)

백1, 3에 흑4로 씌우고 나서 좌변 백5의 마늘모에 흑6 이하 10까지도 그동안 익히 알려졌던 필연의 수순이었다.

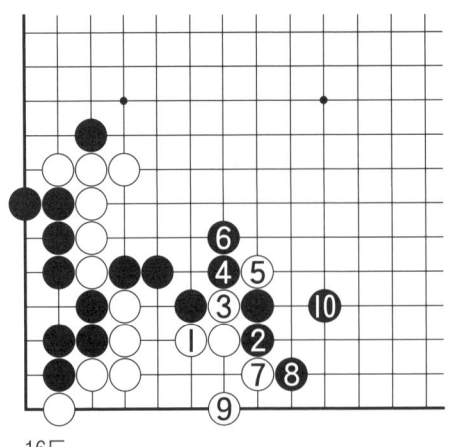

16도

16도 (알려진 정리법)

이다음 하변으로 돌아와서 백1로 후퇴하고 흑2로 막을 때 백3, 5로 나가 끊고 이하 10까지 서로 정리하면 그동안 호각의 싸움으로 알고 있었다.

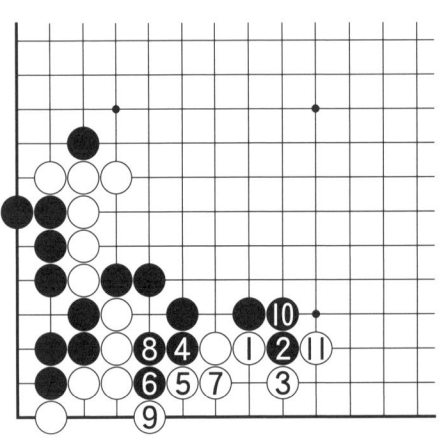

17도

17도 (백, 대만족)

그동안 정석이라 알고 있었던 수순에 AI는 이의를 제기한다. 15도 다음 하변에서 백1로 밀고 흑2 이하 추궁해도 백이 귀쪽과 연결에는 문제없고 11까지 변에 나가며 정리하면 대만족이라는 평이다. 그리고 보니 백은 양쪽이 트였고 흑은 중앙이 허술하다.

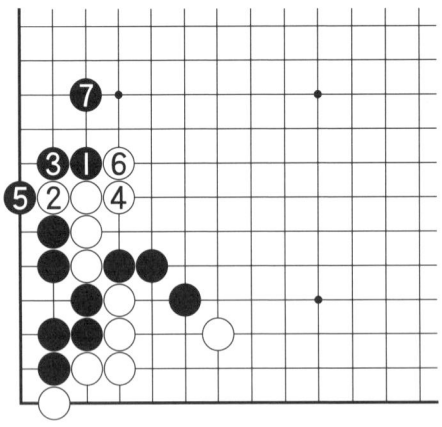

18도

18도 (흑, 싸우기 좋은 토대)

흑도 기회가 있었다. 15도 백3 때 좌변부터 흑1로 붙여 3, 5로 넘고 백6에 흑7로 진출하면 싸우기 좋은 토대를 만들 수 있었다는 평가이다.

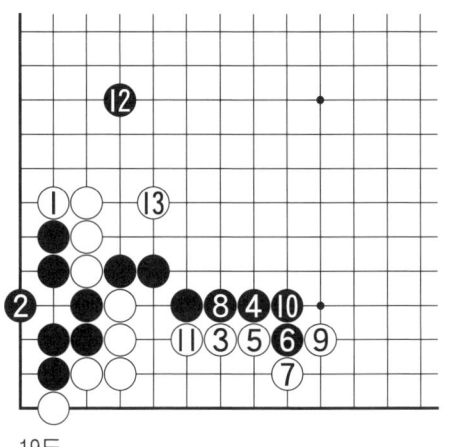

19도

19도 (백, 우세한 싸움)

사실 앞 그림은 흑의 희망사항이다. 흑이 기회를 잡기도 전인 15도 흑2 때 백1을 선수해놓고 3으로 나가면 흑의 불리가 명확해진다. 흑4 이하 두터운 수순으로 백이 11까지 후수로 연결할 때 흑12로 협공하지만 백이 중앙 13으로 나가면 아주 우세한 싸움이라는 평이다.

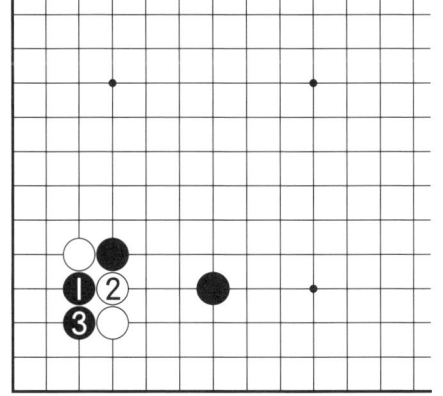

20도

20도 (백, 편안)

흑1의 눈목자씌움이면 백2, 4 다음 6의 한칸으로만 대응해도 백의 실리가 견실해서 편안한 흐름이라고 본다.

21도 (흑이 도발하면?)

앞 그림 백2 때 흑1, 3으로 도발하면 백이 어떻게 대응해야 할까?

21도

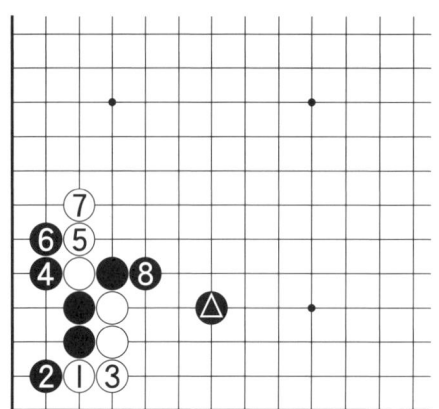

22도

22도 (흑의 주문)

날일자씌움에서와 같이 백1로 젖히면 흑2 이하 8까지 필연인데 이번에는 흑▲의 위치가 하변 백의 진출을 어렵게 한다. 이 진행이 흑의 주문이었다.

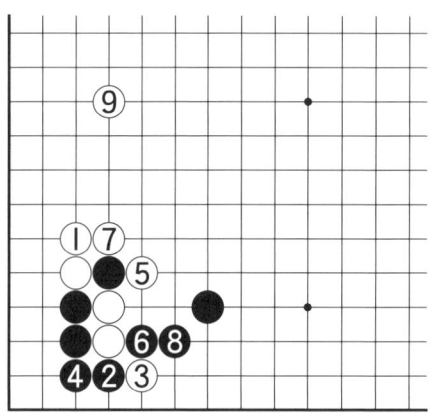

23도

23도 (백, 충분)

21도 다음 백1로 늘고 흑2, 4에 백5의 축으로 한점을 잡으면 간명하다. 서로 9까지 모양을 갖추지만 AI는 백이 충분하다고 본다.

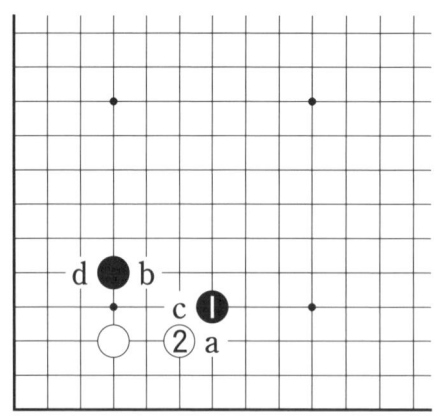

24도

24도 (백, 축이 불리할 때)

보통은 고목에 걸치는 쪽의 축이 유리하지만 반대인 경우 흑1에는 백2의 한칸 행마가 간명하다.

참고로 흑a로 막으면 백b로 붙이고, 흑c로 위에서 누르면 백d로 붙여 정리하면 무난하다.

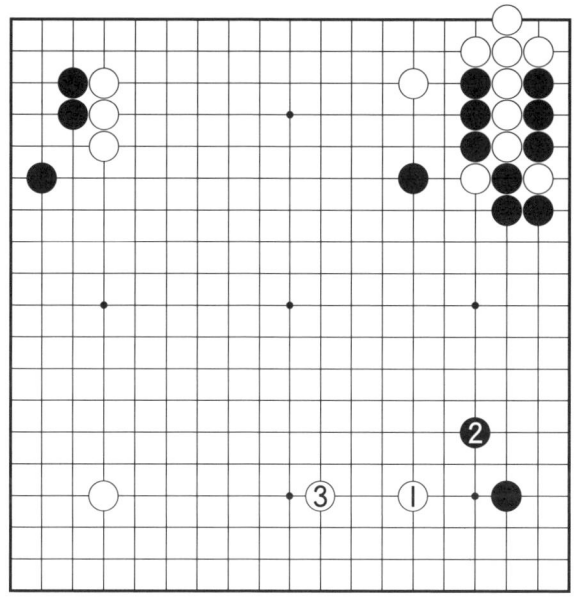

실전 1

실전 1

판의 상반부는 AI시대의 화점 정석으로 짜여져 있다.

우하귀 소목에 백1의 두칸걸침은 우변 흑 세력을 의식한 전략적 선택이며 흑2와 백3으로 서로 온건한 진행이다.

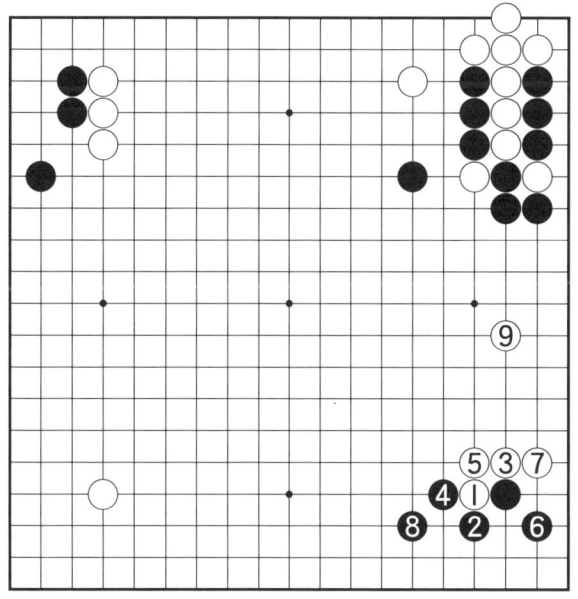

참고도

참고도 (AI 추천)

이 장면에서 예전에는 상상도 못했던 백1의 소목 붙임이 AI가 알려주는 과감한 발상이다. 흑2로 귀를 지키면 백도 3 이하 9까지 흑 세력이었던 우변에 정착하는 변화를 보여준다.

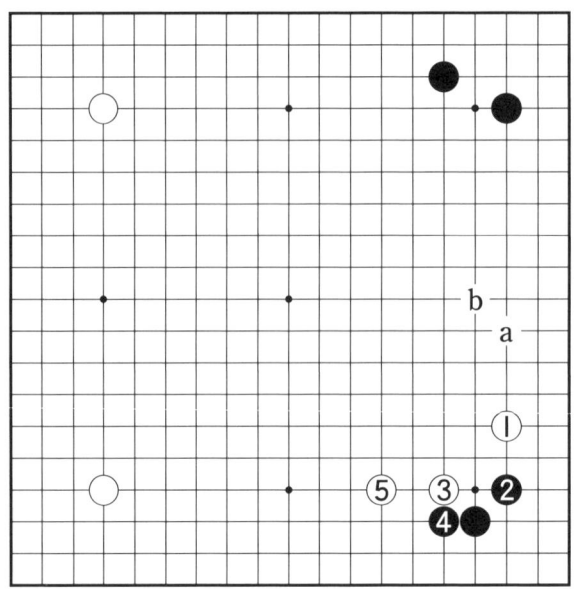

실전 2

실전 2

우하귀 소목에 백1의 눈목자걸침은 우상귀 소목 굳힘을 의식한 전략적 선택이다.

흑2의 마늘모로 간명하게 지킬 때 백은 a나 b로 벌리지 않고 하변에서 3, 5로 능동적인 국면을 추구하고 있다.

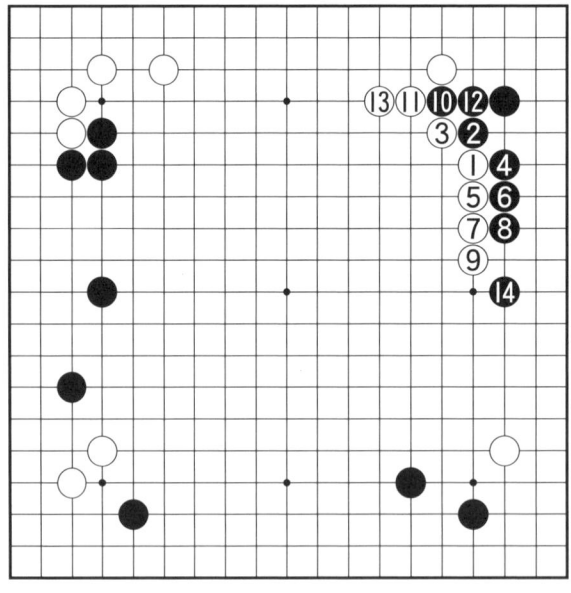

실전 3

실전 3

초점은 우상귀 외목에서 백1의 눈목자씌움인데, 흑은 난해한 싸움을 피해 2 이하 14까지 견실한 실리를 선택했다.

수순 중 흑10, 12로 끼워 이었을 때 백13의 쌍점은 변과 중앙을 동시에 지키기 위한 고심의 버팀수이다.

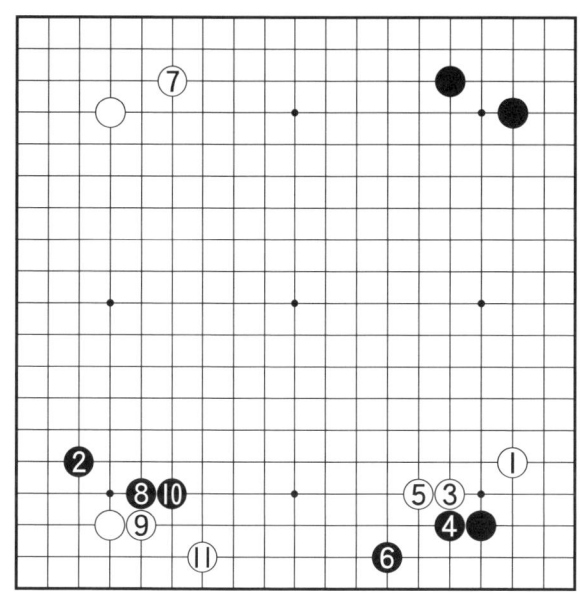

실전 4

실전 4

서로 백1과 흑2로 소목에 걸치면서 이제는 사정이 바뀌어 외목에서의 변화가 초점이 되었다. 백3, 5에 흑6, 흑8, 10에 백11은 모두 AI시대의 간명한 정석 선택이다.

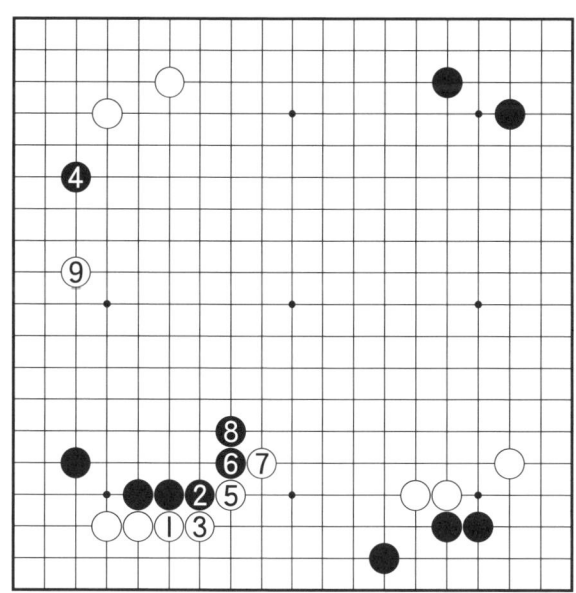

참고도

참고도 (AI 추천)

실전 흑10 때 백1, 3으로 밀어간 이후 9까지는 AI가 추천하는 변화이다.

이 과정에서 백3 때 흑이 손을 빼고, 흑8 때 백이 손을 빼는데 실전적 손빼기에 능한 AI의 진면목을 느낄 수 있다.

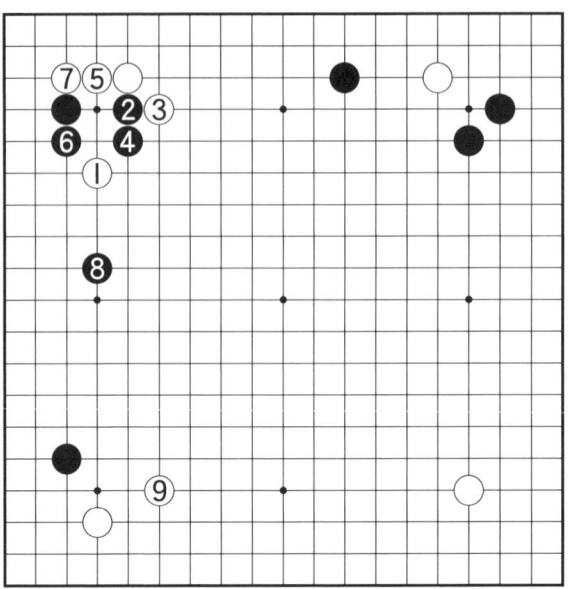

실전 5

실전 5

좌상귀 외목에서 백1의 눈목자씌움이 초점이다. 흑2로 붙이면 난해한 변화가 도사리지만 백은 3에 젖힌 후 7까지 귀를 차지하고 흑이 8로 좌변을 경영하는 간명한 길로 타협되었다.

수순 중 백5에 흑이 귀를 막지 못하고 6으로 물러선 것은 축이 불리한 까닭이다.

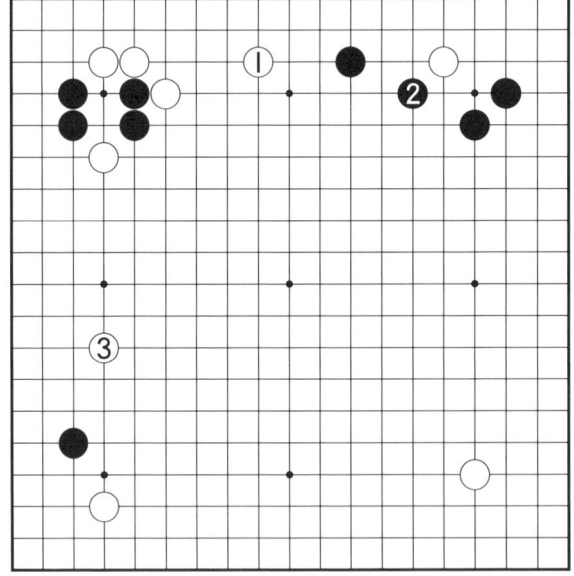

참고도

참고도 (AI 추천)

실전 흑6 때 백1로 상변에 벌려 흑2를 유도한 뒤 백3으로 좌변부터 협공하는 변화는 AI가 추천하는 넓은 안목의 포석 전략이다.

부록 AI시대 간추린 정석

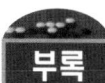

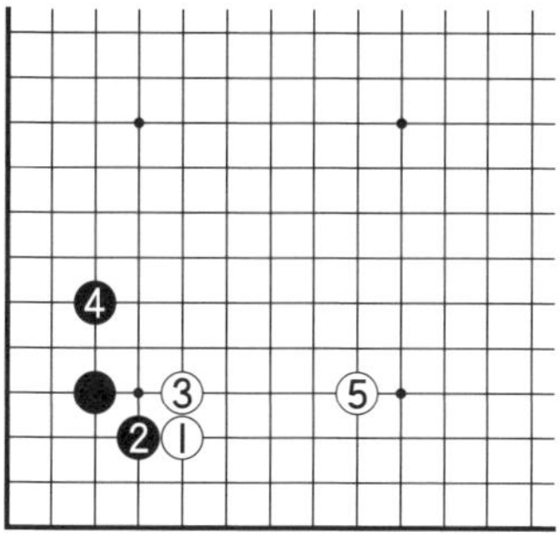

1형 1도

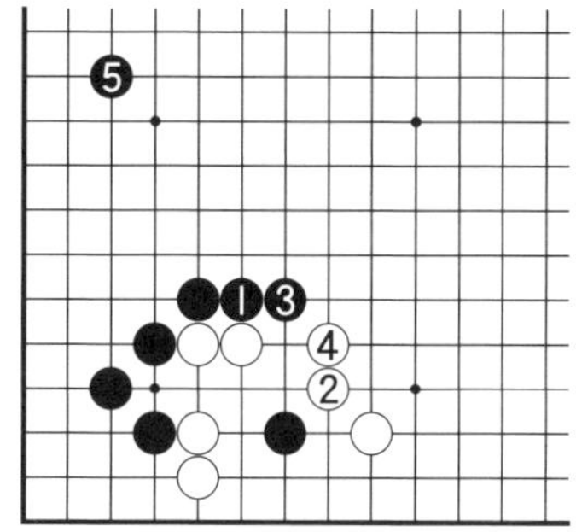

1형 16도

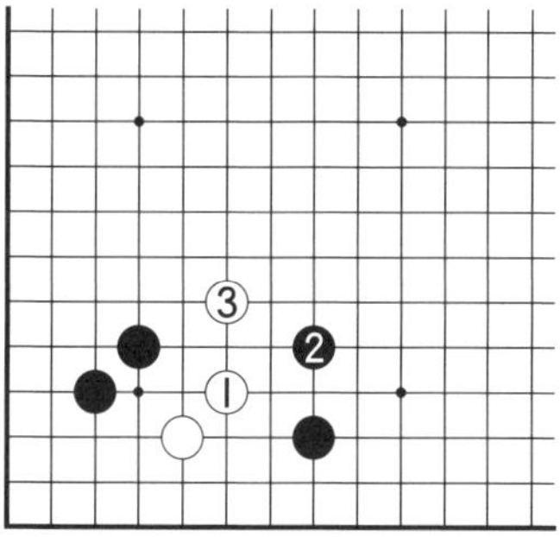

1형 24도

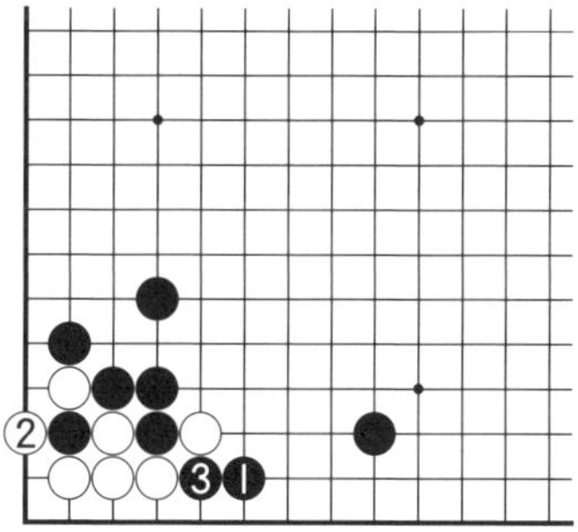

2형 19도

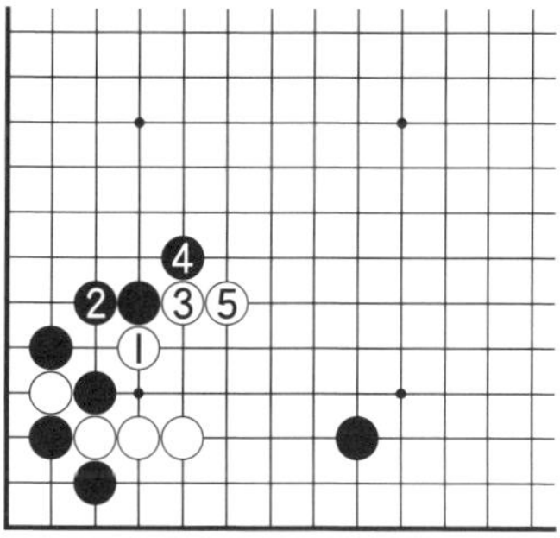

2형 23도

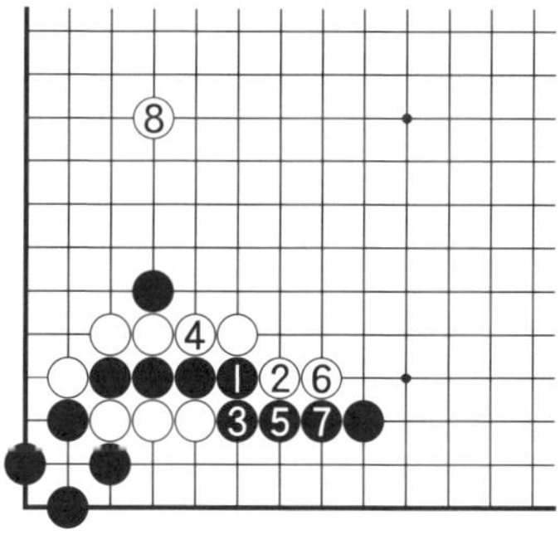

2형 26도

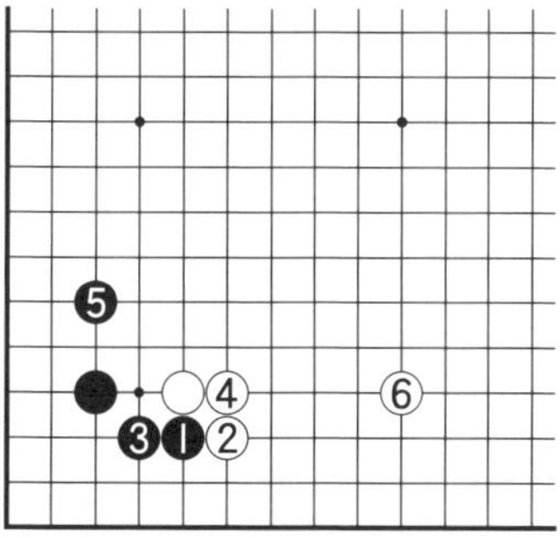

4형 1도

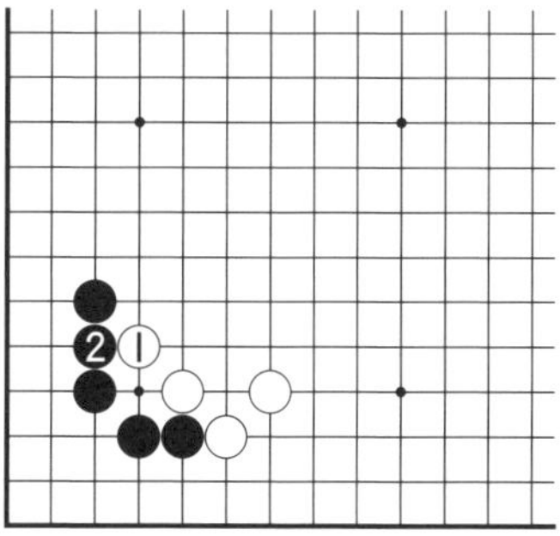

4형 7도

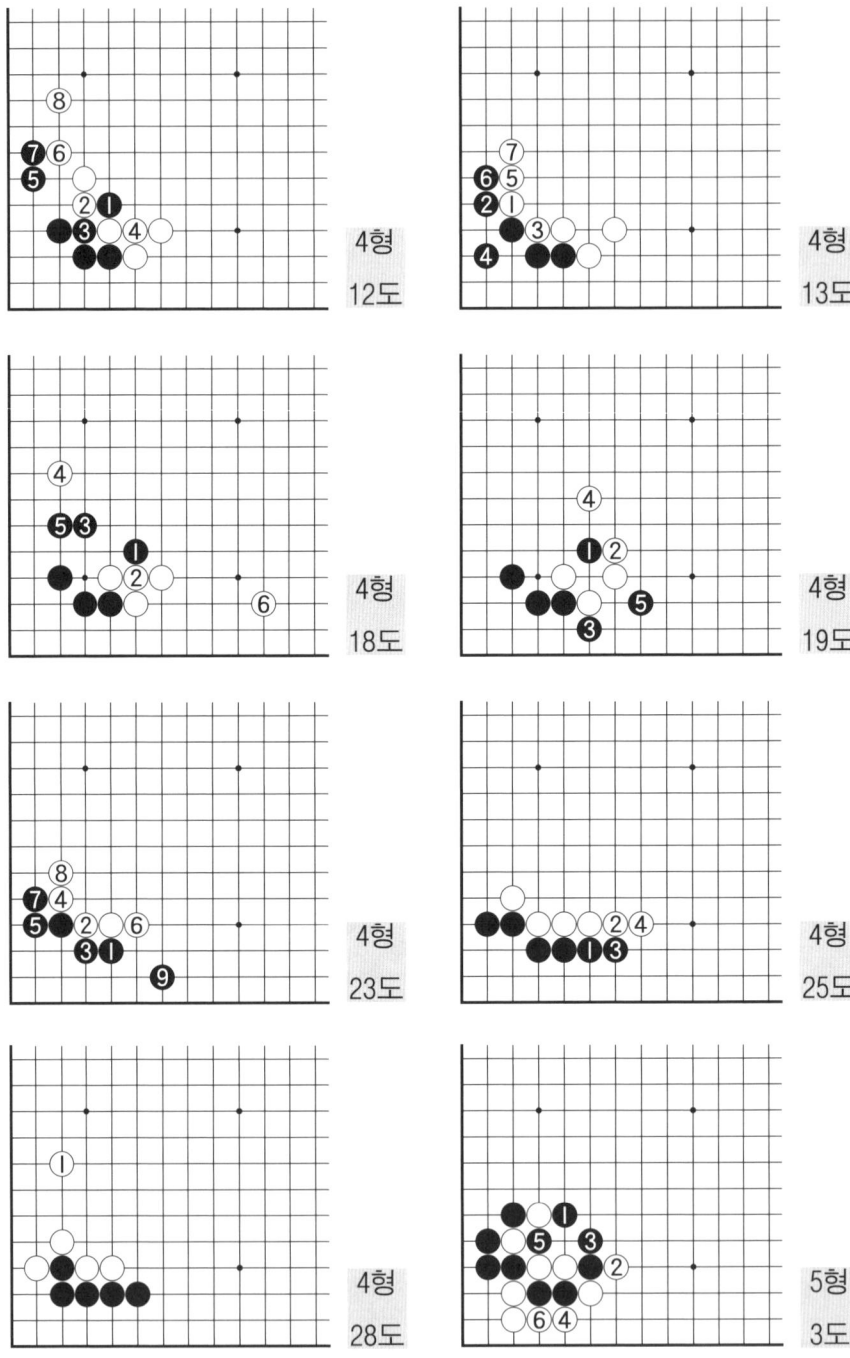

4형
12도

4형
13도

4형
18도

4형
19도

4형
23도

4형
25도

4형
28도

5형
3도

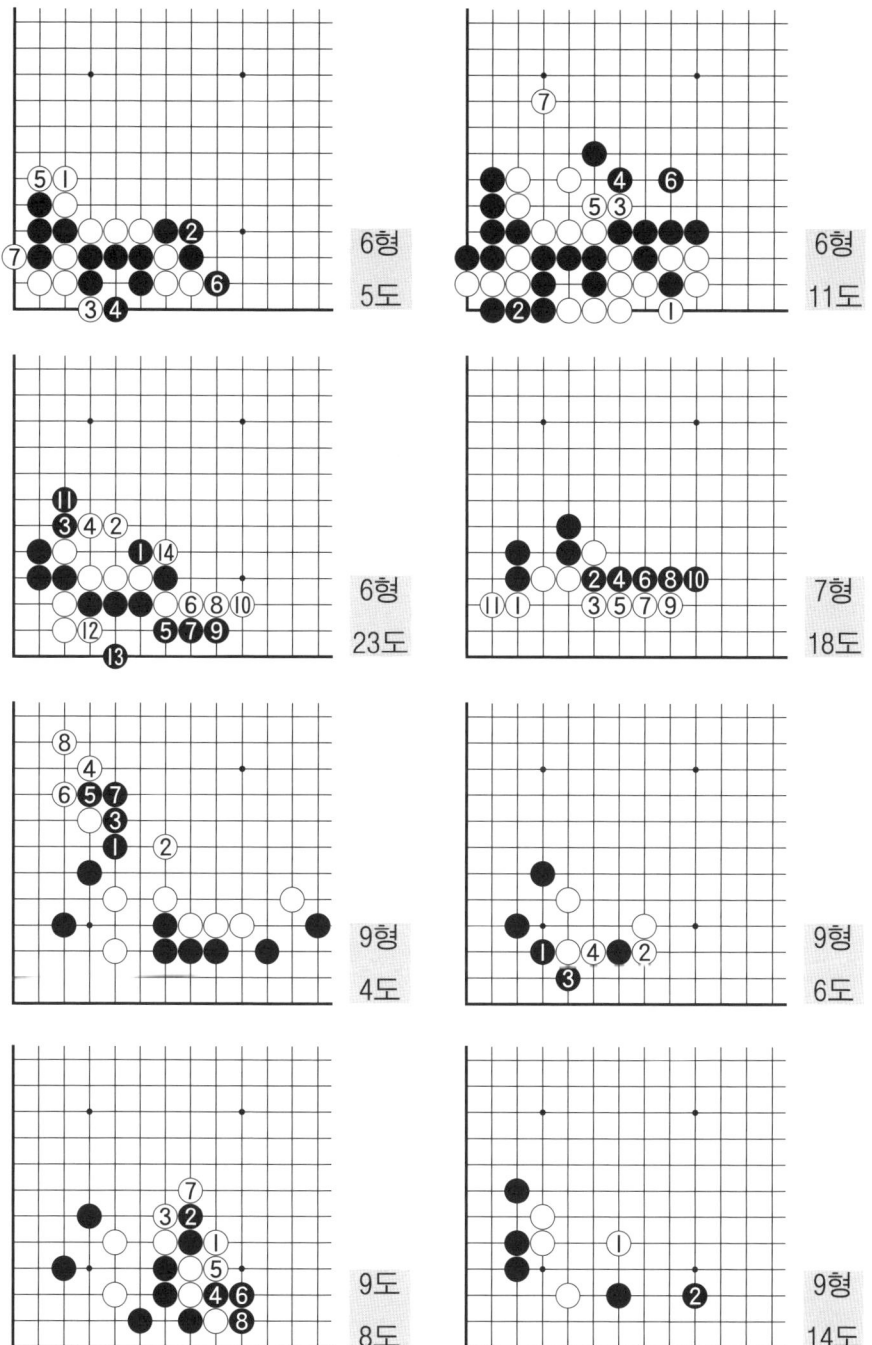

6형

5도

6형

11도

6형

23도

7형

18도

9형

4도

9형

6도

9도

8도

9형

14도

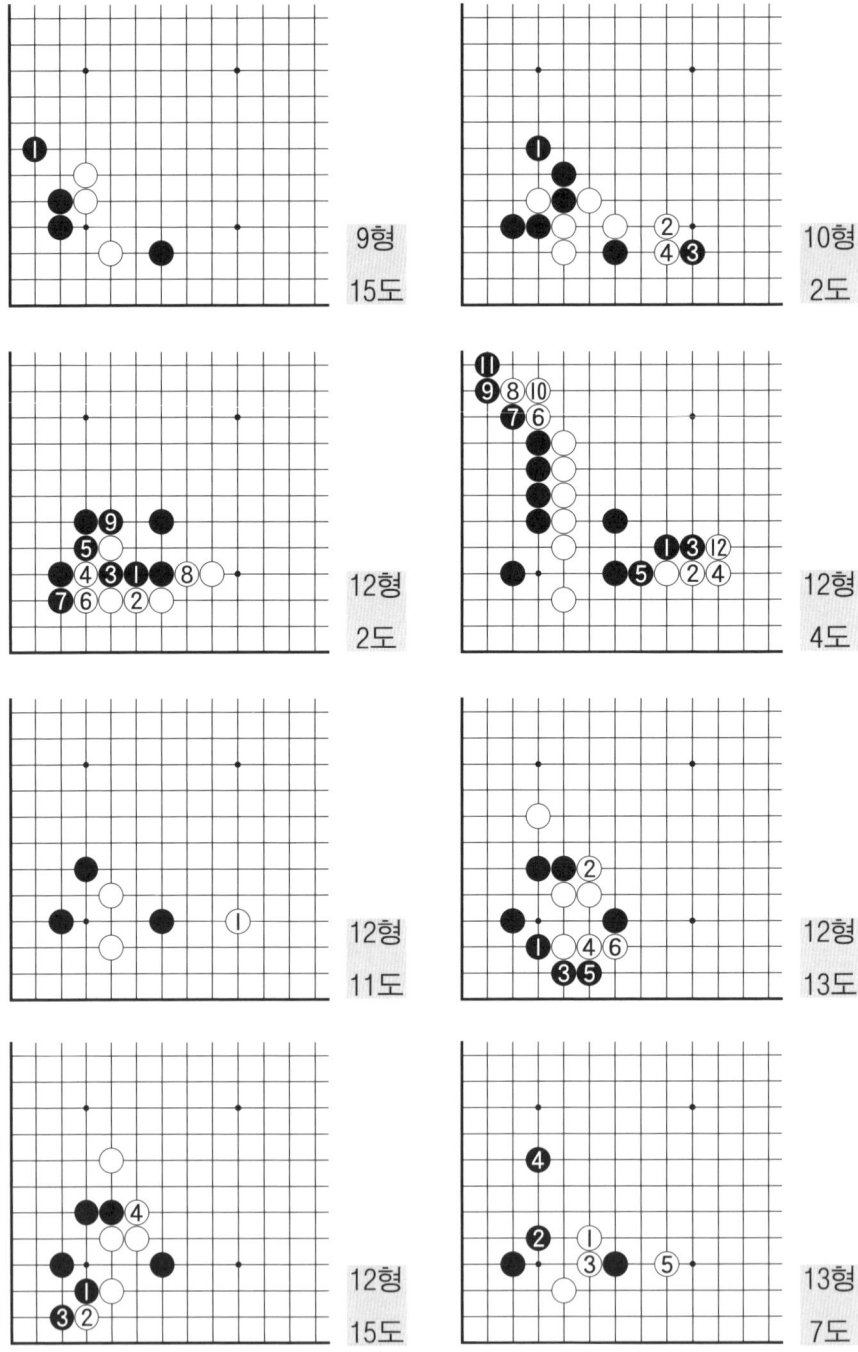

9형
15도

10형
2도

12형
2도

12형
4도

12형
11도

12형
13도

12형
15도

13형
7도

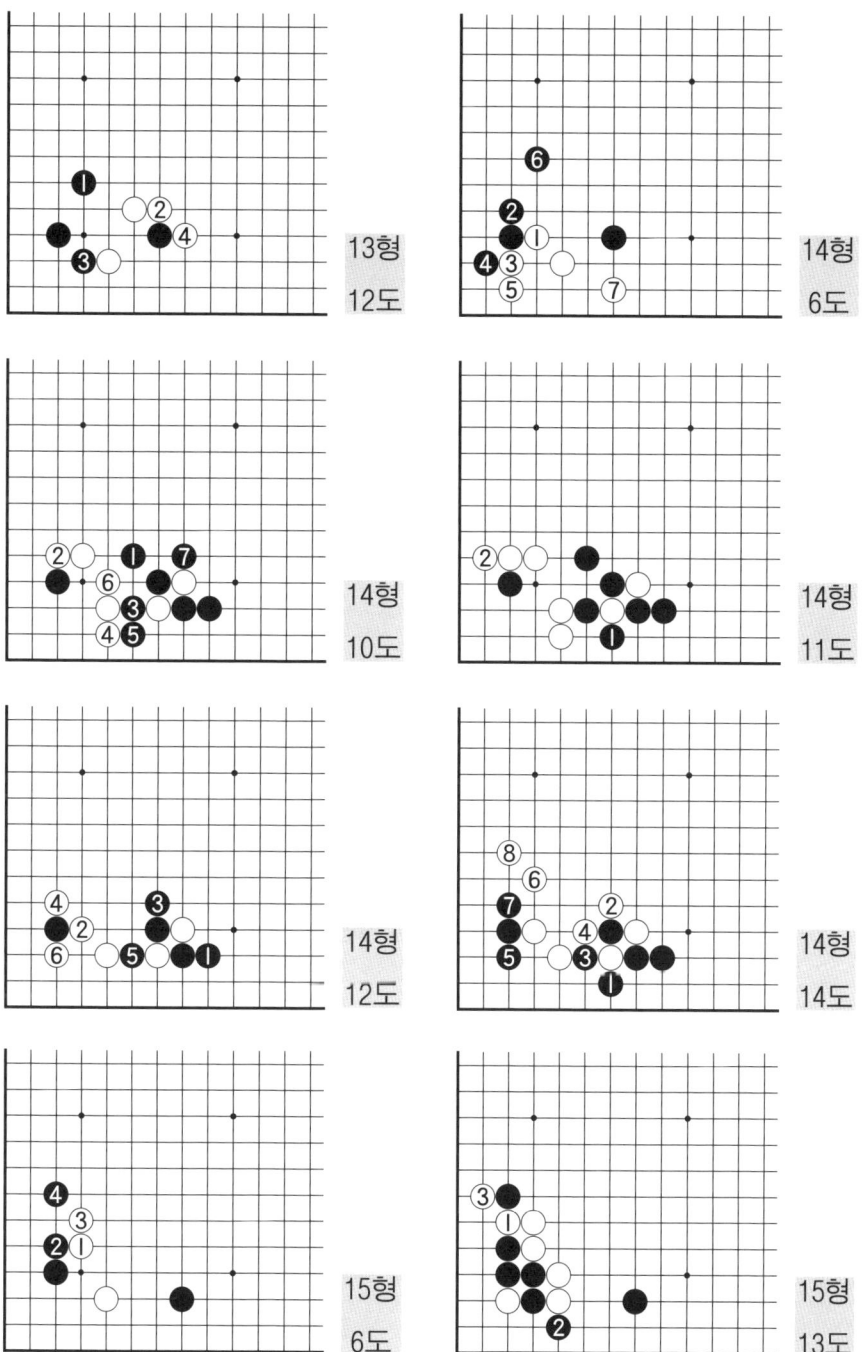

13형

12도

14형

6도

14형

10도

14형

11도

14형

12도

14형

14도

15형

6도

15형

13도

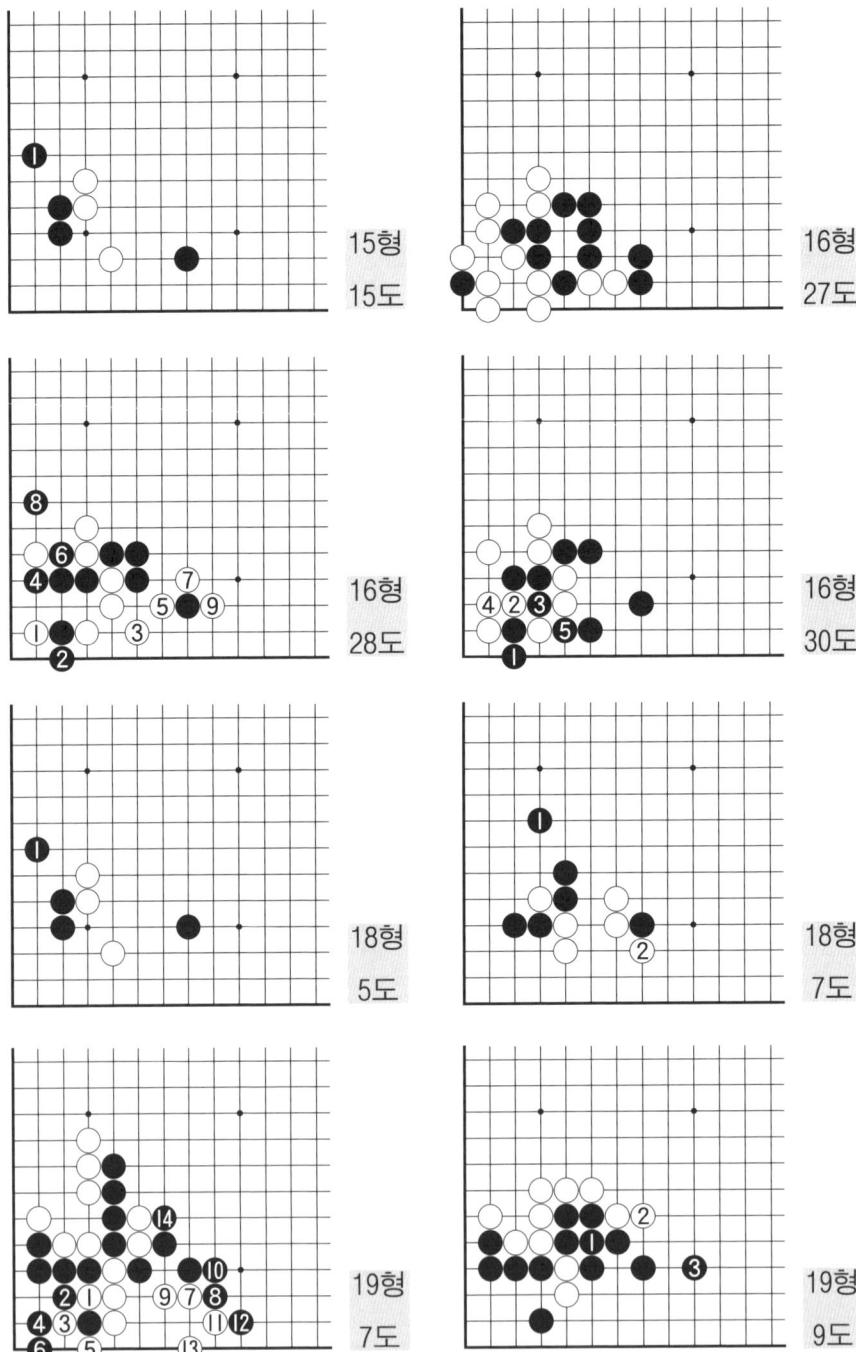

15형

15도

16형

27도

16형

28도

16형

30도

18형

5도

18형

7도

19형

7도

19형

9도

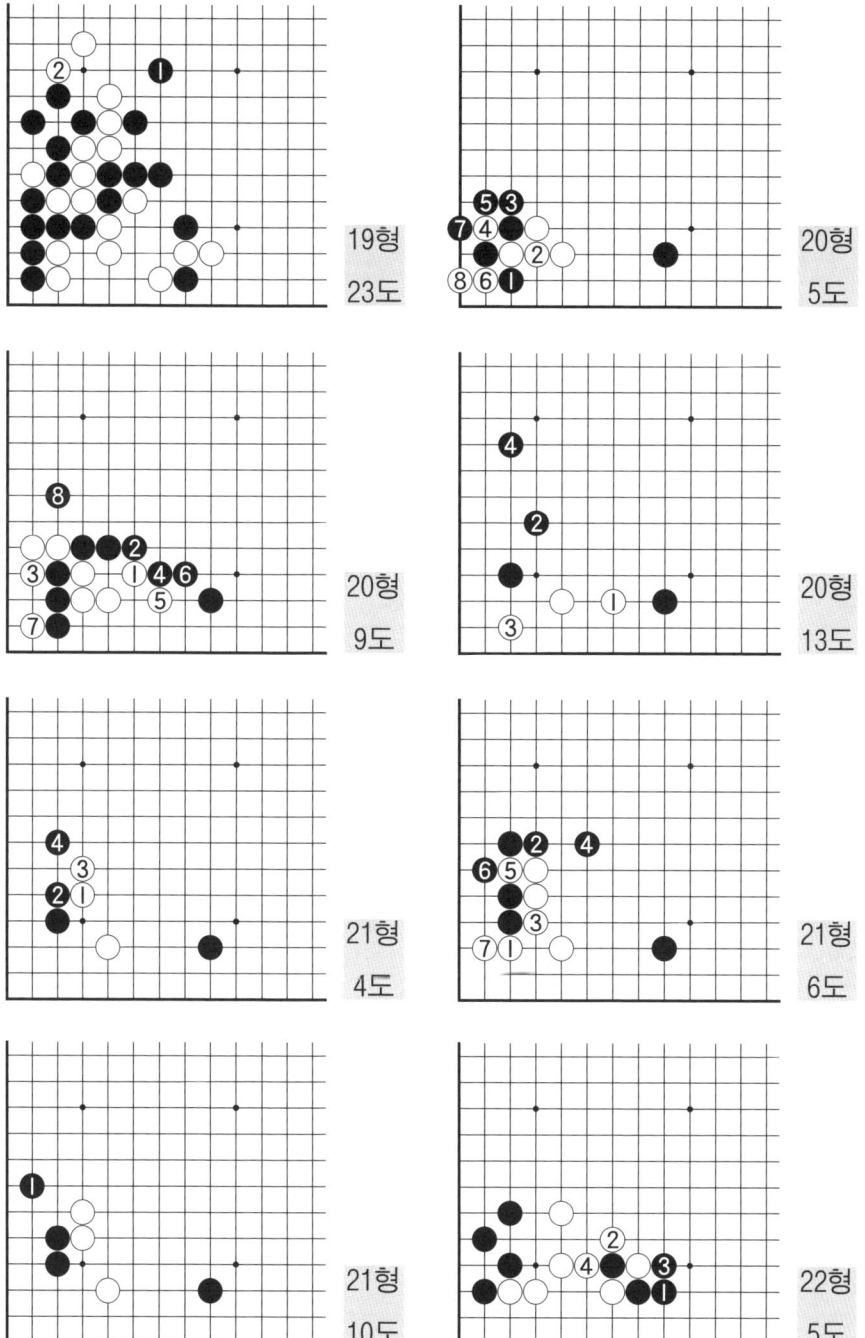

19형

23도

20형

5도

20형

9도

20형

13도

21형

4도

21형

6도

21형

10도

22형

5도

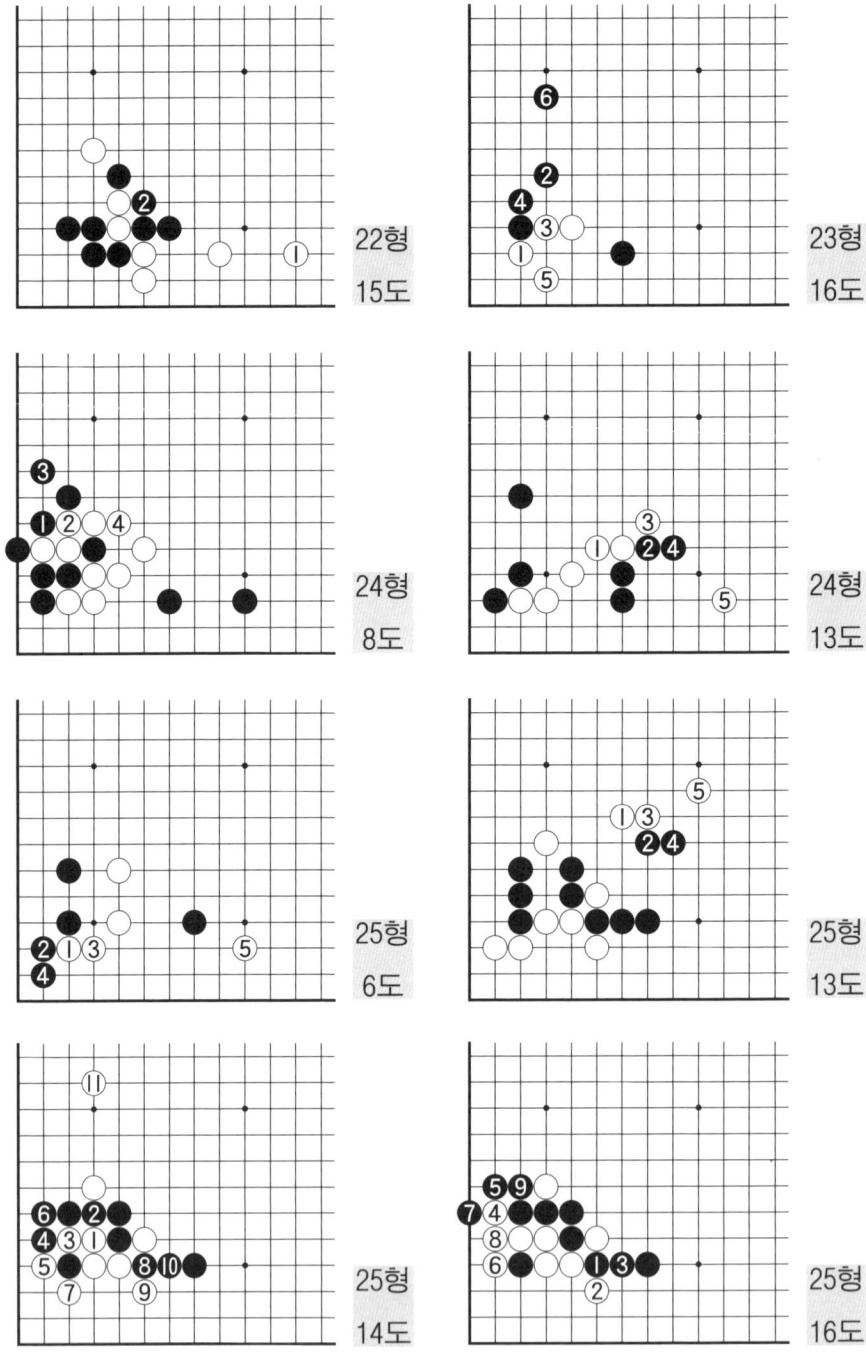

22형

15도

23형

16도

24형

8도

24형

13도

25형

6도

25형

13도

25형

14도

25형

16도

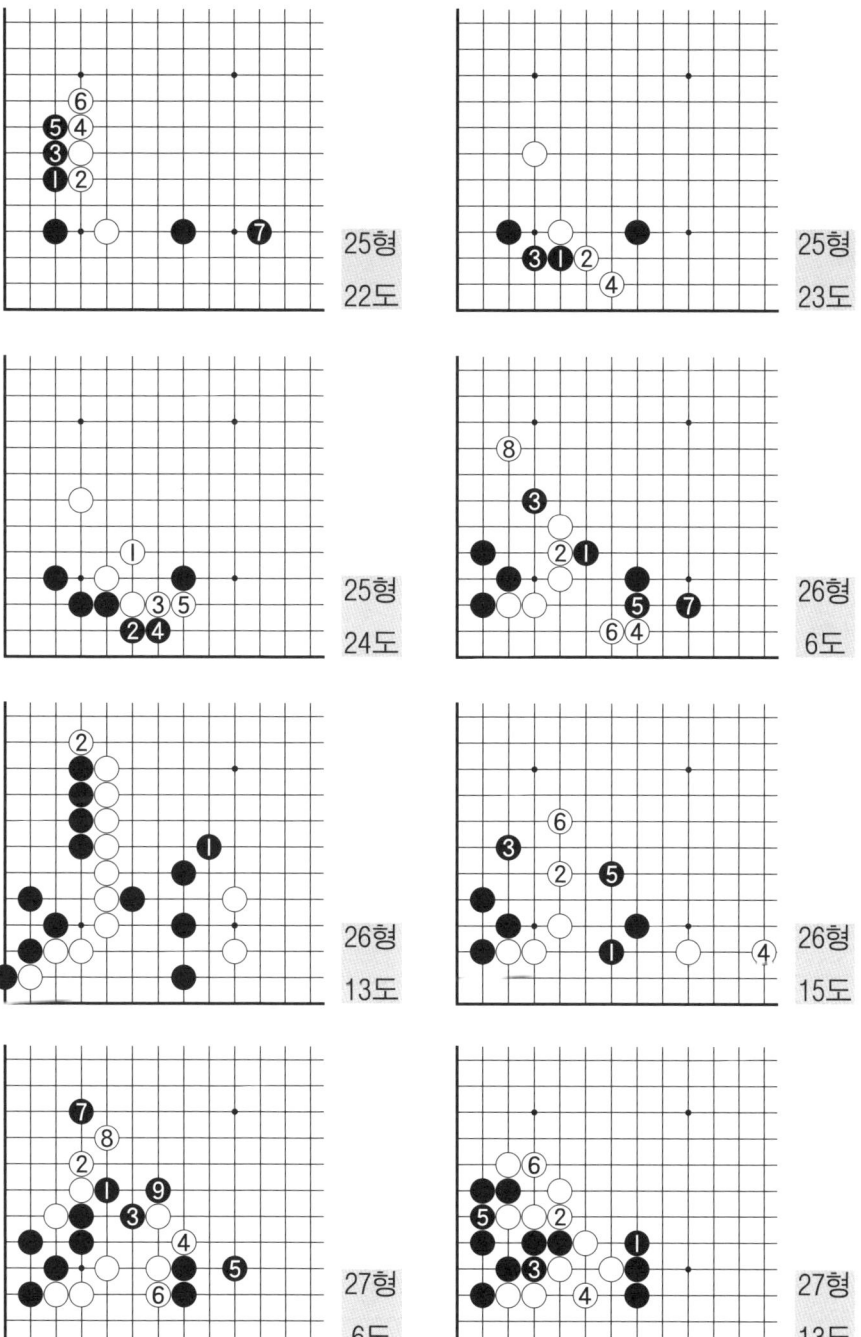

25형

22도

25형

23도

25형

24도

26형

6도

26형

13도

26형

15도

27형

6도

27형

13도

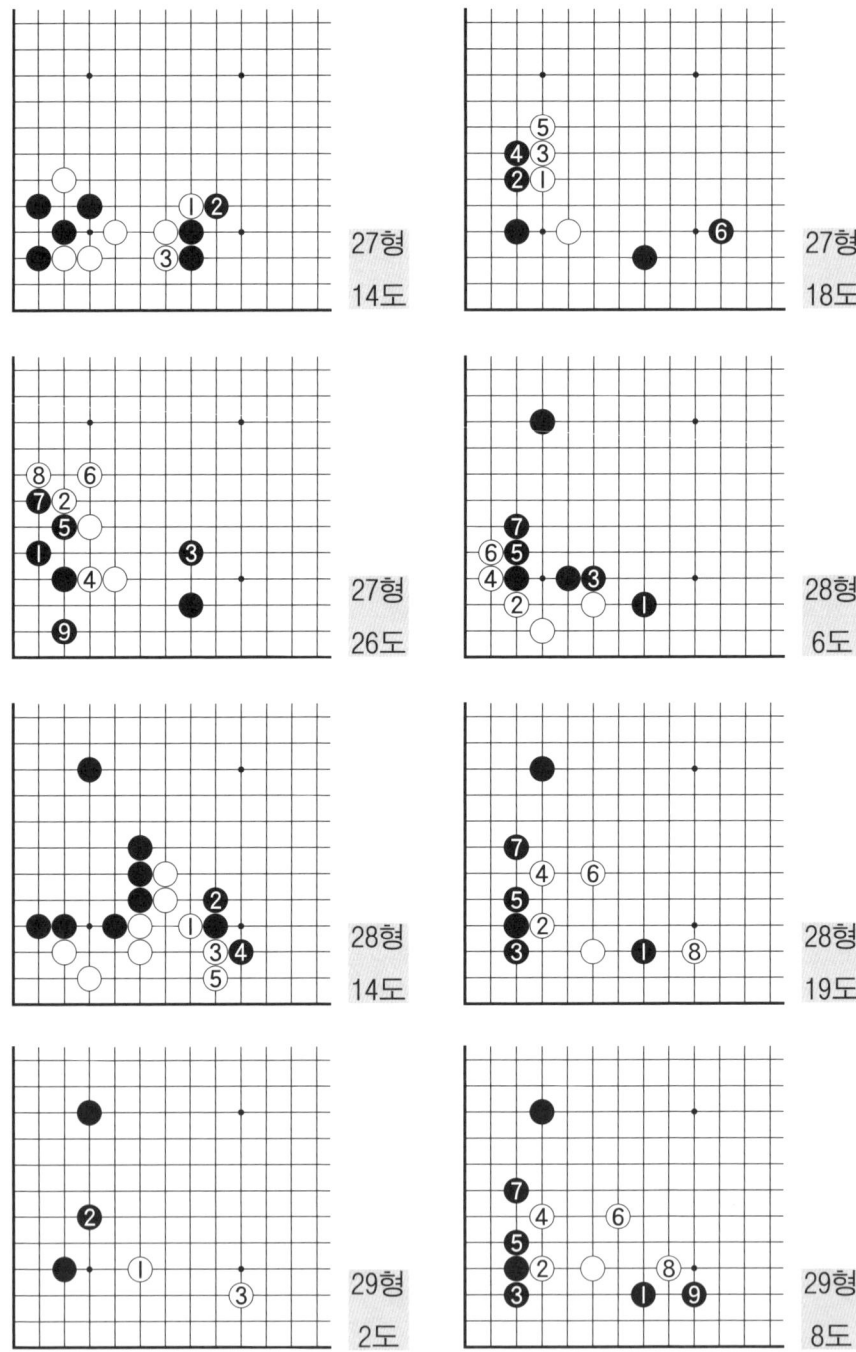

27형
14도

27형
18도

27형
26도

28형
6도

28형
14도

28형
19도

29형
2도

29형
8도

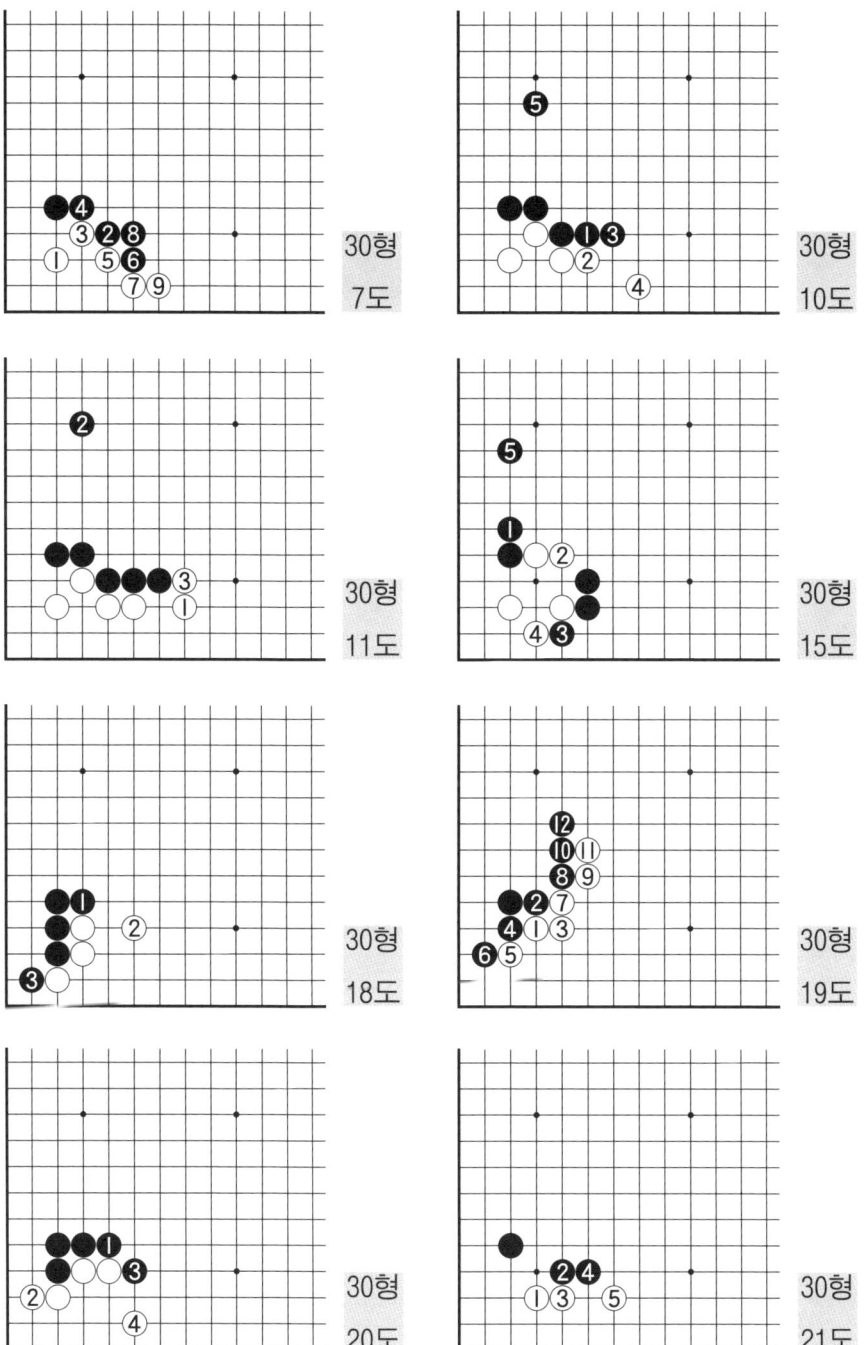

30형

7도

30형

10도

30형

11도

30형

15도

30형

18도

30형

19도

30형

20도

30형

21도

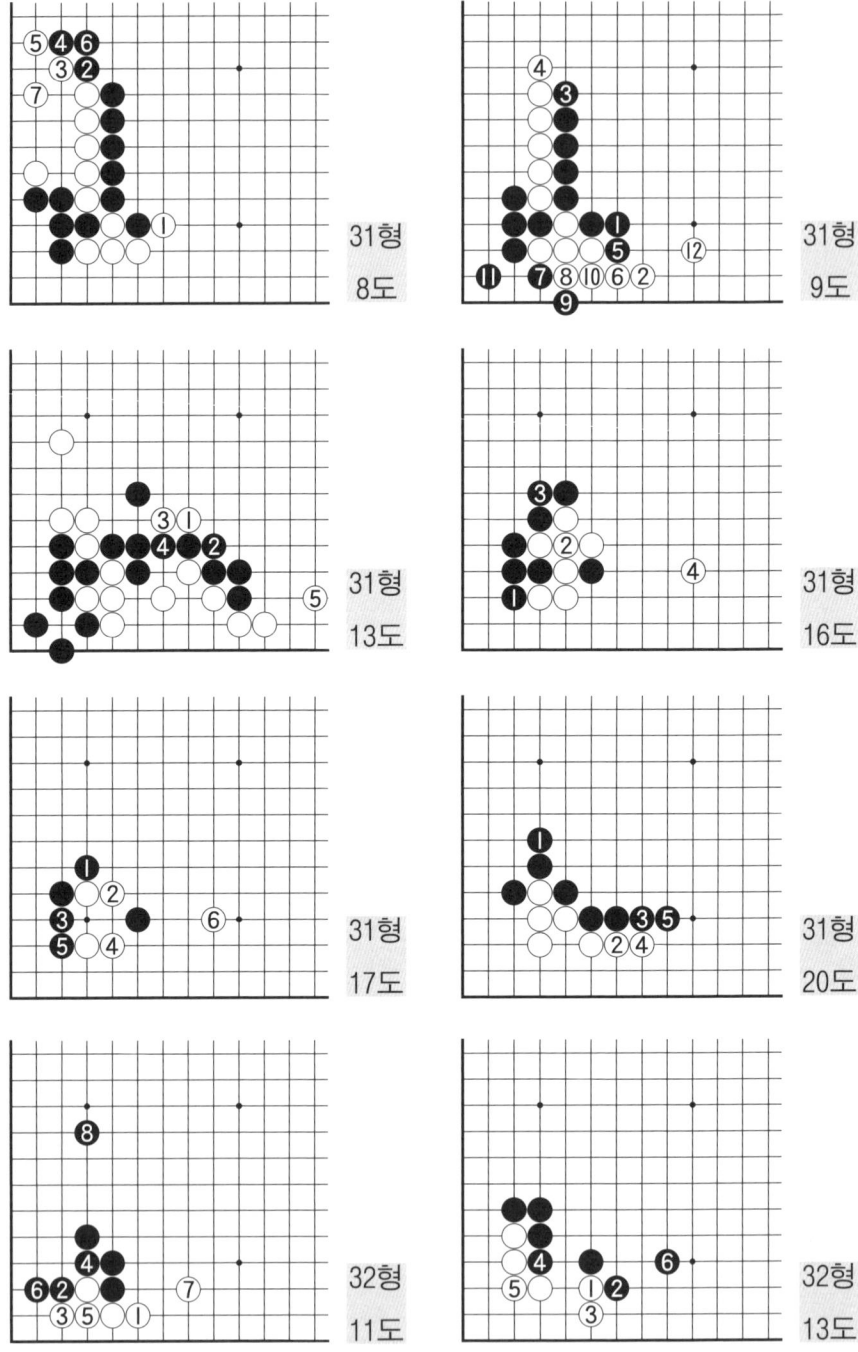

31형

8도

31형

9도

31형

13도

31형

16도

31형

17도

31형

20도

32형

11도

32형

13도

바둑 일류의 심오하고 창조적인 판세 읽기

진격의 중반전

352쪽 | 16,000원 | 목진석 감수 · 이하림 편저

바둑의 드라마틱한 중반전에 프로 일류는 어떻게 판세를 읽어가는가? 프로 고수의 실전보에서 재료를 발췌해 중반의 긴 과정을 따라가면서, 형세판단을 곁들여 나타날 수 있는 다양한 장면들을 보여준다.

이기는 바둑 시리즈

01 기본정석으로 강자가 되어라

272쪽 | 12,800원 | 목진석 감수 · 백재욱 지음

귀의 화점과 소목에서 기본적이고 중요한 변화를 익힌다면 정석을 거의 마스터했다고 봐도 좋다. 그러므로 바둑에 강해지려면 화점과 소목의 기본정석을 마스터하라!

02 기본포석으로 승자가 되어라

276쪽 | 12,800원 | 목진석 감수 · 백재욱 지음

최근의 포석은 처음부터 공간 전체를 활용하는 발상이 트렌드다. 그 과정에서 치열한 전투가 일어나기도 한다. 그럴수록 기본에 바탕을 둔 포석 감각을 익혀라. 그것이 안전하게 이기는 길이다.

03 기본행마로 감각을 키워라

276쪽 | 12,800원 | 목진석 감수 · 이하림 지음

바둑은 효율이다. 효율적인 바둑을 두려면 부분적인 모양에서의 행마의 길과 쓰임새, 전체적인 안목에서의 급소와 행마법을 익혀야 한다. 이런 행마의 감각을 키워 실전에서 적절히 구사해보자.

04 기본전략으로 판을 지배하라

268쪽 | 12,800원 | 목진석 감수 · 이하림 지음

정석은 주로 귀의 변화, 포석은 귀를 토대로 한 변의 변화가 핵심이라면, 전략은 중앙까지 염두에 둔 입체적 실전적 개념이다. 그야말로 야전(野戰)이다. 이제 야전의 세계로 들어가 보자.

05 기본사활로 수읽기에 강해져라

272쪽 | 12,800원 | 목진석 감수 · 이하림 지음

전체 판을 주도하려면 부분전투에 능해야 하고 그런 능력을 키우려면 수읽기에 강해져야 한다. 사활은 그 첩경이다.

06 기본맥점으로 수보기에 강해져라

272쪽 | 12,800원 | 목진석 감수 · 이하림 지음

바둑 한 판의 과정에는 다양한 맥이 숨어있다. 이런 맥을 찾는 학습으로 수를 빨리 보는 힘을 기르면 판의 급소를 읽으며 각종 전투에서 승리할 수 있다.

07 기본변칙수로 위기를 돌파하라

272쪽 | 12,800원 | 목진석 감수 · 이하림 지음

바둑은 정석대로만 두어서는 이길 수 없다. 그 과정에는 온갖 변칙적인 수법이 도사리고 있다. 이런 위기를 극복하고 살아남으려면 불의의 변칙수를 응징하고 때로는 상황에 맞는 정의의 변칙수를 구사해 어려운 판세를 돌파해야 한다.

08 기본끝내기로 판을 뒤집어라

272쪽 | 12,800원 | 목진석 감수 · 이하림 지음

바둑은 마라톤과 같아서 단번에 승부가 나지 않는다. 종반 역전의 짜릿함을 맛보려면 불리한 국면이라도 무모한 행동을 삼가며 때를 기다리는 인내심이 필요하다. 그런 절대 기회가 생겼을 때 끝내기의 묘미로 판을 뒤집어보자.

왕초보 바둑 배우기 시리즈

왕초보 바둑 배우기 1. 입문하기

238쪽 | 12,800원 | 조창삼 지음

바둑을 처음 접하는 분들이 배워야 할 규칙과 기본 기술을 이해하기 편한 대화 형식으로 거침없이 풀었다. 1권을 마치면 누구랑 두어도 당당할 것이다

왕초보 바둑 배우기 2. 완성하기

236쪽 | 12,800원 | 조창삼 지음

'입문하기 편'을 마친 분들이 배워야 할 부분 기술과 행마를 이해하기 편한 대화 형식으로 거침없이 풀었다. 2권을 마치면 부분 전투에 자신이 붙어 바둑의 묘미를 느낄 것이다.

왕초보 바둑 배우기 3. 대국하기

240쪽 | 12,800원 | 조창삼 지음

'완성하기 편'을 마친 분들이 배워야 할 초반의 포석, 중반의 전투, 종반의 끝내기 등 바둑의 한 판 과정에서 필요한 핵심 기술을 초심자의 눈높이에서 보여준다.